KB137690

르네상스 뒷골목을 가다

르네상스 뒷골목을 가다

Lost Girls

피렌체의 사라진 소녀들을 둘러싼 미스터리

니콜라스 터프스트라 지음
임병철 옮김

글항아리

일러두기

1. 본문의 [ ]는 옮긴이가 부연한 것이다. 그 외의 부연 및 설명은 모두 저자의 것이다.
2. 원서에서 이탤릭체로 강조한 부분은 고딕체로 표시했다.
3. 외래어 표기는 국립국어원 외래어 표기법을 따랐다.
4. 원서의 도량형은 우리 식으로 바꾸지 않고 그대로 두었다. '연대, 통화, 척도에 관한 주해'를 참조하라.

게리 반 아라곤Gary Van Arragon

리처드 렘펠Richard Rempel

리처드 앨런Richard Allen

폴 그렌들러Paul Grendler

네 분 선생님께 바칩니다.

한국어판 서문

왜 우리는 역사를 공부하는가? 간혹 우리는 주제라는 측면에 이끌려 과거의 어떤 이야기나 시기 혹은 옛사람들에게 관심을 가지게 된다. 또 다른 경우에는 우리 자신의 개인사나 민족의 역사에 대해 탐구함으로써 자기 스스로에 대해 더 잘 알게 되는 것을 역사 공부의 목적으로 삼기도 한다. 하지만 공간이나 시기에 관계없이, 우리가 역사를 연구하는 것은 과거의 이야기나 그와 관련된 세세한 사항을 넘어서는 무엇인가를 이해하기 위해서다. 우리는 앎의 방식을 배우기 위해 공부한다. 다시 말해 우리는 어떻게 인간적인 가치들이 과거에 대한 내러티브를 형성하고, 또 그러한 내러티브들이 어떻게 우리의 모습을 형성하는지를 이해하기 위해 역사를 연구한다. 그러므로 역사는 우리가 우리 스스로에게 건네는 이야기다.

이 책의 원제인 '사라진 소녀들Lost Girls'은 르네상스 후기 피렌체 사회의 청소년기 소녀들의 삶을 둘러싸고 발생했던 많은 비극으로부터 유래했다. 고아가 되었거나 버림을 받아 피에타의 집(혹은 연민의 집)에서 살아야 했던 소녀들은, 한편으로는 부모나 이웃 혹은 후견인들이 그 보호시설의 문 앞에 그녀들을 던져버림으로써 사라지게 되었다. 또한 다른 의미에서 볼 때, 그녀들이 사라진 것은 산업 슬럼 지역에 자리 잡고 있던 밀집된 자선 쉼터에서 1550년대와 1560년대를 거치면서 여러 이유로 죽음을 맞았기 때문이다. 하지만 또 다른 차원에서 보자면, 이 동일한 소녀들은 자신들이 기거하던 자선기관이 일시적인 쉼터에서 항구적인 수녀원으로 조금씩 변화하게 되면서 피렌체의 가정이나 거리 그리고 공방에서 자신들이 아내나 엄마로서 앞으로 누리게 될 삶을 잃었다. 그리고 마지막으로, 우리에게서 그리고 일반적으로는 역사 기록으로부터 그녀들이 사라지게 된 또 하나의 이유는 다른 무엇보다 그녀들의 이야기를 감싸고 있어 그 세세한 내용을 숨기고 있는 침묵이다. 앞으로 살펴보게 될 것처럼, 이러한 침묵 가운데 일부는 그녀들의 젠더와 지위로부터 기인했다. 간혹 젊은 여성들이 개체로서의 인간 존재라기보다 재산으로 간주되었을 경우, 문자화된 역사 기록으로부터 배제되곤 했기 때문이다. 하지만 정교한 절차를 통해 생겨난 또 다른 침묵도 존재했다. 그것은 바로 그녀들에 대한 내러티브가 어디를 지향해야 하고 또 그곳에 분명히 도달하기 위해 무엇을 모호하게 처리해야 하는지에 관한 명확한 감각을 가지고 초기의 역사를 기술했던 사람들에 의해 만들어진 침묵이었다. 물론 마지막으로 또 다른 몇몇의 침묵은 단지 아직까지 해명되지 못해 우리에게 지속되고 있는 수수께끼에 지나지 않을 수도 있다. 아무튼 이 심오한 침묵이 1560년대의 이 소녀들을 감싸고 있었다. 또한 그로 인해 그녀들은 당대의 발라드나 연극, 노벨라 혹은 서한 등에 전혀 등장하지 않는다. 달리 말해보자. 르네상스기의 피렌체는 모든 것, 특히 성이나 스캔들에 관한 조그마한 단서라도 있다면, 그에 관해 말하고 쓰기를 즐겨 했던 사람들이 만들어낸 험담이 난무하던 도시였다. 하지만 우리가 이해할 수 없는 어떤 이유들 때문에 그들은 피에타의 집 소녀들에 대해서는 거의 완벽에 가까울 정도로 입을 다물었다.

이 소녀들은 한편으로 사라졌다면, 또 다른 한편으로는 자선활동의 일환으로 그녀들을 보살피기 위해 함께 모여 일했던 일군의 여성들에 의해 발견되었다. 이 여성들의 이야기는 르네상스 후기 피렌체인들이 견지하고 있던 자선에 대한 일부 관념들을 보여준다. 르네상스기에 자선은 최고의 종교적 가치를 지닌 행위 가운데 하나로 간주되었다. 자선과 관련해 빈자들에게까지 확대된 모든 행위가 예수 그리스도에게로 이어진 자선활동이었기 때문이다. 하지만 당시의 피렌체인들에게 자선은 과연 무엇을 의미했는가? 자선활동이 개인적 관계나 제도적 배경 속에서 수행되어야 하는 것이었는가? 자선의 목적이 결혼을 하고 아이를 가질 수 있는 세계에 살고 있던 한 어린 소녀의 삶을 구제하는 것이었는가, 혹은 그 소녀를 수녀원의 고립되고 안전한 세계에 격리하는 것이었는가? 자선이 어떤 행동 기준을 따르지 않은 사람들에게 도움을 베풀기보다 그들을 훈육하기 위한 도구였는가? 자선이 가난한 여성이나 남성에게 범죄를 저지른 젊은 귀족 남성에게 면죄부를 주기 위한 방편이었는가? 모든 사람은 자선을 베풀어야 한다는 것을 알고 있었다. 하지만 그 점을 받아들인다고 해도, 특정한 상황에서 과연 어떤 행위가 가장 자선적이었는가의 문제와 관련된 질문이 불필요한 것은 아니다.

이 책은 "무엇이 피에타의 집 소녀들을 죽음으로 몰아갔는가"라는 질문을 던지는 것에서 시작한다. 어떻게 보면, 나의 목적은 하나의 미스터리를 제시하는 것이다. 여기에는 역사자료나 역사적 인과관계와 관련해 과연 어떻게 우리가 역사상의 수수께끼를 헤쳐나가야 하는지와 관련된 중요한 문제들이 자리 잡고 있다. 물론 이 소녀들이 왜 죽을 수밖에 없었는지에 대해 어느 정도 해명해주는 문서보관소의 자료들을 체계적으로 검토하는 것은 중요한 일이다. 예를 들어, 그녀들이 영양부족 상태에서 도시의 비위생적인 지역에 밀집해 살고 있었는가, 섬유산업의 강제 노동이 그녀들을 죽음에 이르게 했는가, 개별 가정에서 그녀들이 하녀로서 수행했던 노동—특히 그것이 성적 착취나 위험한 의학적 치료로 이어질 경우—이 너무도 위험한 일이었는가 등이 그 이유일 수 있다. 하지만 앞으로 살펴보게 될 것처럼, 무엇이 이 소녀들을 죽음에 이르게 했는가에 관한 미스터리를 풀기 위해, 단순히 문서보관소의 자료들을 살펴보는 것을 넘어 그것들이 작성된 콘텍스트 속으로 들어가야 할 것이다. 또한 우리는 간접적인 경로를 통해 그 주제에 접근해야 할 수도 있다. 아울러 르네상스기 이탈리아의 몇몇 선도적인 정치적·종교적 지도자들이, 한편으로는 인간의 본성에 대해 그토록 높은 가치를 부여하면서도 또 다른 한편으로는 인간 존재를 재산 이상의 어떤 것으로도 취급하지 않았다는 역설 또한 고려해야만 한다. 무엇이 피에타의 집 소녀들을 죽음에 이르게 했는가에 관한 질문에 결코 쉽게 그 해답을 제시할 수 없다. 하지만 우리는 그녀들의 죽음과 관련된 미스터리가 우리에게 하나의 도전적인 과제를 던지고 있다는 점을 알고 있다. 바로 어떻게 과거를 연구하고 기술해야 하며 또 어떻게 그 미스터리에 관해 다른 이들이 기술해온 바를 비판적으로 읽어야 하는가에 관해 더욱 깊이 재고하는 것이다.

『르네상스 뒷골목을 가다』는 작은 캔버스 위에 그린 커다란 그림이다. 이 책은 보통 사람들의 삶을 통해 르네상스기 이탈리아 사회의 일부 예외적인 모순에 대해 검토한다. 이것이 바로 "미시사", 즉 상대적으로 짧은 기간을 살았던 소규모 집단의 경험을 가늠자 삼아 우리로 하여금 더 커다란 문제들을 탐구할 수 있도록 해주는 역사서술 방법이다. 1960년대 특히 이탈리아의 역사가들이 처음 시도하기 시작했을 때, 미시사는 그것이 내러티브의 중심에 문제를 제기하는 장르라는 점을 스스로 입증했다. 그것은 예외, 흠, 문제 그리고 침묵의 뒤편에 숨어 있는 세계를 살펴보기 위해 일상적인 것과 규범적인 것을 넘어섰다. 이 미시사가들은 다른 무엇보다 정형, 구조 그리고 역사를 구조화하고 의미를 부여했던 "거대 서사"를 발견하는 것에 천착한 초기의 역사 방법론에 저항하고 있었다. 이탈리아 르네상스에 관한 역사서술은 바로 그와 같은 거대 서사에 의해 오랫동안 지배되어왔다. 이에 따라 많은 사람에게 르네상스는 사상가, 문인, 그리고 예술가들이 인간적 가치, 인간의 경험, 인간의 모습을 처음으로 고귀하고 가치 있는 것으로 강조하기 시작한 시대로 이해되어 왔다. 이 문화의 창조자들은 고대 로마와 그리스의 과거로부터 영감을 얻었고, 이에 기초해 자신들의 시대에 최고의 고전 문명을 재창조하기를 원했다. 그들은 인간의 자유를 높이 평가했고, 인간이 지닌 최대 장점은 스스로를 창조할 수 있는 능력을 소유한다는 점이라고 선언했다. 역사가들은 휴머니즘에 관한 이러한 거대 서사에 문제를 제기해오고 있다. 하지만 오늘날의 영화나 소설에서 우리는 여전히 르네상스기를 모든 이가 사회의 이런저런 측면을 향유했던 해방과 창조적 힘의 시기로 해석하는 거대 서사를 발견할 수 있다.

이와 달리 미시사는 어떤 것도 신뢰하지 않고 또 어떤 것도 당연시하지 않는다. 인간의 자유가 어떤 모습이었는지에 대해 확언하기보다, 누가 그것을 경험했고 또 누가 경험하지 못했는지에 대해 문제를 제기한다. 역설, 수수께끼, 문제나 예외 그리고 종종 처음에는 매우 주변적인 것처럼 보이는 것에서 논의를 시작한다. 그러고 나서 그러한 문제나 예외가 무엇을 가리키고 있는지 질문한다. 미시사는 다른 유형의 침묵, 즉 추문을 감추기 위한 정교한 노력이라고 할 수 있는 공모의 침묵silence of conspiracy, 무엇인가를 아주 당연한 것으로 간주하면서 어느 누구도 그에 관해 언급하거나 말하려고 생각조차 하지 않는 가정의 침묵silence of assumption, 다른 이들의 삶이나 경험을 중요하게 생각하지 않는 무관심의 침묵silence of indifference 등을 중요한 문제로 다룬다. 미시사가들은 작은 모든 것을 단서로 다루어야 한다. 그것들이 아직 우리가 인식하지 못한 어떤 미스터리를 해명하는 실마리가 될 수도 있기 때문이다. 미시사적 내러티브는 이러한 예외로부터 시작한다. 그리고 미시사 저자들은 자신들이 제기한 문제와 추론한 해답 사이에서 균형을 잡을 방안을 강구해야 한다. 마지막으로 미시사가들은 자신들이 제기한 질문에 대해 결코 완전한 해답을 얻을 수 없을지도 모른다는 점을 받아들인다. 무엇이 피에타의 집 소녀들을 죽음으로 몰아갔는가? 당신의 생각은 무엇인가?

르네상스기의 이 미스터리에 관심을 가지고 있는 한국의 독자들에게 고마움을 전한다. 특히 이 훌륭한 한국어판을 준비하면서 번거로운 작업에 매달린 신라대 임병철 교수의 노고에 큰 감사의 뜻을 전한다. 또한 나의 작품이 한국에서 읽히고 논의되는 것을 영광스럽게 생각한다. 아마 누군가는 한 캐나다인이 일군의 한국의 독자를 위해 과거 이탈리아에서 벌어졌던 한 미스터리에 관해 이야기하는 것에 약간의 놀라움을 표할지도 모른다. 하지만 우리는 본연의 인간성humanity을 공유하고 있다. 그리고 그것이 우리 모두를 피에타의 집 소녀들에 관한 이야기—즉 그녀들에 대한 유기, 그녀들을 보호하기 위해 다른 이들이 기울인 노력 그리고 그녀들에 관해 사람들이 기술한 바에 관한 수수께끼—로 이끈다. 이것은 국가와 언어의 차이를 넘어서는 이야기다. 또한 그것은 곤경에 처한 타인에 대한 연민과 지적 호기심을 하나로 결합하는 인간으로서의 우리에게 건네는 이야기다. 호기심, 연민 그리고 인간성은 르네상스기 이탈리아에서 출현한 가장 특징적인 인간적 가치로 간주되는 것들이다. 이 책을 통해 독자들이 그 가치들을 더 깊이 추구할 기회를 마련하게 되기를 희망한다.

토론토에서

니콜라스 터프스트라

Lost Girls

차례

제1장

미스터리와 침묵

Mystery and Silence

이야기는 절망, 하나의 미스터리 그리고 많은 비밀과 함께 시작한다. 르네상스기 피렌체에 불어닥친 극심한 기아가 노동 계층의 식탁에서 모든 먹을거리를 쓸어가버린다. 그리고 그러한 기아가 잦아들기 시작할 무렵 유행성 열병이 몰려와 그 기아에서 살아남은 생존자 다수를 다시 한 번 무덤으로 휩쓸어간다. 이때 한 무리의 자비로운 여성들이 이 쌍둥이 재앙으로 부모를 잃거나, 혹은 그들로부터 버림받은 수백 명의 10대 소녀들을 돌보기 위해 보호시설의 문을 연다. 많은 소녀가 그 보호시설로 모여든다. 하지만 그들 가운데 다수는 죽음을 맞게 된다. 그것도 간혹 몇 주도 지나지 않은 채 말이다. 곤경에 처한 보호시설은 14년 뒤, 본래 있던 곳을 떠나 새로운 장소에 자리를 잡게 된다. 그렇게 떠나버린 뒤 이웃들은 그 쉼터가 존재했다는 사실 자체를 잊게 될 것이다. 수백 명의 여성들이 참여하여 보호시설을 열어 유지하려고 노력하지만, 10년도 지나지 않아 그녀들 모두 사라지게 된다. 온갖 이야기와 험담이 난무한 한 도시에서, 어느 누구도 더 이상 그것에 관해 이야기하지 않는다는 것이 믿을 수 없을 정도다. 그에 관해서는 어떠한 열정적인 설교도, 선정적인 노래도 존재하지 않는다. 다만 그 보호시설의 문서보관소에서 발견된 기록만이 우리에게 혼란스러운 그림을 보여줄 뿐이다. 일부 기록은 그것에 관해 많은 이야기를 하는 듯 보이지만, 또 다른 기록은 거의 아무 말도 하지 않는다. 분명한 사실 하나는 기록들이 서로서로 아주 다른 이야기를 하고 있다는 점이다. 바로 이점이 과연 무엇이 피에타의 집Casa della Pietà 소녀들을 죽음으로 몰아갔는가에 관한 미스터리를 심화시킨다.

나는 고아가 된, 혹은 그보다 더 빈번한 경우인 부모로부터 버림받은 소녀들을 수용하기 위해 피렌체인들이 세운 자선 수용시설을 연구하던 중, 우연히 이 미스터리를 접하게 되었다. '피에타의 집' 즉 '연민의 집'이 그러한 목적으로 설립된 가장 최초의 사례 가운데 하나였다. 1554년 크리스마스 무렵 처음 문을 열었을 때, 대부분 이제 막 10대에 들어선 수십 명의 소녀들이 이내 그곳의 침상 위로 몰려들었다. 낡은 필사본 등록부에는 이 소녀들의 이름과 용모가 기록되어 있으며, 간혹 그 기록에서 그녀들이 누구였는지에 관한 실마리를 얻을 수 있다. 1555년 1월 25일자 기록에 나타난 피렌체의 모나 베타Mona Betta의 딸인 아홉 살 소녀 마르게리타Margherita는 최초로 등록된 소녀들 가운데 한 명이었다. 하지만 한 달 뒤 그녀는 죽었다. 그리고 몇 주가 지난 뒤, 열네 살의 마리아Maria가 피에타의 집에 들어왔다. 그녀는 도시 북쪽 무젤로 계곡에 주둔해 있던 병사 네그란테Neghrante의 딸이었다. 하지만 1년 뒤 그녀 역시 당시 피렌체의 중요한 병원이었던 산타 마리아 누오바S. Maria Nuova의 침상에서 죽음을 맞았다. 아마도 병원의 간호사들은 열세 살의 막달레나Maddalena의 옆 침대, 혹은 막달레나가 사용했던 바로 그 침대에 마리아를 누였을 것이다. 막달레나는 르네상스기 이탈리아인들에게 매춘, 유혹 그리고 죄의 이미지를 불러일으켰던 성인 막달라 마리아Mary Magdalen에서 유래한 이름이었다. 막달레나의 아버지는 피렌체 성벽 바로 외곽의 작은 마을 체르토사에 위치하고 있던 유명한 수도원 소속의 수사 빌리Billi였다. 입소등록부에는 아무런 기록도 남아 있지 않지만, 아마도 마리아와 막달레나의 어머니들은 매춘부였을 것이다. 어쨌든 수도사의 딸은 병사의 딸이 걸었던 삶의 경로를 그대로 되밟았다. 마리아가 피에타의 집에 들어오고 4개월 뒤 막달레나 역시 그곳에 들어왔고, 마리아처럼 그녀도 산타 마리아 누오바 병원으로 옮겨갔으며, 마리아가 죽고 단지 4주 뒤에 그녀 역시 죽음을 맞았다.[1]

열한 살의 바르톨로메아Bartolomea는 16개월 뒤에, 열두 살의 카테리나Chaterina는 12개월 뒤에, 열 살의 리자베타Lizabetta는 6개월 뒤에, 열네 살의 아뇰라Agniola는 두 달 뒤에, 그리고 열두 살의 루크레치아Lucrezia와 다섯 살의 브리지다Brigida는 각각 피에타의 집에 들어오고 한 달 뒤에 죽음을 맞이했다.[2] 당시 모든 고아원에서는 일부의 아이들이 어린 나이에 죽어나가기도 했다. 이와 비교할 때, 피에타 집의 경우에는 그 수치 자체가 우리를 당혹스럽게 만든다. 피에타의 집이 처음 문을 열던 날 등록했던 52명의 소녀들 가운데 절반 이상이 그곳의 보살핌 아래에서 죽었기 때문이다. 더욱이 그들 가운데 대다수는 그곳에 들어온 지 수개월도 지나지 않아, 심지어는 몇 주 안에 죽음을 맞이했다. 아무리 고아원이라고 해도 이는 10대 청소년들에게는 쉽게 일어날 수 있는 일이 아니었다. 오직 버려진 영아들만이 이렇게 많은 수로 죽음을 맞았을 뿐이었다. 몇 블록 떨어진 곳에 위치했던 피렌체의 주요한 고아원 '인노첸티 병원Ospedale degli Innocenti[순수한 아이들을 위한 쉼터]'에서는 그러한 높은 사망률이 대개 일상적인 것으로 간주되었다. 인노첸티에 수용된 아이들 대부분은 갓 태어난 사생아였다. 아마 마리아와 막달레나보다 그리 나이가 많지 않았을 엄마들의 신원을 보호하기 위해 한밤중에 유기된 아기들이었을 것이다. 그처럼 많은 인원을 수용했고 또 운영을 위한 재원 역시 넉넉하지 못했던 보호시설에서는, 많은 아기가 질병과 영양부족으로 어린 나이에 죽어나갔다. 따라서 인노첸티 고아원에 들어온 아이들 가운데 단지 일부만이 살아남아 성인이 되어 그 문을 걸어나올 수 있었다. 인노첸티의 과밀한 수용은 르네상스기의 모든 부모가 아기를 낳으면서 봉착했던 문제를 그저 악화시킬 뿐이었다. 즉 뻔히 예상할 수 있는 영양실조, 전염병 혹은 약간의 위장 질환 때문에 그곳의 아이들은 미처 다섯 살이 되기도 전에 목숨을 잃곤 했다. 르네상스기의 많은 회화 작품에 재현된 아기 천사의 이미지, 즉 커튼을 들어올리거나 난간 너머에서 슬며시 모습을 드러내고 있는 포동포동한 아기 천사의 모습은 귀엽고 또 때로는 달콤하게까지 보인다. 하지만 프레스코화와 제단화 속에 나타난 이미지는 아마도 장례를 치른 뒤 아기들이 천국에서 고통 없이 살 것이라는 믿음에서 위안을 찾으려 했던 당시 부모들의 희망과 기원의 표현이었을지도 모른다.

르네상스기의 도시들은 아기들에게 위험한 공간이었다. 하지만 유아기를 넘긴 어린이들의 경우에는 대개 성인이 될 때까지 생존할 가능성이 높았다. 피에타의 집에 들어온 그토록 많은 소녀가 죽어야 할 타당한 이유는 없었다. 무엇보다 왜 피에타의 집 소녀들이어야 했는가? 인노첸티 고아원은, 만약 그곳이 없었다면 편모나 절망적인 부모들이 아르노 강이나 길거리에 버리고 말았을 아기들의 생명을 보호하기 위해 존재했다. 이와 달리 마르게리타, 마리아, 막달레나는 도시 피렌체가 16세기 중반 실험하기 시작했던 새로운 형태의 보호시설에 들어왔다. 그곳은 모나 베타, 병사 네그란테, 빌리 수사와 같은 부모들이 더 이상 양육하기 어려워 고아원에 맡겼거나 아마도 버리고 말았을 좀 더 나이 든 소녀들을 위한 쉼터였다. 부모, 대개는 아버지가 일을 하기 위해 다른 곳으로 이주하거나, 일을 하다가, 또는 길거리에서의 폭력적인 다툼으로 인해 혹은 전염병에 걸려 죽었을 때 가정이 해체되곤 했다. 만약 부모 모두가 실종되거나 죽는다면, 그럴 경우에는 다른 가족 구성원들과 이웃 그리고 길드나 세속 종교봉사단체confraternity에서 버림받은 아이들과 고아들을 받아들이기도 했다. 하지만 일반적인 부모들이 처했던 것과 마찬가지의 곤란한 상황에 빠지게 될 경우, 그들 역시 문을 닫아걸고 아이들을 길거리에 방치하기도 했다. 이런 경우, 소녀들이 가장 큰 위험에 처하곤 했다.

1550년대 전반기에 피렌체인들은 보호시설 세 곳의 문을 열었다. 이 시설들은 매우 엄격하게 오직 막 청소년기에 접어든 소녀들만을 받아들였다. 도덕주의자와 설교가 그리고 정부 관료의 확신에 찬 어떤 계산에 의해 이 세 곳의 보호시설이 설립되었다. 즉, 만약 매우 가난한 어떤 가정에 성적으로 점점 성숙해지는 딸이 있다면, 그 결과는 오직 그녀가 매춘의 길로 접어들 수밖에 없다는 것이었다. 이러한 일은 비일비재하게 발생했다. 1565년 피렌체의 행정관들은 약간의 돈을 벌기 위해 자신들의 두 딸을 매춘시켰다는 죄목으로 산 미니아토San Miniato의 실비오 디베티노Silvio Divettino와 그의 아내를 기소했다. 또 1년 뒤 그들은, 이웃의 젊은이들을 집으로 초대해 자신의 딸 베타Betta와 성관계를 맺게 한 다음 돈을 받았다는 죄목으로 보르고 스텔라Borgo Stella에 살던 시에나Siena의 카테리나Caterina에게 벌금을 부과했다. 또 그즈음 그들은 사위가 집을 비운 몇 개월 동안 결혼한 자신의 딸에게 매춘을 알선했던 엠폴리Empoli의 과부 리오나르다Lionarda에게도 유죄를 선고했다.[3]

피에타의 집과 같은 보호시설은 절망적인 상황에 빠진 부모, 착취하던 숙부, 10대 소녀의 성을 경제적 어려움을 타개할 해결책으로 보았던 말만 번드르르한 낯선 이들로부터 소녀들을 구제하기 위한 목적으로 설립되었다. 하지만 만약 그러한 시설이 청소년기 소녀들의 매춘을 막기 위한 곳이었고 또 적어도 그녀들의 성을 보호하기 위한 곳이었다면, 왜 마르게리타, 마리아 그리고 막달레나를 비롯한 그토록 많은 소녀가 그곳에서 죽었을까? 대략 같은 시기에 비슷한 목적으로 피렌체인들이 설립했던 다른 두 보호시설에 수용된 소녀들이 그럭저럭 청소년기 후반까지 살아남았다는 점을 감안한다면, 이 질문은 특히 더욱 난해한 문제로 다가온다. 다른 곳에 수용되었던 소녀들은 좀 더 안정된 상황이 되어 가족의 품으로 다시 돌아갔거나, 하녀로 고용되어 일자리를 잡았거나 혹은 결혼해서 스스로의 가정생활을 꾸려가기 시작했다. 물론 피에타의 집 소녀들 일부는 그러한 경로를 밟았다. 하지만 대부분은 그와 같은 기회를 갖지 못했다.

그 이유를 찾는다면, 16세기 이탈리아에서 설립된 가장 특징적인 자선쉼터였던 한 보호시설의 실체가 해명될 것이다. 그곳은 당시 이탈리아 곳곳에서 버림받은 소녀들을 위해 문을 열었던 일반적인 쉼터와는 아주 거리가 멀었다. 소녀들을 위한 쉼터는 훗날 보호소conservatory로 불렸다. 왜냐하면 이러한 쉼터들이 가정의 붕괴와 함께 갑작스러운 위험에 처하게 될 청소년기 소녀들의 명예, 즉 순결을 보호하기 위한 목적으로 세워졌기 때문이다. 보호소를 설립한 사람들은 결코 자신들이 세운 보호시설을 수녀원과 같은 영속적인 기관으로 만들려고 하지 않았다. 그곳은 10대 소녀가 남편이나 일자리를 구할 때까지 또는 가족들이 안정된 상황이 되어 그녀를 다시 찾아갈 때까지 폭행과 매춘으로부터 그녀를 보호하기 위한 중간 기착지였다. 큰 도시와 작은 마을 모두에서 수십 개의 보호시설이 16세기에 문을 열었다. 일부에서는 소수의 소녀를, 다른 곳에서는 수십 명의 소녀를, 또 다른 곳에서는 수백 명의 소녀를 수용했다. 대개의 보호시설에서는 약 6~7년 뒤 수용하고 있던 소녀들을 성공적으로 다시 사회로 되돌려 보냈다. 이러한 보호시설에서는 열두 살짜리 소녀들이 거리에서 일하지 않도록 보호하기 위해 노력했다. 하지만 이후 그들은 본래의 취지에서 벗어나, 심지어 매춘부들조차 고개를 가로저을 정도의 이상한 의식으로 열여덟 혹은 열아홉 살 소녀들의 순결을 밀거래하기 시작했다. 볼로냐의 보호소에서는 시설의 정문 앞에서 미래의 남편감들로부터 지원서를 받았고, 또 그들을 유혹하기 위해 결혼 지참금을 내걸었다. 피렌체 보호소의 소녀들은 제복을 차려입은 채 결혼 지참금을 넣은 가방을 들고 공적인 행진에 참가했다. 또 로마의 소녀들은 피렌체의 소녀들과 비슷한 행진을 하다가 아내를 구하려던 남성들에 의해 직접 선택되어 제단 위로 불려나가기도 했다. 대부분의 도시가 인구의 증가를 간절히 바라고 있었고, 가능한 한 빨리 소녀들이 아내와 엄마가 되기를 원했다. 그러한 도시에서는 이 보호소를 아내와 엄마가 될 수 있는 소녀들이 결혼하고 아이를 가질 수 있을 때까지 음식과 일거리를 제공하고 또 그녀들의 건강과 순결을 지켜줄 훌륭한 방책으로 간주했다.[4]

표면적으로 피에타의 집은 이러한 다른 보호소와 그리 큰 차이가 없어 보인다. 하지만 다른 보호시설들과 달리, 피에타의 집에는 그곳의 일부 소녀들과 담임사제들이 보호소가 설립된 수십 년 뒤부터 직접 작성하기 시작한 필사본 역사책, 『피에타의 집 자매들의 연대기The Chronicles of the Sisters of the Pietà』가 남아 있다.[5] 수녀원의 연대기 전통에서 볼 때, 그것은 수세대에 걸쳐 여러 사람이 쓴 작품이었다. 담임사제 가운데 한 사람이었던 수사 조반 바티스타 브라케시Giovan Battista Bracchesi가 1580년대에 처음 『연대기』를 쓰기 시작했고, 10년 뒤 카테리나Caterina라는 이름의 보호소 출신 소녀가 제3회의 수녀로 서원한 다음 그 일을 넘겨받았다. 뒤이은 수십 년 동안 많은 소녀가 비슷한 서원을 하게 되어 피에타의 집이 점차 하나의 수녀원처럼 변모하게 되었지만, 그 수녀들 가운데 누구도 『연대기』의 서술을 위해 펜을 들지는 않았다. 1700년 또 다른 수사였던 로마노 펠리체 비초니Romano Felice Viccioni가 피에타의 집에 관한 이야기가 잊혀져가는 것에 절망하여, 일부 개별 소녀들의 완전한 일대기와 함께 『연대기』를 수정하고 갱신하기 시작했다. 이후 약 10년 동안 어느 누구도 그 작업을 계속하는 데 애를 먹지 않았는데, 부분적으로 그것은 로마노 수사가 『연대기』 노트를 산 마르코San Marco 수녀원에 남겨놓았기 때문이었다. 그곳이 바로 피에타의 집 수녀원장 마리아 테레사 페트루치Maria Teresa Petrucci가 약 10년 뒤 간결한 필체로 세세한 내용들을 덧붙여 피에타의 집 전체 역사를 다시 기술하기로 결심했을 때, 기존에 남아 있던 『연대기』를 찾으러 갔던 곳이다.

『피에타의 집 자매들의 연대기』는 우리가 얻고 싶어 하는 아주 세밀한 "내부의 이야기inside story"를 담고 있는 것처럼 보인다. 하지만 그 책에는 피에타의 집과 관련된 수수께끼가 직접적이고 분명하게 드러나지 않는다. 이 때문에 다른 자료들을 더 철저히 조사한 이후에야, 이 『연대기』에서 가장 주목할 만한 점이 바로 활자를 통해 이야기되지 못한 어떤 것이라는 사실이 분명해진다. 조반 바티스타 수사와 카테리나 수녀는, 간혹 피에타의 집에 들어와 단지 몇 주 안에 떼 지어 죽어나갔던 또 다른 마르게리타, 마리아 그리고 막달레나 같은 소녀들에 관한 것에 대해 아무 말도 하지 않는다. 특히 수도사들은 보호소 내의 삶에 관해서는 거의 이야기하지 않았고, 심지어 설립 초기의 고통스러웠던 몇 해에 관해서는 더더욱 기술하지 않았다. 수도원과 수녀원에서 작성된 다른 많은 연대기와 마찬가지로, 『피에타의 집 자매들의 연대기』는 인간의 행적보다는 신의 섭리에 관한 내용을 담고 있다. 이 『연대기』를 기술한 일련의 저술가들에게 있어, 피에타의 집이 하나의 보호소로서 그 문을 열도록 허락되었을 수도 있었지만, 신이 처음부터 의도한 바는 그곳이 수녀원이 되도록 하는 것이었다. 이 점을 염두에 두고 그들은 종교적 헌신이나 기적을 제외한 다른 일들에 대해서는 거의 기술하지 않았다. 또한 그들은 보호소의 문을 열고 일을 시작했던 초기의 수사들과 여러 반대에도 굴하지 않고 수녀원으로서 피에타의 집을 이끌어간 후일의 수사들을 제외한 인물의 이름을 거명하지 않았다. 병사 네그란테 같은 아버지들에 대한 기록은 전혀 없고, 죄를 범한 빌리 수사나 그들의 아이를 낳았던 수상한 여인들에 대한 흔적도 거의 나타나지 않는다. 이러한 인물들은 오직 다른 자료에만 등장할 뿐이다. 따라서 우리가 그들에 관해 더욱 많이 읽게 되면 될수록, 피에타의 집이 설립된 초기의 몇 년 동안에 대해 설명하기 위해서 만큼이나 또 다른 많은 부분을 감추기 위해, 이 수녀와 수사들이 펜을 들었으리라는 의구심이 커지게 된다. 만약 이것이 승자가 쓴 역사라고 한다면, 패자는 과연 누구였고 또 그들을 그렇게 만든 것은 무엇이었는가? 다른 문서보관소 기록들의 여러 지면에서 비명을 지르고 있는 비극에 관해서는 아무런 이야기도 하지 않는 "올바른correct" 역사를 쓰는 것이, 왜 그들에게 그토록 중요했는가? 다른 문서보관소의 기록에서 더 많은 해답을 찾으면 찾을수록, 수기로 작성된 연대기의 행간이 더욱 넓어졌고, 그것에 담겨 있는 문제 또한 더욱 복잡해졌다.

내가 연구를 진행해가는 동안, 다른 기록들에 나타난 훨씬 더 많은 인물이 이 행간을 메워주었다. 온갖 다양한 사회적 배경을 지닌 수십 명의 여성이 피에타의 집을 열기 위해 커다란 불평등에 맞서 지칠 줄 모르고 일했다. 먼저 이 여성들의 모임을 이끌었던 마리에타 곤디Marieta Gondi는 보호소의 운영기금을 모으기 위해 끊임없이 가가호호 방문하며 후원자들을 설득했으며, 어떤 목공의 미망인이었던 모나 알레산드라Mona Alessandra는 거주 관리인으로서 거의 30년 동안 피에타의 집에 살면서 그곳을 소녀들을 위한 쉼터로 만들기 위해 많은 일을 했다. 한편 15세기 피렌체의 유명한 상인 군주였던 코시모Cosimo와 로렌초Lorenzo의 후손으로서 당시 피렌체의 공작이었던 코시모 1세 데 메디치Cosimo I de' Medici는 피렌체를 학문과 문화의 중심지로 탈바꿈시켰고, 스스로도 한 세기 전의 선조들보다 더욱 강력한 도시의 통치자가 되기로 단호하게 마음먹고 있었다. 또한 불같은 열정의 설교가 사보나롤라Girolamo Savonarola 역시, 비록 1498년 화형으로 처형되었지만, 다음 세기에도 여전히 개혁가들에게 지속적인 영감을 주었다. 카리스마 넘치고 열정적이었던 알레산드로 카포키Alessandro Capocchi와 같은 도미니코 수도회 수사들이 그러한 사보나롤라의 유산을 장악하기 위해 노력했고, 또 다른 수녀와 미망인들이 바로 그 동일한 유산을 두고 카포키 같은 수사들에게 도전했다. 그리고 많은 매춘부, 유모, 섬유 노동자, 그리고 상인의 일상이 피에타의 집 소녀들의 일상과 교차하고 있었다.

그들의 발걸음을 뒤쫓아감으로써, 우리는 피에타의 집에 관한 미스터리와 그것의 비밀과 연결된 수수께끼를 탐색할 수 있을 것이다. 또한 그것이 우리에게 르네상스기 피렌체의 소녀들이 직면했던 삶의 유형 그리고 그녀들의 순결에 집착했고 또 그것을 거래했던 사람들의 복잡하고 또 때로는 모순적인 양태를 보여줄 것이다. 일부 사람들은 처녀성을 보호하려 했지만, 또 다른 이들은 그것을 통해 이득을 취했다. 그리고 많은 사람이 이런저런 방식으로 그것을 교묘하게 조종하려고 했다. 처녀성은 경제적 가치와 도덕적 반향 그리고 병의 치료를 위한 거의 마법적인 힘을 지니고 있었다. 아울러 만약 결혼 전까지 처녀성을 지킬 수만 있다면, 소녀들은 그것을 통해 자신들이 버려졌다는 수치심을 치유할 수도 있었다. 또한 처녀성을 보호한다는 것은 만약 적절히 관리하기만 한다면, 피렌체의 섬유산업계가 안고 있던 노동문제를 해결할 수 있는 어떤 기관에 소녀들을 격리시킨다는 것을 의미했다. 아울러 절망적인 상황에 처한 일부 사람들의 시각에서 볼 때, 처녀성을 취하게 되면 성관계를 통해 감염될 수 있는 질병들을 치료할 수도 있었다.

부적, 자원, 투자, 혹은 치료제, 그 무엇이 되었든지 간에, 소녀들의 처녀성은 많은 이에게 매우 가치 있는 것이었다. 이 때문에 어느 누구도 소녀들 스스로 자신의 처녀성을 다루도록 내버려두지 않았다. 오늘날의 우리에게는, 당시의 존경받던 귀족 가문들이 결혼 시장에서 적절하게 투자할 수 있을 때까지 보호해야 할 자산이었던 딸들의 처녀성을 과연 어떻게 거래했는지에 관해 이야기한 수많은 설교와 문학작품이 남아 있다. 하지만 우리는 노동자, 군인, 매춘부를 부모로 두었거나 일찍 부모를 여읜 "일반적인 평범한" 소녀들에 대해서는 거의 알지 못한다. 이들이 바로 피에타의 집 문으로 걸어들어왔던 소녀들이다. 마르게리타, 마리아 그리고 막달레나 같은 소녀들이 어떻게 그곳에 들어왔고, 또 과연 그녀들이 후일 그곳으로부터 걸어나와 다시 사회로 되돌아갔는지의 여부는 르네상스기 피렌체의 성의 정치학에 따라 결정될 문제였다. 이 문제에 도달하기 위한 껍질들을 한 올 한 올 벗겨가면서, 우리는 왜 그토록 많은 소녀가 죽어갔는지에 대한 많은 가능한 해답을 얻을 수 있을 것이다. 이것은 어떻게 자료를 읽고 해석해야 하는가에 관한 일종의 시험 사례다. 왜냐하면 그러한 작업이 『연대기』의 신성한 확실성을 더욱 의심스럽게 만들 뿐만 아니라, 결국 우리에게 어떠한 분명한 해답도 제시해주지 못하기 때문이다.

물론 『연대기』는 온전하고 전체적인 것처럼 보이는 읽을 만한 역사를 제공한다. 이와 비교할 때, 피에타의 집과 같은 기관에서 남겨놓은 또 다른 자료들은 파편적이고 고르지 못하며, 따라서 그것들을 읽고 이해하는 일은 우리에게 하나의 도전적인 과제로 다가온다. 피에타의 집 첫 번째 회계장부 담당자이자 필경사였던 안드레아 빌리오티Andrea Biliotti는 읽을 수 있는 또렷한 필체로 분명하게 장부를 기록했다. 하지만 그는 그 업무를 시작한 지 2년 만에 죽었다. 일을 물려받은 피에르 조르조 우기Pier Giorgio Ughi는 이후 구입물품의 총계를 계산하고, 그곳에 들어온 소녀들의 등록부를 작성하고, 기부받은 음식과 돈을 기록하기 시작했다. 필체로 판단하건대, 우기는 언제나 성급하게 기록을 작성했던 것으로 보인다. 종이 위에 날아가듯이 글씨를 썼고, 또 누군가가 결과를 읽어볼 수도 있다는 생각을 거의 하지 않은 듯이 휘갈겨 기록을 작성했기 때문이다. 그가 남겨놓은 장부들과 씨름해야 하는 연구자들의 유일한 위안은, 그가 채 10년이 안 되는 기간 동안만 거래장부를 관리했다는 점이다. 1565년 여름 무렵, 조반니 벤치니Giovanni Bencini가 그의 뒤를 이어 이후 수십 년간 그 업무를 담당했다. 적어도 초기의 경우, 그의 필체는 마치 인쇄한 것처럼 분명했다. 하지만 해가 지나면서 신경장애를 앓고 있던 벤치니의 작업 속도가 무뎌졌고, 그의 필체 역시 불분명해졌다. 비록 판독이 그리 용이하지는 않지만, 우기는 자신이 작성한 기록을 하나의 커다란 책으로 제작하여 선반 위에 간결하게 보존될 수 있도록 만들었다. 처음에는 벤치니도 마찬가지였다. 하지만 그의 필체가 안 좋아지면서, 그것을 보관하는 그의 능력도 함께 쇠퇴했다. 그의 주위에 조금씩 종이들이 느슨하게 쌓여갔고, 그가 할 수 있는 최선의 길은 주제나 연대기적 순서와 관계없이 주기적으로 문서를 적당한 무더기로 한데 솎은 다음 위아래를 판지로 덮어 간결하게 정리하고, 커다란 바늘로 한가운데에 구멍을 뚫어 줄을 끼워 묶은 뒤, 잘 정돈된 빌리오티와 우기의 책들이 놓여 있던 곳의 옆 선반 위에 던져놓는 것이 고작이었다.

회계장부 담당자들이 범한 작은 오류들과는 별개로, 피에타의 집과 같은 보호소들은 기록을 유지하기 어렵게 만드는 끝없는 도전에 직면해 있었다. 피렌체에서 아르노 강은 주기적으로 범람해, 때로는 기록물들이 보관되어 있는 공간을 포함한 도시의 여러 지역이 침수되곤 했다. 그럴 경우, 물에 젖은 낡은 기록물들이 버려질 수도 있었다. 이런 가장 큰 홍수 가운데 하나가 1557년 가을에 발생했다. 우리는 이 홍수로 인해 아르노 강변에서 북쪽으로 단지 한 블록 떨어져 있던 피에타의 집 저장소에 보관되어 있었을지도 모르는 초기의 기록들이 사라지게 되었는지 정확히 알지 못한다. 또한 어쩌면 계속 늘어가는 기록물들이 비좁은 저장 공간에 위협적으로 넘쳐 났을 수도 있다. 자금이 부족할 때에는, 쌓여 있는 오래된 장부들의 일부를 제지업자나 제본업자에게 파는 것이 이치에 더욱 합당했다. 업자들이 문서를 재활용하여 종이로 제작하거나 묶음용 판지로 만들기 위해 상당한 돈을 지불했기 때문이다. 일부 자료는 벌레의 먹이가 되었고, 다른 자료는 불에 타버렸으며, 또 다른 것들은 팔려나갔다. 이러한 여러 정황을 감안하면, 오히려 실제로는 그토록 많은 기록물이 적정한 상태로 손상되지 않고 남아 있다는 사실이 더 놀라울 수도 있다.

그렇다면 어떤 기록이 남아 있는가? 무엇보다 재정 관련 기록과 법률 기록이 남아 있다. 자선기관의 생명선 역할을 했던 돈의 흐름을 따라 움직였기 때문이다. 약속받고 수증받은 유산들, 빌려주거나 빌린 돈, 구입하거나 빌렸던 아니면 팔아버린 재산, 벌어들인 수입, 면벌부나 면책권처럼 수입을 창출할 수 있는 영적 혜택, 이러한 모든 수입원을 빈번히 상쇄했던 비용들이 그것이었다. 대부분의 고아원에서는 그곳에 들어온 어린이의 명부나 등록부를 보관했다. 그것들 역시 그들의 자산과 부채였기 때문이었다. 가끔 공식 서한을 모아둔 서류들이 남아 있기도 한데, 특히 공작이나 그의 관료들 또는 대주교나 사제들에게 보낸 청원서나 변론서의 경우가 그러했다. 그밖에도 보호소의 내부 규칙이나 법령도 종종 다양한 형태로 남았다. 어떤 보호소의 경우에는, 그 문을 열고 수십 년 혹은 100년이 지나 환경이 바뀌거나 예상치 못한 문제가 발생하고 또는 새로운 생각이 출현함으로써, 설립 당시의 규정과 일상의 현실 사이에 위험할 정도로 간극이 벌어지기도 했다. 비록 일부 영리한 관리들이 거금의 사기횡령에 이용할 수 있는 행정적인 허점을 막아보려는 것이 법령 개정의 가장 큰 이유였지만, 성직자의 설교나 관료의 규정 등이 이러한 규칙을 변화시킬 수도 있었다. 물론 새로운 법령이 효율성을 담보하지 못한 채 실수를 증폭시키기도 했다. 어쨌든 편리하게 참고하고 또 비교할 수 있도록, 여러 법령 기록이 하나의 상자 속에 계속해서 보관되었다.

어린이와 그들을 돌보던 사람들이 작성한 회고록이나 일상의 사건을 기록한 편지와 일기처럼, 보호소 내부의 삶이 과연 어떠했는가에 관한 우리의 호기심에 직접 답할 수 있는 유형의 자료들은 종종 남아 있지 않다. 피렌체의 주요한 고아원이었던 '아반도나티 구빈원Ospedale degli Abbandonati[버림받은 소년들을 위한 쉼터]'의 한 입회명부 뒷면에 그려진 어떤 고아의 초상화나, 자신들의 노동조건을 불평하면서 파업의 위협을 담아 대공에게 보낸 피에타의 집 어떤 소녀의 편지에서처럼, 물론 때론 그 흔적이 남아 있기도 하다. 하지만 대개의 경우, 여러 파편적인 기록을 묶어 하나의 이야기로 종합하기 위해서는, 일견 그럴듯하지 못한 필사본 기록들 속에서 여러 힘든 작업을 수행해야 한다. 예를 들어 식단이 남아 있지 않을 수도 있다. 하지만 재정 기록에 나타난 채소와 과일의 구입 기록을 추적한다면, 한 계절에서 다음 계절에 이르기까지 무엇을 먹었는지에 관한 단서를 얻을 수 있고, 심지어 르네상스기에도 늦여름까지 많은 양의 호박 소비가 불가피했다는 사실을 알 수 있다. 직물 구입 기록은 아이들이 무엇을 입었는지에 대해 알려줄 수 있다. 하지만 고아원 재원을 마련하기 위해 어린이들이 직접 일해 생산한 옷감의 양이 수입과 지출 기록에 나오고 들어가기를 반복하기 때문에, 직물 구입 기록에 대한 추적은 신중하게 이루어져야 한다. 일부 어린이들은 변변한 신발도 신지 못한 채 고아원에 들어왔다. 따라서 종종 신발이 세심하게 기록된 가격과 함께 그들에게 제공된 최초의 품목이었다. 봉급이나 품삯 지불 기록은 그들과 함께 일했던 의사나 고용 외과의, 소녀들이 준비한 밀가루 반죽을 구운 제빵사fornaio, 선반을 만든 목수, 또는 문을 수리하거나 창문의 빗장을 튼튼하게 세운 잡부들의 이름을 알려준다. 이것들을 통해 점차 조금씩 우리는 피에타의 집과 같은 보호소에서 하루하루의 노동이 어떠했는지를 종합적으로 그릴 수 있게 된다.

하지만 처음에는 분명하고 믿을 만하며 또 객관적으로 보였던 거래내역 기록에서도 역시, 마치 『피에타의 집 자매들의 연대기』의 경우와 마찬가지로, 결국은 지면 위의 글과 침묵하고 있는 것들 사이의 간극이 드러나게 될 수도 있다. 필사본 기록은 정보를 담고 있다. 하지만 그것은 오직 서서히 드러나게 되는 자신만의 많은 이야기 또한 담고 있다. 단지 소수의 사람만이 글을 쓸 수 있었다. 따라서 깃펜을 쥐고 있던 모든 이가 마음속에 각기 다른 책무와 무게로 잉크병에 펜을 담갔다. 때때로 그들은 다른 이들을 위해 기록을 작성했지만, 또 간혹은 자신 스스로를 위해서도 글을 썼다. 일부 필사본 기록은 대중에게 공개되었지만, 다른 것들은 비밀 장소에 보관되었다. 몇몇은 한 사람이 썼지만, 일부는 여러 사람에 의해 작성되었다. 수작업으로 제작된 종이와 부드럽게 마무리된 송아지 가죽 표지로 만들어진 작은 재정 기록 원장의 가격이 노동자 한 명이 여러 날 혹은 몇 주에 걸쳐 벌어들인 수입보다 더 비쌀 수도 있었다. 보존되든지 유실되든지, 유포되든지 보관되든지, 도둑맞든지 재활용되든지, 그 어떤 경우에라도 필사본 기록은 그 지면 위에 명기된 글이나 숫자에 의해서 만큼이나, 얼룩진 표지나 낡은 바인딩을 통해 우리에게 많은 것을 알려준다.

여러 이야기를 담고 있는 기록들을 종합적으로 다시 살펴보면서, 우리는 전혀 다른 차원의 질문을 포착할 수 있게 된다. 어떤 필사본 기록을 다른 것과 비교하면서 읽어나가고, 어떤 하나를 다른 것의 허점을 메우기 위해 이용하면서, 우리는 점차 그 모두에 합당할지 모를 하나의 그림을 그린다. 작고 세세한 정보들, 직감 그리고 가설이 우리를 어떤 탐구의 경로로 이끌지만, 간혹 별 볼 일 없는 필사본에서 얻게 된 하나의 새로운 발견이 조사의 방향을 바꾸어놓을 수도 있다. 또한 단일한 작은 정보가 마치 만화경 속처럼 신속하게 모든 다른 정보의 지형과 모습을 바꾸어버릴 수도 있다. 한때 분명하게 보였던 것들이 갑자기 혼란스럽게 생각되고, 새로운 발견과 새로운 생각으로 초기의 설명이 아주 근본적으로 달리 이해될 수도 있다. 그리고 그 결과 전혀 새로운 차원의 질문과 가능성이 도출된다. 바로 그 지점에서 우리는 연구의 방향을 전환하고 새로운 지침을 따라야 한다. 피에타의 집 미스터리를 이해하기 위한 이 연구에서, 내게는 이와 같은 급작스런 변화가 수차례나 일어났다. 나는 뒤이은 본론의 장들에서 그것들을 보여주고자 한다.

이와 같은 간극과 침묵에 마주했을 때, 우리가 취할 수 있는 가장 책임 있는 접근법은 너무 많이 추측하지 않는 보수적인 방법이다. 하지만 역사 연구에서 우리가 발견할 수 있는 부분적인 도전과 흥분은 그 경계선을 밀어젖히는 것이다. 이 책에서 나는 내가 시험했고 때로는 배제하거나 제쳐두었던 약간의 예감, 충실하지 못한 실마리 그리고 견해 등을 따를 것이다. 또 이 책의 가능한 지점에서, 나는 그것들로 인해 겪게 된 약간의 놀라움과 좌절감 역시 전달하고자 한다. 그러한 과정에서, 우리는 개연성의 외부 경계선상에 존재하고 있으며 심지어는 가능성의 한계를 넘어서는 것처럼 보일 수도 있는 해석을 검토하게 될 것이다. 우리는 때로 별로 관계없어 보이는 문맥에서 거둔 증거의 힘에 기대어 그러한 경계에 접근할 것이다. 물론 이러한 해석으로 인해 르네상스기에 무엇이 일어났는가에 관해 우리가 알고 있던 기존의 이미지들이 흔들릴 수도 있다. 또한 그러한 해석이 그저 변덕스럽게 유행을 좇거나, 시대착오적이며, 심지어는 성가신 것처럼 보일 수도 있다. 아울러 그것들이 책임감 있는 역사 연구라기보다 마치 역사소설처럼 보일 수도 있다. 마치 힘 있고 성적으로도 공격적인 여성 영웅들이 자신들 앞에 가로놓인 장벽을 부수고 화가와 교황들과 잠자리를 함께하는 것처럼 말이다. 하지만 그렇다고 해도, 이것이 피에타의 집에 관한 이야기에 숨어 있는 침묵을 읽을 수 있는 최선의 방법이다.

해석의 한계를 밀어젖히면, 우리의 예상을 한참 넘어서는 사회의 일면이 그 모습을 드러낸다. 때때로 그것은 행간을 읽는 것을, 침묵 속으로 들어가 읽는 것을 포함한다. 우리는 언제나 이러한 상황을 만나게 되고, 매번 그럴 때마다 무엇인가가 직접적으로 진술되지 않는 이유가 도대체 무엇인지 질문하게 된다. 일반적으로 받아들여진 일에 지나지 않은 것이었는가? 아니면 교묘하게 감추어진 것인가? 그것도 아니라면 결코 일어나지 않은 것인가? 때때로 설교단 위에서 그리고 팸플릿을 통해 보다 제한적인 행위 규범을 소리 높여 주창했던 사람들의 목소리에 압도되었기 때문에, 도덕적 관례는 특히 다루기 어렵다. 어떤 설교가의 권고 혹은 또 다른 실체에 맞추어 그것에 관한 어떤 가정을 세우는가? 르네상스기의 이탈리아인들은 엄격한 도덕규범을 지니고 있었고, 적어도 일부 사람들은 성적인 난교를 혐오했다. 하지만 또한 그들은 성적 욕망이 청소년기 소녀를 병들게 하며 청소년기 소년을 그것에 탐닉하도록 만들 정도로 강렬한 것이라고 생각했다. 하녀가 주인의 성적 재산이고, "소년다운 소년"이라면 강간 심지어 때론 집단 강간마저 할 수 있으며, 순결 서원이 아니라 10대 소년들이 적정한 가격으로 익명의 섹스를 즐길 수 있도록 공적 자금을 이용해 도시에 유곽을 건설하는 것이 그들의 성적 욕구와 관련된 문제를 통제할 수 있는 해결책이라는 점을, 당시의 많은 사람이 당연시했던 것 같다. 제한적인 성도덕은 역설적으로 성적 행위에 관한 생각 없는 접근과 공존했다. 만약 르네상스기의 성경험과 성에 대한 기대의 지형을 이해하려고 한다면, 오래된 책 속에 재현된 프리마돈나의 모습 그리고 근대 역사소설에 과도한 성적 욕망의 소유자로 등장하는 여성들의 모습이 실제 그들의 본 모습이라기보다 우리의 뇌리에 자리 잡고 있는 선입견 때문에 나타난 이미지라는 점을 깨달을 필요가 있다.[6]

르네상스기의 사회에 부르주아 도덕관을 투사하는 것은, 근대의 난잡한 성생활을 그 사회에 투사하는 것만큼이나 시대착오적이다. 우리는 보통 약간의 처방전만을 가지고 모든 도덕규범을 재구성하려고 하고, 또 우리의 추정을 암묵적으로 이용해 그 간극을 메우려 한다. 하지만 이 때문에 당시의 사람들이 우리에게는 매우 일탈적으로 보이는 요소를 단일한 도덕적 틀 속에서 결합하고 있었다는 사실을 간과하게 될 수도 있다. 처음에는 불가능해 보일 수도 있는 것을 열린 마음으로 즐기는 것이, 우리로 하여금 수수께끼처럼 아주 난해한 상황을 이해할 수 있도록 도와줄 수 있다. 하지만 이것은 오직 우리가 기꺼이 해석의 경계를 확대하려고 할 때에만 가능한 일이다.

피에타의 집에 관한 이 미스터리는 한 필사본 기록에서 다른 기록으로, 한 질문에서 다른 질문으로, 한 가설에서 또 다른 가설로 움직이면서 전개된다. 어떤 문제들은 해명될 수 있지만, 다른 문제들은 풀리지 않은 채 그대로 남아 있다. 이런저런 기록들 속으로 더 깊이 들어가면 갈수록, 우리는 『연대기』가 감추려 하는 것보다 더 난해하고 더 골치 아픈 새로운 침묵과 또 다른 문제에 봉착하게 된다. 여성들의 모임을 이끌었던 마리에타 곤디와 미망인 모나 알레산드라가 이러한 은닉에 공모했는가? 이 두 여성이 어떤 식으로라도 연관되어 있었는가? 그리고 무엇이 피에타의 집 소녀들을 죽음으로 몰아갔는가?

제2장

르네상스기의 성과 도시

The Setting: Sex and the City

첫 번째 매춘부

저는 19번이며, 매춘부였습니다.

제 젊음이 만개했을 때는 칭송도 많이 받았답니다.

서른여덟 살이 될 때까지 저는 건강했죠.

하지만 이후 깃털 뽑힌 까치처럼 머리칼을 잃게 되었답니다.

먹고살기 위해 저는 포주가 되었습니다.

유모로서 제가 키운 이 어린 소녀를 위해서였죠.

그리고 그녀가 곤란을 겪지 않도록 저는 그녀를 주위에 제공하고 있습니다.

그녀를 원하는 사람들에게. 그리고 그녀는 저와 함께 살고 있습니다.

피에리나

저는 브라치오Braccio의 어린 딸이랍니다.

그들이 저를 10번으로 만들고, 수레에 태웠죠.

지금 이 행진을 위해서 말입니다. 제 이름은 피에리나Pierina이며,

저를 기다리고 있는 영광은 시궁창 같은 밑바닥 삶입니다.

브라치오가 저에게 모금함을 만들어주었고,

가난한 사람들에게 제공하려고 저를 보냈답니다.

지금은 10번이지만, 저는 결코 10번이고 싶지 않습니다.

아마 4점을 더 얻으면, 저는 6번으로 올라가게 될 것입니다.

피렌체의 최고 매춘부 40명이 등장한 시끌벅적한 카니발 행렬이 도로를 따라 내려오고 있다. 길 양옆에는 견습공들과 직공들이 조롱과 야유를 쏟아부으며 줄지어 서 있다. 각각의 매춘부는 자신의 수레를 가지고 있다. 오늘날과 마찬가지로 르네상스기에는 남성들이 카니발에서 여장을 하고 가장 충격적인 역할을 연기했다. 이 때문에 그녀라기보다 그의 수레라고 부르는 것이 옳을 수도 있다. 잘 치장된 짧은 노란색 드레스를 입고 화장을 짙게 한 어떤 대머리의 중년 양모 노동자가 굽이 높은 초핀chopine을 신고 몰려든 군중들을 위해 19번 매춘부로 단장하고 있다. 프랑스 폭스French pox [매독] 때문에 머리칼이 빠지면서 고객을 모두 잃게 된 그녀는 이제 자기 대신에 한 젊은 견습 소녀가 몸을 팔도록 포주 노릇을 하고 있다. 몇 대의 수레 뒤에는, 또 다른 견습생 피에리나Pierina가 소년의 역할을 연기하는 소녀의 모습으로 등장하고 있다. 피에리나는 일반적인 소녀의 이름이 아니기에 우리는 여기에서 젠더의 역할이 뒤섞이고 있음을 알 수 있다. 가장 인기 있는 매춘부들은 젊은 소년의 포즈를 취할 수 있는 이들이었다. 이에 순위가 오르기를 열망하며 엉덩이를 뒤로 내밀어 흔들면서, 피에리나는 자신의 주위로 몰려와 모금함에 돈을 던져넣도록 사람들을 유혹한다.

피렌체인들은 지칠 줄 모르고 성에 탐닉했다. 각 시대는 성에 관한 특유의 집착이나 환상을 지니고 있다. 16세기의 피렌체인들을 사로잡은 것은 성과 돈의 관계, 특히 성인 남성의 어린 소녀에 대한 추잡한 욕구였다. 그들은 만약 기회만 된다면 거리낌 없이 어떤 남자와도 기꺼이 침대에 뛰어들 준비가 되어 있는 피에리나 같은 10대 소녀에 대한 열렬한 환상을 가지고 있었다. 피에리나와 19번 매춘부는 모두 1553년 『도시 피렌체의 40명 매춘부를 위한 카드놀이I germini sopra quaranta meretrice della citta di Fiorenze』라는 제목으로 익명의 작가가 출판한 카니발 시집에 등장하는 인물이다. 당시 그러한 풍자시는 아마추어 카니발 연기자들을 위한 일종의 무대 지침서와 같은 것이었고, 이 연기자들은 관중들이 길가에서 환호하고 야유하고 또 뒹굴 수 있도록 과장된 역할을 연기하곤 했다. 이 책이 출판될 무렵, 약사이자 극작가 그리고 중급 지식인이었던 안톤프란체스코 그라치니Antonfrancesco Grazzini(1503~1584)는 보카치오의 『데카메론』을 비틀고 뒤집는 성적 소극을 기술하고 있었다.[1] 등장인물들의 팔다리보다 더 복잡하게 얽히고설킨 이 작품의 줄거리를 통해, 그라치니는 교활한 매춘부와 불만에 가득 찬 수녀들 그리고 "존경받을 만한 소녀들"이 위선적인 수사, 늙은 남성 호색한 그리고 열정적인 소년과 만나는 이야기—이러한 이야기에서 그런 일들은 대부분 그들과 공모한 후안무치의 부도덕한 하인들에 의해 꾸며지곤 했다—를 그려낸다. 풍자시나 연극에서 매춘은 소녀를 부상으로 걸고 즐겼던 게임이었지만, 그 게임을 즐긴 이들은 성인들이었다. 때로는 그 성인들이 바로 소녀의 부모였고, 그녀들의 후견인이기도 했으며, 또 어떤 경우에는 부모 잃은 소녀를 감언이설로 꾀어 그녀를 연극에 가담시키려 했던 또 다른 남성이나 여성이었다.

하지만 한바탕의 웃음이 사라지고 나면, 피렌체인들의 깊은 고뇌 그리고 심지어는 그들의 분노가 이 거친 카니발적인 시와 연극에 넌지시 그 잔상을 드러낸다. 피에리나의 아버지 브라치오는 힘겹게 허우적거리며 살아가던 도시의 과부들만큼 그리 돈에 쪼들리지는 않았다. 하지만 그는 분명히 약간의 쉬운 돈을 벌기 위해 거리낌 없이 자기 딸에게 매춘을 알선했다. 또한 그녀 역시 자신의 매력과 수입이 줄어 어쩔 수 없이 추락하게 되기 전까지, 오직 자신의 직업에서 최고의 자리에 오르기 위해 근면하고 냉정하게 또 계산적으로 행동했다. 그녀 역시 후일에는 그저 이윤만을 좇아 안정적인 노년 생활을 보장하는 일종의 연금으로 아기에게 젖을 물리고 길렀던 별 볼 일 없는 19번 매춘부처럼 될 수도 있을 것이다. 그런데 뚜쟁이로 변신한 이 거리의 여인이 그라치니가 자신의 작품에서 그려낸 기억할 만한 인물 가운데 한 명과 크게 달라 보이지 않는다. 그녀가 바로 『뚜쟁이La pinzochera』에 등장하는 과부 모나 안토니아Mona Antonia다. 자선을 베풀며 살아가는 신앙심 가득한 신성한 여인['pinzochera'. 제2장 미주 1번 참조]인 체하고 있지만, 모나 안토니아는 자신의 딸 산드라Sandra에게 분주히 매춘을 알선하며 시간을 보낸다. 유모와 신성한 여인들은 피렌체인들이 믿고 싶어 했고 또 신뢰해야 할 이들이었다. 그러므로 이 작품을 즐기면서 피렌체인들이 터트린 그 웃음의 이면에는 쓰디쓴 배신의 감정이 짙게 배어 있다. 누구를 진정으로 믿을 수 있는가? 가족이나 후견인이 어떤 일까지 할 수 있었고, 또 소녀들은 무엇까지 될 수 있었는가?

피렌체의 어린 소녀들, 특히 버림받은 청소년기 소녀들의 삶은 어떠했는가? 성인 남성들이 기술했던 소극에서의 삶과 실제로 비슷했는가? 그녀들이 직면했던 위험은 과연 무엇이었는가? 그녀들은 어떻게 생존했는가? 16세기 중반 그라치니와 몇몇 다른 이가 희극을 기술하고 있을 때, 이 상황을 특히 달갑게 생각하지 않았던 다른 피렌체인들은 서로서로 힘을 모아 그녀들을 보호하기 시작했다. 그들은 간혹 청소년기의 소녀들이 다른 이들이나 자신들의 보호가 필요한 손쉬운 피해자라고 믿었다. 당시 경찰의 체포권은 대단한 걱정거리였다. 이 피렌체인들은 특히 도시의 성에 관해 고심했는데, 그들이 매춘에 부과하기 시작했던 새로운 통제와 가장 오래된 직업으로부터 벗어날 수 있도록 여성과 소녀들에게 도움을 주기 위해 문을 열기 시작한 보호시설에서, 우리는 이 점을 확인할 수 있다. 피렌체인들은 매춘을 악마처럼 묘사하지 않았다. 하지만 낭만적으로 생각한 것도 역시 아니었다. 매춘의 경계선을 넘어서는 일이 아주 쉽다는 사실을 깨닫고 있었기 때문에, 그들은 강력하게 매춘업의 경계를 통제하려고 노력했다. 허구의 세계에서는 소녀들 스스로의 자발적인 성욕이 그녀들을 그 경계선 너머의 세계로 이끌었다. 하지만 일상의 현실에서 그녀들을 그곳으로 이끈 것은 가난과 대안의 부재였다. 도시의 권력자들은 양지의 세계로 매춘을 끌고 와, 보호시설 주위의 격리된 비밀의 세계 속에 그것을 은폐하려고 했다. 하지만 르네상스기 성의 세계에서 대개 그렇듯이, 여기에서도 목적과 현실 사이에는 적지 않은 간극이 존재했다. 언제나 그렇듯이, 더 많은 해답을 찾을수록, 더 많은 문제가 도출된다.

매춘부들: 소년들을 위해 봉사하기, 여성들을 구하기

—

16세기 중반의 피렌체 거리를 걷다보면, 만나게 되는 모든 이가 젊은이로 보일지도 모른다. 도시 인구의 절반가량이 열다섯 살 미만의 젊은이였고, 그들 삶의 대부분이 문밖에서 이루어졌다. 집과 상점들은 좁고 어두웠기에 더 밝은 길거리에서 필경사, 목수, 재봉사, 특히 그들의 젊은 직공이나 견습공들의 작업이 이루어졌다. 호황을 누리던 건축업으로 인해 노동자들이 반쯤 지어진 집들 위에 올라가 일했다. 도시의 성벽 안에서 시작된 농원, 포도밭, 과수원이 도시의 성문 밖으로 이어진 길을 따라 뻗어나갔다. 그리고 한 무리의 젊은이들이 이 좁은 땅에서 씨를 뿌리고 돌보고 수확하기 위해 일을 했다. 시장 거리에 줄지어 선 가판대에는 과일과 채소가 넘쳐났고, 거리를 활보하던 행상인들은 와인에서부터 한 장의 발라드시, 초기 형태의 신문에 이르기까지 모든 것을 팔았다. 메디치 가문이나 스트로치Strozzi 가문의 탑처럼 높이 솟은 궁전에서부터 작은 상점주나 수공업자의 2인실 아파트에 이르기까지, 여러 가정에서 일하던 젊은 하인들이 도시의 이곳저곳을 분주히 돌아다녔다. 가사노동은 르네상스기의 많은 10대, 특히 10대 소녀들에게 있어, 오늘날의 고등학생들이 아르바이트 삼아 하는 시간제 일과 비슷한 것이었다. 그 일이 그들에게 수입을 가져다주었고, 약간의 직업훈련의 기회 그리고 아마도 보호시설을 제공했을 것이다. 하지만 그것은 청소년기가 지나면 일반적으로 끝나게 되는 단계의 일자리였다. 아무튼 많은 일거리가 그들을 거리로 내몰았다.

하지만 오늘날과 비교하면 하나의 큰 차이가 존재한다. 그것은 르네상스기의 10대들에게 이러한 저임금 직업이 결코 푼돈을 얻기 위한 시간제 수입원에 불과한 것이 아니었다는 점이다. 오히려 그들에게 그것은 삶 그 자체였다. 소년들에게는 견습직 노동과 천한 일자리가 더 나은 미래를 위한 훈련의 기회가 되었다. 또한 소녀들에게 하녀로 일하는 것은 몇 년간 돈을 모아 지참금을 마련하여 이후 결혼의 문을 열도록 만들어줄 수 있는 필수적인 수입원이었다. 만약 자신들이 받은 교육에도 불구하고 이러저러한 이유로 숙련된 직업을 얻지 못하거나, 하녀로 일하고도 이후 결혼에 이르지 못했다면, 그러한 소년이나 소녀들은 20~30대에 접어들면서 점차 일용직 노동자 계층으로 전락하곤 했다. 그럴 경우 그들은 공사판을 전전하거나 이 집 저 집으로 발품을 팔면서, 변변치 못한 일자리와 몇 리라도 되지 않은 푼돈을 찾아다녀야 했다. 일부는 하인으로 계속 머물렀고, 또 일부는 나이가 들어 더 이상의 다른 육체노동을 할 수 없게 되었을 때, 예전의 자리로 되돌아왔다. 기회와 기회의 불확실성은 젊은이들의 삶을 더욱 날카롭게 만들었다. 또한 그 때문에 성인들은 자신들이 할 수 있는 한 이들의 삶에 대해 더욱 염려하게 되었다.

특히 소녀들의 경우가 더욱 염려스러웠다. 필요하다면 소년들은 스스로의 힘으로 자활할 수도 있었다. 하지만 이와 달리 소녀들의 경우에는 그 기회가 훨씬 적었다. 아동기에서 청소년기로 넘어가면서, 문화적 가치, 가족의 기대 그리고 법적 제한 등, 이 모든 것이 하나로 결합되어 소녀들의 주위에 커다란 장벽을 쌓았다. 결혼은 여전히 대부분의 소녀가 원하던 것, 적어도 기대하던 것이었다. 누군가와 눈 맞춤을 했다고 또 누군가에게 고개를 끄덕이고 머리를 흔들었다고 사람들의 입방아에 오르내린 소녀들은 결혼하기가 더욱 힘들었다. 일부 다른 장벽은 소녀들에게 끼칠 수 있는 부도덕한 영향력과 그녀들을 노리던 야심만만한 소년들을 막기 위한 것이었다. 일부 경우에 이러한 장벽은 규정이나 법규 그리고 관습처럼 그저 상징적일 수 있었다. 하지만 부유한 가정 출신의 보다 고귀하고 연약한 소녀들이나, 부모나 후견인들이 성적 평판에 민감했던 소녀들의 경우에는, 그러한 장벽이 바위만큼이나 견고했다. 이 때문에 일부 소녀들은 자신의 집에 수감된 죄수와 다를 바 없었고, 또 다른 소녀들은 숙식이 제공되는 수녀원에서 10대 시절을 보내야만 했다. 역설적이긴 하지만, 이로 인해 세르반자serbanza로 알려진 수녀원의 숙식시설이 수녀들의 인기 있는 수입원이었다.[2]

이러한 장벽들은 또한 청소년기의 소녀들이 자기 스스로를 보호하게 해주었다. 몇몇 우스갯소리에 따르면, 소녀들이 쉽게 착취되었던 가장 큰 이유는 그녀들이 설득될 기회를 많이 갖지 못했기 때문이다. 그라치니는 자신의 희곡에 피아메타Fiametta 같은 열정적인 소녀를 등장시켰다. 이야기 속의 그녀는 자신이 기숙하고 있던 안나레나Annalena 수녀원에서 잠깐의 휴가를 얻어 집에 체류하게 되었는데, 이때 그녀는 이전에 거의 만난 적이 없었던 이웃 소년에게 자신의 동정을 줄 계획을 꾸몄다. 그라치니는 당시의 이웃들과 박사들이 당연시했던 방식대로 이야기를 전개해 나갔다. 열두어 살 무렵의 소년이나 소녀들의 경우라면 모두 자신들의 성적 기호를 발견하고 곧 그 갈망을 채울 수 있는 방법을 찾는 데 몰두한다는 것이 당시 일상의 거리와 대학의 강의실에서 일반적으로 품고 있던 생각이었다. 갈망에 찬 어떤 소년의 경우라면 그의 문제가 그 개인의 문제가 될 수 있었지만, 갈망에 찬 한 소녀는 전 가족의 명예를 위험에 빠뜨렸다. 소년과 소녀들은 곧고 좁은 길로 그들을 이끌려고 했던 사람에게 서로 다른 문제를 제기했다.[3]

특히 소년들에게는 좁은 길보다는 바른 길로 인도하는 것이 더욱 중요했다. 유럽 전역에서 피렌체는 소도미아Sodomia의 도시로 알려지고 있었다. 당시 소도미아는 동성 간의 관계는 물론이고 관습에 어긋나는 다른 여러 성행위 유형과 체위를 포함하는 보다 넓은 의미를 지니고 있었다. 대다수가 알프스 이북 지역에서 피렌체로 넘어온 상인이나 직공들이었던 다양한 무리의 젊은이가 피렌체에서 몇 년의 시간을 보낸 뒤 왔던 길을 되돌아 고향으로 돌아갔다. 이때 그들의 가방에는 화려한 이탈리아의 직물이 담겨 있었고, 그들의 머릿속에는 이탈리아의 최신 신발 제작 공법과 요리법 혹은 재단술 등이 그리고 그들의 상상 속에는 이국적인 이탈리아의 성적 취향이 자리 잡고 있었다. 또한 그들은 이탈리아 길거리의 속어들을 입으로 읊조리고 있었다. 아마도 이들이 '피렌체하기florencing'라는 말을 소도미아를 뜻하는 독일의 일반적인 속어로 만든 사람들이었을 것이다. 이러한 평판으로 인해 알프스를 넘어온 일부 10대 직공들은 피렌체를 자신들의 성애 기술을 증진시킬 수 있는 최고의 장소로 생각했다. 하지만 단지 외국인들 때문에 피렌체가 이러한 평판을 얻게 된 것만은 아니었다. 피렌체인들 스스로도 청소년기의 소년들이 들끓는 호르몬을 배출할 수 있는 출구를 발견할 수 없었던 공방과 길거리에서 소도미아가 자랄 수밖에 없다고 생각했다. 그들에게 여자 친구는 존재하지 않았고, 직공들이 교육을 마치고 스스로 자립할 수 있을 때까지 결혼은 10년 뒤에나 가능한 일이었다. 당시의 맥락에서는 어떤 특별한 날이나 해가 아니라, 바로 결혼이라는 그 문턱이 청소년기의 마지막을 의미했다. 일부 성직자와 부모들이 젊은이들에게 순결을 설교했던 것과 달리, 많은 세속인이 그저 못 본 척하면서 소도미아를 예상 가능한 최소한의 어떤 일로 생각했던 것처럼 보인다. 이러한 그들의 시각에서 볼 때, 소년은 소년일 뿐이었고, 성인이 되면 그 소년이 여성에게로 시선을 돌리게 될 것이었다. 만약 청소년기의 소도미아에 대한 취향을 성년이 되어서도 지속하지만 않는다면, 그에 대해 그리 걱정할 필요가 없었다.[4]

하지만 일부 도덕주의자들은 소도미아 취향이 과도한 소년들이 여성을 아주 멀리하게 될 수도 있다고 염려했다. 이 때문에 적어도 한 설교가는 피렌체의 출산율이 그토록 낮아진 것이 소도미아 때문이라고 생각했다. 피렌체는 한 세기 전 흑사병이 몰고 왔던 급격한 인구 감소로부터 회복할 수 없을 것처럼 보였다. 온갖 소란과 시끌벅적한 소음에도 불구하고, 그 번화했던 시기 피렌체의 성벽 안에 살던 사람은 여전히 그저 6만 명을 조금 넘어설 뿐이었다. 높은 사망률 때문에 그리고 많은 남성과 여성을 수녀와 수도사라는 금욕의 세계로 밀어넣었던 가족의 결혼 전략으로 인해, 인구의 회복은 더디게 진행되었다. 생생한 기억과 두려움에 찬 태도들이 바로 실질적인 해결책을 강구하도록 촉진했다. 성적 매력을 풍기는 여성들로 가득 찬 유곽을 설치하는 것이 바로 그것이었다. 피해야 할 것은 섹스가 아니었다. 진정한 공포의 대상은 존중받아야 할 피렌체의 소녀들을 폭행하거나 서로서로 소도미아를 즐기던 10대 소년과 젊은 남성들이었다. 저렴한 가격으로 쉽게 찾을 수 있는 공공 유곽이 이 두 가지 문제를 해결할 수 있었다. 또한 시의 입장에서는 아마도 그것을 통해 약간의 수입을 얻을 수도 있었다. 이는 모두가 두루 덕을 볼 수 있는 손쉬운 해결책이었다.

성과 도시의 관계에 대한 피렌체인들의 모호한 태도를 이해하려고 할 때, 매춘을 규제하기 위한 도시의 시도가 끊임없이 유동적이었다는 사실보다 더 나은 지표는 없다. 15세기 피렌체와 다른 유럽 도시의 당국자들은 매춘이 보다 용이하게 이루어질 수 있도록 매춘부에게 자격을 부여하고, 홍등가를 지정하고, 또 공공 유곽을 설치했다. 하지만 16세기에 접어들면서 매춘부들을 일종의 공무원으로 만드는 이러한 공공 유곽 정책에 관해 재고하려는 분위기가 일기 시작했다. 그리고 이렇게 변화된 도덕적 분위기 속에서 피렌체의 통치자들은 매춘을 제한하기 시작했다. 하지만 그들은 결코 일부 교황들이 그러했듯이 창녀를 완전히 규제하려고 하지 않았고, 또 개인적인 욕망으로부터 약간의 공적 자금을 마련할 수 있는 기회를 포기하지도 않았다. 16세기를 거치면서 매춘부에게 부과된 새로운 규정과 수수료 외에도 피렌체에서는 또한 높은 이율로 면제권과 공제권을 판매했다.[5]

1403년 피렌체에서는 대략 "품위" 또는 "좋은 평판"으로 번역될 수 있는 오네스타Onestà라는 이름의 새로운 기관의 책임 아래 최초의 공공 유곽이 문을 열고 사업을 시작했다. 아마도 오늘날의 우리에게는 이 명칭이 사실을 호도하는 전형적인 관료주의적인 말로 들릴 수도 있다. 하지만 피렌체인들의 입장에서는 심사숙고해서 내린 결정이었다. 그들이 보호하려던 것이 부분적으로는 젊은 여성들의 평판이었지만, 또한 도시 자체의 평판이기도 했기 때문이었다. 오네스타가 관리하던 유곽들—비록 산타 크로체 동쪽 그리고 아르노 강 건너편의 산 스피리토 지역의 두 곳에서는 만들어지지 못했지만, 이들은 모두 접근이 용이하도록 세 곳에 나뉘어 있었던 것으로 보인다—은 피렌체인들을 모두 '소도미티'라 부르며 조소하고 냉소했던 다른 도시와 다른 나라 사람들을 침묵시켰다. 물론 청소년기의 소년들을 위해 유곽을 세웠다고 공개적으로 명기한 규정은 존재하지 않는다. 비록 그렇다고 할지라도, 이 새로운 유형의 공공 여가 시설이 목표로 삼은 주요 대상이 바로 소년들이었다는 점을 확인하기 위해 지나치게 그 행간을 읽을 필요는 없다. 기혼 남성들의 출입은 억제되었고, 사제나 수사들에게는 허락되지 않았다. 따라서 대부분의 성인 남성이 배제되었다. 운영 시간이 엄격히 제한되었고, 가격도 규제되었다. 청소년기의 소년들이 지역의 소녀들에게 모종의 흑심을 품는 것을 막기 위해, 이러한 10대 소년과 젊은 남성에게 몸을 팔았던 매춘부들은 되도록 다양한 모든 지역에서 충원되었다. 초기에는 네덜란드와 독일 출신의 소녀들이 가장 많았는데, 아마도 금발이 인기 있었기 때문일 것이다. 또한 아마도 피렌체의 공방에서 일하기 위해 알프스를 넘어온 북유럽의 청소년기 직공들을 위해서였을 가능성도 있다. 아무튼 16세기 초에는 유곽에서 일하던 70명가량의 매춘부 대부분이 북이탈리아 출신의 소녀들이었다.[6]

유곽은 성당의 높은 돔과 팔라초 델라 시뇨리아Palazzo della Signoria[르네상스기 피렌체의 정부청사 건물] 종탑의 곧추선 수직 기둥을 시야에서 확인할 수 있는 도시의 중앙 구시장 옆에 자리 잡았다. 그곳은 아르노 강변의 모직물 노동자, 산타 크로체 주변의 가구제작자, 공작公爵에게 고용되었거나 피렌체를 방문한 귀족들과 함께 온 병사들 그리고 도시 전역의 가정에서 일하던 하인들이 누구나 쉽게 찾을 수 있는 곳이었다. 눈이 밝은 사람, 유머 감각이 있는 사람, 약간이라도 피렌체의 은어에 대해 알고 있던 사람이라면 누구나 그곳을 찾을 수 있었다. 그곳에 푸시The Pussy, 작은 창녀의 집The Little Whore House, 쿤트The Cunt, 타락한 자The depraved 따위의 이름을 붙인 선술집들이 자리를 잡았다. 도박, 싸움, 음주, 점치기 등이 미로처럼 좁고 시끄러운 골목을 메웠다. 매춘부들은 유곽에서 나와 다른 지역으로 쏟아져들어갔고, 심지어 메디치 가문에서조차 그녀들에게 방을 임대하기도 했다.[7] 하지만 우리는 규정에 명기된 것처럼 기혼 남성, 사제, 혹은 수도사의 출입이 실제로도 금지되었다고 상상해서는 안 된다. 심지어 청소년의 소도미아를 염려했던 도덕주의자들조차, 자신이 고용하던 견습공이나 하녀들을 전전하며 장인들이 품고 있던 성적 환상을 상상력이 풍부한 직업여성과 누릴 수 있는 약간의 즐거움으로 억제할 수 있다고 생각했기 때문이다. 하지만 누구를 위해 유곽이 세워졌는지를 이해하기 위해 그와 관련된 규정을 읽어가면서, 우리는 성인 남성을 교묘히 배제한 이유가 피렌체의 인구문제와 관련되어 있었다는 점을 잊어서는 안 된다. 비록 공개적으로 언급되지는 않았지만, 무제한적으로 유곽 출입이 허용된 유일한 집단은 바로 10대에서 20대 초반의 젊은 남성들이었다.

유곽으로부터 성인 남성을 쫓아버리기가 어려웠던 것처럼, 매춘부들을 유곽 내에만 머물게 하는 것도 쉽지 않은 일이었다. 16세기 초 오네스타의 행정관들은 거리의 창녀들을 등록하고 통제하기 위해 많은 노력을 기울였다. 특히 많은 여성이 돈을 벌기 위해 제도권 밖에서 성을 팔고 있다는 사실을 알게 되면서, 시간이 지나면서 그들의 노력 역시 더욱 배가했다. 매춘은 단지 매춘부를 위한 것이 아니었다. 어떤 역사가에 따르면, 당시 피렌체인들이 봉착했던 걱정거리는 소도미아라기보다, 오히려 식탁 위에 음식을 마련하기 위해 종종 성을 팔았던 하녀, 과부, 가난한 수공업자와 노동자의 아내 등 모든 배경의 피렌체 여성들이었다.[8] 그녀들 가운데 일부는 아직 청소년이었고, 또 다른 일부는 그보다 훨씬 나이가 많았다. 오네스타의 기록에 등장하는 이사벨라 스파뉴올라Isabella Spagnuola, 비카 피사나Vica Pisana, 안나 피암민가Anna Fiamminga, 마리아 다 시에나Maria da Siena, 라우라 페라레세Laura Ferrarese 등과 같은 매춘부의 이름으로 판단하건대, 대부분의 매춘부는 구시장 근처에 위치하고 있던 유곽까지 먼 길을 오고 싶어 하지 않았던 이들에게 몸을 팔았던 피렌체 외부 출신의 여성들이었다.

매춘은 부산스러운 데다가 많은 소음마저 낳는 일이었다. 매춘부들이 모이는 곳 어디에서나, 파티, 음악, 성마른 다툼, 그리고 논쟁이 곧 뒤따랐다. 길거리에 나오지 않을 경우, 매춘부들은 창문에 걸터앉아 지나가는 행인들을 부르거나 뜰 건너의 다른 매춘부에게 소리를 질러댔다. 밤이 되면 상황이 바뀌었다. 남성들은 자신들이 좋아하는 창녀를 향해 노래를 부르거나 목소리를 높였다. 또한 화가 날 경우, 그들은 마치 샤리바리charivari[정치나 종교, 성 등과 관련해서 공동체의 위기가 초래될 수 있는 문제가 발생할 경우 소란과 조롱, 폭력 등으로 처벌하던 유럽의 민중적 관행]라도 하는 듯이 고양이 소리를 내면서 그녀들의 창문에 돌을 던지기도 했다. 행정관들은 이것을 "소동부리기far baccano"로 규정했다. 만약 진짜로 분노하게 되면, 방적공 마르코 디 안드레아 피노키오Marco di Andrea Finocchio가 그랬던 것처럼, 그들은 분을 이기지 못하고 사고를 저질렀다. 마르코는 보르고 오니산티

Borgo Ognissanti 지역에 있는 코르넬리아Cornelia의 집에 쳐들어가, 그녀가 젖을 물리고 있던 아기 리사베타Lisabetta를 팽개쳐버리고, 계속해서 가구, 의복, 침대용품, 거울 등 약 80두카토 상당의 집기들을 창밖으로 내던져버렸다. 피렌체의 노동계층 가운데 그러한 값나가는 물품들을 소유하고 있던 사람은 거의 없었다. 이를 고려하면 코르넬리아는 틀림없이 등록되지 않은 매춘부, 아마도 상위 계층의 고급 매춘부였을 것이다. 마르코가 질투심에 가득 찬 또 다른 요셉이었을까, 아니면 창녀에게 신물 난 이웃이었을까? 또 그것도 아니라면 무시무시한 포주였을까? 마르코와 코르넬리아가 주먹다짐을 하며 서로에게 고함을 질러대고, 가구들이 거리에 떨어져 박살이 나고, 또 그 뒤편에서 아기 리사베타가 울고 있었을 때, 소음의 정도는 그들에게 아무런 문제될 것도, 또 상황이 변할 여지가 있는 것도 아니었다.[9]

1547년 오네스타의 행정관들은 사태의 진상을 파악하고, 매춘부들이 일할 수 있는 18개 거리 목록을 작성함으로써 모든 혼란을 통제하려고 했다. 그들은 선술집이 있는 한편에서 다른 편 교차로까지의 구간을 주의 깊게 명기했고, 매춘부들이 수녀원이나 수도원의 100브라치오(약 60미터) 내에서는 일을 할 수 없다는 포괄적인 안전망을 마련했다. 허용된 거리를 벗어난 매춘부는 음산한 스틴케Stinche 감옥에 수감될 위험을 감수해야 했다. 또한 마르코 피노키오처럼 못된 행동을 한 사람은 비숙련 노동자의 네 달치 임금에 해당하는 금 5스쿠도의 벌금을 내야만 하는 경우도 있었다. 만약 열여덟 살 미만이라면, 25대의 책형이 징역형을 대신했다. 1577년 규정을 개정하면서, 오네스타의 행정관들은 벌금의 액수를 크게 늘렸고, 특히 성직록을 소유한 사제가 죄를 범할 경우 일종의 할증료를 부가했다. 콧방귀, 돌 던지기, 일반적인 소동baccano의 배후에 종종 젊은이들의 패거리가 개입되어 있었다는 사실을 알게 되고, 또 패거리의 결속력과 명예가 침묵의 규약에 달려 있었다는 점을 인지한 뒤, 행정관들은 매춘부에 대한 집단 폭행을 밀고하여 검찰의 법집행을 도와준 패거리의 일원에게는 벌금의 4분의 1을 포상으로 약속했다. 덕을 보호하는 것만큼이나 매춘부를 보호하는 것 역시 그들에게 중요한 문제였기 때문이었다.[10]

16세기 오네스타의 기소에는 간극이 존재하지만, 현존하는 기록들에는 하나의 흥미 있는 변화가 나타나고 있다. 15세기에는 남성보다 거의 2배나 많은 여성이 기소되었다. 그 이유에는 복장도착에서부터 소란스러운 싸움, 자격증 없이 몸을 파는 일 등 모든 것이 포함되었다. 이와 달리 16세기 말에는 거의 동수의 남성과 여성이 오네스타의 법정에 섰고, 그 가운데에 매춘부는 단지 일부에 지나지 않았다. 1594년의 경우, 유죄 선고를 받고, 벌금을 내고, 추방된 72명 가운데 4분의 1만이 규정을 어긴 매춘부들이었다. 오네스타의 행정관들은 매춘부들이 직업 규정을 어긴 경우보다는, 폭행이나 소란 그리고 매춘 알선과 같은 사건들을 훨씬 더 많이 추적해 찾아냈다.[11] 그리고 그렇게 기소된 사람들 가운데 절반가량이 남성이었다.

매춘부는 오네스타에 등록하기 위해 세 달에 15리라씩 지불해야 했다. 그것은 노동자 한 명의 한 달 수입과 대략 맞먹는 금액이었다. 그녀의 자격증은 오직 특정 거리에서 낮 시간 동안의 매춘만을 허용하는 것이었다. 야간 자격증을 얻기 위해서는 추가로 2리라를 더 지불해야 했고, 유효기간은 단지 15일로 제한되었다. 그녀가 등록한 거리가 바로 그녀가 살아야 하는 거리였다. 그녀는 마을의 다른 지역에 숙소를 얻을 수 없었고, 다른 곳에 거주하면서 일을 하기 위해 통근할 수도 없었다. 심지어 인가되지 않은 거리 쪽으로 창문이 나 있는 모퉁이의 숙소를 빌릴 수도 없었다. 거리에 나서기 전에는 노란 베일이나 앞치마를 쓰거나 노란 손수건을 착용하여, 흥분한 남성과 소년들이 쉽게 그녀를 발견하고 또 정숙한 소녀와 여성들이 그녀를 피할 수 있도록 했다. 1570년 피렌체에서는 처음으로 방어벽을 댄 게토ghetto[유대인 거리, 유대인 거류지]에 유대인을 강제로 격리시켰다. 이때 시에서는 옛 유곽 부근의 빽빽한 거리에 유대인 공동체를 밀어넣고, 금융업자든 상인이든 또 남성이든 여성이든 모든 유대인으로 하여금 매춘부들과 비슷한 밝은 노란색 표식을 달도록 강제했다.[12]

세기가 흐르면서, 오네스타의 행정관들은 코르티잔cortegiani으로 알려진 상류층 매춘부를 겨냥하기 시작했다. 이로 인해 그녀들은 더 이상 진주를 착용하거나 금과 은으로 세공된 값비싼 옷을 입지 못하게 되었고, 마차를 타고 마을 주변을 돌아다닐 수도 없게 되었다. 또한 점을 봐주던 수입 좋은 부업도 더 이상 할 수 없게 되었다. 여러 규정과 벌금, 홍등가와 노란색을 강조한 복장, 이들은 모두 오네스타에서 매춘부를 보호하는 것과 동시에 그녀들을 그녀들만의 자리에 위치시키고, 또 전문가와 시간제 노동자 사이의 차이를 지우려고 했다는 점을 암시한다. 여기에서도 우리는 행간을 읽을 필요가 있다. 행정관들은 매우 빈번하게 의복에 관한 새로운 규정을 통과시키곤 했다. 이에 따라 새로운 규정을 알리기 위해 많은 포고관이 여러 거리로 파견되었다. 하지만 분명히 규정의 내용 자체에 대해 주목한 매춘부는 거의 없었다. 오히려 그녀들이 주목한 것은 벌금이었다. 모든 요금에는 그에 상응하는 그리고 터무니없이 비싼 벌금이 뒤따랐다. 복장 규정을 위반했거나 자격증 없이 밤에 거리에서 일했던 이자벨라 스파뉴올라나 안나 피암민가 같은 매춘부들에게는 최고 금 10스쿠도의 벌금이 부과될 수 있었다. 등록된 거리 이외의 지역에서 살다가 적발된 매춘부에게는 50리라의 벌금을 부과했다. 이는 상당한 금액이었다. 그라치니의 이야기에 등장하는 뚜쟁이 모나 안토니아는 요금을 내지 않고 딸과 함께 피렌체에서 도망쳤다. 매춘부로 등록하지 않아 경찰이 자신을 쫓아올 것이라는 두려움 때문에서였다. 만약 그녀들 가운데 누군가가 잡혔다면, 아마 "테이블 아래에서['은밀하게' '뇌물로'라는 뜻]" 오네스타의 행정관에게 지정된 요금과 벌금을 모두 초과하는 상당한 양의 돈을 지불해야 했을 것이었다. 독신 여성으로서 근근이 살아가던 피렌체의 매춘부들에게는 이 역시 모두 사업비의 일부였다.[13]

1537년 권력을 장악한 직후 피렌체의 공작 코시모 1세는 오네스타 행정관의 업무가 얼마나 이득이 되는 사업인지를 알게 되었다. 그래서 신속히 더 많은 돈이 정부의 금고와 자신의 지갑으로 들어올 수 있도록 가능한 행동을 취했다. 오네스타의 행정관들은 4개월의 임기로 일했다. 비록 시민의 도덕성을 강화하기 위한 이타적인 열망 때문에 그런 것은 아니었을지라도, 오네스타 행정관이라는 순환 직위는 당시 피렌체 정부에서 가장 인기 있는 직책 가운데 하나였다. 물론 그저 재미 삼아 매춘부들을 괴롭히기 위해 방랑하던 10대 직공들 패거리로부터 도시의 거리를 안전하게 지키기 위해서도 아니었다. 행정관들은 벌금의 일부를 급료로 취했다. 또한 그들은 매춘부들에게 바가지를 씌우기도 했고, 다른 부수적인 혜택을 얻을 수 있는 기회도 그들에게는 상당히 많았다. 이제 갓 스물다섯 살이 된 공작은 더 엄격하게 오네스타의 업무를 수행하기 위한 일련의 절차상 개혁에 착수했다. 1544년부터는 모든 처벌이 공적으로 이루어져야 했으며, 개별 오네스타 관리들은 자신들의 사무실에서 마음대로 매춘부를 처벌할 수 없게 되었다. 이제 그들은 정당한 명분이나 확실한 증거 없이 어떤 여인에게 위협을 가할 수 없게 되었고, 요금이나 벌금을 직접 징수할 수도 없게 되었다. 또한 그들은 더 이상 자신들이 징수한 요금과 벌금을 어떻게 사용할지 결정할 수도 없게 되었다. 이 모든 조치가 바로 행정관들이 매춘부로부터 테이블 아래에서 정기적으로 뇌물을 쥐어짜내던 절차상의 수단이었다. 하지만 그럼에도 불구하고 약간의 허점 역시 여전히 남아 있었다. 예를 들어 이사벨라 스파뉴올라 같은 매춘부는 약간의 벌금을 추가로 냄으로써 노란 앞치마나 베일 착용을 피할 수 있었다. 사실상 비카 피사나, 이사벨라 볼로네세 그리고 보르고 오니산티에서만 13명의 다른 매춘부가 똑같이 했다.[14]

한 세기 전의 선조였던 코시모 일 베키오Cosimo il Vecchio와 로렌초 일 마그니피코Lorenzo il Magnifico처럼, 코시모 1세 공작은 정치적인 기회의 냄새를 맡는 일에 귀재였다. 그는 자신의 권위와 이득을 극대화하면서도, 자신의 정부가 공공의 관심사를 대변하고 있는 것처럼 보이게 하는 데 있어 선조들과 그 재능을 공유했다. 오네스타의 행정관과 매춘업을 엄격하게 통제하려는 그의 개혁은 앞서 이번 장의 시작 부분에서 우리가 본 카니발 노래에 명백히 드러나는 매춘에 대한 대중의 불안감에 그가 주의를 기울이고 있었다는 점을 보여준다. 이와 동시에 그는 요금과 벌금이 오네스타 행정관의 주머니가 아니라, 가능한 자신의 주머니에 직접 들어올 수 있도록 만들기 위해 단호한 조치를 취했다.[15] 이익을 창출할 수 있는 제도적인 허점을 기꺼이 넓히려 했다는 점을 고려하면, 우리는 결코 그를 청교도적 개혁가로 묘사해서는 안 된다. 일부 오네스타 규정은 일종의 겉치레 이상도 그 이하도 아니었다. 사순절 기간 격노한 어떤 설교가가 매춘부에게 음란하고 부도덕한 직업에서 벗어나라고 권고했을 때, 매춘부들이 특별한 교회의 의식에 참석하도록 하는 규정을 제정한 것이 그 한 예다. 매춘부들이 등록을 마치고 분기별 자격증 요금을 지불하고 나면, 일반적으로 몇 주 뒤에 이러한 교회 의식의 일정이 잡혔다. 이러한 의식에 참석하지 않으면 자연스럽게 또 다른 벌금이 부과되었다.[16] 그리고 빠르게 17세기로 접어들어가던 과정 속에서 오네스타의 행정관들은 매춘부들이 구입할 수 있는 면제권과 공제권을 확대했고, 이에 따라 부유한 매춘부들은 계속해서 마차를 타고 자신들이 선택한 곳에서 살 수 있었다.

하지만 이와 동시에 코시모 1세 공작과 그의 아들 프란체스코 1세Francesco I(1574~1587)와 페르디난드 1세Ferdinand I(1587~1609)가 단순히 돈만을 취하려던 위선자들은 아니었다. 궁핍의 벼랑 끝에서 흔들리고 있던 여성들을 위한 대안을 마련하기 위해 기울인 그들의 노력을 통해 이 점을 확인할 수 있다. 그들은 일부 가난한 여성들이 매춘부로 전락하는 것을 막기 위한 여러 사업을 지원했으며, 고난을 극복하고 매춘의 길에서 벗어나려던 여성들에게도 도움을 제공했다. 토스카나 공국의 첫 메디치 공작들은 국가를 만드는 중이었고, 개개인들에게 영향을 끼치는 법의 차원을 넘어서는 제도적 해결책을 찾고 있었다. 고아가 되고 버림받은 소녀들이 생존을 위해 자신의 몸을 파는 것을 막기 위해 설립한 다섯 곳의 보호소가 이러한 사례에 포함된다. 그 가운데 세 곳은 1550년대에 문을 열었고, 나머지 두 곳은 수십 년 이후에 설립되었다. 또한 코시모와 그의 아들들은 나이 든 여성들을 위한 세 곳의 기관을 가동, 혹은 새롭게 다시 가동시켰다. '오르바텔로Orbatello'로 불린 나이 든 여성을 위한 보호시설, '말마리타테의 집the Casa delle Malmaritate'이라는 이름으로 설립되어 폭력적인 남편과의 결혼 생활로 신음하던 여인들에게 제공된 쉼터 그리고 성산업으로부터 벗어나기 위해 노력하던 여인들이 일종의 중간 기착지로 수용되었던 또 다른 보호소 콘베르티테의 집the Casa delle Convertite이 그것들이었다. 이 기관들은 명목상으로는 모두 나이 든 여성들을 대상으로 하고 있었다. 하지만 유곽의 경우와 마찬가지로, 진정한 대상을 구별하기 위해서는 좀 더 깊이 있게 살펴볼 필요가 있다. 만약 우리가 19번 매춘부의 노래를 배경으로 고려한다면, 성인 보호소와 청소년 보호소는 양자 모두 10대 소녀들이 매춘의 길로 빠지는 것을 보호하기 위한 보다 큰 전략의 일환으로 설립되었다는 점을 깨달을 수 있다. 뚜렷한 생계 수단이 없었던 늙은 여성들은 종종 자신의 딸을 매춘시킨다고 의심받았다. 딸을 지키려고 한다면, 그녀의 엄마에게 쉴 곳을 제공하라. 불행하게도, 오르바텔로, 콘베르티테, 그리고 말마리타테와 관련된 초기의 기록들은 거의 대부분 소실되어버렸다. 하지만 다른 자료들과 함께 작업하면서, 우리는 그 기록들이 무엇과 비슷했고, 또 어떻게 청소년기의 소녀들을 성적 착취로부터 보호하려는 보다 넓은 전략에 부합하는지에 관한 그림을 종합할 수 있다.

나이 든 여성들을 길거리에서 몰아내기

—

오르바텔로는 여성들, 대개는 과부들을 위한 공동체였다. 담장으로 둘러싸인 시설 내부에 개별적인 주거 공간이 제공되었고, 집세 보조가 이루어졌다. 이 때문에 바느질, 실잣기 그리고 자신들의 지참금으로부터 파생된 보잘것없는 수입에도 불구하고, 그곳에서 그녀들은 명예로운 삶을 꾸려나갈 수 있었다.[17] 오르바텔로에 수용된 대부분의 여성은 자녀와 함께 40대에 들어온 상대적으로 젊은 엄마들이었다. 그녀들은 대개 그럭저럭 살 만한 피렌체의 노동계층 출신이었지만, 이웃에게 도움을 청할 관계망을 만들기에 충분할 정도로 피렌체에 오래 살지는 못했다. 길거리를 배회하든 아니면 딸들에게 매춘을 알선하든, 그녀들은 모두 한 달에 단돈 몇 리라를 벌기 위해서라면 곧 성매매에 빠질 가능성이 농후한 여성들이었다. 오르바텔로 단지는 피렌체 성당에서 동북쪽으로 몇 마일 떨어져 있었고, 도시의 주요 병원이었던 산타 마리아 누오바가 그곳에서 멀지 않은 곳에 자리 잡고 있었다. 단지 안에는 교회와 약 30개의 개인 주거 공간을 보유한 2개의 막사가 있어, 그곳은 마치 수녀원과 군사기지가 결합된 장소처럼 보였다. 16세기 전반 처음 문을 열어 아직 안정기에 이르지 못한 초기 수십 년 동안, 260명이나 되는 많은 여성과 어린이가 이 보호소로 밀려들어왔다. 하지만 1550년대에는 약 150명가량만이 그곳에 수용되어 있었다. 이 가운데 3분의 2가 성인이었고, 그들은 구엘프 당the Parte Guelfa[교황파]으로 알려진 피렌체의 귀족 정치 결사체의 느슨한 감독 아래 자율적인 여성 공동체를 형성하고 있었다. 흑인이나 노예의 수용에 반대하고 술꾼이나 말썽꾼을 쫓아낸 예에서 볼 수 있듯이, 그곳의 과부들은 자신들에게 유리하다고 생각될 경우, 비교적 자유롭게 구엘프 당의 엄격한 규정을 피해나갔다. 그들은 이러한 일들을 명기된 규정의 도움 없이 비공식적으로 수행했다. 자격 없는 소녀 펠리치아Felicia를 구엘프 당과 사제들의 눈을 피해 6년 동안이나 숨기고 있었던 사례에서 드러난 것처럼, 규정을 잘 지키지 않아 때론 곤경에 빠지기도 했다. 하지만 그렇다고 해도, 전체적으로 볼 때, 비교적 많은 나이, 도덕적 권위 그리고 공동체에 대한 옹호 등으로 인해, 그녀들이 사실상 이 시설의 통치자와 다름없었다.

오르바텔로에서 이 여성들은 부끄럽지 않게 오래도록 살 수 있었고, 대가족과 함께 거주하면서 소녀들을 안전하게 지킬 수도 있었다. 숙모들은 조카들과 살았고, 일부 할머니들은 손녀들과 함께 살았다. 소년들의 경우에는 열두 살까지만 그곳에 머물 수 있었지만, 소녀들은 결혼할 때까지 살 수 있었다. 심지어 오르바텔로에서는 소녀들에게 남편감을 찾아주기 위해 결혼 지참금을 모았고, 10대 소녀들에게 그녀들 스스로 벌었거나 다른 이로부터 받은 돈에 50리라를 더해 지참금을 보조해주었다. 실제 이 금액은 대부분의 소녀가 벌었던 수입의 두 배에 달하는 액수였다. 이 때문에 오르바텔로의 소녀들은 강제로 다른 이들의 가정에 하녀로 들어가 일하거나, 수치스러운 유곽으로 흘러들어가는 것을 피할 수 있었다.[18] 오르바텔로에서는 소녀들을 결혼시키는 것이 과부들을 주거 공간에 머물게 하는 것만큼이나 중요한 일이었다. 그리고 그 결과 오르바텔로는 10대 소녀들의 처녀성을 보호하기 위해 설립된 피렌체의 여러 보호시설과 연결되어 있었다.[19]

물론 모든 결혼이 언제나 좋은 결과만을 가져온 것은 아니었다. 피렌체인들은 결혼 생활 동안 벌어진 폭력에 대해 아주 관대했다. 하지만 그럼에도 불구하고 그들은 자신이나 아이들에 대한 계속된 남편의 폭행에 대해 언제나 여성이 참을 필요는 없다고 생각했다. 그렇지만 교회법과 지역의 관습 때문에 이혼은 불가능한 일이었고, 폭력적인 남편으로부터 도피한 거의 대부분의 여성과 아이는 성매매로 빠졌다. 1579년 세속 남성들과 여성들이 설립한 한 세속 종교봉사단체에서 바로 이 문제에 주목했다. 그들이 작성한 기록에 따르면, "도시 피렌체에는 부도덕한 여성이 아주 많이 존재하고 있다. 하지만 그들 중 많은 수는 만약 돌아갈 곳이 있다면 회개할 것이다. (…) 회심한 매춘부들을 위한 수도원the Monastery for Converted Prostitute이 있지만, 그곳에서는 수녀가 되기를 원하는 여성만을 받아들일 뿐, 남편이 있어 수녀가 될 수 없기 때문에 죄 상태에 머물러 있는 많은 여성을 방치하고 있다. (…) 우리는 바로 그녀들을 위한 보호소를 세우길 원하며, 우리가 세울 그곳은 잘못된 결혼 생활을 영위하고 있는 여성들을 위한 집, 즉 말마리타테의 집Casa delle Malmaritate으로 불릴 것이다".[20]

베네치아의 코르티잔이자 시인이었던 베로니카 프랑코Veronica Franco는 몇 년 뒤 베네치아 의회에 보낸 청원서에서 이 문제를 더욱 직접적으로 거론했다. 그녀는 다음과 같이 적었다. "가난 혹은 육욕 때문에, 또는 다른 이유로, 명예롭지 못한 삶을 영위하는 여성들이 많이 있습니다. (…) 만약 그녀들에게 돌아갈 좋은 장소가 있고 그곳에서 자신들과 아이들을 지킬 수만 있다면, 그녀들은 쉽게 그러한 악행에서 벗어날 것입니다. (…) 그런 경우를 위한 시설이 아무것도 없기 때문에, 그녀들은 다른 이들과 함께 이

혐오스러운 죄를 (…) 고집스럽게 계속하고 있습니다. 즉 궁핍한 여성들은 자신들의 순진한 딸들의 처녀성을 팔고 있습니다."[21]

피렌체의 세속 종교봉사단체도 그리고 베네치아의 프랑코도 폭력적인 남편들로부터 얻어맞고 가정에서 쫓겨난 이 여성들에 대해 그리 큰 연민을 느꼈던 것 같지는 않다. 그녀들이 모두 "명예롭지 못한 삶"을 영위하고 있던 "부도덕한 여성들"이었기 때문이다. 하지만 적어도 프랑코는 그러한 삶의 이면에 존재하고 있던 절망적인 상황을 이해하고 있었다. 또한 그녀는 그러한 여성들에게 보호소를 제공하지 않으면 그녀들이 돈을 벌기 위해 딸을 팔게 될 것이라고 언급하면서, 성과 관련해 고려해야 할 문제에 대해 지적했다. 피렌체의 종교봉사단체는 돈과 성이 연관된 이 등식에 새로운 요인을 덧붙여 행동에 나섰다. 그리고 그 결과로 1579년 비아 델라 스칼라에 30명의 여성들을 위한 쉼터가 문을 열었다. 이 보호소는 산타 마리아 노벨라 지구를 따라 길을 내고 보르고 오니산티 근처의 북쪽 지역에 빙 둘러 자리를 잡았다. 아이들을 데리고 그곳으로 도피해온 여성들은 이 보호소에서 건전한 노동을 통한 재활의 삶을 살 수 있었다.

대안의 부재 또한 등록된 매춘부들이 성매매로부터 벗어나는 것을 가로막았다. 14세기 초반에 이미 또 다른 피렌체의 세속 종교봉사단체에서 매춘부들과 그 자식에게 새로운 삶의 대안을 제시하기 위한 보호소를 열었다. 그들이 선택한 이름인 콘베르티테의 집the Casa delle Convertite 즉 회심자의 집이라는 명칭이 죄와 회개라는 맥락에서 그 해결책을 그대로 제시하고 있었다. 그들은 올트라르노 지구의 비아 키아라에 보호소를 열었고, 몇십 년 뒤에 아우구스티노 수도회의 수도사들에게 넘겼다. 수도사들은 보호소를 곧 하나의 수녀원으로 탈바꿈시켜버렸다. 과연 매춘부가 수녀가 될 수 있었을까? 그라치니와 피에트로 아레티노Pietro Aretino 같은 재담꾼들은 그러한 생각으로부터 끝없이 재미있는 이야깃거리와 반전을 찾아내곤 했다. 하지만, 흔히 성 마리아 막달레나에게 봉헌되었던 회심자를 위한 이러한 보호시설을 지원했던 사람들은 그저 웃고만 있을 수 없었다. 그들은 수녀원의 평온함이 매춘부가 자신의 방종한 삶을 뉘우치고 이후 회개할 수 있는 최선의 환경이라는 반론을 개진했다. 실제로도 회심자의 집 담장 안에서는 저렴한 숙식이 제공되었다. 일부 여성들은 유곽이나 거리에서 이러한 준-수녀원 시설로 바로 들어왔고, 또 그곳에서 여생을 보냈다. 하지만 또 다른 여성들은 자신들이 콘베르티테에서 보낸 얼마간의 시간을 오네스타의 기록을 세탁하는 데 이용했다. 그녀들은 그곳에서 매춘부 등록명부에 기록된 자신의 이름을 삭제했고, 이후 외부에서의 건전한 삶을 영위하기 위해 노력하며 콘베르티테를 떠났다.[22]

1540년대와 1550년대에 콘베르티테의 후원자들은 서로 연결되어 있던 여러 문제에 봉착했다. 먼저 피렌체인들이 제공하던 기부금이 줄어들면서, 그곳에 수용되어 있던 100여 명가량의 수녀들이 음식을 살 수 없을 정도로 절박한 곤경에 처하게 되었다. 이와 동시에 오네스타의 등록명부에서 이름을 삭제하는 일이 이전보다 더욱 쉬워지면서 매춘부들에게 콘베르티테의 필요성이 줄어들었다. 오랫동안 피렌체인들은 어떤 죄를 사하기 위해서는 적어도 그 죄에 상응하는 급료를 지불해야 한다는 옛 원칙을 따르고 있었다. 이러한 원칙에 따라 콘베르티테에서는 매춘부들이 세 달에 한 번 지불하던 15리라의 자격증 수수료 가운데 약 3분의 1을 그녀들로부터 거두어들였다. 하지만 그것만으로는 충분하지 않았다. 1562년 피렌체의 인구통계에 나타난 대략 130명의 등록 매춘부들이 모두 수수료를 지불했다고 가정하더라도, 콘베르티테에 돌아올 수 있는 몫은 전부 해도 약 2700리라 정도에 지나지 않았기 때문이다. 그것은 보호소 1년 운영비의 극히 일부분에 불과했다. 더 심각한 문제는 그것이 심지어 오네스타에서도 강제할 수 없었던 원칙이라는 점이었다. 이 때문에 1569년에 159명의 매춘부가 등록했고 그녀들이 수입에 맞추어 총액 2500리라에 가까운 다양한 수수료를 지불했지만, 이 돈의 대부분은 오네스타 행정관들의 행정 경비를 충당하는 데 소요되었고 실제 콘베르티테의 수녀들에게 돌아온 몫은 거의 한 푼도 없었다.[23]

1533년 공작 코시모 1세는 사망한 매춘부의 재산 가운데 4분의 1을 콘베르티테로 이전해야 한다는 새로운 법률을 공포했다. 하지만 피렌체의 매춘부들은 매우 영리했다. 그녀들 대부분은 자신의 재산을 보호할 수 있는 제도적 허점을 찾아냈고, 이를 통해 자신이 지정한 후손에게 재산이 돌아갈 수 있도록 만들었다. 절박한 상황에 빠진 콘베르티테에서는 만약 등록하지 않은 매춘부가 적발된다면 그녀들이 지불해야 할 벌금의 일부를 코시모가 취하게 해달라고 탄원했다. 그 결과 만약 이러한 매춘부들이 죽을 때까지도 계속 그럭저럭 계략을 꾸민다면, 세금 징수원이 그녀의 재산에 과세하고 또 그것을 통해 거두어들인 모든 수익금이 콘베르티테로 갈 수 있게 되었다. 사후 혐의를 받은 매춘부 그리고 공증인과 공모한 탈세 전략에 성공하지 못한 매춘부의 경우에는, 콘베르티테의 관리들이 그녀의 이웃으로부터 증언을 모아 이미 사망한 그녀를 매춘부로 등록한 뒤,

그녀의 재산에 대해 벌금을 부과할 수 있었다.[24]

콘베르티테의 후원자들은 또한 오네스타의 명부에서 이름을 삭제하기 위해 매춘부가 준수해야 할 규정을 더욱 엄격히 강화했다. 어떤 경우에는 잠깐 동안 콘베르티테에 머무는 것만으로도 이름을 삭제하기에 충분했고, 일부 약삭빠른 매춘부들을 이것을 성매매로 돌아가기 위한 편리한 회전문으로 이용했다. 또한 어떤 매춘부는 심지어 보호소에 살면서 성매매를 병행하기도 했다. 이제 콘베르티테에서는 보다 철저히 수용자들을 감시하기 시작했고, 그녀들이 보호소를 떠나는 일을 더욱 어렵게 만들었다. 매춘부 등록명부에서 이름을 삭제하기 위해 지원한 매춘부는 관리들이 작성한 조사보고서를 제출해야 했고, 또 지역의 사제를 포함한 세 명의 증인이 그녀가 적어도 6개월 동안 "깨끗했다"고 명기한 확인서를 증거로 제시해야만 했다. 이러한 법의 강화로 10년 뒤 홀로 살기 위해 그곳을 떠나려던 한 여성이 특히 의심의 대상으로 지목되었다. 관리들은 남성이 없는 집에 홀로 살던 그녀에게는 오직 단 하나의 수입원만이 있을 수밖에 없다고 생각했다. 따라서 아무리 명예롭게 살았다고 할지라도, 남편을 떠나 매춘의 길에 접어든 여성은 남편에게 다시 돌아가지 않고는 자신의 이름을 등록명부에서 삭제할 수 없게 되었다. 이와 마찬가지로, 남편이 포주가 되어 매춘을 했던 또 다른 한 여성은 이웃이나 사제의 증언 없이는 그가 죽은 뒤에도 명부에서 벗어날 수 없었다.[25] 이 두 여성은 30리라의 자격증 수수료를 지불해야 했을 것이다. 그것은 그녀들을 여전히 의심하던 이웃과 그녀들에게 회의적이었던 한 사제가 그녀들이 더 이상 손님을 받지 않는다고 증언하기로 동의할 때까지 걸렸던 반년 남짓한 기간에 대한 자격증 수수료에 해당하는 금액이었다.

역설적으로 규제 강화를 위한 콘베르티테의 성공적인 로비 활동이 실제로는 매춘부들이 성매매에서 벗어나는 것을 더욱 힘들게 만들었다. 자신들의 수입을 늘리기 위해 콘베르티테에 수용된 여성들이 계속해서 매춘에 종사하거나, 그곳에 훨씬 오래 머물 수밖에 없는 상황이 만들어졌기 때문이었다. 이러한 역설들을 연결하는 실타래를 발견하기 위해, 우리는 19번 매춘부, 브라치오의 피에리나 그리고 그라치니의 이야기에 나오는 진취적인 뚜쟁이 모나 안토니아에게로 다시 돌아가볼 필요가 있다. 이들을 연결했던 하나의 고리는 바로 청소년의 성에 쏟아부었던 피렌체인들의 과도한 관심이었다. 부유한 고위층 매춘부와 관련된 걱정스러운 사례를 통제하려던 경우를 제외한다면, 여러 제한적인 규정은 등록되지 않은 시간제 매춘부 그리고 자신의 딸, 조카, 어린 하녀에게 성매매를 시킨 "회심한" 매춘부들을 박멸하기 위한 것이었다. 피렌체인들은 바로 이것이 가난한 성인 여성의 생존법이라고 생각했다. 피렌체의 사회적 관습은 한 여성이 건전하게 자립하기 위해 필요한 기술을 배우고 돈을 버는 것을 어렵게 만들었다. 따라서 다른 차원에서 본다면, 그녀들은 정당할 수 있었다. 피렌체인들은 먹고 집세를 내기 위해 자신의 몸이나 청소년기 자식의 몸을 착취할 수밖에 없도록 가난한 여성들을 막다른 상황으로 몰아넣었다. 그리고 그들은 그녀들로 하여금 결혼, 자선적인 보호소, 통제된 매춘이라는 3개의 제도적 대안 가운데 하나를 선택할 수밖에 없도록 만들었다. 처음 두 길을 거절한 여성은 세 번째 길, 즉 공공 매춘부로 등록하고 자격증 수수료를 지불해야 하는 길로 가야만 했다. 그것은 매우 가혹한 길이었고,

따라서 그녀는 첫 번째와 두 번째 길을 재고하게 될 것이었다.

16세기의 피렌체인들은 매춘을 "필요악"으로 간주하고 조장했던 조상들과 점차 다른 생각을 가지게 되었다. 그들은 더 단호하게 성매매를 통제했다. 16세기 중엽의 도덕적·법적 변화를 살펴보면, 자신의 침대에서 벌어지는 일이 아닌 한 그들은 섹스를 소재로 한 익살극에 기꺼이 웃음을 지었던 것으로 보인다. 우리는 착취와 남용으로부터, 의심 많은 남편들이나 폭력이 일상화된 10대 소년들 그리고 신랄하고 독설적인 도덕주의적 설교가로부터 등록된 매춘부들을 보호하기 위해 이 많은 규정이 제정되었다는 점을 잊어서는 안 된다. 피렌체인들이 결코 매춘부들이 이웃이자 지인 그리고 때로는 친구였다는 사실을 망각하지 않았다는 점을 우리는 기억해야 한다. 하지만 16세기 중반 유례없이 강력한 도덕 규칙이, 무질서를 통제할 정부의 의무와 가난하고 취약한 사람들을 보호할 크리스트교 시민의 의무라는 높아진 기대와 결합하기 시작했다. 피렌체인들은 오네스타 규정의 엄정한 잣대와 제도적 자선이라는 당근이 함께 작용하면 매춘부의 충원—특히 부도덕한 성인 범법자들의 손쉬운 착취 대상이었던 10대 소녀들이 매춘의 길로 들어서는 것—을 억제할 수 있을 것이라고 믿었다. 물론 성매매를 완전히 소멸시키기를 바랐던 사람은 거의 없었다. 하지만 많은 사람이 특히 성매매에 끌려들어간 소녀들에게 대안을 제시하려고 했다.

곤경에 빠진 10대 소녀들

—

이러한 정책을 시행에 옮기면서 피렌체의 시 당국자들은 이전에는 결코 시도하지 않았던 방식으로 가정생활을 규제하는 데까지 이르렀다. 10대 소년들과 젊은 남성의 성적 욕망이 폭행과 소도미아로 이어지지 않게 하려는 시도로 도시에서는 15세기 전반에 유곽을 설치했고, 이후 16세기 중반에는 보다 광범위하게 매춘을 규제하기 시작했다. 르네상스기의 피렌체에서는 이 모든 일이 시민적 책임감으로 간주되었다. 그렇다면 그들이 10대 소녀들을 위해 한 일은 무엇이었는가?

아무것도 없었다. 15세기에서 16세기에 소녀들의 성은 가족의 문제로 간주되었다. 오네스타와 오네스타가 관리하던 유곽은 소녀들에 대한 소년들의 관심을 그곳으로 돌림으로써 간접적으로 소녀들을 보호하기 위한 것이었다. 다시 말해 소년들에게 제공된 유곽이 곧 소녀들을 위한 보호막이었다. 양자는 청소년기의 성이라는 동전의 양면과 같았다. 하지만 이것을 제외한다면, 소녀들이 타인이나 스스로로부터 자신을 보호하기 위한 장벽을 세우기 위해 시의 당국자들이 직접 한 일은 아무것도 없었다. 이 점에서 1540년대와 1550년대에 오네스타의 규정이 강화되고 자선기관들이 늘어났다는 사실은 어떤 변화가 시작되었다는 점을 암시한다. 그러한 변화는 하나의 사회적 혁명을 의미했다.

이탈리아인들은 줄곧 가족 구성원이야말로 10대 소녀들을 보호하기 위한 장벽을 세우고 유지하기 위해 신뢰할 수 있는 최적의 사람들이라는 생각을 지니고 있었다. 그리고 그들은 또 다른 제도인 결혼을 통해 그것을 구현했다. 하지만 결혼과 관련된 법과 관습은 때때로 가정을 쉼터라기보다 감옥으로 만들었다.[26] 높은 사망률로 결혼의 역동성이 왜곡되었고, 또 그로 인해 종종 가족 구성원이 뿔뿔이 흩어졌다. 이럴 경우 더 넓은 범위의 가족 구성원들이 조카, 사촌, 자매, 심지어 시누이나 올케, 처제를 위한 후견인이 되었다. 엄마가 죽으면 아버지가 아이를 길러야 하는 시련을 겪었고, 만약 그가 재혼하지 않으면 친척들에게 아이의 양육을 맡기기도 했다. 직·간접적으로 여성의 사망률을 높였던 주요 요인은 바로 여성 5명 가운데 1명을 죽음에 이르게 했던 위험한 일, 즉 출산이었다. 남편이 죽으면 아내의 아버지나 형제들이 그녀에게 재혼하라는 압력을 가하곤 했다. 이 때문에 어쩔 수 없이 새로운 남편의 집으로 들어가야 했을 때, 그녀들은 자신의 아이를 본래의 시가에 남겨두어야만 했다. 높은 남성 사망률의 원인은 일반적으로 나이였다. 남편이 아내보다 일찍 죽는 일이 자주 일어났는데, 이는 여성이 대개 다섯, 열, 혹은 열다섯 살 정도 나이가 많은 남성과 결혼했기 때문이었다. 남편감 선택은 아내 자신이 아니라 그녀의 남성 친척들에 의해 이루어졌다. 그들은 미래 남편감의 직업, 그의 사회적 관계망 그리고 재산이 자신들과 어울린다고 생각될 경우, 그를 선택했다.

> 카테리나: 그는 도대체 늙은 얼간이보다 더 심각해. 내 구두쇠 삼촌이 나를 이웃 여자와 사랑에 빠질 정도로 뻔뻔한 이 늙은 멍청이에게 주었을 때, 내가 감내해야 할 불행이 얼마나 큰 것이었는지…… 오, 가엾은 인간아! 거의 매일 밤 예전에 했던 식으로 그가 나를 깨우지 않고, 그가 간지러운 애무로 더 이상 내 곁에 오지 않는다고 해도 더 이상 놀랄 것이

없어. 십자가에 걸고, 분명 그들은 우리가 태어나자마자 우리 여자들을 산 채로 묻어버리거든. 음 그렇다면, 나처럼 젊은 여인은 내 남편이 다른 곳에서 식사를 하는 동안 아무것도 먹지 않고 그대로 가만히 기다려야 하는 것일까? 결코 그렇진 않겠지. 하지만 세상 돌아가는 실정이 그렇기 때문에, 지금부터는 나 또한 내 힘으로 살아가기를 원해.

마르게리타: 아, 아! 저기에 나의 여주인이 있다. 이제 당신이 훗날을 위해 슬퍼할 까닭이 아무것도 없을 정도로 산뜻하고, 젊고, 아름답거늘, 그러니 육체가 영혼을 비난하지 않을 것입니다.[27]

그래서 늙은 호색한 아메리고Amerigo에게 시집보내진 카테리나는 하녀 마르게리타의 능숙한 무대 연출 덕분에 수사 알베리고Alberigo의 열정적인 팔에 안길 수 있게 된다. 이 삼각관계가 안톤프란체스코 그라치니가 쓴 희극 『수사The Friar』의 핵심 내용이자, 그와 피렌체 독자들을 끝없이 즐겁게 만들었던 주제다. 『뚜쟁이』에서의 많은 장면은, 잘 속아넘어가는 늙은 남성 제로초Gerozzo가 이웃집 여인을 탐하려고 시도하지만 거듭 실패하게 되고, 이에 그의 젊은 아내 모나 알비에라Mona Albiera가 화가 나서라기보다 측은한 마음이 들어 "불쌍한 인간아! 너는 알고나 있니, 내 형제들이 나를 위해 너를 택했다는 것을! 하지만 적어도 그는 텅 빈 머리를 돈으로 보상하고 있다"라고 말하게 되는 내용을 통해 전개된다.[28]

한 젊은 여성의 희망이 가족에게 유용한 짝을 찾아 결혼시키려던 아버지나 삼촌 그리고 형제들의 의지를 누를 수 있는 경우는 매우 드물었다. 그녀는 자신의 아버지만큼 늙었거나 아버지처럼 자신보다 훨씬 먼저 죽게 될 남성을 남편으로 받아들이는 데 적응해야만 했다. 감정은 중요하지 않았다. 출생과 사망의 패턴 그리고 재산과 출산을 결혼의 주요 이유로 생각했던 그러한 세계의 문화에서, 남성에 대한 여성의 의존이 과대 포장되었다. 결혼을 앞둔 10대 소녀로서, 늙은 남편의 집에 사는 젊은 여인으로서, 그 남성의 미망인으로서, 고아가 된 딸로서, 르네상스기의 여성들은 삶의 매 단계마다 아주 빈번히 남성들의 압력에 취약한 상태에 놓였다.

늙은 남편의 아내로 사는 것과 미망인으로서 혹은 고아가 된 딸로서 생존하는 것은 별개의 문제였다. 아마 그녀가 독립해서 살 수도 있었을 것이다. 하지만 제대로 된 돈을 벌 수 있는 길이 거의 없었기 때문에, 독립된 삶은 십중팔구 가난을 의미할 수밖에 없었다. 수공업자의 미망인이라면, 아이들과 함께 오르바텔로에서 쉴 공간을 찾을 수도 있었을 것이다. 상인이나 전문가 가족 출신의 젊은 미망인은 어쩔 수 없이 그녀의 부모나 형제 혹은 숙부와 함께 살아야 했고, 또 그녀를 떠나보내려는 그들의 손에 이끌려 다시 결혼 시장에 내몰릴 수도 있었을 것이다. 본질적으로 그녀와 그녀의 아이들은 재산이었고, 따라서 그들 모두는 아주 익숙한 규정에 따라 작동되던 복잡하고 특수한 시장에서 협상되는 대상들이었다. 만약 그녀가 20대이고, 따라서 여전히 새 남편에게 아기를 낳아줄 수 있다면, 새로운 결혼을 성사시키면서 그녀의 아버지와 형제들이 약간의 경제적 관계망을 구축할 수도 있었다. 이 협상을 성사시키기 위해 그들은 죽은 남편의 가족과 접촉하여 지참금의 반환을 요구하곤 했다. 법적으로 그녀의 시가에서는 현금, 재산, 그리고 물품 등 모든 형태의 지참금을 그녀의 가족에게 돌려주어야 했다. 하지만 결혼 기간에 산출된 모든 재산에 대한 통제권 그리고 그것에 대한 책임은 모두 시가에 귀속되어 있었다. 여기에는 아이들도 포함되었다.

계층에 관계없이 젊은 과부들은 누구나 친정과 시가의 이해관계 사이에 끼어 있었고, 그녀 자신의 이해는 그들 누구의 관심사도 아니었다. 시가에서는 그녀가 홀로 살도록 설득하고, 그녀가 아이들을 키우는 것을 도와주려 했다. 그들에게는 그 외의 길이 더 부담스러웠기 때문이다. 다시 말해, 만약 그녀가 재혼한다면 그들은 아이를 양육해야 하는 부담을 얻게 되는 반면, 그녀의 지참금을 더 이상 사용할 수 없었다. 그녀의 새 남편 입장에서는, 결국 다른 누군가의 재산이라고 할 수 있는 새 부인의 아이들을 떠맡을 아무런 책임이 없었다. 그 재산은 죽은 남편의 형제, 숙부, 숙모, 보다 먼 친척의 손에 맡겨지곤 했다. 혹은 그와 관련해서, 누군가가 돈을 받고 혹은 설득당하여 아이의 양육을 떠맡기도 했다. 결국 어떤 아이는 하인이 되었고, 또 다른 아이는 견습공이 되었다. 하지만 모든 재산이 거의 바닥난 가난한 가정에서는 어느 누구도 그들을 결코 환영하지 않았다. 이로 인해 그들은 취약한 상황 그리고 극심한 곤경에 빠졌다. 모든 재산이 수입을 창출하거나 적어도 누군가로부터 최소한의 무엇인가를 얻기를 기대하던 사회에서, 어쩌면 그것은 당연한 일이었다.

피렌체인들은 카니발에 등장한 19번 매춘부와 브라치오의 딸 피에리나에게 환호성을 질러댔다. 그리고 그들은 피에트로 아레티노와 안톤프란체스코 그라치니 같은 이들을 베스트셀러 작가로 만들었으며, 늙은 호색한 아메리고 혹은 젊고 욕정적인 카테리나와 같은 인물들이 다음에는 도대체 어떤 모습으로 등장할지 확인하기 위해 책방 앞에 줄지어섰다. 하지만 이러한 희극의 등장인물들 배후에는 도시를 시끄럽게 만들고 풍자 작가들과 도덕주의자들의 상상력에 기름을 부었던 법적인 사건들이 존재했다. 16세기 중반의 피렌체인들은 처녀였던 처제 산드라Sandra를 강간한 세티냐노Settignano의 도메니코 디 조반니 스카르펠리노Domenico di Giovanni Scarpellino와 처제 마리아Maria를 임신시킨 바티폴레Battifolle의 주스토 디 조반니 치울로Giusto di Giovanni di Ciullo에 관한 이야기를 들어 알고 있었다. 이 소녀들은 자신의 어머니가 죽거나 재혼했을 때, 결혼한 언니들의 집으로 보내졌을 것이다. 또한 당시의 피렌체인들은 비아 키아라의 방직공 바르톨로메오 디 마르코Bartolomeo di Marco에 관한 이야기도 알고 있었다. 그는 자신이 데리고 있던 여성 견습공 프란체스카 디 토니오 다 포르치아노Francesca di Tonio da Porciano에게 폭행을 가해 "앞과 뒤 모두에서" 그녀를 겁탈했다. 다른 많은 견습공과 달리, 프란체스카는 마르코의 집에서 함께 살고 있었다. 따라서 아마도 프란체스카는 그녀를 돌볼 수 없었거나 돌보기를 꺼려 했던 친척들이 마르코의 손에 맡긴 고아였을 것이다. 피에타의 집을 설립하기 위해 일했던 사람들이 쉼터의 문을 열기에 충분한 홑이불, 침대 그리고 돈을 모았던 것처럼, 피렌체인들은 자신의 딸 마리아Maria에게 손님을 알선해주고 나중에 그녀가 임신한 다음에는 다섯 달 동안이나 그녀를 집에 숨겨놓았던 피에라 디 산티 비키에라이오Piera di Santi Bicchieraio의 학대에도 고개를 절레절레 흔들었다. 이미 제1장에서 보았던 엠폴리의 리오나르다, 실비오 디베티노 그리고 시에나의 카테리나 같은 부모의 사례와 함께, 자신의 딸에게 매춘을 시킨 사건들은 피렌체인들에게 진정으로 가족을 믿을 수 있는가라는 불편한 문제를 제기했다.[29]

간혹은 가족을 신뢰할 수 있는가의 문제가 그리 중요한 게 아니었다. 왜냐하면 주위에 어떠한 가족도 없거나 적어도 이웃이나 사제들이 추적할 수 있는 사람이 아무도 없는 경우도 많았기 때문이다. 그럴 경우 인간이라는 재산이 단순히 포기될 수도 있었다. 아버지가 죽고, 어머니가 재혼하고, 부계 가족들이 집을 제공할 수 없었거나 그러기를 거부했던 소녀는 길거리에 내쳐져 자신의 힘으로 스스로를 부양해야만 했다. 만약 쉼터를 찾을 수 없다면, 돈을 벌기 위해 그녀는 길을 헤매야만 했을 것이다.

청소년기 소녀들을 수동적인 헝겊 인형, 다시 말해 교활한 형제들과 음흉한 눈초리의 숙부들의 노리개처럼 묘사하는 것은 쉬운 일이다. 하지만 때때로 그녀들은 자신의 성적 욕망을 스스로 채울 수 있었고, 또 성적 욕망에 사로잡힌 남성을 올가미에 가둘 수도 있었던 능동적인 성적 행위의 주체였다. 그라치니의 『뚜쟁이』에서, 수녀원에서 자란 젊고 정숙한 피암메타는 창문 너머로 단지 몇 차례 보았을 뿐이던 이웃 소년 페데리고의 침대에 뛰어드는 계획에 열정적으로 가담했다. 하지만 그의 아버지는 결혼하려는 그들의 희망을 잘라버렸다. 이것이 단지 나이 든 호색한의 환상인가, 아니면 강간당한 소녀에 대한 비난인가? 소녀들이 자신의 손으로 직접 어떤 문제를 처리했던 경우를 이해하기 위해, 우리는 다시 한 번 그 행간을 읽어야만 한다. 피렌체의 형사 법정이었던 오토 디 구아르디아Otto di Guardia에서는, 밤에 열려 있던 다락방 창문을 통해 몰래 집에 들어와 도둑질을 한 뒤 자신의 딸 알레산드라의 처녀성마저 훔치려 했던 유리 세공업자 구알티에로 피아민고Gualtiero Fiamingo의 강간 범죄에 대해 목수 체키노 디 그라치아Cecchino di Grazia가 기소했던 사건을 어떻게 처리했는가? 혹은 양모 세척공 바티스타가 크레모나Cremona의 양모 방직공 베르나르디노 디 빌리오Bernardino di Bilio가 처녀인 자신의 여동생 제바Geva와 여러 차례 성관계를 맺었다며 고소한 사건은 어떻게 되었는가? 고용주에게 폭행을 당했거나 가족에 의해 몸을 팔게 된 소녀들과 달리, 흥미롭게도 알레산드라와 제바는 자신들을 폭행한 이 남성을 연인 그리고 잠재적인 신랑감으로 환영했던 것처럼 보인다.[30]

어떤 남성은 결혼을 약속하면서 소녀의 침실에 들어가기도 했다. 만약 이후에 그가 이 약속을 철회하면, 그녀는 약속 위반을 명분 삼아 그를 고소하여 법정에 세울 수 있었다. 강간 혐의를 씌우는 것은 강제로 그를 결혼에 이르게 하거나 그로부터 다른 남성을 유혹할 지참금을 얻어낼 수 있는 방법이었다. 여성을 유혹하려는 남성의 시도, 누군가를 덫에 빠뜨리려는 여성의 시도 혹은 부모에게 영향력을 행사하려는 연인들의 시도 등이 법정에서 다루어진 문제들이었다. 또한 이 모든 것과 관련된 일부 작은 문제들 때문에 법정에서 사건이 다루어질 수도 있었다. 아무튼 적어도 누군가를 함정에 빠뜨리려 했다는 차원에서 본다면, 여러 법정 사례를 통해 우리는 더 많은 가족 구성원이 가담해 그러한 사건을 공모한 전략에 대한 단서를 얻을 수 있다.[31] 그라치니의 이야기에 등장하는 젊은 연인 피암메타와 페데리고는 결혼을 반대한 페데리고의 아버지를 단념시키기 위해 자신들의 비밀스런 침실의 밀회가 "발각"되도록 의도적인 상황을 연출한다. 그리고 침착하면서도 분노한 부모의 역할을 연기한 피암메타의 부모 모나 알비에라와 제로초가 의도적으로 연출된 이 상황에 기꺼이 가담한다.[32] 모나 알비에라는 딸의 계획에 놀라기는 하지만 크게 속상해하지 않고, 오히려 신속하고 교활하게 자신의 역할을 연기한다. 이를 통해 우리는 그녀에 대해 페데리고의 아버지가 품게 된 의구심을 이해할 수 있다.

피렌체의 법정 기록에는 이에 견줄 수 있을 정도로 재미있는 사례가 여럿 남아 있다. 플랑드르 출신의 유리 세공업자 구알티에로가 다락방 창문의 다른 쪽을 점검하러 왔을 때, 체키노가 처음에는 이를 못 본 척 눈감아준 것은 아니었는가? 양모 세척공 바티스타가 자신의 여동생 제바를 미끼로 이용하여 양모 방직공 베르나르디노와 자신의 가족을 직업적으로 연결하려고 계획했던 것은 아닌가? 보르고 오니산티 지구의 비아 팔라추올라에 살던 불쌍한 지롤라모Girolamo와 이름을 알 수 없는 그의 여동생의 경우는 또 어떠했는가? 비록 야코포 제노베세Iacopo Genovese가 제노바에서 아내를 버렸다고 할지라도 그들은 만족스럽게 그녀에게 그와의 결혼을 주선했다. 야코포와 그녀는 빈번히 성관계를 가졌고, 야코포가 떠나버리고 다른 여성과 결혼하고 난 뒤에야, 남매 사이가 틀어지고 그간의 비밀이 누설되었다.[33] 만약 어떤 가정에서 한 남성이 처녀인 동생이나 딸을 강간하고 동정을 빼앗았다고 법정에서 연기했다면, 그것이 사실이 될 수도 있었다. 또는 그들의 전략이 역효과를 낳아, 딸과 가족의 평판이 누더기가 될 수도 있었다. 따라서 폭력적으로 강간을 당했다는 주장과 함께 이루어진 소송은 명예를 회복하고 약간의 금전적 보상을 얻기 위한 마지막 방어 전략이었다. 이러한 전략에도 불구하고 결혼에 이르거나 지참금을 얻는 데 실패할 경우, 가족의 명예를 회복하는 또 다른 방법은 그녀를 버리고 집에서 내쫓는 것이었다.

제도로서의 결혼은 그 자체로 여러 문제를 지니고 있었다. 그것이 진정으로 성매매와 다른 것이었는가? 그라치니의 이야기에 나오는 뚜쟁이 모나 안토니아는 모나 알비에라와 제로초보다 더 공개적으로 자신의 딸에게 매춘을 주선했다. 물론 브라치오와 19번 매춘부가 그랬듯이, 그들 둘 역시 아주 거리낌 없이 딸의 성을 팔았다. 비록 이 이야기들에 나오는 것과 같은 웃음기는 존재하지 않지만, 법정 기록에도 그와 비슷한 사례들이 남아 있다. 콘베르티테, 말마리타테, 오르바텔로 같은 보호소들에 관심을 가지면서, 피렌체인들은 보호소를 통해 결혼 생활의 붕괴로 야기된 문제를 해결하려고 했다. 진위 여부를 떠나, 그들은 성숙한 성적 욕구를 가지고 있지만 돈은 거의 없었던 가난한 과부, 학대받던 아내, 마지못해 몸을 팔게 된 매춘부에게는 성매매 이외의 다른 대안이 있을 수 없고, 따라서 이러한 여성, 특히 그녀의 딸들에게는 보호소의 담장 안이나 잠긴 문 안에서의 삶이 더 낫다고 생각했다. 그렇다면 심지어 이 미심쩍은 여성 보호시설의 혜택조차 받을 수 없었던 소녀들은 어떠했겠는가? 열 살 또는 열두 살에 고아가 되었거나 버림받았고 누군가의 도움을 필요로 했던 소녀들은 어떠했는가? 성인 여성들을 위한 기관을 열도록 만들었던 동일한 논리가 이 소녀들에게는 더욱 절실하게 작동하고 있었다. 그리고 그 결과 1550년대의 4년 동안 피렌체인들은 고아가 되었거나 버림받은 소녀들을 수용할 수 있는 개별 보호소 세 곳의 문을 열었다.

피렌체인들은 거의 10여 년 동안 이러한 방향으로 움직이고 있었다. 권력을 장악한 직후 공작 코시모 1세는 피렌체의 여러 자선기관의 관계망을 개선하기 위한 작업에 착수했다. 이러한 기관들은 병원ospedale 혹은 집casa 등으로 불렸다. 상당히 많은 수의 기관이 존재하고 있었지만, 그들 가운데 일부는 몇 개 안 되는 침대만을, 다른 일부는 고작 수십 개만을 보유하고 있었다. 어떤 경우는 10여 년 전 혹은 심지어는 수 세기 전 부유한 개인들의 죄의식이나 경건함에 기초해서 출현한 것들로 여전히 그 자손에 의해 유지되거나 적어도 운영되고 있었다. 또 다른 일부는 "자기들 자신" 즉 작업 도중에 다친 수공업자나 병든 동료 회원을 돌보기 위해 수공업자 길드나 종교적인 세속 봉사단체에서 시작한 의료조합의 형태로 문을 열었다. 일부는 마을 위원회에서 다른 일부는 마을 교회에서 운영했다. 토스카나 공국에는 300개 이상의 기관이 존재하고 있었다. 일부는 잘 운영되었던 반면, 다른 경우에는 감독관이나 직원 혹은 성직자들의 주머니로 운영기금이 흘러들어가 가난한 사람들을 위해서는 거의 혹은 전혀 사용되지 못하고 있었다.

코시모 1세는 부정을 막고 가용한 자선기금이 보다 효과적으로 사용될 수 있기를 원했다. 이에 따라 그는 몇십 년 전 다른 유럽 지역에서 실험된 모델을 기초로 1542년 12명의 행정관을 임명하여, 그들로 하여금 당시 토스카나에 존재하고 있던 각 자선기관의 장부를 감사하고, 그들이 내건 헌장을 심리하고, 또 그들의 활동사항을 조사하도록 조치했다.[34] 만약 부정이 발견되면 그곳의 재산을 몰수하고 피고용인을 해고할 권한이 행정관들에게 부여되었다. 또한 그들은 이런저런 병원의 대차대조표에서 찾아낸 과도한 기금을 공작이 피렌체에서 계획하고 있던 고아와 거지들을 위한 새로운 자선기관을 지원하는 데 전용할 수도 있었다. 코시모가 임명한 행정관들은 항구적인 새 행정위원회의 형태를 갖추었다. 또한 그들에게 영향력과 자금을 제공하기 위해 공작은 피렌체에서 가장 오래되고 부유했던 한 세속 종교봉사단체 가운데 한 곳의 기금과 재산을 그 행정관들이 사용할 수 있도록 조치를 취했다. 여기에서도 역시 그 외양은 중요하지만, 내용은 가히 기만적이다. 왜냐하면, 산타 마리아 델 비갈로 세속 종교봉사단체가 여전히 존재하고, 여전히 산 조반니 바티스타 광장 건너편의 성당에 주요 본부를 설치하고 운영하면서, 그곳의 많은 재산과 책임만 코시모가 임명한 새로운 행정관 팀에게 넘어가게 되었기 때문이었다. 공작은 거대한 관료주의적 협잡을 도모했고, 여전히 비갈로가 계속된다는 환상을 심어주기 위해 행정관들이 비갈로라는 바로 그 이름을 채택하도록 만들었다.

이 특별한 봉사단체를 빼앗은 이유는, 교회와 국가의 도움으로 인수한 여러 작은 교회을 포함하여, 이전 300년 동안 이 단체가 많은 부동산을 끌어모았기 때문이다. 만약 소규모의 수공업자들이 운영하던 병원이나 일부 봉사단체에서 관리하던 보호소가 자금 부족과 열악한 행정으로 인해 위험에 처하게 된다면, 그것을 완전히 파산시키기보다 차라리 비갈로에 흡수시키는 것이 낫다고 당국자들은 믿었다. 심지어 병원을 세우려 했던 일부 부유한 개인들조차 자선 계획을 비갈로의 전체적인 행정 틀 아래 넣어야 하는지에 대해 문의할 정도였다. 이로 인해 이제 비갈로는 토스카나 전역의 버려진 병원들을 장악한 일종의 자선 악덕 업주의 모습으로 변모했다. 또한 그 장악력 역시 너무나 광범위했기 때문에 비갈로의 관료들은 누군가의 유산이나 임대 부동산으로 얻은 자금을 자신들의 주머니 속으로 착복할 수도 있었다. "오래된" 비갈로를 빼앗아 "새로운" 비갈로로 만든 뒤 자신이 임명한 행정관 무리에게 넘겨주면서, 코시모 1세는 자신이 진지한 의도로 이 모든 일을 수행하고 있다고 천명했다. 그는 사취의 관행을 뿌리 뽑으려고 계획했고, 새로운 유형의 중앙집권적인 공국 복지 시스템 내에서 모든 자선기관을 운영하려 했다. 그의 복지 시스템의 핵심이 바로 버림받은 소년, 버림받은 소녀, 거지를 위한 세 곳의 새로운 제도적 쉼터였다. 하지만 야심만만했던 공작의 열정도 점차 사그라졌다. 혹은 적어도 그가 자신의 일에 대해 어느 정도 회의하기 시작했던 것으로 보인다. 그가 임명했던 충성스러운 비갈로의 행정관들이 너무도 열정적으로 업무에 매달렸고, 이 때문에 그들이 토스카나 전역에서 각 지방의 병원, 길드, 자선보호단체, 후원인으로부터 엄청난 저항을 불러일으켰던 것이다. 당시에는 아직 공작으로서 코시모의 권력이 불안한 상황이었다. 따라서 이를 빌미로 그의 적들이 규합할 위험성이 상존해 있었다. 어쩌면 자신이 괴물을 만들고 있을지도 모른다는 두려운 생각으로 코시모 1세는 현명하게 비갈로에 대한 정치적 지원을 철회했다. 하지만 이와 동시에 다른 한편으로 여전히 그는 병원을 감시하고 실제로 새롭게 문을 연 세 곳의 제도적 보호시설 가운데 하나인 '아반도나티 구빈원Ospedale degli Abbandonati'을 관리하는 행정관을 유지했다.

이 점이 다른 쉼터들이 더 이상 출현하지 않았다거나 코시모 1세가 자선기관의 개혁에 흥미를 잃었다는 것을 의미하지는 않는다. 초기부터 새로운 비갈로의 행정관들은 피렌체 귀족 가문 출신의 미망인이었던 리오노라 지노리Lionora Ginori가 1540년대 초기부터 운영하기 시작한 고아가 된 소녀들을 위한 사설 보호소에 아주 약간의 보조금을 지급하고 있었다. 지노리가 죽자 행정관들은 코시모 1세를 설득하여 그 보호소를 빼앗아 자신들이 계획하고 있던 '아반도나티 구빈원'으로 만들려고 시도했다. 하지만 그들의 생각과 달리 공작은 아무 일도 하지 못하게 했다. 자신의 많은 정치적 적들이 지노리가 세운 사설 보호소와 연관되어 있다는 풍문이 그의 귀에 들려왔고, 따라서 코시모 1세는 이 기회에 아예 그곳의 문을 닫아버리기를 원했다. 하지만 나폴리 부섭정의 딸로서 부유하고 아주 사랑스러웠던 스페인 혈통의 부인 엘레아노라Eleanora가 그곳에서 보호받고 있던 소녀들을 위해 보호소의 문을 계속 열어두고, 차라리 과하게 열정적인 비갈로의 행정관들 대신에 새로운 세속 종교봉사단체에게 그곳을 맡기도록 코시모를 설득했다. 이것은 이미 10년 전부터 전개되어오던 협잡의 또 다른 변종이었다. 새로운 종교봉사단체가 그 보호소를 맡게 될 것이지만, 보호소는 오직 취약한 소녀들에게만 역점을 둔다는 점을 강조하기 위해 산타 마리아 델레 베르지네S. Maria delle Vergine 즉 '동정녀 마리아'라는 새로운 이름으로 불리게 될 것이었다. 엘레아노라의 개입으로 지노리의 보호소에 있던 소녀들은 몇 집 건너 올트라르노 지구 피티Pitti 궁전의 길 건너에 위치한 작은 병원으로 이동했다. 불과 2년 전에 피티 궁전을 구입했던 공작부인은 코시모와 함께 분주히 그곳을 자신들의 공식적인 거주지로 개조하고 있었다.[35]

산타 마리아 델레 베르지네는 비갈로 소유의 부동산 가운데 새로운 시설을 선정하고, 형편이 나은 피렌체의 수공업자나 소매업자 가정에서 소녀들을 뽑았다. 하지만 이는 점차 부상하던 문제의 오직 일부만을 감당할 수 있을 뿐이었다. 4년 후인 1556년 공작 코시모 1세는 또다시 비갈로의 행정관들을 제쳐두고 시립 감옥이었던 스틴케의 관리들에게 피렌체의 거리와 시장에서 폭행당하고 있는 고아나 버림받은 소녀들에 대한 대책을 마련하라고 명령했다. 아마 이 소녀들은 쓰다남은 물품을 시장에 내다팔면서 근근이 살아가고 있었을 것이다. 이 두 번째 보호소는 수십 명의 소녀들을 불러들였다. 산타 마리아 델레 베르지네처럼 이곳의 명칭에도 의미 있는 울림이 존재한다. 몇 세기 뒤 크리스마스의 신부로 유명해진 초기 크리스트교 시기의 주교 성 니콜로S. Niccolò에서 그 이름이 유래했기 때문이다. 성 니콜로는 지참금이 되기에 충분한 동전 주머니를 창문을 통해 던져주어 고귀한 소녀들을 가난한 부모들이 알선한 매춘의 길로부터 구해주었다. 성 니콜로 쉼터는 노동 계층이 몰려 있던 올트라르노 지구에 문을 열었다. 그리고 그곳을 더 이상 감당할 수 없게 된 감독관들이 코시모 1세에게 도움을 요청했을 때, 그는 산타 마리아 델레 베르지네 봉사단체에게 그곳을 관리하도록 만들었다.[36]

산타 마리아 델레 베르지네 봉사단체는 피렌체에서 처녀들을 보호하는 제도적인 장치로 변화했다. 이 때문에 향후 10년 동안 그 봉사단체는 버림받은 소녀들을 위한 보호시설이 네 곳 더 문을 여는 데 도움을 주었다. 상대적으로 좀 간접적이긴 했지만 이들 가운데 1550년대 상반기에 문을 연 세 번째 보호소의 출현에도 관여했는데, 그것이 바로 피에타의 집이었다. 피에타의 집은 여타의 시설들과는 다른 배경에서 등장했고, 또 국가 차원의 빈민 구제 체계를 조직하려던 코시모의 원대한 기획과도 직접적인 연관이 없었다. 하지만 그곳 역시 고아가 되거나 버림받은 소녀들에 대해 당시의 피렌체인들이 일반적으로 느끼고 있던 보호 충동에 의해 설립되었다. 그에 관한 이야기 혹은 적어도 그에 관한 한 유형의 이야기를 살펴보기 위해 우리는 『피에타의 집 자매들의 연대기』에 주목해야 한다. 각각 밀라노와 피스토이아 출신으로서 상대적으로 피렌체에 대해 잘 알지 못했던 두 사제는 문화와 교육의 이 유명한 중심지에서 자신들이 맞닥뜨린 충격적인 사실에 압도되었다. 그토록 세련된 도시에서 버려진 10대 소녀들이 거리를 활보하고 다니는 것에 어쩌면 그렇게 냉담할 수 있을까? 기도에 파묻혀 있던 돈 안토니오 카타니 밀라네세Don Antonio Cattani Milanese와 지롤라모 다 피스토이아Girolamo da Pistoia 수사는 따로따로 십자가에 처형되어 죽게 된 자신의 아들을 안고 있는 동정녀 마리아에 관한 동일한 비전을 경험했다. 그들은 이것을 동정녀 마리아의 이름으로 보호시설을 열라는 징후로 받아들였다. 그들은 비갈로 행정관의 도움을 받아 산타 마리아 노벨라 지구의 서쪽에 있던 한 낡은 병원의 사용권을 얻어냈다. 그곳은 아르노 강에서 한 블록 떨어진 보르고 오니산티 지역의 중심가에 자리 잡고 있었다. 곧 60명의 소녀들이 그곳으로 밀려들어왔다. 당시 이미 산타 마리아 델레 베르지네의 회원이었던 돈 안토니오는 그곳의 동료 회원 가운데 한 명이었던 안드레아 빌리오티를 채용하여 회계장부를 기록하도록 했다. 그와 지롤라모 수사는 더 많은 사제를 모집해 소녀들의 영적 훈련을 돕도록 했고, 이 새로운 보호소를 운영할 기금을 마련할 수 있도록 자신을 도와줄 일단의 여성들을 충원하기 시작했다.[37]

보호소 찾기

—

보르고 오니산티는 피렌체의 산업 슬럼 지역이었다. 그곳은 피렌체에서 가장 거친 주민들이 살던 곳 가운데 하나, 즉 앞에서 논의했던 강간, 폭행 그리고 사기 행각으로 기소된 많은 이가 거주하던 동네였다. 남쪽 끝에는 모직물 제조 공장들이 아르노 강변을 따라 줄지어 서 있었고, 세탁공, 축융공 그리고 염색공들이 그곳에서 저임금으로 일을 하고 있었다. 작업을 하면서 그들은 아르노 강을 온갖 무지개 색으로 물들여놓았다. 또한 북쪽으로는 피렌체에서 가장 악명 높았던 홍등가 가운데 하나가 자리하고 있었다. 구시장의 유곽으로부터 불과 몇 블록 떨어진 그곳에는 여전히 피렌체의 어느 곳보다 가장 많은 매춘부가 밀집해 있었다. 할 일이 충분치 않았던 일용직 노동자, 젊은 직공이나 견습공 무리, 길가로 내몰린 수십 명의 매춘부로 거리가 들끓었다. 햇볕을 받을 수 있도록 길가에 끌어다놓은 작업대 주위를 덜컹거리는 마차들이 소음을 내며 지나갔다. 그리고 그 위로 여러 소리가 울려퍼졌다. 사장의 명령 소리, 노동자들의 노래나 욕설, 물건을 운반하면서 지르는 짐꾼의 고함 소리, 북적거리던 비좁은 집에서 탈출해 뛰어놀기 위해 거리로 뛰쳐나오던 아이들의 큰 함성이 뒤섞였다. 또한 여러 교회와 오니산티의 수도원에서 정기적으로 울리던 종소리 역시 퍼져나갔다. 오니산티 수도원은 1256년 이 지역에 들어와 그곳에 모직물 공방을 처음 열었던 우밀리아티Umiliati로 알려진 베네딕토 수도회 수사들에 의해 세워졌다. 이 우밀리아티 수도사들은 정치적 급진주의자들이었다. 다시 말해 코시모 1세가 르네상스의 공화주의 이상을 파괴하고 자신의 공국ducal 정부를 수립하기 위한 노력을 경주하고 있던 바로 그때, 그들은 산업 노동에 헌신했고 또 그와 마찬가지의 노력을 기울이며 활발하게 피렌체의 공화주의 전통을 촉진시켰다. 하지만 몇 년 지나지 않아 공작은 우밀리아티의 수도사들을 모두 쫓아냈고, 그들 대신 보다 순응적인 일단의 프란치스코 수도사들이 오니산티 수도원에 자리 잡도록 만들었다. 요약하자면, 피렌체에서 가장 활발하고 강렬했던 노동, 돈, 성, 종교 그리고 정치의 물결이 보르고 오니산티를 관통해 씻겨내려가고 있었다. 그리고 바로 그곳 한복판에 마치 하나의 섬처럼, 적어도 일시적으로, 부모라는 계류장으로부터 단절되어 곧 표류하게 될 위험에 처한 청소년기 소녀를 위한 보호소가 자리를 잡았다.

『피에타의 집 자매들의 연대기』에는 이러한 시끄러운 소음과 부산한 행적들이 거의 나타나지 않는다. 이 기록은 보호소가 설립될 초기의 지저분한 일들에 대해서는 급하게 서둘러 지나가고, 신의 영원한 수도원 계획에 대해 곧바로 이야기할 뿐이다. 다른 자료들을 살펴보면서 이 『연대기』의 전개 속도를 늦추려고 시도해보자. 그러면, 비록 『연대기』의 내용이 대체로 옳은 편이고 또 그것이 거론하지 않은 침묵 역시 별개의 다른 문제라고 할지라도, 피에타의 집을 둘러싸고 있는 최초의 혼란스러운 침묵 가운데 하나가 부상하게 된다. 1562년의 피렌체인구통계 조사서에 따르면, 당시 보르고 오니산티 지역에는 160명의 소녀와 여성을 수용한 보호소가 한 곳 있었다는 사실을 확인할 수 있다. 하지만 정확한 장소가 명기되어 있지는 않다. 『연대기』는 보다 정확하게 그곳이 보르고 오니산티 가와 비아 누오바Via Nuova가 교차하던 모퉁이에 자리 잡고 있었던 산타 마리아 델루밀타

S. Maria dell'Umiltà 병원이었다고 명기하고 있다. 또한 『연대기』의 저자들은 그곳이 1년에 80두카토라는 많은 금액을 지불하고 비갈로의 행정관으로부터 임대된 곳이라고 주장한다. 하지만 서쪽으로 한 블록도 떨어져 있지 않은 곳에 위치한 오니산티 수도원의 우밀리아티 수도사들 덕분에 그런 이름이 붙게 되었을 가능성이 매우 높은 이 병원은 매우 작았다. 16세기의 한 그림에 따르면, 그것은 1.5층 규모의 조그마한 구조물에 불과했다.[38] 이 그림에서는 아마도 그림에 등장하는 순례자를 유혹하려는 듯이 병원의 문이 열려 있다. 그 여행객은 커다란 정방형 홀로 들어갔을 것이다. 르네상스기 대부분의 병원에서는 홀 바깥 벽 쪽으로 기대어 줄을 맞춰 침대를 놓았다. 당대의 기록이 암시하는 바에 따르면, 우밀타 병원은 단지 18개의 침대만을 갖추고 있었던 것으로 보인다. 당시 병원 신세를 진 대부분의 사람이 그랬듯이 침대 하나에서 서너 명이 함께 잠을 잤다고 하더라도, 160명의 소녀들을 수용하기에는 충분치 못했다. 중앙 홀 위에 있던 반 층짜리 공간과 두 번째 홀에 맞도록 설치된 침대들이 부족분을 아주 조금 메울 수도 있었을 것이다. 따라서 꽉꽉 들어찬 공간 때문에 결과적으로 피에타의 집이 거처를 옮길 수밖에 없었다는 『연대기』의 주장은 결코 놀라운 사실이 아니다.[39]

옛 산타 마리아 델루밀타 병원은 150년 이상 동안 바로 그 모퉁이의 한 자리에 있었다. 병원을 설립한 사람은 수 세기 동안 그 거리에서 은행업자, 상인, 직물상으로 살았던 베스푸치 가문의 시모네 디 피에로 베스푸치Simone di Piero Vespucci였다. 대서양을 건너는 초기 항해를 수행했던 아메리고Amerigo(1451~1512)가 그 가문의 후손이었다. 아메리고는 항해술과 지

16세기의 산타 마리아 델루밀타.
Archivio di Stato di Firenze, Fondo Manoscritti 603, inserto no. 28.

도학을 자기 홍보에 결합하는 데 능숙했던 인물이었다. 결과적으로 1507년 독일의 한 지도 제작자가 그의 이름을 이제 사람들이 신대륙이라고 깨닫기 시작한 곳을 명명하는 데 사용했다. 이와 함께 베스푸치라는 이름은 보르고 오니산티 근처의 거의 모든 곳에서 발견할 수 있었다. 오니산티의 교회 내부에, 베스푸치 가문은 당시 피렌체의 선도적인 화가였던 도미니코 기를란다이오Dominico Ghirlandaio에게 그 교회의 정문 바로 안쪽 제단에 피에타 상을 그려달라고 의뢰했다(1472~1473). 기를란다이오는 쭉 펼친 외투 아래로 베스푸치 가문의 구성원들을 보호하고 있는 자비의 마돈나Madonna of Mercy 상을 그렸고, 바로 그 아래에 베스푸치 가문의 무덤이 자리 잡았다. 1400년 7월 사망하기 일주일 전, 시모네 베스푸치는 우밀타 병원

F I O R E
ASIA
AFRICA
MARE OCEANO

마테오 피오리니Matteo Fiorini가 제작한 16세기 피렌체 지도(1600).
Attillio Mori & Giuseppe Boffito, *Firenze nelle vedute e piante. Studio storico topografico cartografico* (Firenze: Tipgrafia Giuntina, 1926). 아래 원은 1554년부터 1568년 사이, 위에 보이는 원은 1568년 이후 피에타 집의 위치를 가리킨다.

의 소유권을 산타 마리아 델 비갈로 봉사단체에게 넘겼고, 세속 회원들에게 수도사나 사제들이 결코 우밀타 병원을 운영하지 않을 것이며 가능한 한 베스푸치 가문의 구성원을 관리자로 임명할 것을 약속하게 했다. 당시의 많은 상인처럼, 시모네 베스푸치는 영악하고 탐욕적인 성직자들에 대해 상당히 회의적이었다. 물론 그 자신도 그러한 영악함과 탐욕으로부터 자유롭지는 않았다. 그의 약삭빠른 움직임 덕분에 베스푸치 가문은 실제로 모든 비용을 전부 부담할 필요 없이 계속해서 병원을 통제하고 그로부터 이윤을 얻을 수 있었기 때문이다.

약간의 직접적인 증거를 통해 우리는 과연 어느 정도까지 베스푸치 가문이 16세기 중반 병원을 위축시켰는지를 가늠해볼 수 있다. 1534년 비갈로의 행정관들은 피렌체의 병원에 대한 조사서를 수집하고 있던 서기관을 그곳으로 보냈다. 이 서기관이 작성한 기록은 피렌체의 면직물 길드에서 일하면서 그와 동시에 우밀타 병원의 거주 관리인으로 종사하고 있던 도메니코 디 마르티노Domenico di Martino와 문간에서 나눈 대화를 마치 일상적인 언어로 옮겨놓은 것처럼 보인다. 기록은 다음과 같다.

> 그곳은 포르 산타 마리아 길드의 연락원 도메니코 디 마르티노에 의해 운영되고 있다.
>
> 그는 1529년 그 자리를 인계받았다. 그전에는 베스푸치 가문의 관리 아래, 이후에는 비갈로 수장의 관리 아래 담당자가 임명되었고, 그 이후에는 메디치 가문의 수장 즉 시뇨레 로렌초와 줄리아노의 관리 아래 놓여 있었다.

그는 자신이 처음 이곳에 왔을 때, 12개의 침대와 18개월 동안 세탁하지 않은 13쌍의 침구 세트만이 구비되어 있었다고 이야기한다.

또 이제는 남성과 여성 사이에 18개의 침대와 37개의 침구 세트가 있다고 한다.

그는 그곳을 평생 운영하기를 원했고, 자신이 더 이상 운영할 수 없게 될 때에는, 비갈로의 담당 신부였던 조반니Giovanni 또한 계속 관여한다는 조건으로, 그곳을 자신의 아내에게 넘기기를 원했다. 도메니코가 읽고 쓸 줄 몰랐기 때문에, 조반니가 장부를 기록한다.

그는 이 일에 대한 대가로 연 50리라를 받는다.

그는 침대를 깨끗하게 유지하고, 매년 한 짐의 나무 또한 구입한다.

세탁이 필요할 때마다, 사비로 세탁부를 고용한다.

주님의 할례 축일[예수 그리스도가 탄생 후 8일째 되던 날 이름과 할례를 받은 것을 기념하는 축일]을 기념하기 위해 매년 두 차례 미사가 열린다고 그는 말한다.

그는 이 병원에서는 남성과 여성의 숙소를 밝히기 위해 매년 1배럴의 기름이 필요하다는 점을 알게 되었다. 하지만 지난 두 해를 제외하고 그만큼의 기름을 비축하지 못했다.

그가 매우 가난하며 8명의 자녀를 두고 있다는 점 외에, 더 이상 덧붙일 만한 사실이 없다.[40]

부러진 침대와 18개월 동안 세탁 한 번 하지 않은 곳, 그래서 르네상스기의 병원은 종종 병을 얻으러 가는 곳이었다. 공평하게 말하자면, 도메니코는 1530년경 피렌체의 마지막 공화정을 붕괴시킨 파국적인 상황 속에서 산타 마리아 델루밀타로 왔다. 혼란스러웠던 당시의 상황을 고려하면, 그가 무단 점유자나 하인 혹은 감독관으로 그 일을 시작했을 수도 있다. 또한 비갈로의 관리들에게 이야기했을 때처럼, 그가 스스로 묘사한 양심적인 관리인으로 발전했을 수도 있다. 하지만 도메니코와 그의 아이 8명은 어느 순간 그곳을 떠나 베스푸치 가문의 루이지 디 조반바티스타Luigi di Giovanbattista에게 자리를 내주어야만 했다. 후원 가문들은 종종 이러한 임명 작업에 개입했고, 또 이를 이용하여 가끔은 주변머리 없는 가족 구성원 누군가에게 집과 일자리를 마련해주곤 했다. 루이지 베스푸치는 이 경우에 딱 맞아떨어지는 사람으로 보인다. 비갈로의 행정관들은 분명 무엇인가 문제가 있다는 낌새를 맡았던 것 같다. 1571년 그들이 요구한 만큼 루이지가 그곳을 잘 유지하지 못하고 있으며, 후원도 제대로 하지 못한다고 비난했기 때문이다. 한마디로 그들은 그를 쫓아내고 싶어 했다. 베스푸치 가문에서는 1565년에서 1569년까지 산타 마리아 델루미타 병원을 유지하고 개선하기 위해 그가 지출했던 3쪽가량의 물품명세서를 제출하면서, 잘 조율된 반격으로 이러한 비난에 대처했다. 명세서에는 300장의 벽돌, 12부셸의 회반죽, 창문에 달 두 개의 철 바 등이 포함되어 있었다. 그가 병원을 개선하기 위해 사용한 거의 100스쿠도에 달하는 돈은 비갈로와의 합의로 요구된 액수의 2배에 해당하는 금액이었다. 또한 그는 이웃 16명의 증언서를 추가로 제출했다. 그들 가운데에는 오니산티의 두 프란치스코 수도회 수도사, 그 거리에 18년 동안 살았고 날마다 병원 주위를 지나쳤던 지역 의사 엘리오 달레산드로Elio D'Alessandro, 1568년 가을

부터 우밀타에 방을 빌려준 그 지역 세속 종교봉사단체의 운영인인 산티 디 프란체스코 바스티에로Santi di Francesco Bastiero 등이 포함되어 있었다. 그들을 모두 다소 모호한 말투로 루이지가 훌륭하게 그곳을 후원했고, 돈을 벌기 위해 도움이 필요한 가난한 사람들 이외의 다른 누군가에는 병원의 방을 대여하는 일을 저지르지 않았다고 증언했다.[41]

이 모든 기록은 매우 설득력 있어 보이지만 한 가지가 빠져 있다. 이 목격자들 가운데 단 한 사람도 피에타의 집 소녀들에 관해서는 언급하지 않는다는 점이다. 루이지 베스푸치는 160명의 버림받은 소녀들에게 쉼터를 제공한 것에 관해 아무 말도 하지 않는다. 어떤 기준으로 보아도 이는 비갈로 행정관들의 조사를 중단시킬 수도 있는 사실이었다. 가장 근접한 증언은 몇몇의 가까운 이웃들로부터 온 것이다. 이들의 증언에 따르면, 비록 피에타의 집 소녀들이 훨씬 어렸지만, 루이지는 가난한 여성들povere donne을 언제나 수용했다. 이러한 증언이 무엇을 의미하는지를 명확하게 살펴보려는 시도가 오히려 수수께끼를 증폭시킬 뿐이다. 『피에타의 집 자매들의 연대기』는 비갈로를 임대 지주와 동일시하고, 비갈로가 매년 임대료로 80스쿠도를 거두어갔다고 주장한다. 하지만 해당 기간 동안 비갈로의 재무원장을 조사해봐도 아무런 임대 수입 기록을 찾을 수 없다. 또한 피에타의 집 재무원장 문서 역시 단 하나의 임대 지출에 대한 기록 혹은, 그와 관련하며 우밀타 병원의 위치를 확인해줄 수 있는 단 한 줄의 기록도 남기고 있지 않다. 피에타의 집 재무원장에는 루이지가 수행했다고 주장한 일부 유형의 보수작업, 즉 이곳저곳에서 창문이나 문을 수리하기 위해 지불된 비용이 기록되어 있다. 하지만 궁금하게도 어느 것도 이런 작업이 어디에서 이루어졌는지에 대해서는 말하지 않는다. 어떤 재무 기록은 더욱 감질나게 우리의 애를 태운다. 왜냐하면 그 책의 제목을 "…에 위치하고 있는 피에타의 집 소녀들의 재무원장"으로 적고 있기 때문이다. 3개의 점과 빈 공간. 도대체 왜 160명의 소녀들을 숨기고 있는 것인가? 혹은 그와 관련되어 1년에 80스쿠도라는 돈은 어디에 숨어 있는 것인가? 더 간결하게 말하자면, 어디에 그리고 왜?

당대의 여러 연대기에는 소녀들을 위해 보르고 오니산티에 문을 연 새롭고 넓은 쉼터에 관한 아무런 언급도 나타나지 않는다. 그러므로 그러한 연대기를 살펴보면, 그 침묵은 더욱 알 수 없는 수수께끼가 된다. 이와 마찬가지로, 18세기의 호고好古주의자 주세페 리카Guiseppe Richa가 피렌체의 모든 교회와 병원에 대해 상세히 설명하여 저술한 8권 분량의 작품과 같은 후대의 역사서 역시 피에타의 집에 대해서는 아무런 진술도 하지 않는다. 피렌체의 모든 병원과 학교에 관한 최초의 사료적 연구를 수행하기 위해 문서보관소를 뒤졌던 19세기의 선구적인 역사가 루이지 파세리니Luigi Passerini는 산타 마리아 델루밀타에 대해 논의하고 심지어 도메니코 디 마르티노에 대해서도 언급하고 있다. 하지만 그 역시 피에타의 집으로 불리던 버림받은 소녀들을 위한 쉼터에 대해서는 단 한 마디도 거론하지 않는다. 굳건히 문서보관소의 사료에 의존하여 연구를 수행한 한 전문 역사가의 주목받는 최신 작품을 포함하여, 이후의 이 병원에 관한 모든 역사 서술에서도 이러한 침묵은 계속되고 있다.[42]

의혹이 생긴다면, 돈의 흐름을 따라 추적하는 것이 도움이 된다. 피렌체는 훌륭한 세무 기록을 유지하고 있었다. 하지만 비갈로, 산타 마리아 델루밀타 그리고 피에타의 집과 같은 자선기관들은 모두 면제 대상이었고, 이 때문인지 몰라도 실제 코시모 1세의 세무 행정관들이 작성했던 두껍고 무거운 『대공의 십일조Decima Granducale』에도 역시나 등장하지 않는다. 하지만 이러한 세무 기록들은 인구통계 조사와 함께 주기적으로 갱신되었다. 1562년 인구통계 조사의 공식 사본은 무척이나 모호하게 작성되었다. 하지만 그 반면, 그것을 위한 초기 사전 조사서가 남아 있으며, 더욱이 그것이 담고 있는 내용 역시 뛰어날 정도로 정확하다. 『대공의 십일조』 목록에는 『피렌체 가구 조사서Ricerche delle Case di Firenze』라는 이름으로 1561년부터 작성된 5개의 필사본이 언급되어 있다. 실제적인 납세 여부와 관계없이, 그것은 피렌체의 모든 재산에 대한 과세 가치를 결정하기 위해 코시모의 명령에 따라 작성된 조사서였다. 도시의 각 지구가 1권 분량에 해당했고, 도시 내의 모든 공방이 분리된 또 다른 1권에 목록으로 정리되었다. 결과적으로 산타 마리아 노벨라 지구에 관해 기록한 책이 우리의 질문에 대한 대답을 제공한다. 이 『조사서ricerca』는 집의 번호, 주인, 세입자, 임대 가격, 그리고 "입boch"으로 기록된 거주민의 수라는 고정된 형식에 따라 모든 거리를 오르내리며 각각의 재산 상태를 찾아내고 확인한다. 정형화된 항목들에는 인구통계 조사서에, 앞집과 뒷집으로 기록된 이웃집의 재산 상태와의 관계 속에서 개별 가정의 재산 상태가 자세하게 기록되어 있다. 따라서 여기에 기록되지 않은 채 남을 수 있는 것은 아무것도 없었다.

680번: 도메니코 세르마니Domenico Sermani의 조반니 바티스타Giovanni Battista. 앞에서 언급한 집 다음 그리고 비갈로의 보호소 옆. 그는 여기에 홀로 살고 있다. 추정 가격 20스쿠도.

681번: 비갈로의 보호소. 680번 그리고 바르톨로메오 디 도포 바르톨리Bartolomeo di Doffo Bartoli와 바르톨로메오 디 마리오토 바르톨리Bartolomeo di Mariotto Bartoli의 집 옆. 버림받은 소녀들Abbandonate이 임대함. 추정 가격 10스쿠도. 거주민의 수는 다음을 보라.

682번: 바르톨로메오 디 도포 바르톨리, 바르톨로메오 디 마리오토 바르톨리, 바로 옆의 루이지 바롤리의 집. 비아 누오바와 보르고 오니산티가 만나는 모퉁이에 위치함. 위에서 언급한 바르톨리가 그곳에 살고, 절반 가량이 시모네Simone와 버림받은 소녀들에 의해 소유됨. 추정 가격 35스쿠도. 바르톨리 가족 5명. 버림받은 소녀들 160명.

683번: 682번 옆, 프란체스코 다 산타 크로체Francesco da Santa Croce의 집. 버림받은 소녀들이 임대함. 추정 가격 및 임대 가격 30스쿠도. 거주민의 수는 위를 보라.[43]

틀림없이, 피에타의 집이라는 정확한 언급은 여기에도 나타나지 않는다. 하지만 이것이 비아 누오바와 비아 포세Via Fosse 사이의 보르고 오니산티 지역에서 비갈로와 "버림받은 소녀들"에 대해 조금이라도 언급하고 있는 유일한 항목이다. 그리고 바로 이 모퉁이가 정확히 산타 마리아 델루 밀타가 역사적으로 위치했던 곳이었다. 총 임대비는 『피에타의 집 자매들의 연대기』에 간략하게 언급된 수치와 매우 비슷하다. 일부 베스푸치 가문 사람들이 이 통계 조사서에도 등장한다. 예를 들어 길 건너편에서 614번을 임대한 한 남성과, 622번에서 몇 집 내려가 네 식구를 책임지고 있던 한 미망인이 그들이었다. 그녀와 그녀의 가족은 실제 보르고 오니산티에 살았던 유일한 베스푸치 가문 출신이었다.[44] 세무 조사원의 발걸음을 따라 근처 거리를 오고가며 추적해도, 산타 마리아 델루밀타나 아마도 그곳에 거주spedalingo했었을 루이지 베스푸치에 대한 언급을 발견할 수 없다. 이것은 세무 기록이 아니라 인구통계 조사서다. 따라서 그에 대한 언급이 이 기록에 나타나야 한다. 분명 종교기관이 소유했거나 자선의 목적으로 이용되었던 그 지역의 많은 다른 집이나 보호소는 심지어 세무 기록에 나타나지 않는 경우에도 이 목록에는 등장한다. 세금이 면제된 이 "교회"의 재산들은 모두, 682번의 "버림받은 소녀들"을 포함해서, 그 옆에 열십자가 표시되어 이 『조사서』에 등장하고 있다.

인구통계 『조사서』는 세금 징수와 관련하여 시 전역에서 수행된 관료주의적 활동의 결과물이었다. 모든 국가 기록의 객관성을 온전히 신뢰할 수 없다고 하더라도, 우리는 사기 혐의로 기소된 권력 가문 출신의 한 부유한 사람이 자신을 방어하기 위해 이웃들로부터 얻어낸 구술 증언보다 그 기록이 더 믿을 만하며 또 수십 년 뒤에 쓰인 어떤 연대기보다 더 신뢰할 만하다고 생각할 수 있다. 결국 『조사서』가 피에타 집의 첫 번째 장소에 관한 『피에타의 집 자매들의 연대기』의 진술을 보강한다. 하지만 이와 함께 다른 한편으로는 상대적으로 단순한 이 사실을 검증하려는 시도가 새롭고 예기치 못한 질문들을 불러일으키는 침묵 속으로 빠져들게 된다. 왜 다른 기록들은 아무런 언급도 하지 않으며 심지어 모순적으로 보이기까지 하는가, 루이지 베스푸치는 무엇을 해야 했고 그의 16명의 증인들은 왜 진실을 말하는 데 그토록 인색했는가, 어떤 역설로 인해 그들이 피렌체에서 가장 취약한 소녀들 가운데 일부를 위해 존재했던 쉼터의 실체를 감추게 되었는가, 보호소에 얼마나 많은 소녀가 살고 있었는가에 관한 『조사서』와 『연대기』에 각각 기술된 작은 차이들은 또 어떠한가, 왜 『조사서』는 "버림받은 소녀들"이라고는 지칭하면서도 피에타의 집이라는 이름을 사용하지는 않고 있는가 그리고 왜 비갈로와 피에타의 집 재무원장들에는 임대료 지불에 대한 기록이 존재하지 않는가와 같은 질문들이다.

『연대기』의 주장에 따르면, 60명의 소녀들이 보호소에 살았고, 피에타의 집에서 설치할 수 있었던 침대의 수는 18개였다. 하지만 인구통계 『조사서』는 약 3배를 언급하고 있다. 어떤 수치가 옳은 것인가? 물론 단순히 생각하면 16세기의 연대기를 옮겨적으면서 마리아 테레사 페트루치 수녀원장이 저지른 실수로 이러한 차이가 생겨났을 수도 있다. 만약 우리가 보호소에 입회했던 소녀들의 숫자를 추적할 수 있다면, 아마 우리는 누가 그리고 심지어 왜 그녀가 그곳에 들어왔는지에 대해 보다 잘 알 수 있을 것이다. 모든 보호소는 입회 기록을 유지하도록 되어 있었다. 하지만 모든 기관이 이를 실행에 옮기지는 않았고, 문서보관소에 남아 있는 기록들조차 언제나 완전한 것은 아니다. 산타 마리아 델레 베르지네는 1552년부터 1556년에 이르는 단지 짧은 기간 동안의 기록만을 유지했다. 하지만 이것이 우리로 하여금 이 4년 동안 그곳에 들어간 88명의 소녀들, 바로 피에타의 집이 문을 연 첫해에 그곳으로 들어온 소녀들의 미처 절반이 안 되는 소녀들을 만날 수 있는 기회를 제공한다. 어떤 시점에는 단지 대략 8명가량의 소녀들만이 권위 있는 산타 마리아 델레 베르지네의 쉼터에서 살았다. 산 니콜로 보호소에서는 후대인 1570년부터 기록을 작성했지만, 그곳에서의 기록 작성은 1621년까지 보다 오래 계속되었다. 바로 그 무렵, 도시의 동쪽에 위치한 이 쉼터에는 대략 50에서 60명가량의 소녀들이 살고 있었다.[45]

이 두 보호시설보다 가난했지만, 피에타의 집에서는 그곳에 입회한 소녀들에 대한 기록을 더 잘 유지하고 있었다. 피에타의 집 문서보관실에는, 1554년부터 1559년 사이 그리고 1558년부터 1634년까지의 기간에 해당하는, 두 개의 필사본 등록부가 보관되어 있다.[46] 이것들이 우리가 이전 장에서 만났던 마르게리타, 마리아 그리고 막달레나와 같은 소녀들에 관한 파편적인 정보를 제공하는 책들이다. 각각의 등록부는 대략 2절판 크기로 100쪽 정도의 분량이다. 첫째 등록부는 "비밀의 책Libro Segreto"이라는 제목을 달고 있으며, 가죽 표지에는 커다랗게 "A"가 쓰여 있다. 커다란 "B"가 새겨진 둘째 명부는 "피에타 집의 소녀들에 관한 책Libro delle fanciulle della pieta"이라는 보다 단순한 제목을 달고 있다. 이 두 등록명부에 피에타 집의 필경사였던 안드레아 빌리오티, 피에르 조르조 우기, 조반니 벤치니가 일련의 정형적인 공식—번호, 날짜, 아버지와 어머니의 이름과 함께 명기된 소녀의 이름, 나이, 그리고 "우리 피에타회의 소수녀원장들과 여성들에 의해 입회가 허락되었다"는 간략한 설명—에 맞추어 그곳에 들어온 소녀들의 이름을 적었다. 빌리오티, 우기, 그리고 벤치니는 필요할 때마다, 예를 들어 한 소녀가 어떤 가정의 하녀로 떠났거나 본래의 가족에게 돌려보내졌을 때 또 언제 그리고 어디에선가 그녀가 죽었을 때, 그녀들에 관한 기록을 갱신할 수 있도록 항목들 사이에 여백을 남겨두면서 등록부의 지면을 채워나갔다.

두 등록부에서 아주 쉽게 일반적인 통계치를 산출할 수 있다. 『비밀의 책』은 1554년부터 1559년까지 그곳에 들어온 361명 소녀들의 명부를 기록하고 있다. 두 번째 책은 1559년 12월 여전히 보호소에 살고 있던 171명 소녀들에 관한 항목을 반복하면서 시작된다. 그리고 이후 1623년까지 새로 들어온 소녀들의 이름을 더해 총 719명의 이름을 기록하고 있다. 따라서 거의 1000명의 소녀들이 이 수십 년 동안 피에타의 집을 거쳐간 셈이다. 두 번째 책은 "새로운 책Libro Nuovo"이라는 제목의 세 번째 책도 언급하고 있는데, 이것은 오늘날 남아 있지 않다. 현재 남아 있는 이 두 개의 필사본 등록명부는 얇은 책에 지나지 않고, 기록된 항목들도 마치 전신 암호처럼 보인다. 하지만 전체적으로 볼 때, 피에타의 집과 관련된 약간의 수수께끼들을 해명해주면서, 그것들은 피에타의 집과 피에타의 집 소녀들의 삶으로 들어갈 수 있는 최고의 그리고 최선의 길을 우리에게 제공한다.

등록부로부터 얻어진 그림들은, 특히 산타 마리아 델레 베르지네와 산 니콜로 보호소에 관한 기록들과 나란히 놓고 비교하면, 다소 놀라워 보인다. 피에타의 집에서 임대했던 옛 우밀타 병원과 다른 두 보호소들에는 종종 160명의 소녀들이 꽉 들어차 있었다. 『비밀의 책』에 기록된 361명의 소녀들을 통해서만 확인하면, 비록 가장 어린 소녀가 세 살이었고 30대의 나이로 그곳에 들어온 여성도 한 명 있었지만, 피에타의 집에 들어온 소녀들의 평균 나이는 열두 살을 넘어서는 정도였다. 많은 소녀가 피렌체에서 그리 뿌리가 깊지 않은 가족 출신이었다. 결혼하지 않은 소녀의 경우는 부모에 의해 그리고 그 부모는 직업이나 출신지에 따라 신원이 확인되었다. 따라서 마르게리타 디 조반니 테시토레Margerhita di Giovanni Tessitore 즉 방직공 조반니의 딸 마르게리타나, 알레산드라 디 마르코 다 폰테시에베 Alessandra di Marco da Pontessieve 다시 말해 폰테시에베 출신인 마르코의 딸 알레산드라 등으로 기록되었다. 후자의 경우에 등장한 마르코는 매해 도시로 밀려들어오던 이주자들 가운데 한 명이었을 수도 있고, 아니면 수년 동안 피렌체에서 살았을 수도 있다. 죽을 때까지 여전히 그가 고향을 통해 언급되었다는 것은, 여전히 이웃들이 그를 완전한 피렌체인으로 받아들이지 않았다는 점을 보여준다. 60퍼센트 이상의 피에타 집 소녀들이 그러한 가정 출신이었다.[47]

물론 평균이라는 수치에는 짧게는 보름에서 길게는 58년에 이르기까지의 다양한 기간적 차이가 숨어 있지만, 대부분의 소녀는 피에타의 집에 평균 4년 남짓 머물렀다. 그녀들이 그곳을 떠날 때의 평균 연령은 열일곱 살이 조금 안 되어서였다. 세 살에서 서른아홉 살에 이르기까지의 다양한 연령대를 보이고 있지만, 피에타의 집을 떠난 이들의 평균 나이는 열여섯 살이었다. 손으로 꼽을 수 있을 정도의 소녀들만이 남편을 얻어 피에타의 집을 떠났다. 그리고 그보다 약간 더 많은 수의 소녀가 가족의 품으로 되돌아갔다. 특히 이들을 다시 맞아준 가족들 가운데 절반가량이 그녀들의 어머니였다. 이 어머니들은 경제적으로 자립할 수 있게 되어 자신들이 예전에 버렸던 아이를 받아들이도록 새로운 남편을 설득했거나, 다시 한 번 과부가 되어 홀로 된 여성들이었을 것이다. 아무튼 어느 경우인지 우리는 잘 모른다. 오직 다섯 명만이 아버지에게로 돌아갔고, 나머지는 숙모, 숙부, 조부모, 또는 자매나 형제에게로 돌아갔다. 이 소녀들 가운데 다수는 결과적으로 결혼했을 것이다. 거의 70명의 소녀들이 하녀로 일하기 위해 피에타의 집을 떠나 누군가의 가정으로 들어갔다. 그녀들의 수입은 고용주가 하녀들을 위해 선택한 남편의 손에 쥐어줄 지참금이 될 것이었다. 오직 한 명만이 수녀원에 입회했다. 그리고 7명의 소녀들은 독자적으로 행동하여, 비아 누오바와 보르고 오니산티가 교차하던 모퉁이의 이 복잡한 시설에서 도망쳤다. 하지만 이 모든 사례를 다 더해도 보호소에 들어온 소녀 수의 심지어 절반에도 미치지 못한다. 최대한 이야기하면 약 60퍼센트의 소녀들이 살아남지 못했다. 대부분은 피에타의 집에서 오래 살지 못했다. 『비밀의 책』에 등록된 소녀들 가운데 45명이 그곳에 들어온 지 6개월 이내에, 67명은 1년 이내에, 110명은 2년 내에 그리고 3년 안에 127명이 죽었다.[48]

이것이 그저 설립 초기 보호소의 열악한 상황 때문에 일어난 현상이었을까? 실제로 두 번째 등록부를 보면, 초기에는 상황이 점점 열악해지고 있었다는 점이 분명해 보인다. 다음 8년 동안 피에타의 집은 보르고 오니산티에 계속 머물렀고, 그 기간 165명의 여성이 더 그곳으로 들어왔다. 이 소녀들의 경우, 입회 당시의 나이는 약 한 살 정도 어려져 평균 열한 살이었다. 하녀가 되거나 결혼을 하고, 혹은 본래의 가족에게로 돌아간 소녀들의 수 또한 감소했다. 유일하게 늘어난 수치는 거의 70퍼센트에 육박한 사망률뿐이었다. 1568년 보르고 오니산티로부터 드디어 이사해 나올 때, 피에타의 집은 그 고비를 넘어서고 있었다. 피에타의 집이 보르고 오니산티에서 보낸 14년의 기간 동안 그곳에 들어온 526명의 소녀들 가운데, 오직 202명만이 살아서 그곳으로부터 걸어나왔다.[49]

이와 관련하여 여러 질문이 쌓인다. 산타 마리아 델레 베르지네와 산 니콜로에 있던 소녀들도 그만큼 취약한 상황에 놓여 있었는가? 그들의 기록에 의하면 그렇지 않았던 것 같다. 피에타의 집 소녀들보다 조금 더 나이가 많은 여성들이 그곳으로 들어갔고, 거기에서는 훨씬 적은 수가 죽었다. 산타 마리아 델레 베르지네의 경우가 11퍼센트, 산 니콜로의 경우는 적어도 20퍼센트 아래였다.[50] 당시가 그리 건강하지 못한 시기였는가? 1550년대 초반은 정말로 살기 힘든 시기였다. 거의 계속되던 기근과 함께, 공작 코시모 1세가 1554년부터 1559년까지 시에나에 대한 소모적인 전쟁에 많은 자원을 쏟아부으면서 사태는 더욱 심각해졌다. 하지만 상대적으로 그보다 상황이 좋았던 1560년대에 심지어 더 많은 소녀가 죽음을 맞았다. 1557년 9월 13일의 파괴적인 대홍수—이것은 1966년 11월 4일, 재앙과도 같은 대홍수가 발생하기 이전 피렌체에 찾아왔던 최악의 홍수였다—의 경우에서처럼, 저지대 지역이 홍수의 피해에 빈번히 노출되었고, 밀집되고 가난했던 보르고 오니산티 지역은 르네상스기 피렌체에서 위생상태가 좋은 마을은 결코 아니었다. 그곳에 사는 사람은 누구나 말라리아와 그보다 더 심각한 질병에 노출되어 있었다. 고난의 시기에는 노동 계층이 밀집되어 있던 그곳으로 심지어 더 많은 사람이 몰려들었다. 하지만 1550년대에 상승 곡선을 그리던 사망률은 1560년대에 정점을 찍고 진정되기 시작했다. 1560년대 중엽 피에타의 집은 실제 그 근처에서 정원을 소유한 유일한 집—그것은 근처의 한 이웃이 유언을 통해 소녀들에게 남긴 것이었다—을 포함하여 재산을 늘려가고 있었다.

만약 시대와 지역이 해답을 제공하지 못한다면, 우리는 피에타의 집 내부를 살펴보면서, 그곳의 상황이 어떠했고 또 그곳의 소녀들이 하루하루 무엇을 했는지를 이해해야 한다. 피에타의 집에서 작성된 서한, 재무원장, 여타의 다른 기록들로부터 새로운 정보를 얻게 되면, 우리는 다시 한 번 『피에타의 집 자매들의 연대기』와 등록명부로 돌아가 그것들로부터 우리가 이미 발견한 것들을 재검토하고 다시 평가해야 한다. 우리는 브라치오의 피에리나, 19번 매춘부 그리고 안톤프란체스코 그라치니의 희곡에 거친 모습으로 등장한 인물들에 대해 다시 생각해보아야 한다.

무엇이 피에타의 집 소녀들을 죽음으로 몰아갔는가? 많은 질문이 이 문제 주위에서 흔들리고 있다. 또한 우리는 이 질문에 답할 수도 있고 또 그러지 못할 수도 있다. 첫 번째 등록명부를 작성한 이들은 왜 그것의 제목을 "비밀의 책"이라고 붙였는가? 산타 마리아 델루밀타로부터 이전해 나온 지 2년이 지난 뒤, 왜 어느 누구도 그들이 그곳에 있었다는 사실을 인정하고 싶어 하지 않았는가? 궁지에 몰린 임대주인 베스푸치도, 임대료를 받았던 비갈로도 그리고 첼리Celli 박사나 오니산티의 수도사 같은 이웃들마저도. 피에타의 집 내부에서는 도대체 무슨 일이 일어나고 있었는가?

제3장

르네상스기의 일하는 10대 소녀들

Renaissance Teenagers: Working Girls

나는 뽕나무에 대해 말해야만 한다. 왜냐하면 그것이 토스카나 지방의 또 다른 최고 상품인 누에에 관한 많은 이야기로 이끌기 때문이다.

이 벌레는 5월과 6월 두 달 동안만 일을 한다. 나머지 기간 동안 그것은 단지 추위와 천둥으로부터 안전한 따뜻하고 밀폐된 공간에 보관된 알에 지나지 않는다. 추위나 천둥 때문에 그것들이 훼손될 수도 있다. 누에가 실을 자아 고치가 되면, 마지막 자락을 발견하기 위해 그것을 따뜻한 물에 담근다. 만약 알을 얻기 위해 누에를 살리려고 한다면, 고치를 물에 넣지 말고 끝자락을 찾아야 한다. 왜냐하면 그로 인해 누에가 죽을 수도 있기 때문이다. 그러고 나서 곤충이 되어 짝짓기를 할 때까지 누에를 모직 천 위에 누여놓는다. 이를 통해 무한대의 알이 생산된다. 5월이 시작되면 그것들을 햇볕에 쬐여 부화시킨다. 하지만 만약 열이 충분하지 못하거나, 좀 더 빨리 작업을 시작하기 원한다면, 여성들이 가슴속에 품어 그것들을 부화시킬 것이다.

누에로 자라면 뽕나무잎이 주어지는데, 누에가 오직 이것만 먹기 때문이다. 피렌체의 대공은 아르노 강변을 따라 도시의 해자 주위를 비롯한 공공장소에 뽕나무를 많이 심었다. 수년 안에 연간 3만 두카토의 가치에 해당하는 뽕나무잎이 생산될 것이다. 그리고 지금까지 나폴리, 롬바르디아, 그리스에서 원사를 구입했던 것과 달리, 피렌체의 견직물 생산 노동자들은 곧 자신들의 땅에서 생산된 원사를 손에 넣게 될 것이다. 매년 피렌체에서 생산되는 고품질의 견직물은 200만 두카토의 가치에 이르고 있는데, 비단 그리고 금과 은이 수놓인 다른 직물의 경우는 또 다른 300만 두카토의 가치를 창출하고 있다고 생각된다. 피렌체인들은 가능한 모든 수단을 동원해 이 생산을 증가시켜야 한다. 그렇지 않으면, 그들이 어떻게 시칠리아로부터 수입하는 곡물, 바르바리산 가죽, 잉글랜드로부터 수입하는 주석, 납, 헤링, 캐비아 그리고 다른 산물들에 대한 비용을 지불할 수 있을지 나는 알 수 없다. 약간의 명반을 제외한다면, 그들의 국가에는 이러한 고가의 물품을 수입하는 데 필요한 비용을 상쇄하기 위해 팔 수 있는 어떤 상품도 없다. 피렌체인들의 희망은 이러한 견직물, 금과 은을 수놓은 옷감 그리고 훌륭한 모직물을 생산하는 산업적인 노력에 달려 있다.

–로버트 달링턴, 『토스카나 대공의 국가에 관한 조사서』

160명의 소녀들이 비좁은 피에타의 집에서 무엇을 하고 있었는가? 바로 노동이었다. 무슨 일을, 언제, 어떻게 했는지는 유동적인 문제다. 하지만 그녀들이 노동을 해야 했던 본질적인 이유 자체는 결코 변하지 않았다. 기부금으로 그녀들이 거두어들인 몇 푼의 수입과 음식, 의약품, 신발을 구입하거나 제빵사, 의사 혹은 사제에게 지불하기 위해 쏟아부었던 막대한 지출 사이의 넓은 간극을 메울 수 있는 유일한 방법은 노동뿐이었다. 하지만 소녀들과 그녀들의 보호소에 약간의 리라와 몇 푼의 솔도를 벌어다준 일감 이외에도, 심지어 그곳에서는 옷 수선, 수프 만들기, 마루 청소 등과 같은 따분한 집안일도 여전히 계속되고 있었다. 이전에 산타 마리아 델루밀타를 관리했던 도메니코 디 마르티노의 경우에는, 더러운 침대 시트를 세탁부에게 보낼 수도 있었다. 하지만 피에타의 집 소녀들은 결코 그러지 않았다.

보르고 오니산티와 비아 누오바의 모퉁이에 있던 세 곳의 집에는 침대와 테이블 외에도 다른 것들이 자리를 차지하고 있었다. 침대와 테이블 주위에 또 그것들 사이에는, 다락방 위와 정원 안뜰에 이르기까지, 누에고치에서 실을 켜는 얼레, 생사를 견사로 바꾸는 물레, 이 실의 일부를 천으로 짜는 베틀이 놓여 있었다. 피에타의 집은 하나의 공장과도 같았다. 그곳에서 수십 명의 소녀들이, 영국의 여행가 로버트 달링턴 경Sir Robert Dallington이 만약 수입과 수출의 대차대조를 유지하려면 피렌체인들이 반드시 해야 했던 일이라고 주장했던 실과 직물 생산을 위해 힘겨운 노동을 하고 있었다. 1550년대와 1560년대의 재무원장에서 우리는 피에타의 집에서 섬유 노동에 사용된 기계, 도구, 보호 천을 구입했다는 기록을 찾을 수 있다. 또한 프란체스코 데토 일 나소Francesco detto il Naso와 같은 중매업자가 그곳을 왕래했다는 기록이 나타나 있다. 주로 "코주부the Nose" 프랭키Franky라는 별명으로 불렸던 프란체스코는 보르고 오니산티 주변 거리의 포목상에서 일하고 있었고, 소녀들에게 모든 종류의 도급 일을 넘겼다. 누에고치에서 실을 뽑고, 얼레를 이용해 실타래를 만들어 세탁하거나, 방모 섬유를 원사로 만들어 직조공에게 넘기는 일들이었다. 보르고 오니산티에 거주하던 모직물 업계의 장인들과 그곳에서 동쪽으로 몇 블록 떨어진 폰테 베키오Ponte Vecchio에 거의 맞닿은 곳에 본부를 두고 있었던 견직물 업자들은 모두 일을 잘할 수 있는 100명 이상의 소녀들이 이웃으로 오게 된 것을 마치 신의 선물처럼 생각했던 것으로 보인다. 피에타의 집 문 앞에 대량의 일감을 보내는 것은 분명 보다 쉬운 일이었다. 그곳의 소녀들은 수입에 목말라 하고 있었고, 따라서 그녀들에게 일감을 넘기면서 약간이나마 가격을 낮출 수도 있었기 때문이다. 하지만 내부의 시각은 어땠을까? 섬유 제조업은 힘들고 강도가 세며 비위생적인 노동을 필요로 했다. 그렇다면 피에타의 집에서 말 그대로 죽을 때까지 소녀들에게 일을 시키는 것이 가능했을까?

마르게리타, 마리아 그리고 막달레나와 같은 소녀들의 노동이 피에타의 집 생존을 위해 얼마나 중요한 일이었는가? 아마도 만약 낮 시간에 충분히 일을 하지 못했다면, 그녀들에게는 저녁 시간에 옷감 더미를 치운 테이블 위에 오를 음식이 변변치 못했을 것이다. 소녀들이 무엇을 했고, 어디에서 그 일을 했는지를 이해하려고 시도하고, 그 일로 그녀들이 얼마나 많은 수입을 올렸는지를 계산하고, 또 전체적인 지출과 그 수입을 비교하면서, 비로소 우리는 이 질문과 관련된 논의를 시작할 수 있다. 노동을 통해 그녀들이 음식, 의복, 의약품, 그 밖의 생필품 구입에 필요한 비용을 충당했는가? 재무원장에 나타난 수입과 지출을 검토하면서, 이에 대한 추적이 시작된다. 그리고 한 줄 한 줄 그것을 읽고 총계를 산출해가면서, 우리는 피에타의 집 10대 소녀들이 감내해야 했던 노동의 조건과 그녀들의 일상생활에 대해 좀 더 잘 알 수 있게 될 것이다. 그리고 나서, 로버트 달링턴의 충고를 함께 고려하면서, 우리는 어떻게 피에타의 집 소녀들이 단순히 자신들의 생존뿐만 아니라 피렌체 자체의 생존을 위해 일했는지를 이해할 수 있게 될 것이다.

거리의 소녀들, 일하는 소녀들

—

아마 마르게리타, 마리아, 막달레나는 피에타의 집에 도착한 첫날부터 일을 했을 것이다. 그녀들은 대부분의 시간을 먹을 것을 준비하고, 세탁하고, 마루를 청소하며 보냈다. 소녀들이 했던 일을 대신 맡아서 해줄 다른 직원을 고용했던 보호소는 거의 없었고, 피에타의 집 역시 예외가 아니었다. 심지어 대규모 병원의 경우에도, 관리 직원과 피수용인 사이의 경계가 불분명했다. 연금 체계가 전혀 없고, 모아놓은 돈도 거의 없으며, 오르바텔로 같은 노인 보호소가 많지 않은 상황에서, 별다른 대안이 없었던 노인들은 자신들의 전 재산을 병원에 맡기고 그곳에 이주해 살기도 했다. 유모, 청소부 혹은 정원사 등으로 일하면서, 그들은 자신들의 건강이 조금씩 나빠지는 것과 함께 점차 자원봉사 직원에서 영구적인 피수용인으로 변모해갔다. 피에타의 집에서도 마찬가지였다. 심지어 도메니코 디 마르티노 같은 보호소의 관리인들도 모든 가족이 그곳으로 함께 들어와 보호소의 업무를 일종의 가족 사업으로 만들어갔다. 처음 그곳에 들어온 사람들이 과부였다는 점에도 불구하고, 분명 이것이 피에타의 집에서 일어난 현상이었다.

1554년 겨울의 혹한기에 그곳으로 들어온 최초의 소녀들을 환영한 첫 소수녀원장은 리오나르도 보닌세니Lionardo Boninsegni의 미망인이었던 모나 마르게리타였다. 아마도 그녀는 어떤 필요 때문이 아니라 자비심으로 바로 그 문 앞에 섰을 것이다. 왜냐하면 그녀는 부유한 가문 출신이었고, 불과 수개월 전에 그곳으로 이주해왔기 때문이다. 피에타의 집이 어느 정도 제 궤도를 잡게 되었을 때, 목공 지롤라모Girolamo의 미망인으로 자식이 없었던 것으로 보이는 모나 알레산드라Mona Alessandra가 그곳으로 와 모나 마르게리타의 거주 소수녀원장 자리를 이어받았다. 모나 알레산드라에게는 필요성과 자비심이 결합되어 있었다. 분명 꿋꿋하고 헌신적이었던 그녀는 1583년 죽을 때까지 이후의 30년 동안 자신의 자리를 지켰다. 피에타의 집에서 산 마르코의 도미니코 수도원 부근에 소유하고 있던 한 교회의 제단 근처에 그녀를 묻었기 때문에, 심지어 죽은 뒤에도 그녀는 완전히 피에타의 집을 떠나지 않았다. 어느 하나도 방침에서 어긋나지 않도록 하기 위해 거래장부와 소녀들을 세심하게 지켜보면서, 그녀는 언제나 출입문, 사무실, 홀의 위아래에서 자리를 지키고 있었다. 그녀가 죽은 뒤 그녀의 모든 업무가 거의 전 생애를 피에타의 집에서 보낸 한 여인에게 돌아갔다. 그녀가 바로 브리지다 페실리Brigida Pesilli였다. 브리지다는 1556년 여덟 살의 어린아이로 처음 피에타의 집에 들어왔고, 소수녀원장이 될 무렵에는 60살이었다. 이후 브리지다가 20년 동안 일을 했고, 그녀의 자리를 이어받은 사람은 수십 년 전 그녀를 따라 피에타의 집에 온 또 다른 여성이었다. 목공 피에로Piero의 딸이었던 카테리나Caterina는 브리지다가 피에타의 집에 들어온 지 단지 6개월 뒤 그곳에 들어왔다. 당시 그녀의 나이는 열한 살에 불과했다. 브리지다처럼 카테리나 역시 결코 그곳을 떠나지 않았다. 자신의 일 때문에 카테리나를 계속 돌보지 못하게 되었을 때, 아마도 목공 피에로는 그녀의 정조가 염려되었거나, 스스로의 힘으로 10대 소녀를 양육할 수 있는 다른 방도를 찾지 못했을 것이다. 전 생애를 보호소의 담장 안에서 고립된 채 살아가면서, 카테리나는 모나 알레산드라와 브리지다로부터 많은 것을 배웠다. 그녀가 죽은 뒤 피에타의 집 필경사는 그녀에 대해, "카테리나는 이곳의 소수녀원장이었다. 그녀는 베틀 일을 가르쳤다. 또한 장부 정리에 능숙했고, 읽고 쓸 줄 알았으며, 훌륭한 판단력을 소유하고 있었다. 그녀는 이곳에 매우 유용한 가장 똑똑한 여성이었다"[1]라고 적었다.

놀라운 점은 1554년 문을 열 때부터 1613년 카테리나가 죽을 때까지의 처음 60년 동안 피에타의 집 거주 소수녀원장들이 모두 보르고 오니산티에서의 초창기 시절 보호소로 들어온 소규모 무리의 여성 출신이었다는 사실이다. 그것은 소녀들의 일이 세탁 일에서 장부를 관리하는 일로 그리고 아마도 그 장부를 세탁하는 일로 변화하게 되는 친숙한 과정, 즉 이미 수 세기 동안 다른 자선기관들과 수녀원에서의 특징적인 삶이었고 또 앞으로도 그렇게 될 과정상의 양태였다. 어떤 일을 맡기고 그에 대한 대가로 지불해야 할 급료를 줄일 수 있는 가장 손쉬운 방법은, 소녀들에게 그 일을 훈련시키는 것이었다. 하지만 1601년 카테리나가 맡게 된 쉼터는 약 반세기 전 모나 알레산드라가 맡았을 때와는 전혀 달랐다.

거주 소수녀원장이었던 모나 알레산드라, 브리지다 그리고 카테리나는 그저 장부만을 관리했던 것이 아니었다. 무엇보다 그녀들은 그 장부에 기입할 것들을 자신들이 가지고 있는지에 대해 걱정해야만 했다. 이것이 바로 노동의 다른 측면이 개입하는 지점이다. 브리지다와 카테리나 같은 피에타의 소녀들은 자신들의 쉼터를 유지하기 위해 일을 해서 돈을 벌어야 했다. 거주 소수녀원장직를 맡고 있는 동안 그녀들은 모든 피에타의 집 소녀들에게 기대되었던 온갖 일을 했다. 모든 피렌체의 소녀는 보모와 함께 살고 있든지 아니면 다른 친척들과 살고 있든지 혹은 어떤 기관에서 살고 있든지와 관계없이, 적어도 예닐곱 살 때부터 일을 해야 했다. 작은 규모의 가정에서는 일자리를 찾고 감독하는 것이 아버지, 어머니 혹은 다른 친척들의 몫이었고, 이러한 일자리가 종종 가족의 생존에 필수적이었다. 규모가 큰 가정의 경우에는 유급 노동이 더욱 중요했다. 하지만 가정의 규모가 컸기 때문에 소녀들이 일을 하고 돈을 벌 충분한 자리를 찾는 것은 더욱 힘들었다.

피에타의 집이 문을 열고 나자 즉각적인 도전이 감지되었다. 처음 문을 열었을 때, 피에타의 집을 운영하는 데에는 단지 6000리라를 상회하는 돈만이 필요했다. 하지만 1년 뒤에는 9000리라, 그 다음에는 1만 리라 그리고 보르고 오니산티에서의 마지막 해에는 드디어 대략 1만2000리라까지 보호소의 운영에 필요한 액수가 급격하게 늘어났다. 당시 피렌체에서 소녀들은 약 2.5리라로 1부셸의 곡식을, 단지 3리라 정도로 1배럴의 와인을, 16리라 이하의 가격으로 1배럴의 올리브기름을 살 수 있었다. 한 명의 직조공은 50~100리라로 새로운 베틀을 살 수 있었고, 열심히 일한다면 1년에 대략 300리라가량의 수입을 기대할 수도 있었다. 대부분의 수공업자는 단지 150~200리라로 1년간 집을 얻을 수 있었고, 그것으로 전 가족을 먹이고, 보호하고, 입혔다.[2] 따라서 피에타의 집 운영 경비는 어떠한 기부금도, 어떠한 재산도, 어떠한 투자금도 소유하지 못한 사설 기관으로서는 감당하기 어려운 어마어마한 액수였다. 그것을 충당하기 위한 돈은 다양한 원천에서 마련되었다. 처음에는 후원 세속 종교봉사단체였던 피에타회Compagnia della Pietà의 후견인들이 매년 서약과 함께 기부한 지원금을 통해 금액의 4분의 1가량을 충당했다. 하지만 비용이 급등하면서 그들의 기부만으로는 해가 갈수록 운영비가 부족해졌다. 다른 기부금은 비용의 절반을 상회하는 정도였다. 일부는 더 이상 이러한 소녀들을 돌볼 필요가 없게 되어 경제적으로 형편이 좋아진 교회, 수녀원, 수도원 등의 다른 기관에서 들어왔다. 그들은 수백 리라의 정기적인 보조금을 지원함으로써—실제로는 자신들이 과거에 지출했던 비용 이상을 저축할 수 있다고 생각하면서—더 이상 소녀들을 보호하지 않아도 되는 자신들의 입장을 만회했다.

뭉칫돈은 예배자들이 기도나 미사를 보고 떠나면서 던져주는 동전을 모으기 위해 교회 문 앞에 놓아둔 헌금함에서 들어왔다. 소녀들은 적어도 매주 세 차례씩 피렌체의 여러 거리로 이 헌금함들을 직접 옮기고 다녔다. 이것이 열한 살의 나이에 피에타의 집에 들어왔던 미래의 소수녀원장 카테리나 디 피에로가 한편으로는 홍보의 목적으로 또 다른 한편으로는 필요에 의해 꼭 해야만 했던 일이었다. 소녀들로 하여금 상점주인, 수공업자, 교회에 다니는 사람들 앞에 헌금함을 가져다놓게 함으로써, 피에타의 집에서는 모든 피렌체인이 책임져야 할 연약하고 다치기 쉬운 소녀들을 자신들이 보호하고 있다는 메시지를 전달했다. 헌금 감독관으로 고용되었던 과부 모나 로레타Mona Loretta는 주의 깊은 시선으로 카테리나 같은 소녀들을 안전하고 올바르게 관리했다.[3] 아직 청소년기에 도달하지 않았던 소녀들은 견습공들의 시선과 휘파람, 장인들의 음흉한 곁눈질, 행인들의 은밀한 속삭임을 이끌어낼 만큼 육체적으로 성숙하지 못했다. 또한 그녀들이 현금 상자를 손에 쥐고 자유를 찾아 돌진하며 군중 속으로 사라졌을 것 같지도 않다.

간혹 소녀들은 피렌체인들이 지갑 속에 넣어가지고 다니면서 시장에서 교환했던 은전과 동전을 모았다. 일상의 거리라는 맥락에서 생각하면, 피렌체는 여전히 현금이 필요 없는 물물교환의 사회와 크게 다를 바 없었다. 일상의 피렌체 사람들은 여전히 몇 배럴의 기름, 몇 바구니의 빵, 몇 부셸의 밤 열매로 빚, 임금, 급여 등을 지불했다. 이 점은 피에타의 집에서도 마찬가지였다. 예를 들어 그곳에서 한 번은 12개의 새로운 산업용 앞치마를 구입하기 위해 몇 부셸의 겨를 지불하기도 했다. 가난한 사람들에게 있어 먹을거리야말로 그들이 가장 손쉽게 사용할 수 있는 실질적인 통화였다. 따라서 소녀들 역시 먹을 것을 천 자루에 넣어 옛 우밀타 병원으로 가져왔다. 때때로 많은 양이 도시 외곽에 있던 어떤 귀족의 땅에서 선물로 들어오기도 했는데, 그럴 경우 그 귀족의 하인이 직접 배달해주기도 했다. 하지만 열한 살 먹은 카테리나 같은 소녀들이 시장에서의 하루 일과가 끝날 무렵 황마 자루를 들고 거리를 다니면서, 노점상들이 더 이상 팔 수 없게 된 이런저런 재고품들을 모으고 다니는 일이 더 흔한 일상의 모습이었다. 그녀들이 모아온 것들은 더 이상 시장에서 팔 수 없게 되어 상인들이 버려야 할 빵 조각, 거의 부패할 지경에 이른 고기류, 오래된 과일과 채소 따위였다. 또한 그녀들은 어떤 가정에서 더 이상 사용하지 않게 될 식료품이나 요리사들에게 더 이상 필요 없게 된 약간의 식재료를 얻기 위해 이 집 저 집 돌아다녔다. 피에타의 집으로 돌아온 소녀들은 그것들을 함께 섞어 스튜를 요리하곤 했다. 이것은 검소한 피렌체인들이 오래된 음식물을 그냥 버리지 않기 위해 만들었던 유래 깊은 메뉴이자, 오늘날의 토스카나 지방에서도 선택 메뉴로 식당 차림표에 등장하는 오래된 빵과 콩 그리고 채소들로 만든 리볼리타 수프와 별반 다르지 않은 음식이었다. 신선한 것이든 오래된 것이든, 모나 알레산드라와 그녀의 직원들은 기증받은 모든 음식물에 현금 가치를 매겼고, 그것들은 재무원장에 기록되어 대차대조표에 등장했다. 그들이 이 하찮은 음식에 대한 기록을 남긴 것은, 부분적으로는 이 기부품의 일부가 들어왔다는 사실을 누락함으로써 누군가가 그것을 전용하여 되파는 것을 방지하기 위해서였다. 결코 유일한 방법은 아니었더라도, 누군가에게는 그것이 장부를 조작해 자신의 주머니를 채울 수 있는 가장 손쉬운 방법이었기 때문이다.

매년 피에타의 집을 운영하는 데 들었던 수천 리라의 돈 가운데 식료품의 비용이 90퍼센트를 차지했다. 하지만 크고 작은 기부자들이 보낸 몇 부셸의 겨, 몇 배럴의 와인, 몇 자루의 부패한 채소와 말라비틀어진 빵은 피에타의 집에서 거두어들인 수입의 단지 20퍼센트를 조금 넘어설 뿐이었다. 따라서 모나 알레산드라는 마르게리타, 마리아 그리고 막달레나와 같은 소녀들이 기아에 허덕이는 것을 막을 수 있는 충분한 음식과 돈을 마련하기 위한 계속된 싸움을 해야만 했다. 피에타회의 회원들이 매년 서약을 통해 지원을 약속했던 돈—물론 그 액수는 점점 줄어가고 있었다—과 별도로, 현금으로 크고 작은 구호금이 5분의 2 정도 더 들어왔다. 아무튼 이러한 여러 수치를 고려할 때, 모든 종류의 기부금이나 선물에도 불구하고, 피에타의 집에서는 여전히 일상생활에 필요한 경비 가운데 적어도 4분의 3 정도가 부족한 상황이었다.

이러한 수입과 지출 사이의 격차를 메울 수 있는 한 가지 방법은 보호소의 운영 방향을 바꾸어 소녀들을 집으로 돌려보내는 것이었다. 피에타의 집과 같은 보호소에서는 때때로 청소년기 소녀들을 거리로 돌려보내겠다고 위협하면서 기부자들의 지갑을 열어보려고 시도했다. 하지만 그것은 소용없는 위협이었다. 왜냐하면 매춘 이외에는 다른 삶의 전망이 거의 없는 거리로 내몰리기보다, 많은 소녀가 차라리 명예롭게 보호소 안에서 굶어죽으려고 했을 것이기 때문이었다. 피에타 집의 존재 목적은 위험한 거리로부터 소녀들을 벗어나게 하는 것이었다. 모나 알레산드라가 택한 대안은 버림받았거나 고아가 된 소녀들에게 거처를 제공해야 하는 도전적인 과제에 직면하기 오래전부터 이미 개별 가정이나 친척들 그리고 후견인들이 채택했던 전통적인 방법이었다. 즉 그녀는 가사를 돕는 하녀로 계약을 체결한 다음 수공업자나 과부 그리고 전문 직업인들의 집으로 소녀들을 내보냈다. 이렇게 보내진 소녀들은 여전히 피에타의 집 공동체의 일원으로 간주되었다. 하지만 그녀들은 새로운 주인의 지붕 아래에서 살았고, 더욱 중요하게는 자신을 고용한 주인의 식탁에서 끼니를 채우고, 그가 제공한 옷을 입었다. 고아 소녀를 고용하는 일은 자선 행위이자 동시에 실용적인 일이었다.

피에타의 집이 보르고 오니산티에 위치하고 있었던 약 15년 동안, 그곳으로 들어온 소녀들 7명 가운데 1명가량이 이렇게 방향을 바꾸어 하녀로 일하기 위해 그곳의 문을 나섰다.[4] 피에타의 집에서 처음부터 이 일에 몰두한 것은 아니었다. 오히려 그곳에서는 문을 열고 10개월이 지난 뒤부터

야 비로소 소녀들을 내보내기 시작했다. 기근과 열병이 만연했던 1555년의 절박한 시기에, 자신들의 식탁에 또 다른 입을 기꺼이 받아들일 수 있었던 피렌체인들은 그리 많지 않았다. 따라서 피에타의 집에서도 다른 선택의 여지가 많지 않았다. 처음 그렇게 내보내진 소녀가 열 살짜리 아뇰레타Agnioletta였다. 그녀는 보호소를 운영하던 피에타회의 대표 마리에타 곤디Marietta Gondi의 집으로 갔다. 한 달 뒤, 보호소에 처음 들어온 소녀들 가운데 한 명으로서 당시 스무 살로 피에타의 집 소녀들 가운데 나이가 가장 많았던 마르게리타Margherita가 나갔다.[5] 1556년을 거치면서, 더 나이 많은 소녀들과 어린 소녀들이 각기 다른 가정으로 일하러 나가면서 그 수가 점차 늘어나기 시작했다. 간혹 재무원장에는 이러한 상황과 맞물려 피에타의 집에서 품었던 희망 섞인 기대감이 나타난다. 그것은 소녀들에게 단순히 먹을거리를 제공하는 것 이상의 중요한 문제였다. 산 지미냐노San Gimigniano의 비아조Biagio의 딸 도메니카Domenica는 피에타의 집에 들어온 최초의 소녀들 가운데 한 명이었다. 2년이 지나 열세 살이 된 그녀는 어떤 수공업자의 집에서 하녀로 9년 동안 일한다는 계약을 맺게 되었다. 열네 살 다리아Daria는 4년 계약을 맺었고, 이와 달리 열일곱 살 코스탄차Costanza는 13년 계약에 서명했다. 도메니카와 다리아가 맺은 계약서에 따르면, 그녀들의 주인은 계약 기간 동안 숙소와 먹을거리 그리고 의복을 제공하고, 계약이 종료될 때 마지막 급여로 지참금을 그리고 가능하다면 남편감을 소개해야 했다. 코스탄차는 이미 결혼 적령기에 들어서 있었고, 따라서 적어도 그녀에 관한 한, 계약서가 결혼을 준비하기 위한 것이라기보다 그것을 대체하기 위한 것이었을 가능성이 높다.[6]

하지만 9년이든, 4년이든, 아니면 13년이든, 이러한 계약서들은 모두 다소 관념적이었다. 왜냐하면 이렇게 나갔던 소녀들 가운데 많은 수가 수개월 혹은 수년 내에 다시 피에타의 집으로 되돌아왔기 때문이다. 그녀들이 스스로 그만두었는가, 아니면 해고되었는가? 기록은 이에 관한 아무런 이야기도 하지 않는다. 하지만 이탈리아 전역에서 하녀들이 경험했던 일반적인 양태에는 별반 차이가 없었다. 안톤프란체스코 그라치니의 희곡에 등장하는 하인들은 영리하고 자신만만하며 거의 언제나 주인들보다 더 똑똑한 모습으로 표현되고 있다. 하지만 현실 속의 하인들은 꽤 불안정한 삶을 살았고, 대부분 한 주인과 그리 오래 살지 못했다. 한 1년 정도 머물고 난 뒤 다른 곳으로 옮겨가는 것이 유럽 전역에서 일어난 일반적인 양상이었다. 하지만 간혹 도둑질을 했다고 의심을 받는다면, 또 게으르거나 무례하다면 그리고 성적인 문제로 다른 하인이나 가족 구성원과의 관계를 복잡하게 만들기 시작한다면, 주인은 그러한 하인을 쫓아내기도 했다. 또한 때때로 하녀들의 경우, 주인들이 번거로운 일을 너무 많이 시키거나, 너무 가혹하게 자신들을 다루고, 또 값싼 음식이나 옷을 제공하거나, 자신들이 예상치 못했던 것에 너무 많은 관심을 기울일 때, 그녀들은 그들로부터 달아나곤 했다.[7]

거의 70명가량의 피에타의 집 소녀들이 다른 가정에서 하녀로서의 삶을 살기 위해 보호소 밖으로 나가는 길을 선택했다. 하지만 이 가운데 3분의 1 이상이, 때로는 몇 주 안에 또 때로는 반복해서, 피에타의 집으로 다시 돌아왔다.[8] 안치사Ancisa 출신의 미켈리노 메티뇰리Michelino Metignoli의 딸 도메니카Domenica처럼, 일부 소녀들은 들어오고 나가기를 반복하기도 했다.

도메니카는 열다섯 살의 나이로 피에타의 집에 들어왔고, 입소 후 몇 주도 지나지 않아 어떤 재단사의 집에서 하녀로 일하기 위해 피에타의 집을 떠났다. 하지만 2년 뒤 그녀는 8년 계약을 파기하고 피에타의 집으로 되돌아왔다. 이것이 이후 반복적으로 진행된 일련의 계약의 첫 시작이었다. 먼저 그녀는 호스 제작자 도메니코 우발디니Domenico Ubaldini와 계약을 맺었지만, 3년 뒤 그가 그녀를 돌려보냈다. 이후 마돈나 알레산드라 스카를라타Madonna Alessandra Scarlata와 또 다른 계약을 맺었지만, 그녀도 역시 도메니카를 돌려보냈다. 도메니카를 고용했던 이 세 명의 주인들은 그녀에게 결혼과 지참금이라는 "진정한" 급여는 계약이 완료될 때 지불된다는 조건 아래 약간의 연봉만을 지급했다. 하지만 도메니카는 결코 마지막까지 계약을 이행하지 못했다. 그리고 그녀가 서른한 살이 되었을 때, 프란체스코 보카르디Francesco Boccardi라는 한 공증인이 기한을 정하지 않은 채 전문 가정부로 그녀를 고용하여 데리고 나갔다. 하지만 아쉽게도 이것 역시 결렬되었다. 도메니카는 결국 영원히 피에타의 집으로 돌아왔고, 그곳에서 예순네 살에 죽었다.[9] 하지만 도메니카는 예외적인 사례였다. 그녀 외의 다른 소녀들은 계약을 파기한 이후, 일을 하기 위해 다시는 피에타의 집 밖으로 나가지 않았다. 도메니카와 달리 그녀들은 피에타의 집에 돌아와 죽었거나, 후일 엄마, 형제, 혹은 숙부와 함께 살기 위해 그곳을 떠났다.

이 소녀들이 어떤 일을 했는가? 일부 소녀들은 과부, 공증인 혹은 의사들의 집으로 일을 하기 위해 나갔고, 어느 곳에서나 대개의 하녀들이 일상적으로 해야 했던 요리나 청소 같은 평범한 가사를 담당했다. 하지만 거의 3분의 1에 해당하는 훨씬 더 많은 소녀들이 방직공이나 재단사 혹은 섬유산업에 종사하던 다른 장인들과 함께 일을 하기 위해 피에타의 집 문을 떠나왔다. 이에 관한 기록이 구체적이지 않다는 점을 고려하면, 실제 수치는 더 높았을 수도 있다.[10] 때때로 그녀들은 계약의 종료 시점에 남편감과 지참금을 약속한 일상적인 거래 조건에 맞추어 단순한 일을 수행했다. 하지만 방직공의 집에서 하녀로 일하게 되어 직물 산업과 관련된 약간의 훈련을 받게 된 소녀는 불가피하게나마 결국은 양털에서 실을 뽑아내고, 그 실을 베틀 위에 맞추는 일을 도왔을 것이며 그리고 아마도 심지어는 천을 짜는 일도 하게 되었을 것이다. 베타 디 파골로Betta di Pagolo에게 6년 동안 천을 짜는 기술을 가르쳐준 아고스티노 디 베르토Agostino di Berto, 혹은 스테파노 다 로미타Stefano da Romita의 난니아Nannia에게 5년 동안의 교육을 약속했던 모직물 장인 필리포 다 볼로냐Filippo da Bologna처럼 일부 피렌체의 장인들은 그녀들에게 도제 자리를 약속함으로써 그러한 사실을 인정했다.[11]

하지만 도제이자 하녀라는 이러한 관계에서도 역시 그 일부는 파탄에 이르렀고, 그렇게 된 소녀들은 피에타의 집으로 다시 돌아왔다. 베타가 2년 뒤 아고스티노를 떠난 반면, 난니아는 2주일도 지나지 않아 필리포의 집에서 나왔다. 그녀들이 착취당했을 가능성도 있고, 또 그녀들의 실력이 부족했기 때문이었을 수도 있다. 여덟 살 때 아버지 조르조 다 눈키아노Giorgio da Nunchiano에 의해 피에타의 집으로 보내진 아뇰리나Agniolina의 사례는 분명히 착취를 당한 경우에 해당한다. 피에타의 집에 들어온 뒤 10년 뒤, 그녀는 의사 마리오 조반니 보티Mario Giovanni Botti의 하녀로 고용되었다. 보티는 그녀에게 일상적인 9년 동안의 일에 대한 대가로 결혼을 시켜주고 지참금을 마련해주겠다고 약속했다. 하지만 가사 외에도 그는 당시 자신이 쌈짓돈을 벌기 위해 시장에 내다팔던 옷감 만드는 일을 아놀리나에게 시켰다. 4년 뒤 계약이 깨졌을 때, 아놀리나는 자신이 사기당한 것과 다름없다고 판단했다. 이에 따라 그녀는 보티가 자신에게 약속했던 많은 돈을 지불해야 한다고 주장하며, 그를 그라샤Grascia의 관리들에게 끌고갔다. 그들은 당시 피렌체에서 거래되던 모든 모직물과 리넨의 품질을 점검하고 가격을 매기던 피렌체의 시장과 거래의 감독관들이었다. 만약 피에타 집의 도움이 없었다면, 자신을 지켜줄 가족이 없었던 이 젊은 여성이 소송을 시작할 수는 없었을 것이다. 그리고 2개월 뒤 그녀는 보티가 그녀에게 완성된 천의 가치를 완전히 지급해야 한다는 승소판결을 얻어냈다.[12] 하지만 이들은 예외적인 사례다. 실제 모직물 방직공이나 재단사들과 함께 일을 하기 위해 피에타의 집을 나갔던 29명의 소녀들 가운데 단지 8명만이 다시 그곳으로 돌아왔다. 이는 일반적인 가사 노동을 위해 피에타의 집을 떠났던 소녀들의 경우에서보다는 약간 나은 비율이었다.

어떤 피에타의 집 소녀는 분명히, 특히 만약 그녀가 섬유산업과 관련된 일부 기술을 습득할 수 있는 곳에서 살았다면, 이러한 섬유 노동자들에게 귀중한 자원으로 간주되었을 것이다. 그녀는 특히 상점을 운영하는 데 어려움을 겪었던 방직공의 미망인들에게는 더더욱 매력적인 대상이었다. 이러한 미망인들의 시각에서 볼 때, 피에타의 집 소녀들은 잘 훈련된 여성이었다. 또한 여성으로부터 명령받는 것을 싫어 하고 또 여성 주인의 상점을 차지하려는 야망을 품을 수도 있는 남성 견습공들보다 그녀들을 관리하기가 훨씬 수월했다. 그래서 이미 피에타의 집에 들어온 지 벌써 8년

이 된 열여섯 살 도메니카 디 베르나르디노 다 시에나Domenica di Bernardino da Siena는, 안토니오 마리아Antonio Maria의 미망인으로 모직물 방직공이었던 모나 마르게리타Mona Margherita의 가게에서 일을 하기 위해 피에타의 집을 나갔다. 또한 로마냐 출신의 카밀라 디 로렌초 팔라추올로Camilla di Lorenzo Palazzuolo는, 피에타의 집에 온 지 채 1년도 안 돼, 과부가 된 방직공 마리아 도메니카Maria Domenica를 돕기 위해 그곳의 문을 나섰다. 이때 그녀의 나이는 열한 살이었다. 하지만 만약 피에타의 집에서 소녀들을 고용해 이런 일을 맡기기에 적절한 사람임을 충분히 검증하지 못할 경우, 이로 인해 예상치 못한 역풍을 맞을 수도 있었다. 1560년 3월 열세 살 안토니아 디 마르코 달로로Antonia di Marco Dalloro는 미망인 도메니카Domenica의 집과 모직물 가게에서 일을 하기 위해 피에타의 집을 나갔다. 하지만 몇 주 뒤 그녀는 다시 돌아와야만 했다. 왜냐하면 도메니카가 실제로는 도메니코Domenico, 즉 남성 방직공이었다는 사실이 밝혀졌고 이와 함께 그의 음흉한 술책이 곧 수포로 돌아갔기 때문이었다.[13] 이 사례를 제외한다면, 소녀들이 과부가 된 여성 방직공이 운영하던 곳에 일하러 나가게 되었을 때의 상황이 더 좋았던 것으로 보인다. 그녀들 가운데 누구도 피에타의 집으로 다시 돌아오지 않았기 때문이다.

모직물 산업에서 일하는 10대 독신녀들

—

당시에는 직물 산업에 종사했던 가정에서 하녀로서 일하게 될 피에타의 집 소녀들에 대한 수요가 높았다. 그리고 바로 이 점이 보호소의 내·외부에서 그녀들이 했던 노동이 실제로 얼마나 서로 간에 긴밀히 연결될 수 있었는지를 보여준다. 하지만 여기에는 하녀로 고용시켜 소녀들을 밖으로 내보내는 일이 실제 보호소에 돈을 가져다줄 수는 없었다는 한 가지 문제가 존재했다. 물론 그러한 일들이 소녀들이 보호소 밖에서 자신들의 삶을 유지하는 데 도움을 줄 수는 있었다. 하지만 이들이 피에타의 집에 남겨진 마르게리타, 마리아 그리고 막달레나 같은 다른 수십 명의 소녀들에게 먹을 것을 제공해줄 수는 없었다. 수입과 지출 사이의 격차를 메우려고 시도하면서, 모나 알레산드라와 그녀의 후원자들은 섬유산업계에서 이루어지고 있던 임금노동이 자신들에게 필요한 자금을 확보할 수 있는 가장 믿을 만한 자원이라는 점을 깨달았다. 피렌체의 많은 가정에서는 훌륭한 모직물과 견직물 생산에 기초해 수입을 올리고 있었고, 도시에서 생산한 고품질 직물에 대한 수요 역시 유럽 전역에서 꽤나 높은 편이었다. 하지만 16세기의 모직물 상인들과 견직물 상인들은 생산방식을 조직화하고 비용을 절감할 수 있는 새로운 길을 찾아야 한다는 보다 강력한 국제적인 경쟁에 직면해 있었다. 피에타의 집 소녀들이 개입한 것이 바로 이 지점이었다. 한 명의 피에타의 집 소녀는 분명 엉성한 가정부나 그저 그런 요리사일 수 있었다. 하지만 점차 그녀가 전문적으로 교육받은 직물 산업계의 노동자로 성장할 수도 있었다. 이것이 바로 많은 방직공이 그녀들을 자신들의 집이나 공방에서 일할 하녀–보조공으로 고용하고 싶어 했던 이유였다. 오래지 않아 피에타의 집에서도 자신들의 이익을 위해 소녀들을 배치하기 시작했다.

문을 열고 미처 수개월도 지나지 않았을 때부터 이미 피에타의 집에서는 스스로를 마치 하나의 공장처럼 조직하기 시작했다. 아마도 기부금만으로 보호소를 운영할 수 없다는 점이 분명해졌기 때문이었을 것이다. 바로 1555년의 첫 여름에 모직물 방직공으로 훈련받고 경험을 쌓은 한 과부가 소녀들에게 방직 기술을 가르쳐주기 위해 무급 구성원으로 피에타의 집에 들어왔다. 그녀가 바로 모나 베타Mona Betta였다. 피에타의 집에서는 그녀에게 숙식을 제공했을 뿐만 아니라, 그녀의 일곱 살 딸 베토리아Vettoria도 함께 머무를 수 있도록 조치를 취해주었다. 한 달 뒤, 카테리나 디 안토니오Caterina di Antonio가 동일한 조건으로 합류했다. 베타와 카테리나는 피에타의 집에서 매일 소녀들과 실패와 물레로 생 양털을 뽑아 실로 만드는 일을 하는 데 시간을 소비했다. 이 두 여성은 훈련된 방직공들이었다. 이 사실은 좀 더 나이 든 여성들 특히 방직공 가정 출신의 여성들이 섬유산업 가운데에서도 보다 이윤이 될 만한 분야에서 일하기 위해, 피에타의 집에서 바로 그해 여름, 보호소 내에 베틀을 설치했을 것이라는 점을 암시한다. 이미 100명 이상의 소녀들로 빽빽이 들어차 있던 옛 우밀타 병원의 크기를 감안한다면, 단지 약간의 베틀만을 놓을 수 있었을 것이다. 하지만 만약 그것으로 더 많은 수입을 거두어들일 수만 있다면, 그녀들은 베틀을 설치할 새로운 공간을 찾아야 했을 것이다.

모나 베타는 반년가량만을 피에타의 집에 머물렀다. 심각한 병을 앓은 뒤 1556년 2월 그녀가 피에타의 집을 떠났고, 딸 베토리아도 그녀와 함께 그곳에서 나갔다. 18개월 뒤 모나 베타는 피렌체의 산타 마리아 누오바 병원에서 죽어가고 있었고, 베토리아는 더 이상 어떠한 기록에도 등장하지 않는다. 이 때문에 오직 카테리나만이 피에타의 집에 남게 되었다. 이에 따라 피에타의 집에서는 어떤 방적공의 도제로 외부로 내보냈던 소녀들 가운데 한 명인 막달레나Maddalena를 다시 불러들였다. 열세 살의 어린 나이였지만, 막달레나는 카테리나의 보조원으로 일하며 다른 소녀들을 조직하고 가르치기 시작했다. 하지만 1년 남짓 지난 뒤 카테리나 역시 병을 앓게 되어 산타 마리아 누오바로 떠나게 되었고, 설사 병이 낫는다 해도 피에타의 집으로 다시 돌아오기를 거부해, 이러한 상황도 그리 오래 지속되지는 못했다. 결국 막달레나만 남게 되었다. 절박한 상황에 처하게 된 피에타의 집에서는 이제 브리지다 디 니콜로 미뉴아이오Brigida di Nicolo Mignuaio를 불러들였다. 당시 열여덟 살의 브리지다는 다른 소녀들과 비교할 때 그리 나이가 많은 편은 아니었다. 어쨌든 1557년 5월 무렵 피에타의 집에서 이루어진 모든 섬유 노동과 그것을 통한 수익 창출은 기본적으로 아직 훈련이 미숙했던 이 두 소녀들의 손에 놓여 있었다. 더욱이 그녀들의 나이는 이제 열네 살과 열여덟 살에 지나지 않았다. 아무튼 이것이 새로운 방식이 되었다. 다시 말해 경험 있는 성인 감독관을 고용하는 대신에, 피에타의 집에서는 방직공들의 집이나 공방에서 도제로 일하던 소녀들을 다시 불러들였고, 그녀들이 보호소의 빽빽한 홀과 방에서 다른 소녀들에게 일을 가르치고 전체적인 작업을 감독하기 시작했다. 많은 소녀에게 이러한 일들은 그리 낯선 것이 아니었다. 일부 소녀들은 그 자신이 바로 방직공의 딸이었고, 또 훨씬 많은 다른 소녀는 엄마, 숙모, 할머니가 생 양털에서 실을 뽑는 일을 해서 약간의 부수입을 거두어들이곤 했던 계층의 가정 출신이었기 때문이다.

그녀들은 아주 훌륭히 일을 수행했다. 미처 안정되지 못했던 혼란스러운 상황 때문에, 소녀들이 첫해에 거두어들인 수입은 단지 600리라에도 미치지 못했다. 하지만 그다음 해에는 수입액이 3배로 늘어났고, 다시 3년이 지나자 3800리라까지 액수가 크게 증가했다. 그것은 피에타의 집 거래 장부에 기록된 대차대조표의 수입란에서 우리가 확인할 수 있는 단일 수입원 가운데 최고의 액수였으며, 당시 15명의 전문 방직공의 연간 수입에 맞먹는 금액이었다.[14]

도대체 어떤 일이었는가? 누가 그 일을 의뢰했는가? 보호소의 얼마나 많은 공간을 그 일이 차지하고 있었는가? 그 일이 개별 소녀들의 삶에 어떠한 의미를 지니고 있었는가? 이런 질문들에 답할 수 있을 때에만, 비로소 우리는 피에타의 집이 과연 그곳에 수용된 소녀들의 건강과 심지어 생명마저 위험에 빠뜨릴 수 있을 정도로 비위생적인 작업장이었는지를 가려낼 수 있다. 도시의 인구통계 조사 기록에 따르면, 1562년경 비아 누오바와 보르고 오니산티에 자리 잡고 있던 세 곳의 쉼터에는 대략 160명의 소녀들이 살고 있었다. 공교롭게도 피에타의 집 문서보관소의 가장 완벽한 작업 기록 가운데 하나도 1565년부터 1566년까지의 대략 1년 동안에 관한 것이다.[15] 재무원장 기록에는 종종 단지 가격이나 도급자를 명기한 일반적인 항목들만 나타날 뿐, 그 밖의 많은 내용은 등장하지 않는다. 하지만 이와 달리 작업 내역을 기록한 이 책은 처음부터 직물 제조와 관련된 소녀들의 세세한 일과를 자세히 기록하기 위해 작성된 것처럼 보인다. 책등을 3개의 가죽 끈으로 묶어 튼튼하게 만든 이 4절판 필사본 책에는, 자신들의 거래 상황을 온전히 파악하기 위한 피에타의 집 여성들의 야심만

만한 노력의 흔적들이 고스란히 담겨 있다. 윗부분에 가로질러 씌어 있는 "일지Giornale"라는 글자는, 이 책이 피에타의 집으로 들어오고 나갔던 하루하루의 돈 흐름을 기록하고 있음을 암시한다. 표지의 한가운데에 둥근 원으로 둘러싸인 "A"는 이것이 새로운 시리즈의 첫 번째 책임을 보여준다. 안쪽의 첫 줄은 "이 책은 피에타의 집 소녀들에 관한 것이며 '일지 A'로 불린다. 이 책은 그 소녀들 가운데 한 명인 [공백] 나에 의해 기록되었다"라는 말로 시작한다.[16] 뚜렷이 다른 두 사람의 손에 의해 안쪽의 지면이 채워져 있다. 그중 한 사람은 분명하고 신중하게 1565년 11월 1일부터 1566년 봄과 여름에 걸쳐 이루어진 거래 사항에 대해 기록했다. 알려진 바대로 적어도 필체로 판단하건대 이 책은 결코 피에타의 집 소녀들 가운데 누군가에 의해 작성되지 않았다. 이 책을 작성한 이는 바로 그해에 파올로 디 조르조Paolo di Giorgio의 업무를 물려받았던 조반니 벤치니Giovanni Bencini였고, 그는 분명히 열정적으로 장부를 개선하려고 노력했다. 벤치니는 피에타의 집에 정기적으로 일감을 가져다준 개별 상인들에 대해 기록할 새로운 지면을 만들었다. 또한 그는 그들 각각에 관한 기록들 사이에 빈 지면을 많이 남겨놓았다. 이것은 아마도 벤치니가 이 장부를 다루는 여러 해 동안 피에타의 집에서 수행될 일에 대해 자신이 기록할 수 있을 것이라고 낙관하고 있었음을 암시한다. 양모나 천의 수량, 작업 방식, 임금 등이 장비를 구입하거나 수선하는 데 들어간 비용—예를 들어, 산업용 앞치마 1.6.8리라, 커다란 청동 항아리 수선비 1리라 약간 초과, 새 항아리 구입비 21리라, 누에고치를 풀기 위한 약간의 얼레 구입비 3솔도 4데나로—과 함께 기록되어 있다.[17] 하지만 1566년 여름의 어느 순간, 섬유 노동과 관련된 이 기록의 작성이 중단되었다. 이후 그 기록은 주로 식비였던 모든 종류의 생계비를 추적하는 데 이용하기 위해 다시 누군가—아마도 이름이 명기되지 않은 피에타 집의 한 소녀로서, 그녀는 자신의 의도가 생계비를 기록하는 것이라고 첫 장에서 공표했다—가 집어들 때까지 4년간 방치되었다. 이 기록이 재무원장의 모든 지면을 메우고 있지만, 그것에는 섬유 노동과 관련된 것은 아무것도 나타나지 않는다.

섬유 노동과 관련된 장부를 분석하면서, 우리는 그것과 다른 유형의 노동을 분리할 수 있으며, 또한 어떤 지점에서 피에타의 집 소녀들이 피렌체의 섬유산업에 기여했는지를 확인할 수 있다. 그녀들은 인상적일 정도로 다양한 분야에서 일했다. 그녀들은 모직물, 견직물, 삼 등 섬유산업의 모든 분야에서 일했고, 각각의 분야에서도 서로 다른 공정에 참여했다. 대개의 경우 섬유산업계의 장인들을 도와 일을 했지만, 간혹은 자신들 스스로 일을 하기도 했다.[18]

모직물 제조업은 견직물 제조업보다 훨씬 더 복잡한 산업 분야였다. 가공되지 않은 양털에서 하나의 천을 완성하기까지 많은 노동력, 그것도 대개는 고도로 숙련된 노동력이 필요했다. 르네상스기의 피렌체 사회에서 그것은 남성 노동력, 특히 보다 이윤이 높고 발전된 생산 단계에 투여될 남성의 노동력을 의미했다. 바로 그러한 지점에서 남성들은, 산업 규제와 생산 규정을 통해 그리고 여성들이 그러한 일에 필요한 힘과 능력을 갖추고 있지 못하다는 신화를 만들어내면서, 자신들의 특권적인 역할을 보호했다. 여성들과 소녀들에게 남은 것은 보다 단순하고 반복적이며 또 기초적인 저임금 노동에 지나지 않았다. 도시로 들어온 양털 뭉치는 그저 단순히 도시 곳곳의 이 공방에서 저 공방으로 이동해간 것이 아니었다. 오히려 그것들은 남성에서 여성에게로 그리고 다시 남성에게로 이동해갔다.[19]

피렌체보다 더 우수한 모직물을 생산했던 스페인이나 잉글랜드에서 깎은 양털은 가공되지 않은 상태로 피렌체로 들어왔다. 그리고 그것들은 분류되어 약간의 비누를 탄 커다란 물통에 넣어졌으며, 소수의 세탁부lavatori들이 막대기를 들고 앞뒤로 휘저어 세탁했다. 곧이어 아르노 강에서 헹군 뒤, 보르고 오니산티 주변의 위아래로 늘어선 모든 집의 외부에 고정된 커다란 금속 버팀쇠에 그것들을 걸어놓고 말렸다. 이 모든 과정이 피에타의 집 정문 바로 바깥에서 이루어졌다. 또 다른 남성들은 이후 양털을 건었고, 섬유를 다듬고 뽑아내는 데 필요한 천연 유분이 가벼운 세탁과 더딘 건조로 손상되지 않았는지 점검했다. 이때 엉킨 뭉치나 남아 있던 양가죽 찌꺼기 그리고 불순물들을 손으로 뽑아냈으며, 양털을 두드리고 기름을 먹여 빗질 작업과 소모梳毛 작업을 준비했다. 빗질 작업을 통해 방직 공정에서 날실로 사용될 소모사stame가 생산되었고, 남은 짧은 털들은 금속 솔을 사용한 소모 작업을 거쳐 씨실로 사용될 털실lana로 제작되었다. 이제 빗질 작업 혹은 소모 작업이 끝난 양모를 이용해 여성들이 방적사를 자을 차례가 되었다. 대부분의 세탁과 기름 먹이기, 빗질 작업과 소모 작업의 공정은 남성들이 처리했다. 그리고 모직물 제작과 관련된 이후의 모든 과정도 남성들의 관리 아래 진행되었다. 모직물 상인들은 소모된 양털과 털실을 전달하기 위해 라니노lanino로 불린 중매업자를, 그리고 빗질된 양털과 소모사의 이동을 위해 스타마이우올로stamaiuolo라고 불린 중매업자들을 고용했다. 특히 그들은 여기저기에서 신속하게 일할 수 있는 방적공을 구하기 위해 도시 그리고 특히 시골의 여성들을 찾아다녔다. 상인들은 대개 한 명의 라니노 그리고 몇몇의 스타마이우올로와 함께 일했다. 그리고 만약 충분한 방적공을 구할 수만 있다면, 이러한 중매업자들은 여러 상인과 작업할 수도 있었다.[20]

피렌체 공국 정부에서는, 각 공정의 단계마다 누가 양모를 소유하고 있고, 각각의 단계마다 노동자에게 지불해야 하는 금액이 얼마이며, 중매업자들이 몇 퍼센트의 수수료를 받을 수 있는지를 결정한 1547년, 1556년, 1557년의 규정을 통해 모직물 산업 노동자들의 노동 기간과 임금을 고정시켰다. 방적공에게 지불해야 할 12솔도 그리고 라니노에게 줄 2솔도와 함께, 한 상인이 방모사를 실로 잣는 데에는 파운드당 14솔도가 소비되었다. 또한 빗질된 양털을 실로 잣는 데에는 파운드당 2리라가 들었고, 이와 함께 방적공에게는 1.15리라 그리고 스타마이우올로에게는 5솔도를 지불해야 했다.[21] 이 커다란 액수의 차이는, 관련된 작업 공정의 차이를 보여준다. 빗질된 양털로 실을 잣는 일에 방모사로 실을 잣는 것보다 거의 3배가량의 비용이 더 들었는데, 이것은 전자가 더 노동집약적이었기 때문이었다. 즉 이 작업 과정에서는 한 소녀가 빗질된 양털에서 실을 뽑아 손수 실패에 감으면서 실을 자아야 했다. 넓은 공간과 도구가 필요하지는 않았지만, 이러한 작업을 통해 다량의 실을 생산하기 위해서는 더 많은 시간이 필요했다. 방모사로 일을 하는 소녀들은 물레를 사용할 수 있었고, 따라서 훨씬 더 신속하게 양털의 무게를 견디며 일할 수 있었다. 비록 크기가 작고 운반 가능한 것이었지만, 그녀들에게는 또한 물레를 설치할 더 많은 공간이 필요했다. 따라서 그녀들은 보호소 내의 적절한 공간에 물레를 설치했고, 날씨가 따뜻할 경우 정원 뜰에 물레를 설치하고 작업을 하기도 했다.

빗질된 양털 그리고 방모사를 전달하기 위해 고용된 중매업자들은 모두 읽고 쓸 줄 알고, 또 장부를 기록할 수 있어야 했다. 그들은 매 단계마다 주의 깊게 양털의 무게를 재고, 양털 뭉치와 실들을 정확하게 명기하고, 누가 무엇을 소유하고 있으며 또 그것이 누구에게 넘어갔는지에 관한 경로를 정확히 기록했다. 그리고 바로 그들이 피에타의 집 정문 앞에 멈추어섰다. 피에타의 집 입장에서는, 원재료에 대한 비용을 지불할 필요가 없었다는 것이 이점이었다. 중매업자가 그 비용을 부담한 반면, 피에타의 집에서는 오직 노동력만 제공했다. 중매업자들은 시장 시세의 현금으로 대가를 지불했다. 중매업자의 입장에서도 역시 이점이 있었다. 방적공을 구하기 위해 도시 곳곳을 걸어다니거나 시골 구석구석을 찾아다닐 필요 없이 광대한 노동력에 접근할 수 있었기 때문이다.

1565년 내내, 다양한 상인을 위해 일하던 3명의 라니노들이 매달 피에타의 집 소녀들에게 계속해서 방모사를 날라다주었다. 베네데토 디 필리포Benedetto di Filippo, 로렌초 디 바르도Lorenzo di Bardo, 프란체스코Francesco "일 나소il Naso" 즉, 코주부 프랭키가 가장 정기적으로 일거리를 가져온 이들이었다. 또한 네 번째 인물인 파골로도 간헐적으로 일감을 전달했다. 이와 대조적으로, 피에타의 집 소녀들에게 빗질된 양털을 일감으로 가져온 스타마이우올로는 오직 한 명이었는데, 그는 여러 상인을 대신하고 있던 안드레아 파렌티Andrea Parenti였다. 하지만 그는 집중적으로 일감을 가져왔고, 보수도 후하게 지불했다. 1565년에는 4명의 라니노가 거의 2500파운드의 방모사를 가져왔고, 그 대가로 1500리라 이상을 지불했다. 반면 스타마이우올로 안드레아 파렌티는 175파운드를 가져왔고, 265리라 조금 넘는 금액을 지불했다.[22] 우리는 노동이 소녀들의 하루를 어떻게 채웠는지 확인할 수는 없다. 왜냐하면 재무원장에는 급료가 언제 지불되었는지만 나타날 뿐, 소녀들이 언제 일을 했는지에 대해서는 기록되어 있지 않기 때문이다. 파렌티는 대개 매번 30파운드에 해당하는 금액을 지불하면서 두 달에 한 번씩 장부를 정리했다. 비록 언제 작업이 이루어졌는지 확인할 수 없고 그것에 관한 평균적인 수치 또한 산출할 수 없지만, 소녀들이 맡겨진 일을 완수하기까지 그리 많은 시간이 소요되지는 않았을 것이다. 노동 자체보다 임금 지불 양상으로 판단하면 3월과 9월이 조금은 절정에 다다른 시기로 보이지만, 대체로 라니노들이 좀 더 규칙적으로 일감을 가져왔다. 여기에서도 역시 매달 200파운드 정도에 불과했던 일감으로는 100명이 넘는 소녀들의 에너지가 고갈되지 않았을 것이다.

물론 이러한 사실들이, 피렌체의 모직물 산업계와 피에타의 집 모두에게 있어, 소녀들의 노동이 대단한 가치를 지니지 못했다는 것을 의미하지는 않는다. 피에타의 집에서 생산되었던 씨실과 날실은 거의 대부분 당시의 남성 의복에 사용되던 훌륭한 방모직물로 직조되었다. 그것은 당시 피렌체에서 생산되던 가장 고가의 모직물이었다. 비록 피에타의 집 소녀들의 분주한 방적 노동이 섬유산업에 어떤 혁명을 가져오지는 않았지만, 분명 그것은 하나의 차이를 만들어냈다. 16세기 중반의 수십 년 동안 모직물 산업은 자신만만하게 팽창하며 번성하고 있었다. 당시의 어느 누구도 단 수십 년 안에 생산량이 절반으로 줄게 될 것이며, 또 앞으로도 오랫동안 천천히 쇠퇴하리라고는 전혀 예상하지 못했다. 당대 모직물 상인의 거래장부 가운데 오늘날까지 남아 있는 것은 거의 없다. 하지만 프란체스코 데 메디치Francesco de' Medici가 소유하고 있던 기록에 따르면, 1556년에서 1558년 사이에 생 양털로부터 실을 뽑아내기 위해 그는 총지출의 20퍼센트 이상을 소비했다. 이 정도로 많은 비용이 든 공정은 없었다. 심지어 그 다음으로 생산단가가 높았던 방직 분야조차 한 필의 천을 짜는 데 들었던 총 비용 가운데 단지 12퍼센트만이 소비되었을 뿐이었다.[23] 이러한 사실들은, 모직물 상점이 빽빽이 들어서 있던 동네의 한복판에 자리 잡은 피에타의 집 소녀들이야말로 당시 호황을 누리고 있던 그 산업계 종사자들이 바로 가까이에서 사용할 수 있었던 귀중한 노동 자원이었음을 의미한다. 관습, 법 그리고 편견 때문에 모직물 생산 공정 가운데 가장 밑바닥에 위치하고 있었지만, 여성들은 1565년 한 해에만 1700리라 이상의 적지 않은 돈을 벌어들였다. 그것은 대략 예닐곱 명의 방직공들이 1년 동안 상근했을 때 벌 수 있는 수입과 비슷한 액수였다.[24]

견직물 산업에서 일하는 소녀들—산업 전략으로서의 자선사업

—

마르게리타, 마리아 그리고 막달레나 같은 소녀들이 옛 우밀타 병원에서 실을 뽑아낸 재료는 비단 양모만이 아니었다. 견직물 제조업 역시 당시 피렌체에서 성장하고 있던 산업 분야였고, 피에타의 집 소녀들은 여기에도 발을 들여놓았다. 견직물 생산 공정 가운데에서도 역시 그녀들의 주된 작업은 방직을 위한 실을 만드는 일이었다. 생산을 위해 필요한 공간, 그것으로부터 얻을 수 있는 수입 혹은 소녀들에게 끼치는 영향이라는 차원에서, 견사 생산은 양모 제작과 별반 다르지 않았다.

견직물 산업은 당시 이탈리아 경제 자체를 변화시키고 있었다. 박식했던 볼로냐의 괴짜 지식인 레오나르도 피오라반티Leonardo Fioravanti는 그것의 단순하고 노동집약적인 과정에 대해 다음과 같이 의견을 피력했다.

> 견직물 생산업은 매우 고귀한 기예다. (…) 그것은 부유한 사람들을 고양시키고 가난한 사람들을 도와준다. 그리고 여기에는 많은 기술이 필요하다. 왜냐하면 끝없는 작업 공정이 개입하기 때문이다. 따라서 홀로 이 많은 과정을 수행해낼 수 있는 사람은 존재하지 않는다. 첫 번째 과정은 생사를 생산하는 누에를 부화시키고 기르는 일이다. (…) 다음으로 장인이나 여주인이 있는데, 누에고치가 준비되면 그들이 하루나 이틀 동안 고치를 햇볕에 말린다. 그리고 그들은 불 위에 가마솥을 올려놓고 누에고치를 그 속에 넣어 끓는점까지 끓인다. 그 다음에 물레 가락을 빙빙 돌려 생사를 감는다. 생사가 만들어져 여주인의 손으로 넘어가면, 그녀들이 그것을 물레에 감는다. 그리고 나서 그것은 방적공에게 보내지고 그가 실을 잣는다. 견사로 자아지면 그것은 다시 여주인의 손으로 넘어가게 되고, 그녀는 그것을 다시 물레에 감고 가닥을 꼬기 위해 방적공에게 다시 돌려보낸다. 이 가닥 꼬기 작업이 끝나고 상인이 점검한 뒤, 견사는 염색공에게 전달된다. 처음 염색공은 물과 세제 속에 넣어 그것을 끓인 다음 자신이 원하는 색으로 염색한다. 그 이후 상인의 손으로 넘어가게

> 되는데, 상인은 나무집게로 아주 조심스럽게 그것을 펼쳐 널어놓아 광택을 띠고 아름답게 보이도록 만든다. 이후 그것은 여주인에게 다시 돌아가고, 그녀는 특정한 실패에 그것을 감는다. 이 실패로 방직공은 자신이 원하는 날실을 준비하고, 그것으로 자신이 원하는 대로, 벨벳, 새틴, 다마스크, 오르메시니 등등을 짠다. 그리고 이런 식으로, 신의 영광과 이 세계의 번영을 위해, 이 기예가 마무리된다.[25]

비록 피오라반티가 "여주인"의 몫이라고 언급했던 모든 일에 때때로 간여하기는 했지만, 이 모든 공정 가운데 피에타의 집 소녀들이 어떤 일을 수행했는지에 대해 정확히 말하기는 쉽지 않다. 소녀들이 보르고 오니산티에서 누에를 기르고 누에고치를 돌보았는가?[26] 비록 빽빽한 우밀타 병원에서 어떻게 가능할 수 있었는지는 모르겠지만, 고치에서 실을 뽑아내던 바로 그 동일한 공간에서 소녀들은 종종 그 일들을 하곤 했다. 15세기의 피렌체 견직물 상인들은 풀리지 않은 두툼한 생사 타래를 카스피 해 인근, 스페인, 그리스 제도, 시칠리아와 칼라브리아 등의 먼 지역에서 수입해 들여왔다. 하지만 16세기를 거치면서 메디치의 대공이 생산 증대를 밀어붙이면서, 저임금의 이 노동집약적인 작업이 토스카나 지방에서도 더욱 많이 이루어지게 되었고,[27] 결과적으로 그 가운데 일부는 피에타의 집에서도 수행되었다.

로버트 달링턴 경이 토스카나 지역을 조사하면서 목격했던 것처럼, 이 작업의 첫 단계는 봄의 첫 두 달 동안 집중적으로 이루어졌다. 달링턴이 조사를 하고 있을 무렵, 플랑드르의 판화가 얀 판 데르 스트라트Jan van der

뽕나무잎 채취와 누에에게 먹이주기.
Jan van der Straet, *Vermis sericus*, Beinecke Rare Book and Manuscript Library, Yale University.

Straet는 누에를 기르고 고치를 풀고 있는 피렌체의 소녀와 여성의 모습을 묘사한 일련의 이미지를 제작했다. 아마 이 이미지들이 피에타의 집 내부에서 벌어지던 작업 현장의 모습일 수도 있다. 한 이미지에서는 10여 명 이상의 아이들, 10대들, 늙은 여성들이 일하고 있는데, 그들은 열린 선반에 깔끔하게 정돈해 포개놓은 커다란 쟁반 위에 미세한 알들을 펼쳐놓고 있다. 그리고 이 쟁반은 6주 동안 날마다 누에들이 먹게 될 아주 많은 신선한—살짝 데친 것에 지나지 않는—뽕나무잎으로 가득 차 있다. 누에들이 예상 가능한 속도로 자랐기 때문에, 부화시킬 시간을 결정하는 일이 중요했다. 달링턴은 피렌체의 생산업자들이 주로 햇볕에 의존해서 알

누에 기르기.
Jan van der Straet, *Vermis sericus*, Beinecke Rare Book and Manuscript Library, Yale University.

을 따뜻하게 유지했지만, 또한 그와 함께 여성들의 체온 역시 이용했다고 언급했다. 비록 마르게리타, 마리아 혹은 막달레나가 자신들의 가슴속에 누에알을 품지는 않았더라도, 이 모든 생산 활동은 그녀들의 삶 깊은 곳에서 일상이 되었다. 잘 포개어 정돈한 선반 형태의 누에고치 모판 사이에서 움직일 공간을 찾고, 공작이 토스카나의 빈 배수로 주변에 심기 시작했던 나무에서 날마다 뽕나무잎을 채취하는 것이 지속적인 문제였다. 또한 열정적인 피오라반티가 간과해서 언급하지 않았던 또 다른 중요한 문제도 있었다. 수천 마리의 게걸스런 누에들이 말 그대로 여러 톤의 나뭇잎을 밤낮으로 먹어치우면서 윙윙거리던 소음이 그 하나였다. 계속 커져

누에고치로부터 실을 뽑아내고 있는 어떤 기관의 모습.
Jan van der Straet, *Vermis sericus*. Beinecke Rare Book and Manuscript Library, Yale University.

가던 6주 동안의 소음이 지나가고, 고치를 짓기 시작하면서 누에들은 갑자기 조용해졌다. 누에들은 소녀들이 선반 사이에 놓아둔 껍질이 벗겨진 잔가지나 나무 위로 기어올라갔고, 이후 머리를 칭칭 둘러 감기 시작했다. 3일 정도 지나면, 하얀색 타원형의 모습을 띠게 될 것이었다. 1주일 남짓이 지나면, 누에고치를 돌보는 관리자conduttora는 알을 낳기 위해 어떤 것을 남겨놓을지, 변색 혹은 손상되었거나 겹쳐진 것들 가운데 어떤 것을 폐기하고, 또 어떤 것을 풀어서 실을 자을지를 결정해야 했다. 마지막 누에고치의 경우, 유충이 자라 고치를 망칠 수도 있었기 때문에 그전에 건조한 열기와 따뜻한 물로 유충을 죽이는 처리를 해야 했다.

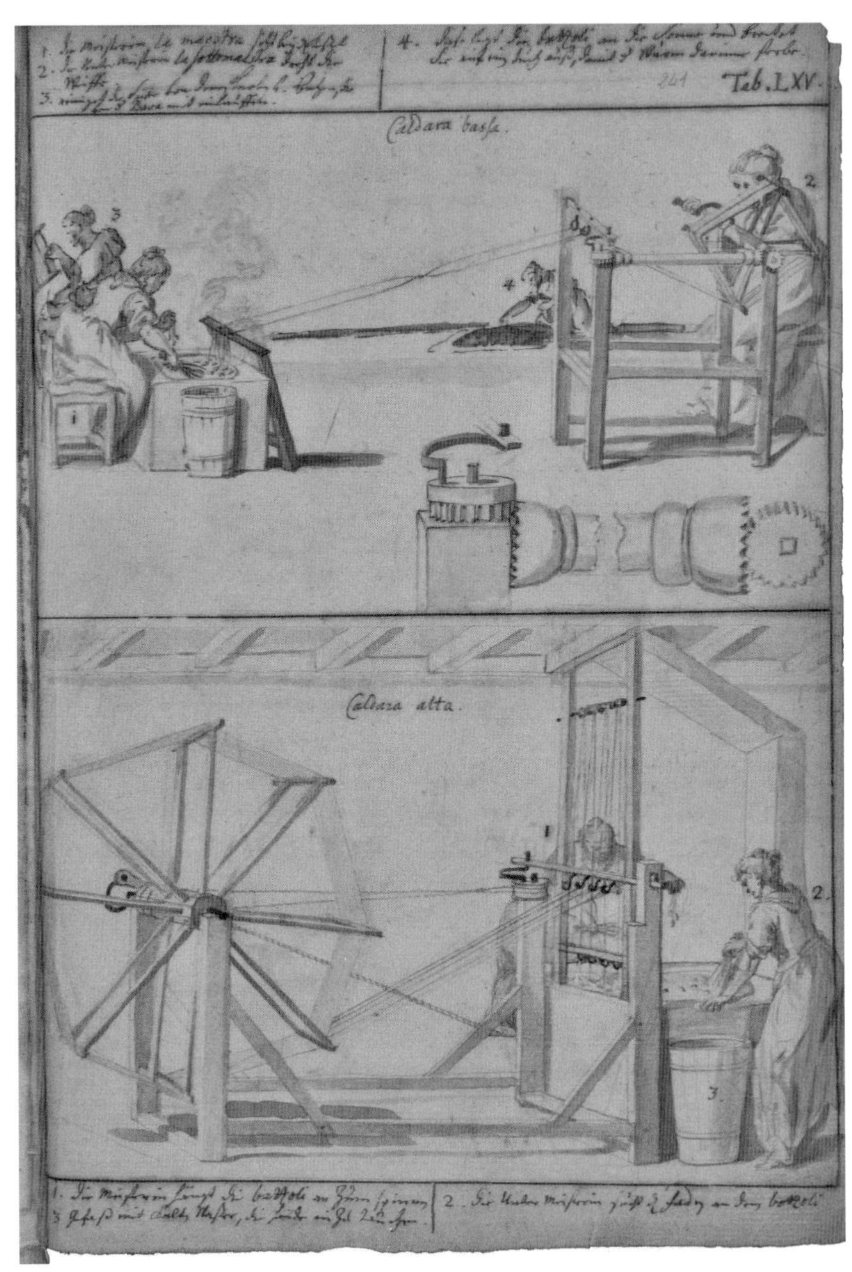

누에고치에서 실을 뽑고 견사를 생산하는 여인들.
G. C. Martini, Viaggio in Toscana, Archivio di Stato di Lucca의 허락 아래 사용함.

Guverno de Faruscelli. Wartung der Seiden Würmer. Tab LXIII.

839

7. Guardasche il filo. sieht ob d. Würm d. Seiden an dem Münde hat.
8. hängt die ausgekrochenen Farfalla an [illegible]

fig. 1

1. legt frisches maul beer laub auf die Seiden würmer.
2. liest die weissen Seiden würmer aus und legt sie auf einen Teller.
3. legt die ausgelesenen weisse Seiden würmer auf die dürre Ästen
4. nimmt sie von den Ästen ab.

5. Castello Gestelle, bestehend aus 4 Säulen mit Kreuz füssen und Latten [illegible]

6. Diese Decke auf welcher die Seiden würmer aufgezogen werden.

fig. 2.

1. diese incannatura [illegible] matassa [illegible]
2. [illegible]

3. diese [illegible] die Seide ab auf cannelli, [illegible]

보르고 오니산티의 세 쉼터 중 하나에 피에타의 집이 있던 시절, 소녀들은 실켜기incannare, trarre 다음 단계의 누에고치를 가지고 작업했을 가능성이 매우 높다. 우밀타에서 직접 기른 것 이외의 다른 누에고치들은 토스카나의 시골 지역, 시칠리아와 칼라브리아의 도매상인, 볼로냐의 유명한 연례 시장 파발리오네Pavaglione에서 커다란 나무 상자에 실려 수천 마리씩 그곳으로 들어왔다. 이것들이 도착하면, 소녀들의 노동 강도가 더욱 높아졌다. 그것은 섬세하면서도 시간이 많이 소모되는 저임금 노동이었다. 그리고 바로 이런 이유 때문에, 이는 직업에 대한 선택권 없이 보호시설, 자선 보호기관, 구빈원, 수녀원에 갇힌 어린 소녀들에게 맡겨지기 쉬운 노동의 유형이었다.[28] 판 데르 스트라트의 판화에는 소량의 알칼리와 뜨거운 물을 섞은 대야 속에 담가놓은 누에고치들을 나뭇가지 다발을 이용해 저으면서 딱딱한 껍질을 부드럽게 만들고 있는 소녀들이 등장한다. 그녀들은 둘, 넷, 혹은 다섯 개의 누에고치에서 필라멘트 섬유의 끝자락을 발견해 가지런히 정렬시켜 하나의 실을 만들었다. 그리고 그 실을 다시 결합해, 4개의 평행봉으로 만들어진 길게 뚫린 직육면체 모양의 얼레에 붙였다. 이 얼레는 그녀들의 어깨 위나 누에고치를 담아놓은 크고 따뜻한 물통 앞에 설치되어 있었다. 필라멘트 섬유 하나하나는 눈에 보이지 않을 정도로 가늘었고, 심지어 4개 혹은 6개를 합쳐도 사람의 머리카락보다 가늘었다. 소녀들은 회전형 원통 실패를 이용해 누에고치에서 실을 풀었고, 또 개별 필라멘트 섬유의 덩어리, 두꺼운 것 또는 부러진 것을 주의 깊게 살펴보면서 필요할 경우 신선한 필라멘트 섬유를 가까이에 두고 그것에 다른 것을 이어붙여야 했다. 주름이 졌거나, 찔렸거나, 다른 손상을 입은 누에고치들로부터 실을 뽑아낼 때는 더 세심한 주의가 필요했다. 모직물 산업의 경우에는 어린 소녀도 그저 느낌만으로, 그 다음에는 자유롭게 말하고, 노래하고, 또 무엇인가를 읽거나 생각하면서 양털 뭉치로부터 실을 뽑아낼 수 있었다. 하지만 이와 달리 견사를 얻기 위해서는 모든 주의를 한데 집중해야만 했다.

확 트인 넓은 작업장에서 유유자적 일하는 여성들의 모습을 인상적으로 표현한 판 데르 스트라트가 판화에서 묘사한 것처럼, 이 작업은 일견 느릿느릿하고 나른해 보인다. 하지만 관련된 몇몇 수치들을 확인하면, 우리는 믿기 어려운 생사의 크기를 명확하게 이해할 수 있다. 그 순간 우리는 이 전원적 이미지를 머릿속에서 지울 수 있게 된다. 단 하나의 하얀 누에고치는 대개의 경우 폭 1인치와 길이 1.5인치인데, 이 작은 고치가 500미터에서 1000미터 혹은 그 이상 되는 길이의 필라멘트 섬유 하나로 구성되어 있다. 토스카나의 양잠업에 대해 잘 알고 있었던 프랑스의 경제학자이자 역사가였던 장 시몽드 드 시스몽디Jean Simonde de Sismondi(1773~1842)는 19세기 초에 1파운드의 실 한 오라기를 뽑아내기 위해서는 말린 누에고치 10파운드가 필요하고, 1파운드의 견사를 생산하기 위해서는 7.69파운드의 주름지고, 뚫렸거나 손상된 누에고치가 필요하다고 추산했다. 개별 누에고치는 1.5~2.5그램 정도로 가벼웠다. 이것들을 모아 1파운드의 무게로 만들기 위해서는, 200~300마리의 누에고치가 필요하다는 계산이 나온다. 완성된 견사 12파운드를 생산하기 위해서는 3000마리의 누에가 필요했고, 이 누에들은 공작이 재배하고 있던 뽕나무잎 1톤을 먹어치웠다. 1565년 피에타의 집 소녀들은 그것의 100배에 해당하는 거의 1200파운드의 견사를 생산했다. 이를 위해서는 글자 그대로 수백만 마리의 누에고치와 수많은 뽕나무잎이 필요했을 것이다. 비록 이러한 작업이 얼마나 많이 보르고 오니산티의 쉼터 담장 안에서 이루어졌는지 알 수 없다고 해도, 단순한 수치상의 규모만 해도 엄청나다. 아마 무척이나 높은 강도로 작업이 이루어졌을 것이다.[29]

견사의 생산은 실을 켜는 작업과 함께 시작했지만, 훨씬 더 멀리까지 확장될 수 있었다. 누에고치에서 뽑아낸 필라멘트 섬유는 여전히 너무 약해 부러뜨리지 않고 견사로 만들기 힘들었다. 따라서 소녀들은 가용한 견사를 생산하기 위해 실 가닥을 꼬았다. 이것이 피오라반티가 "가닥 꼬기torciture"라고 불렀던 공정이며, 간혹 "합치기addopiare"라는 이름으로 불리기도 했다. 모든 가닥은 오른쪽으로 적어도 한 번씩 꼬지만 많을 경우 인치당 40번에서 45번까지 꼬아졌고, 이 실들 가운데 일부는 이후 겹쳐져 다시 왼쪽으로 꼬아졌다. 방직 작업을 할 때, 이렇게 만들어진 두꺼운 가닥이 베틀에 세로 방향으로 뻗은 날실로 사용되었고, 그것에 더 가는 씨실을 엮어 견직물을 직조했다. 볼로냐와 비첸차 같은 도시에서는, 수십 개 혹은 심지어 수백 개의 실패를 장착하고 3층 규모의 건물을 가득 메웠던 높이 솟은 수력 물레가 이 공정을 담당했다. 하지만 규칙적이지 않았던 아르노 강의 범람 때문에, 피렌체인들은 훨씬 작은 크기의 수제 동력 기계를 사용했다. 그런데 피에타의 집에 적어도 이 가운데 하나가 갖추어져 있었다.[30] 수직 베틀에 의존했기 때문에 피렌체인들이 견사를 생산하는 데에는 비용이 더 많이 들었다. 그리고 이 때문에 피렌체의 견직물 상인들은 노동 비용을 줄일 수 있는 다른 길을 찾아야만 했다.

두 겹이 되면, 이후 실은 "요리"되어야 했다. 그것은 커다란 자루에 넣은 다음, 일부 자연적인 점성 수지를 제거하고 염색에 대비하여 물과 세제를 섞어 만든 용액과 함께 커다란 통에 담가 실을 끓이는 일련의 공정을 의미했다. 양모의 기름처럼 견사의 점성 수지는 실을 잣는 과정에서 발생한 압력에 저항할 수 있는 탄성을 주지만, 그 이후에는 염색약이 스며들 수 있도록 제거되어야 했다. 점성 수지로 인해 생사는 회색빛을 띠게 되는데, 이 때문에 새로 누에고치에서 뽑아낸 실타래를 "회색 생사"라고 불렀다. 또한 점성 수지는 무게를 증가시켰다. 따라서 요리 과정 중에 실타래 본래의 무게보다 4분의 1가량 무게가 줄 수 있었다. 이 때문에 생산한 견사의 파운드와 온스당 보수를 받았던 소녀들은 매우 주의해서 이 과정을 수행해야 했다.[31] 끓이는 과정에서 날아가버린 단 1온스의 점성 수지도 그녀들에게는 돈이나 다름없었다. 꼬고, 겹치고, 요리해 부드럽고 하얗게 변한 견사 타래는 보호소의 문을 떠나 염색공의 공방으로 전달되었다.

1565년 피에타의 집에서 수행된 대부분의 견직물 생산 노동은 중매업자jabber, sensale 프란체스코 디 야코포 바르베리노Francesco di Iacopo Barberino의 손을 거쳐 이루어졌다. 그는 2명의 견직물 상인 조반니 솔다니Giovanni Soldani와 바초 코미Baccio Comi로부터 일감을 가져왔다.[32] 코미가 보내온 생사 가운데 절반 이상은 칼라브리아와 시칠리아에서 왔고, 따라서 그것들이 피에타의 집으로 들어왔을 때는 이미 누에고치에서 뽑아낸 실타래였을 것이다. 따라서 피에타의 집에서는 견사 생산, 꼬기, 세척 과정을 앞두고 있었다. 이와 달리 솔다니가 보낸 작업 물량은 대부분 토스카나 혹은 에밀리아 로마냐로부터 온 것들이었다. 따라서 그것들은 생사를 뽑아내기 이전의 누에고치 상태였을 것이다.[33] 바르베리노만이 거래장부에 등장한 유일한 인물은 아니었다. 매개인과 대리인으로서 피에타의 집과 연결되어 있던 다른 사람들도 소녀들에게 일감을 가져다주었고, 또 받을 돈을 수금해주었다. 모나 지네르바 디 톨로메이Mona Ginerva di Tolomei와 같은 피에타회의 회원들이 그랬던 것처럼, 늙은 회계 장부 담당자 파올로 디 조르조 우기도 이 일에 개입했다. 코미와 솔다니의 부인들 또한 모두 피에타회의 회원들이었다. 따라서 이 문제에 관한 한, 피에타의 집 소녀들이 남편들의 도급 일을 맡아 할 수 있도록 아마도 그녀들이 약간의 손을 썼을 것이다.

모직물 생산 작업에는 그리 넓은 공간이 필요하지 않았다. 작업 역시 상황에 크게 구애받지 않고 조그마한 구석에서도 이루어질 수 있었다. 이와 달리 견직물 생산을 위해서는 넓은 공간과 밝은 빛 그리고 많은 시간이 필요했다. 커다란 실패를 가지고 일하던 소녀들에게는 고운 필라멘트 섬유를 찾기 위한 밝은 햇빛, 뜨거운 물이 담긴 누에고치 보관용 그릇을 놓을 수 있는 탁자, 날실을 이중으로 겹치고 꼬기 위해 필요한 대형 물레를 설치할 수 있는 공간, 방적사를 요리하기 위해 불 위에 올려놓을 수 있는 통들이 필요했다. 하지만 이 모든 시간과 공간 그리고 노동력의 투자에도 불구하고, 견직물 생산 노동을 통해 거두어들인 파운드당 수입은 모직물 생산 노동의 경우보다 훨씬 적었다. 이로 인해 모직물 1파운드를 생산하는 것과 비교하여 1파운드의 견직물을 생산하기 위해 소녀들은 더 열심히 그리고 더 오랜 시간 일해야만 했다. 하지만 모직물 1파운드당 1.15리라를 받았던 것과 비교하면, 누에고치에서 뽑아내고 꼰 견사 1파운드당 1.06리라라는 적은 보수를 받았다. 모직물 산업과 달리 견직물 산업에서는 방적 일과 관련된 임금이 법이나 당시 채택된 새로운 법령들에 의해 규정되어 있지 않았기 때문에, 정확한 금액을 가늠하기란 쉽지 않다.[34] 하지만 점차 쇠퇴기에 접어들기 시작했던 모직물 산업과 달리, 피렌체에서 견직물 산업은 여전히 성장하고 있었다. 또한 그 결과 피에타의 집에서는 고운 필라멘트 섬유를 생산하는 작업으로 수년 동안 큰 순이익을 올릴 수 있었다. 결국 좋건 싫건 피에타 집의 미래는 견직물 생산 노동에 달려 있었고, 이것이 소녀들의 삶을 변화시켰을 것이다.[35]

견직물 생산은 여성과 아동의 노동력에 기초한 산업이었다.[36] 유럽 전역에서 남성들보다 훨씬 많은 수의 여성이 견직물 생산업에 고용되었다. 피렌체, 베네치아, 볼로냐 정도 규모의 도시들에서는 여성 노동자의 수가 수천 명에 달했다. 또한 그곳에서는 1년 중 어느 시점에는 적어도 인구의 4분의 1이 견직물 산업과 관련된 분야에 종사하고 있었다. 많은 사람이 수녀원, 고아원 혹은 구빈원처럼 쉽게 빠져나올 수 없는 기관들에서 일종의 강제 노동을 통해 견직물을 생산했다. 그들에게 임금이 지불되었는가? 우리는 모직물 한 필의 가격 가운데 60퍼센트를 차지한 것이 장비나 도구에서부터 노동력에 이르는 생산 비용이었다는 점을 추적할 수 있다. 하지만 견직물의 경우는 단지 그 절반 정도였다. 견직물 산업계의 최고 임금노동자였던 방직공은 수공업자들의 세계에서 가장 높은 급여를 받았다. 하지만 저임금 노동자들, 즉 누에고치에서 실을 뽑아낸 소녀들 그리고 견습공으로 일하며 베틀을 설치했던 소녀들은, 다른 업계에서 비슷한 일을 했던 이들보다 훨씬 적은 급여를 받았다. 앞서 이미 우리는 모직물 산업에서 실을 잣는 소녀들에게 소요된 비용이 총 모직물 생산 비용의 16~20퍼센트를 차지했다는 점을 확인했다. 하지만 공정 단계가 훨씬 간단하고 임금을 지불해야 할 노동자 수 역시 훨씬 적었던 견직물 산업에서, 같은 종류의 노동에 소요된 비용은 최종 가격의 0.5퍼센트에도 미치지 못했다. 사실상 소녀들이 담당했던 실을 뽑아내고, 꼬고, 만들었던 이 모든 일을 종합해 계산하더라도 견직물 한 필 가격의 단 1.5퍼센트에 불과했다. 하지만 상인들은 회색 생사 타래를 세척하기 위한 세제를 구입하는 데에도 그 이상의 금액을 지불했다.[37]

방직공들은 주기적으로 결근하고 계약을 어겼던 신뢰할 수 없는 멍청한 도제들에 대해 불평을 늘어놓곤 했다. 하지만 우리가 이런 그들의 불평에 동감하기란 쉽지 않다. 도제와 견습공으로 12년을 보낸 뒤에도, 견직물 산업에 종사했던 피렌체의 노동자는 여전히 도시의 건축업계에서 일하던 비숙련 노동자들보다도 더 많은 수입을 올리지 못하고 있었기 때문이다. 방직공들 이외에도 상인들 역시 이 견직물 산업의 왜곡된 체계로부터 많은 이윤을 얻었다. 그들은 시민법과 자신들의 길드인 포르 산 마리아Por San Maria를 이용해 오직 자신들만이 일감을 의뢰하거나 원재료를 소유할 수 있으며, 구매자들에게 완제품을 팔 수 있도록 견직물 업계를 구조화했다. 견직물 산업은 소수의 사람들을 아주 부유하게 만들 수는 있었지만, 결과적으로 모직물 산업과 달리, 도시 전역으로 부를 확산시키지는 못했다.

견직물 상인들은 뽕나무잎을 먹는 누에들의 식성만큼이나 게걸스럽게 저임금 노동을 선호했다. 여성과 아동들이 한때 남성들이 차지하던 일자리에서 일을 하기 시작했고, 그 일은 도시에서 시골 지역으로 또다시 이동해 나가기 시작했다.[38] 이것은 특히 토스카나의 양잠업이 팽창하면서 나타난 현상이었다. 바초 코미와 조반니 솔다니 같은 피렌체의 견직물 상인들은 수입 실이나 회색 생사 대신에 지역의 산물을 이용할 수 있었다. 로버트 달링턴이 토스카나 지역을 여행했을 때에는, 피렌체에서 생산된 견직물 가운데 오직 12퍼센트만이 토스카나 지역의 원재료로 만들어졌다. 하지만 50년 뒤 그 수치는 75퍼센트까지 치솟았다. 공작이 토스카나 전역에 뽕나무를 심은 결과였다. 또한 그것은 더 많은 일감과 더 많은 돈이 다른 곳으로 유출되지 않고 토스카나 지역에 남게 되었다는 것을 의미했다. 특히 나무를 돌보고, 누에고치에서 실을 뽑고, 견사를 잣는 등의 여성과 아동들이 수행할 수 있었던 저임금 노동이 가장 극적으로 늘어났다. 피렌체의 상인들이 생산한 옷감의 양에는 변화가 없었지만, 1650년에는 바로 이러한 일자리가 많게는 60배가량 늘어났다.[39] 그해의 하반기에는 피렌체 인구 7만 명 가운데 1만7000명 정도가 견직물 생산과 관련된 일에 종사하고 있었다. 하지만 아무리 그 수치가 놀라울 정도로 높아 보인다고 해도, 그것은 베네치아나 볼로냐 같은 진정한 견직물 산업 중심지의 수치보다는 낮았다.

하지만 자주 인용되는 이러한 수치에는 오해의 여지가 있다. 견직물 생산 노동은 그 강도가 셌고, 수 주 혹은 수개월이라는 엄격히 제한된 기간 내에 이루어졌다. 8000명의 피렌체인들이 누에고치에서 실을 뽑아내는 일을 했지만, 그것은 본질적으로 여름철에만 가능한 노동이었다. 다음의 수치는 1650년의 인상적인 사례를 보여준다. 견직물 산업에 종사하던 1만4000명의 노동자 가운데 거의 1만2000명이 여성이었고, 6000명 이상이 어린이였다.[40] 일부 작업은 시골 곳곳의 농장이나 마을에서 이루어졌지만, 여전히 그것으로는 충분하지 않았다. 이 때문에 견직물 상인들에게는 봄철과 여름철이라는 상대적으로 짧은 기간 동안 아주 적은 임금에도 불구하고 강도 높은 노동을 기꺼이 감수할 수 있는 수천 명의 노동자가 필요했다.

결과적으로 유럽 전역에서 견직물 상인들이 고아, 버림받은 아이, 가난한 과부 그리고 구타당한 아내—다시 말하면, 굳게 걸어닫은 문 뒤편에서 수십 명 혹은 수백 명의 다른 이들과 함께 도움을 받고 있는 사람들—들을 위해 담장으로 둘러싸인 거대한 규모의 기관을 조직하고 또 가끔은 그것들을 운영했다는 사실은 결코 놀랍지 않다. 이러한 기관들을 운영하는 데에는 많은 돈이 들었다. 그리고 그런 곳에서 쉴 곳을 찾은 사람들은 그 쉼터를 계속 유지할 수 있는 돈을 벌기 위해 강도 높은 노동을 했다. 상인들이 이탈리아에서 생사를 더 많이 얻을수록, 이탈리아의 견직물 상인들이 이러한 폐쇄적인 자선기관들을 더 많이 세웠다는 것은 결코 우연이 아니다. 한때는 카스피 해 연안과 같은 먼 곳에서 이루어졌던 실켜기 작업이 이제는 토스카나 지역에서도 수행되어야 했다. 피렌체의 견직물 상인들은 도시의 가장 선구적인 고아원 인노첸티 병원을 운영했다. 그리고 그곳에 수용된 아이들은, 1550년대 산 니콜로와 피에타의 집과 같은 새로운 보호소들이 생겨날 때까지, 바로 그 동일한 상인들을 위해 누에고치로부터 실을 뽑아내는 작업을 수행했다.[41] 볼로냐에서는 누에가 거래되던 견직물 시장 파발리오네의 행정관이 그 도시의 선구적인 구빈원 '멘디칸티 구빈원Ospedale dei Mendicanti[걸인들을 위한 쉼터]'의 행정관직 역시 겸하고 있었다.

아주 적은 돈을 마련하기 위해, 그곳에 수용된 수백 명의 여성과 아이들이 누에고치에서 실을 뽑고 견사를 생산했다. 만약 점심에 먹었던 저렴한 빵과 야채수프 그리고 밤에 함께 누워 잠을 잤던 4인용 침대를 계산에 넣지 않는다면, 그들은 이 적은 돈조차 결코 만져보지 못했을 것이다. 우리는 이미 피에타의 집도 결코 예외가 아니었다는 점에 대해 살펴보았다. 이는 피에타의 집을 후원하던 일부 피에타회 회원들이 실을 잣기 위한 생사나 방적에 필요한 실들을 그곳으로 보냈다거나, 그녀들이 피에타의 집에서 이루어진 견직물 도급 일을 처리했던 상인 그리고 중매업자들과 결혼했다는 점에서 잘 확인된다.[42]

이것은 자선이었는가 아니면 착취였는가? 피오라반티는 “견직물 생산업은 (…) 많은 면제권과 여러 훌륭한 특권을 [향유하면서] 진정한 신사가 수행할 만한 가치 있는 고귀한 기예다. (…) 왜냐하면 그것이 부유한 사람들을 고양시키고 가난한 사람들을 도와주는 기예이기 때문이다”라고 주장했다.[43] 견직물 상인들은 자신들의 자선사업을 통해 분명 정부로부터 많은 특권과 면제권을 얻어냈고, 또 주위의 칭송을 받았다. 하지만 그들에게는 자선활동 역시 하나의 사업이었다. 결국 우리는 견직물 상인들이 자비롭게 문을 열고 감독했던 쉼터와 기관들이 그들의 노동문제를 해결해줄 수 있는 편리한 방책이었다는 점을 깨달아야 한다.[44] 그런 식으로 상인들은 마르게리타, 마리아 그리고 막달레나와 같은 소녀들, 다른 무엇보다 그녀들의 쉼터 피에타의 집을 피렌체 견직물 산업의 중요한 한 부분으로 바꾸어놓았다.

견직물 상인들은 수용된 거대한 노동력을 확보함으로써 뚜렷한 한 가지 이점을 누릴 수 있었다. 그것은 이러한 노동력이 견직물 산업의 계절적인 리듬에 영향을 덜 받는다는 점이었다. 우리가 "견직물 시즌"이라고 부를 수 있는 시기는 누에의 알과 누에 그리고 누에고치를 돌보기 시작하던 5월과 6월에 본격적으로 시작했다. 상인들이 피에타의 집에 가장 많은 임금을 지급한 시기는 늦은 6월과 8월이었다. 이는 소녀들이 견직물 생산의 초기 단계에 관여하고 있었음을 암시한다. 하지만 상인들은 피에타의 집으로 1년 내내 일감을 가져왔고, 4월이면 소녀들은 마치 새로운 시즌을 준비하듯이 이전 해에 들어온 물량으로 실을 잣거나 꼬았다. 믿기 어려운 사실은, 모나 알레산드라가 견사 생산을 위한 공간을 확보하기 위해 분주히 보호소 주위를 돌아다니고 있을 동안, 일부 다른 소녀들은 방모사를 잣고 있었다는 점이다. 견직물 상인들이 1년에 몇 차례 더 많은 임금을 지불했던 것과 달리, 모직물 상인들은 보다 규칙적인 간격을 두고 적은 양의 금액을 지불했다. 하지만 그렇다고 해도 전체적으로 보면, 모직물 생산과 견직물 생산을 위한 일감이 모두 1년 내내 규칙적인 간격을 두고 피에타의 집에 의뢰되어 들어왔다.[45]

마리아, 막달레나 그리고 마르게리타 같은 소녀들은 쉬지 않고 끊임없이 일했다. 하지만 그녀들이 단지 다른 이들을 위해서만 일을 한 것은 아니었다. 모나 베타, 카테리나, 브리지다 그리고 다른 방직공들을 고용함으로써, 모나 알레산드라와 피에타의 집 후원자들이 분명하게 목적한 바는 단순히 모직물 상인과 견직물 상인을 위해 실을 뽑고 잣는 것을 넘어, 소녀들이 스스로의 이윤을 창출하기 위해 천을 짜는 것이었다. 소녀들은 단순한 바느질로 손수건, 붕대, 배내옷, 단출한 셔츠를 만들 수 있는 리넨이나 양모로 된 보다 단순하고 값싼 천들을 짰다. 생산량에 비추어 판단하면, 소녀들이 아마도 서너 대가량의 직조기를 가동했던 것으로 보인다.[46] 하지만 수행했던 방적 일이나 제사 일과 비교할 때, 그녀들이 거두어들인 수입은 꽤 적었다. 그것은 대개 피렌체인들이 직물의 단위로 사용했던 척도로 대략 한 팔 정도의 길이에 해당하는 브라치오당 2솔도를 넘어서지 못했다.[47] 하지만 또 다른 세계에서는 그것이 피에타의 집 소녀들에게 또 하나의 발판이 될 수 있었다. 피에타 집의 수입 대부분은 실의 생산에 집중했던 소수의 거대 자본가들의 주머니에서 나왔다. 하지만 이와 달리 방직 일은 적은 지출을 통해 피에타의 집 소녀들을 시 전역에 퍼져 있던 가내수공업의 세계와 연결시켜주었다. 어쩌면 그 이상이었다. 만약 실을 잣는 일이 마르게리타, 마리아 그리고 막달레나 같은 소녀들을 중매업자를 통해 일하던 남성 직물 상인이라는 작은 집단과 연결시켜주었다면, 천을 짜는 일은 집에서 바느질로 단순한 물품들을 제작하던 일단의 여성들과 접촉할 수 있는 기회를 제공했기 때문이었다. 이 두 세계 사이에 교량을 놓았던 것이 바로, 이름만 아니었을 뿐 실제로는 공장과 다를 바 없었던, 피에타의 집의 지위였다. 직조된 천들은 20~30브라치오의 작은 묶음으로 모나 데 페코리Mona de Pechori나 모나 마르게리타 데 테리Mona Margherita de Teri 혹은 모나 피아메타Mona Fiametta와 같은 여성들에게로 전달되었고, 그녀들은 소녀들이 만든 이 옷감을 가지고 손수 바느질을 해 손수건과 셔츠를 만들었다. 오직 한 여성, 모나 난니나Mona Nannina만이 보다 큰 규모의 전매상rivenditora으로 활동했던 것 같다. 일종의 도매상인으로서 그녀는 도시 곳곳에 흩어져 있던 수십 명의 여성에게 천을 배포했고, 이 여성들은 편한 시간에 작은 판매용 물품을 바느질로 만들었다.

피에타의 집 소녀들 역시, 비록 적은 규모였지만, 간단한 견직물과 리본을 만들었다.[48] 여성과 아동을 생산 과정의 가장 밑바닥에 위치시켰던 견직물 상인들과 그들에 의해 만들어진 법규는, 벨벳과 양단 대신에 호박단과 새틴처럼 남성 방직공들이 시간 낭비라고 생각했던 가장 값싼 직물 이상의 것을 여성들이 직조하도록 허락하지 않았다. 종종 더 큰 기계가 필요했던 넓은 천 대신에, 여성들은 조그마한 방직기에서 짠 좁은 띠만을 생산했다. 이와 동시에 하나하나 조금씩 작업을 해야 한다는 공정상의 문제 때문에, 견직물을 짜는 여성들은 면직물을 짜는 여성들보다 3배 혹은 그 이상의 수입을 올렸다. 모직물 업계와 비교할 때, 견직물 업계의 노동자들에게는 오직 방직 분야만이 수익성이 더 좋은 유일한 분야였다. 집에 방직기를 소유하고 있어 가사를 돌보면서 약간의 시간을 들여 천을 짤 수 있었던 여인이라면, 대략 8주 동안 약 50브라치아의 호박단을 만들 수 있었고, 그것을 통해 1배럴의 와인과 5부셸의 곡물을 구입할 수 있는 12~15리라를 벌 수 있었다. 동일한 길이의 새틴을 만든다면 두 배 이상 시간이 더 들었고, 그것을 팔아 약 20리라를 벌 수 있었다.[49] 마르게리타, 마리아 그리고 막달레나 같은 피에타의 집 소녀들은 보통 사람들보다 더 많은 시간을 노동에 투자할 수 있었다. 이 때문에 그녀들은 훨씬 짧은 시간 안에 얇은 호박단과 광택 나는 새틴을 다량으로 직조할 수 있었을 것이다.

더 많은 견직물을 직조할 수 있는 기회를 가질 수만 있었다면, 아마도 소녀들이 의미 있을 정도로 많은 수입을 거두어들였을 것이다. 하지만 어쩌면 훈련이 부족했기 때문에 혹은 직조기를 설치할 공간이 부족했기 때문에, 그녀들은 보르고 오니산티에서 견직물 짜는 일을 거의 하지 않았다. 사회적 계서 질서의 가장 아래에 위치하고 있던 피에타의 집 소녀들을 도급 일 임금 체계의 가장 밑바닥에 위치시키려고 했던 암묵적인 이해관계 역시, 이러한 현상의 이면에 자리하고 있었을 것이다. 다른 고급 보호시설에 수용되었던 소녀들은 레이스를 만들거나 천에 수를 놓았고 또 금사를 가지고 작업했다. 당시의 피렌체에서는 더 많은 훈련이 필요하고 또 더 많은 수입을 올릴 수 있는 이러한 일들의 대부분을 수녀들이 수행했다. 피에타의 집 소녀들도 결국은 보다 생산성 높은 이러한 형태의 작업으로 옮겨가게 될 것이었다. 하지만 이러한 변화는 오직 그녀들이 보르고 오니산티를 떠나 다른 곳으로 이주한 이후에 발생했다.

피에타의 집 소녀들은 노동을 통해 생존했다. 그렇다면 이러한 노동이 또한 그녀들 죽음의 원인이 되기도 했는가? 1565년이라는 단 하나의 창으로만 면밀히 들여다보면, 1톤 이상의 양모, 수십만 그리고 아마도 심지어는 수백만 마리의 누에고치, 1킬로미터 이상의 천들이 보여주듯, 소녀들이 담당했던 노동의 강도는 무척이나 강했다. 하지만 이러한 많은 양의 노동이 실제로 소녀들의 생명에 치명적일 수 있을까? 견직물 생산 노동에 관해 연구한 어떤 역사가는 누에로부터 실을 뽑아내고 견사를 잣는 일이 한 소녀를 6~7년 안에 지쳐 쓰러지게 만들 수 있었고, 이를 감안한다면 피에타의 집에서 죽은 많은 소녀가 그만큼 오래 견디지 못했을 수도 있다고 주장한다. 또 다른 역사가는 다음과 같이 더욱 암울하게 묘사한다.

그곳은 노동조건이 가장 열악한 곳들 가운데 하나다. (…) 작업장에는 폐결핵이 만연했고 사망률이 높았다. 아마도 노동자를 대체했던 가장 일반적인 요인은 죽음이었을 것이다. 간단히 말해 견직물 산업은 인간 노동력을 말 그대로 먹어치웠다. 2~3년에 서너 명의 소녀가 한 자리를 채웠다. 전임자가 죽으면, 그녀들은 그 자리에 들어왔다. (…) 일부는 육체적 힘이 소진되고 박탈되는 것을 이기고 살아남았다. 그리고 그녀들은 자신들이 남편으로 선택한 어떤 기능공을 장인의 직위에 올릴 수 있을 정도로 많은 지참금을 모았다.[50]

피에타의 집 소녀들은 1565년 이토록 힘들게 일했다. 하지만 1565년은 예외적인 해였다. 오니산티에 거주한 여러 해 동안 그녀들이 얼마나 열심히 일했는지에 관해 보다 잘 이해하기 위해서는 이 한 해 너머의 기간에 대해 살펴보아야 한다. 피에타의 집 문서보관소에 남아 있는 한 재무원장 기록이 우리에게 보다 폭넓은 시각을 제공한다.

수녀원장 마리아 테레사 페트루치가 깔끔하게 옮겨적은 『피에타의 집 자매들의 연대기』와 달리, 『직물 제조와 서원 1554~1579Cloth Manufacturing and Pledges 1554~1579』은 지금까지 우리가 검토하며 사용해온 가죽 장정의 1565~1566년 일지와 더 비슷하다. 왜냐하면 그 책이 초기 수년간 피에타의 집을 운영하던 사람들의 손에 의해 직접 작성되었기 때문이다.[51] 사용된 잉크, 작성자의 필체, 기록된 항목 등의 차이를 고려하면, 마리에타 곤디, 모나 알레산드라, 조반니 벤치니가 모두 어느 시점에선가 이 책에 기록을 남긴 것으로 보인다. 문서보관소의 소장 목록에 따르면, 이 거래장부는 소녀들이 생산한 직물의 가치와 보호소가 처음 25년 동안 벌어들인 임대료에 대해 기록하고 있다. 이를 통해 우리는 피에타의 집에서 직물 생산 노동이 어떻게 시작되었고, 생산된 모직물과 견직물의 구체적인 무게와 관련하여 대차대조표에 나타난 직물업의 중요성 증대가 무엇을 의미하는지를 이해할 수 있다. 우리는 또한 이를 통해 이윤이 높았던 모직물 생산 노동과 그와 달리 낮은 이윤에도 불구하고 소녀들을 녹초로 만들 정도로 노동 강도가 훨씬 셌던 견직물 생산 노동 사이에서, 어떻게 그녀들이 균형을 유지할 수 있었는지를 알 수 있다. 만약 균형추가 견직물 생산 노동 쪽으로 기울면, 우리는 쉽게 피에타의 집 상황이 악화되었음을 상상할 수 있다. 이 필사본 기록은 우리에게 많은 것을 약속하지만, 결국은 많은 것을 전달해주지는 않는다. 혹은 『연대기』와 거의 마찬가지로 적어도 그것은 약속한 것을 전달해주지 못한다.

대략 대형 페이퍼백 크기의 기록부인 이 책은 많이 훼손된 상태로 남아 있다. 이곳저곳에 방치해두고 벨트나 주머니에 아무렇게나 쑤셔넣고 다녔기 때문에, 송아지 가죽으로 만든 표지의 곳곳이 얼룩지고 훼손되어 있다. 책등 역시 완전히 굽어져 사이사이에 틈이 벌어져 있으며, 간혹 그 사이에 다른 종류의 내용들이 끼어든 경우도 있다. 이 책의 기록은 휘갈겨 쓴 1570년대의 항목에서 시작하여, 1550년대 중반의 초기 기록들로 이어지고 있으며, 또 간혹 후자 위에 덧씌어 뒤섞여 있기도 하다. 회계장부 담당자 조반니 벤치니가 올바르게 자신의 장부를 기록하려고 찾아냈을 때, 이 책의 상태가 바로 이랬다. 벤치니는 생계비, 주로 식비에 대해 기록했다. 이전 여러 해 동안의 항목을 간결하고 정교하게 기록한 지면 아래에,

그는 성급하게 휘갈겨 내용을 묘사하고 가격을 기록했다. 아마도 벤치니는 이 거래장부를 자신의 주머니에 넣고 있다가, 푸줏간 주인이 약간의 양고기를 가져오거나 제빵업자가 한 덩어리의 빵을 가져왔을 때, 그에 대해 기록하기 위해 이 장부를 가장 가까이에 있는 편평한 표면에 턱 올려놓곤 했을 것이다.

1550년대의 항목에는 직물 산업과 관련된 내용이 없고, 다만 매년 기부를 통해 피에타의 집을 후원하기로 했던 후원인들의 명단과 이들의 실제 후원 내용이 나타나 있다. 아마도 마리에타 곤디가 딱딱하고 비밀스러운 필체로 세심하게 이 항목들을 작성했을 것이다. 당시 그녀는 피에타의 집 행정을 관장하고 기금을 지원했던 피에타회의 수장이었다. 하지만 벤치니와 곤디 누구도 직물에 관해서는 아무런 언급도 하지 않았다. 거래장부에 기록된 내용을 앞뒤로 비교하며 검토하면, 실제로는 직물 역시 그저 기록되지 않은 일부의 다른 항목들 가운데 하나에 불과한 것처럼 보인다. 몇 쪽의 빈 면을 넘기면 책의 중간 부분에 감추어져 있던 "처방서Del Ricettario"라는 소제목이 등장하고, 이후 마치 요리법처럼 보이는 내용을 담고 있는 몇 쪽의 지면이 뒤따른다. 비록 리볼리타 스타일의 수프나 스튜가 아니라 의약품에 관한 내용을 담고 있지만, 이 소제목은 "요리법에 관한 책" 혹은 "처방전 묶음" 따위로 번역될 수도 있다. 문서보관소의 목록에는 이러한 의약품 제조에 관한 아무런 언급도 나타나지 않는다. 또한 거래내역 장부의 책등, 표지, 시작 면에도 그것들에 관한 어떠한 암시조차 나타나 있지 않다. 비록 감추어져 있었지만 당시의 많은 기관에서는 이러한 컬렉션들을 보관하고 있었다. 마지막 처방전 이후, 다시 정력적으로 휘갈겨 쓴 벤치니의 필체가 장부에 등장한다. 하지만 신기하게도 그는 이 "처방전 묶음"의 지면들 위에는 무엇인가를 덧붙여 쓰지 않았다.

처방전이 많이 등장한 것은 아니다. 7면에 걸쳐 단지 15개의 처방법이 등장할 뿐이다. 그것들은 일정 기간에 걸쳐 하나로 편집된 것으로 보이며, 필체로 판단하건대 적어도 3명 이상의 다른 사람들이 작성한 것으로 생각된다. 그 가운데 하나는 상당히 유려한 반면, 나머지는 딱딱한, 그래서 글을 쓸 줄은 알았지만 자주 써본 적이 없었던 어린아이의 필체처럼 보인다.[52] 이것들은 아마도 거주 소수녀원장이었던 모나 알레산드라 혹은 소녀들이 다치거나 아팠을 때 그녀들을 간호했던 의무관 마르게리타가 작성했을 것이다. 오직 한 처방전에만 1567년이라는 명확한 연대가 기입되어 있다. 일부 처방전의 경우 거기에 나타난 치료제가 3~4개의 재료들을 합성한 것이지만, 가장 많은 재료를 기록한 처방전의 경우에는 그 재료의 수가 12개에 이른다. 각각의 처방전은 모두 이 재료들을 한데 섞어 의약품으로 만드는 방법에 관한 설명서를 지니고 있다. 하지만 대부분의 경우, 일반적인 처방전 묶음과 달리, 제조된 약이 어떤 질병을 약화시키거나 치료하려는 것인지에 대해서는 전혀 언급하고 있지 않다. 「처방서」는 피에타의 집과 관련된 일련의 수수께끼 속에 숨어 있는 또 다른 수수께끼다. 하지만 그것에 소녀들의 죽음에 관한 미스터리를 풀 수 있는 열쇠가 들어 있을 수도 있다. 아마 그것이 소녀들이 작업장에서 입은 상해에 관해 다루고 있으며, 바로 이 점이 그것이 어떻게 『직물 제조와 서원』이라는 책 속에 끼어들어갈 수 있었는지를 설명해줄 수 있다. 또한 이 「처방서」로부터 우리는 무엇이 피에타의 집에 꽉 들어차 있던 10대 소녀들의 건강을 그토록 해쳤고, 또 심지어 무엇이 그녀들에게 치명적인 상황을 만들었는지를 이해할 수 있는 단서를 찾을 수도 있다.

「처방서」에 나타난 치료제들은 무척이나 단순해 보인다. 의사가 상처 난 환부에 발라줄 수 있었던 연고와 외상 크림 및 경고硬膏 그와 함께 소녀들이 내복약으로 조금씩 마셨던 약간의 시럽들을 모아놓은 것에 불과해 보이기 때문이다. 「처방서」에 나타난 54개의 재료는 다양한 약초 의학에서 사용되던 것들로서, "오래된 기름"과 밀가루와 같은 비활성 성분의 재료와 테레빈유와 그리스 역청처럼 보다 활성화된 성분의 재료들을 혼합한 것들이었다. 비록 오직 한 처방전을 통해서만 확실하게 추적할 수 있을지라도, 일부 처방전들은 좁은 침대를 함께 나누어 쓰면서 많이 먹지도 못하고 고되게 일했던 소녀들로 빽빽하게 들어찬 기관에서 쉽게 발발하리라 예상할 수 있는 그런 종류의 질병들에 대한 치료법을 담고 있는 것처럼 보인다.

비좁은 침대를 나누어 쓰면서, 소녀들은 결국 피부병 역시 나누게 되었을 것이다. 「처방서」에는 티냐tigna 혹은 머리 백선이 언급되어 있는데, 그것은 아동들의 두피에 둥글고 커다란 상처 딱지를 남겼던 전염성 높은 균상종 질환이었다. 머리 백선은 빠르게 두피를 거쳐, 아이들이 꽉 들어차 살고 있던 집과 고아원으로 확산되어 뻗어나갔다. 비록 치명적으로 해로운 질병은 아니었지만, 탈모와 비늘 모양의 딱지가 치료하기 힘든 참담한 상황을 만들었다. 아동들은 가장 커다란 타격을 입었지만 청소년들은 그 질환으로 거의 해를 입지 않았다. 소녀들에게 머리 백선이 발병하면, 피에타의 집 의무관은 감염된 두피 부근의 머리카락을 모두 잘라내야만 했다.

그러고 나서 동일한 양의 돼지기름과 송진으로 만든 기본 재료와 활성 성분의 재료인 알테아altea[양아욱]와 아퀼론aquilon을 섞어 만든 연고를 환부에 발라주었다. 익명의 한 15세기 약초학자에 따르면, 알테아는 아욱처럼 환부를 가라앉히는 성분을 지니고 있었다. 따라서 부기와 염증을 빠르게 누그러뜨리고, 상처 난 피부에 새살이 돋아날 수 있도록 도와주었다. 혼합제조물인 아퀼론은, 염증을 가라앉히고 가려움증과 통증을 줄이는 산화물을 이끌어내는 아마인유와 함께 조금만 사용해도, 머리 백선을 치료하는 데 효능이 좋았다. 삭발한 머리에 얼마나 오랫동안 이 연고들을 바르고 있어야 하는지에 대해서는 언급하고 있지 않지만, 「처방서」는 피부에 손상을 줄 정도로 센 비누로 머리를 씻어서는 안 된다고 경고했다. 간호사들은 그 대신에 상처를 소독하고 아물게 하는 데 좋은 아욱, 재, 질경이 그리고 가능하다면 약간의 보리를 용해한 물로 머리를 씻도록 했다. 그것들이 피부를 부드럽게 하고, 진정시키고, 매끈하게 하도록 도와주었다.[53]

피에타의 집에서 그 공간과 시간을 빽빽하게 채우고 있던 직물 생산 노동 때문에 소녀들이 직접적으로 얻게 된 상해는 과연 무엇이었을까? 과도한 노동에 시달린 피에타의 집 소녀들은 고치에서 실을 뽑아내기 위해 따뜻한 물을 담아놓은 그릇을 향해 여러 시간 굽은 자세로 일해야 했고, 이 때문에 쉽게 호흡기 질환에 걸렸다. 그녀들이 일한 방들은 덥기도 하고 또 때론 춥기도 했지만, 언제나 습기로 가득 차 있었다. 이 때문에 의사들은 말려서 빻은 약간의 곡물 가루를 잠두, 콩, 철분과 미네랄이 풍부하다고 여겨진 병아리 콩, 활력을 증진시킨다고 생각된 보리, 귀리죽과 섞어서 만든 약간의 흉부용 경고를 제조하기도 했다. 그것들은 히포크라테스 시대부터 의사들이 기침약으로 처방했던 꿀과 식초의 혼합물과 함께 얕은 불에서 오랜 시간 끓여 제조되었다.[54] 커다란 황동 솥에 누에에서 뽑아낸 생사를 넣어 끓이는 작업을 하면서, 일부 소녀들의 경우에는 화상을 피할 수 없었다. 그리고 적어도 이 경우에는 또 다른 연고가 효능이 있었다. 매시간 그리고 하루하루 필라멘트 섬유를 주시해야 했던 소녀들의 눈은 그 수고로운 일 덕분에 혹사당했다. 우리는 이 따가운 눈을 진정시킬 수 있는 연고를 「처방서」—그곳에는 이 연고가 "훌륭하다"고 묘사되어 있다—에서 발견할 수 있다. 의무관은 지방이 풍부한 약간의 말린 고기를 병원에서 진통제로 일반적으로 사용했던 단맛을 곁들인 독한 포도주와 혼합했고, 이것들을 함께 넣어 포도주가 증발하고 두꺼운 반죽 같은 것이 남을 때까지 오랜 시간 끓였다. 여기에 연고 제조를 위한 기본 접합 매개물이었던 하얀색 밀랍과 투티아tutia를 다량 덧붙였다. 투티아는 갈린 분말로서 특히 멍을 치료하는 데 의학적 효능을 지니고 있었던 황동 제련의 부산물이었다.[55]

과도한 인구밀집 혹은 과도한 노동으로 인해 몇몇 소녀들은 병동으로 가야만 했다. 또 다른 일부 소녀들에게서는 사춘기에 접어들기 시작한 소녀들에게 치명적인 영향을 끼치는 병이라고 의사들이 이제 막 인식하기 시작했던 수수께끼 같은 질병의 증상이 나타났을 것이다. 두통과 쿵쾅거리며 뛰는 가슴, 무기력감부터 우울증 그리고 분노에 이르기까지의 불안정한 감정 상태, 식욕 감소, 위험한 빈혈 그리고 무월경 등이 그 병의 증상이었다. 더 많은 증상이 나타나면 날수록 그 병은 일부 권위자들에게 "처녀들의 병morbus virgineus"으로 불렸고 특히 잉글랜드에서는 "위황병greensicknees"으로 알려지고 있던 질병이라는 것이 더욱 명백해졌다. 당시 의학 서적에 대한 수요가 증가하고 있었다. 또 이러한 상황에 발맞추어 더 많은 수입을 얻으려 했던 출판업자들 덕분에 이 병에 대한 인식도 점차 확대되고 있었다. 1547년 베네치아의 한 출판사에서는 살레르노Salerno의 트로투라Trotula의 작품으로 여겨진 부인과 의학 서적의 이탈리아어 한정판을 출간했다. 트로투라는 11세기에 의학을 가르쳤다고 널리 알려진 여성이었다. 다음 수십 년 동안 일군의 저자는 "여성의 비밀"에 관한 다른 유명한 작품들을 출판하여, "처녀들의 병"의 증상과 원인에 관한 지식을 전파시켰고, 이러한 와중에 자궁협착 혹은 자궁막힘이 불가피하게 중요한 증상으로 대두했다. 이에 대한 한 가지 치료법이 더 유명해졌는데, 이에 따르면 위황병을 앓고 있는 소녀를 위한 가장 효과적인 치료법은 그녀에게 성관계를 맺도록 하는 것이었다. 보다 전통적인 치료법에는 피 흘리기, 빵과 물만 먹이며 소녀들을 어두운 방에 감금하기 혹은 "선한 매질" 등이 포함되었다. 「처방서」에 등장한 것과 같은 약초로 제조된 연고, 외상 크림 그리고 경고 따위도 도움이 될 수 있었다. 의사들은 만약 제대로 치료하지 않고 방치하면 처녀들의 병이 치명적이 될 수 있다고 두려워했다. 하지만 많은 수의 피에타의 집 소녀가 그 병을 앓고 있었던 것 같지는 않다. 몇십 년이 흐르면서 의사들은 또한 오직 상류 계층의 소녀들만이 이 병을 앓을 뿐, 가난한 소녀나 일을 하던 소녀들은 그것에 면역성이 있다는 점에 주목했기 때문이다. 한마디로 위황병은 사춘기에 접어든 귀족 계층 소녀들의 질병이었다.[56]

트로투라와 익명의 르네상스기 약초학자들은 치료사, 간호사 그리고 환자들이 「처방서」에 등장한 재료들로부터 무엇을 기대했는지를 이해하는 데 도움을 준다. 르네상스기의 의사들은 고전 문헌에 크게 의존했다. 이 때문에, 적어도 고대 그리스와 로마의 의사들이 그러한 재료들에 대해 어떠한 의견을 지니고 있었는지를 가늠하는 것이 중요하다. 표준 약전의 저자였던 디오스코리데스Dioscorides와 2세기의 의사로서 여성의 건강에 관한 최초의 그리고 유일한 안내서인 『부인과 의학On Gynecology』을 저술했던 소라누스Soranus의 저작들을 포함한 고대의 자료들이 여러 번역가와 발췌가의 저술을 통해 많은 사람에게 알려졌다.[57]

하지만 이와 같은 면밀한 검토를 통해 우리는 피에타의 집에서 발견된 이 「처방서」에서 또 다른 특이한 측면을 발견할 수 있다. 그것에 소개된 많은 치료제가 디오스코리데스, 소라누스, 트로투라, 그리고 익명의 르네상스기의 약초학자들이 낙태약—즉 너무 독성이 강해 유산을 일으킬 수 있는 재료들—이라고 묘사했던 많은 재료로 합성되었기 때문이다.[58] 실제로 이 처방서에 등장한 54개의 재료들 가운데 9개에 그러한 효능이 있었다. 우리가 지금까지 추적해온 문제, 즉 무엇이 피에타의 집 소녀들을 죽음으로 몰아갔는가라는 문제는 바로 이 지점에서 예상치 못한 그리고 거의 믿을 수 없는 차원으로 갑자기 도약한다. 그것은 바로 피에타의 집 그리고 그곳을 후원했던 봉사단체 피에타회에서 과연 소녀들의 임신 중절을 돕고 있었는가라는 새로운 문제다.

제4장

10대 소녀들과 산아제한

Teenage Girls and Birth Control

리구리오Liguorio: 우리는 메세르 니차Messer Nicia가 가문의 명예와 관련하여 맞닥뜨리게 된 이상한 문제에 대해 당신의 도움을 필요로 하고 있습니다. 오직 당신만이 도움을 줄 수 있습니다.

티모테오Timoteo 수사: 대체 그것이 무엇이지요?

리구리오: 메세르 니차의 조카인 카밀로 칼푸치Camillo Calfucci에 대해 알고 있는지요.

티모테오 수사: 예, 저는 그를 알고 있습니다.

리구리오: 몇 년 전 그가 사업 때문에 프랑스로 갔었답니다. 이미 아내와 사별한 상태였던 그는 결혼 적령기에 접어든 자신의 딸을 제가 당분간 이름을 밝히지 않을 어느 수녀원에 맡겼었죠.

티모테오 수사: 그런데 무슨 일이 일어났습니까?

리구리오: 수녀들이 부주의했기 때문인지 아니면 그 소녀가 어리석어서였는지 몰라도, 지금 그녀는 임신 4개월째랍니다. 이것이 의미하는 바는, 만약 신중하게 이 일이 처리되지 못한다면, 메세르 니차, 수녀들, 그 소녀, 카밀로 그리고 칼푸치 가문의 명예가 모두 더럽혀진다는 것이지요. 이 불명예를 너무도 걱정해서, 만약 막을 수만 있다면, 메세르 니차는 신의 사랑 앞에 300두카토를 기부하겠다고 서원했습니다…….

메세르 니차: 그게 무슨 헛소리입니까!

리구리오: [니차를 향한 방백] 조용히 좀 계세요! [티모테오 수사를 향해] 오직 당신과 그 수녀원의 수녀원장만이 이 문제를 해결할 수 있기에 나누어 쓸 수 있도록 당신에게 이 돈을 기부합니다.

티모테오 수사: 어떻게 해드릴까요?

리구리오: 당신께서 수녀원장을 설득해 그녀에게 낙태를 위한 독약을 주도록 하는 겁니다.

티모테오 수사: 아, 이건 정말 심각하게 고민해야 할 문제군요.

리구리오: 심각한 고민이라고요? 보세요, 이 일은 여러 면에서 좋은 일입니다. 당신은 수녀원과 그 소녀 그리고 그녀의 친척 등 여러 사람의 명예를 구할 수 있습니다. 그리고 딸을 아버지의 품으로 돌려보내, 이 신사와 그의 친척들을 만족시킬 수 있습니다. 그리고 300두카토가 허락하는 한도 내에서 모든 자선을 베풀 수도 있습니다. 반면 감정도 없고 태어나지도 않은 고깃덩어리와 관련해서는, 당신에게는 아무런 문제도 될 게 없습니다. 수천 가지의 방식으로 어쨌든 그것은 사라질 것입니다.

티모테오 수사: 그렇다면 신의 이름으로 그렇게 합시다. 당신이 원하는 것, 그 모든 것이 신의 이름과 자비로…….

리구리오: 이제야 당신은 제가 이해하고 있던 교회의 사람인 것 같군요…….

– 마키아벨리, 『만드라골라La Mandragola』

이게 가능한 일인가? 그리고 그 의미는 무엇인가? 비록 더 깊이 조사하

면 우리의 생각보다 그 사례가 훨씬 적었을지는 몰라도, 낙태는 분명 가능한 일이었다. 오늘날 낙태는 르네상스기에는 거의 누구도 알지 못했던 어떤 명확한 행위나 관행으로 논의되고 있다. 즉 근대인들에게 낙태란 언제나 정교하고, 언제나 의식적이며, 또 언제나 의도적으로 분만일까지 성장하기 전에 인간의 태아를 제거하는 행위를 뜻한다. 하지만 르네상스기에는 낙태의 의미가 그렇게 명확하지 않았다. 오히려 당대인들에게 "낙태"는 여성들이 경험할 수 있는 질병의 증상과 관련되어 보다 넓은 회색 지대 속에 자리 잡고 있던 일반적인 용어였다. 당시에는 여성이라는 존재 그리고 그녀의 모든 건강이 자궁을 중심으로 돌아간다고 생각되었다. 질병 역시 마찬가지였다. 따라서 가벼운 질병의 경우 단순한 자궁의 불균형을 가리킬 수 있었고, 심각한 병이라면 자궁의 움직임을 암시하는 것일 수도 있었다. 일부 의사들은 온몸을 파괴하며 자궁이 몸 전체에 돌아다닐 수 있다고 믿었다. 하지만 여성의 질병에 대한 가장 일반적인 진단은 자궁이 막혔다는 것이었다. 규칙적으로 흘러야 할 무엇인가가 어떤 이유에서인지 중단되었다는 것이다. 규칙적인 흐름은 신체 스스로 나쁜 피나 다른 액체 혹은 "체액"을 몸 밖으로 쏟아내 건강을 유지하는 중요한 열쇠였다. 이 때문에 의사들이 본능적으로 수행했던 첫 번째 치료 행위는 막힌 신체를 뚫고 자연적인 흐름을 복원하는 것이었다. 그 단순한 행위가 유독성 체액을 방출해 자궁에 균형을 가져다주고 여성의 건강을 회복시킬 수 있다고 봤다. 이를 위해 그들은 강한 약을 소량 사용하기도 했다.[1]

10대 소녀들의 신체도 종종 막혔다. 르네상스기에는 오늘날보다 성적 성숙기가 늦게 찾아왔다. 또한 일상적인 영양 결핍으로 인해 생리불순으로 대부분의 소녀가 고생해야 했다. 의사들의 지침서와 약초 의약서들은 바로 이러한 문제에 대한 처방전으로 가득 차 있었다. 피에타의 집 소녀들의 경우에는 문제가 더 심각했을 것이다. 그녀들은 빵, 콩, 채소를 주식으로 단지 생존에 필요한 최소한의 음식만 먹으면서 강도 높은 노동을 수행해야 했다. 이 때문에 아마도 그곳의 소녀들은 건강하지 못한 영양 상태에 놓여 있었을 것이다. 낮은 체지방과 열악한 식단 그리고 강도 높은 노동이 결합되어, 청소년기의 소녀들을 정확히 "폐색blockage" 상태, 즉 무월경의 상태에 빠지게 했을 것이다. 그로 인해 고통스러운 월경 기간, 즉 월경불순 현상이 나타날 수도 있었다. 이럴 경우에도 동일한 강한 약이 저용량으로 처방되었다.

이러한 불편한 증상과 그 외의 다른 증상은 임신의 징후일 수도 있었다. 만약 어떤 소녀가 메스꺼움을 느끼거나 구토를 하고, 가슴과 배가 부풀어오르고, 또 쉽게 피곤해하고 우울해한다면, 임신했을 가능성이 있었다. 혹은 수종水腫에 걸린 것일 수도 있었다.

이 독한 약을 처방하면서 피에타의 집에서 소녀들의 임신 중절을 의도했는지 질문하는 것은 그 자체로 복잡한 문제다. 아마도 모나 알레산드라, 의무관 마르게리타, 혹은 피에타회의 책임자 마리에타 곤디는 낙태를 의도하지 않았을 것이다. 하지만 우리에게는 과연 어떤 이유에서 그렇게 결론을 내리게 되었는지에 대해 자문해볼 필요성이 남아 있다. 단언컨대 대부분의 르네상스기의 커플은 아이 갖기를 원했다. 그리고 필요하다면 출산율을 올리고 임신의 가능성을 높일 수 있는 약을 사용하기도 했다. 이와 동시에 니콜로 마키아벨리Niccolò Machiavelli와 피에트로 아레티노 같은 작가들은 분명히 혼외정사를 자신들의 사랑 이야기에 즐겨넣었다. 비록 이런 이야기들이 의미 있는 어떤 결과를 보여주지 못한다 해도, 적어도 그와 같은 이야기에 따르면 분명히 르네상스기에는 임신 중절이 행해지고 있었다. 작가들은 낙태와 관련된 이야기에 대개 기혼 여성보다 미혼 소녀들을 훨씬 더 자주 등장시켰다. 기혼 커플들은 대부분 아이를 지우기보다 가지려고 노력했기 때문이었다. 하지만 대부분이 곧 모두를 의미하지는 않는다. 토스카나의 프란치스코 수도회 소속의 설교가 케루비노 다 시에나Cherubino da Siena(1414~1484)는 15세기 후반 일반 세속인들이 읽을 수 있도록 이탈리아어로 『결혼 생활 규칙Vitae matrimonialis regula』이라는 지침서를 저술했다. 그리고 이 책에서 그는 아이를 갖게 되면서 유발되는 비용과 불편한 문제 때문에 사랑을 나누면서도 임신을 피할 수 있는 특별한 기술을 사용하던 커플들을 비난했다. 피에타의 집과 같은 보호시설에는 성적 매력을 풍기는 성숙한 소녀들이 가득 차 있었다. 실상이 어떻든, 결혼한 부부의 집이나 심지어 수녀들이 모여 있던 수녀원보다 그러한 보호시설이 대중들의 허구적인 고정관념에 잘 들어맞는 곳이었다.[2]

르네상스기에 "낙태"는 단순한 산아제한을 훨씬 넘어서는 다른 무엇을 의미했다. 칼푸치 가문의 한 소녀와 관련해 리구리오가 티모테오 수사와 나눈 대화가 우리에게 길거리의 일반적인 사람들이 낙태에 관해 생각하고 의미했던 바를 알려주고 있는가? 케루비노 수사의 비난이 기혼자와 미혼자 모두에게 임신을 조절해야 할 나름대로의 이유가 있었음을 암시하는가? 비아 누오바와 보르고 오니산티의 모퉁이에 위치했던 옛 우밀타 병원의 소녀들이 사용할 수 있었던 기술과 약품은 무엇이었을까? 그리고 그녀들은 어떻게 그것에 대해 알게 되었는가? 마르게리타, 마리아 그리고 막달레나와 같은 소녀들의 삶과 그녀들이 살았던 보호소의 환경 속에서, 과연 무엇이 그녀들의 후원자를 이러한 관행으로 이끌었을까? 이러한 질문에 대한 해답을 찾는 것이, 무엇이 피에타의 집 소녀들을 죽음으로 몰아갔는가라는 우리의 본래 문제를 더 잘 이해할 수 있도록 도와줄 수 있을까?

자궁 속에서 그리고 자궁 밖으로

칼푸치 소녀의 자궁 안에서 자라던 것이 무엇이었든지 간에, 르네상스기 권위자들의 견해에 의하면 그것은 인간이 아니었다. 무엇보다 생겨난 지 몇 개월 지나지 않았고, 또 몇 개월이 지난다고 해도 그것이 인간으로 성장하리라는 보장도 없었다. 리구리오가 이야기하듯이, 그녀의 자궁 속에 자리 잡고 있는 것은 단지 "수천 가지의 방식으로 사라질 수 있는 (…) 감정도 없고, 태어나지도 않은 고깃덩어리"에 불과했다. 리구리오의 시간 계산은 약간 빗나갔다. 인간이 된다는 것은 영혼을 가진다는 것이고, 비록 가끔은 더 오랜 시간이 걸렸지만, 자궁 속의 살덩어리는 임신하고 40일 혹은 90일이 지나면 영혼을 얻었다. 소녀의 경우는, 영혼이 도달하기까지 더 오랜 시간이 필요했다. 아리스토텔레스는 『동물의 역사The History of Animals』에서 식물적 단계와 동물적 단계를 거치고 난 다음 이성적인 영혼이 육신에 들어가게 되었을 때, 비로소 태아가 인간이 된다고 가르쳤다. 초기의 많은 크리스트교 저술가가 수정된 순간 이후부터의 모든 낙태를 살인으로 간주했던 것과 달리, 아우구스티누스는 "지연된 영혼 들어가기"라는 이러한 아리스토텔레스의 관념으로 다시 돌아갔다. 고정된 학설이 부재한 상황에서 이것이 낙태와 관련하여 가장 널리 수용되던 견해였다. 자궁을 통해 여성들이 다른 수많은 것을 낳을 수 있었기에, 그것은 시시콜콜 신경 쓸 문제가 아니었다.

자궁은 기묘하고 경이로웠지만, 무엇보다 예측 불가능한 미지의 세계였다. 아기를 제외하고도 자궁은 "상상 임신"을 가능하게 하였고, 또한 처음에는 태아처럼 보이지만 실제로는 제때 제거되지 않으면 질병으로 발전할 수도 있는 종양, 즉 몰라mola[태아가 발육하는 과정에서 기형적으로 자궁에 나타나는 이상 물질]를 낳을 수도 있었다. 당시는 자궁 내의 상한 물질이나 불운한 별들의 정렬 때문에 몰라가 생겨날 수 있다고 생각했다. 아울러 대중적으로 그것은 식물의 단계에서 멈추고 더 이상 성장하지 못한 태아로 이해되었다. 또한 다른 태아들의 경우도 동물의 단계를 넘어서는 그 이상으로 성장하지 못할 수 있었다. 이와 관련하여 파비아 대학의 의학 교수였던 안토니우스 구아이네리우스Anthonius Guainerius는 『자궁 논고Tractatus de matricibus』(1481)라는 책에서, 자궁 속에 상한 물질을 가지고 있는 여성은 아기는 물론이고 두꺼비나 그 외의 다른 치명적인 맹독성 동물을 임신할 수 있다고 설명했다. 그는 히포크라테스와 아리스토텔레스를 차용하면서 자신이 아풀리아의 농부들에게서 들은 이야기에 대해 과학적으로 설명했다. 또한 그는 남성의 약한 정자나 과도하게 활동적인 여성의 난자 때문에, 마치 동물과도 같은 괴물이 태어날 수도 있다고 생각했다.[3] 피에타의 집이 문을 열 무렵, 어떤 의사는 월경 기간 동안의 성교로 인해 괴물을 낳을 수 있다는 이론을 확산시켰다. 괴물—단순히 기형적인 인간의 태아가 아니라, 비늘과 동물의 신체 부위를 지닌 존재로서의 괴물—은 또한 신의 전조로서 여성의 자궁을 통해 기적처럼 태어날 수도 있었다. 그러한 괴물의 출생은 인간의 죄악에 대한 신의 징벌로서 홍수, 전쟁, 지진 같은 재앙이 곧 닥쳐올 것이라는 징후와도 같았다. 수십 년 전 이탈리아 전쟁의 격변기에 그리고 종교개혁이 일어나기 직전에, 이탈리아의 많은 여성이 바로 이러한 유형의 괴물들을 낳았고, 그에 관한 이야기들은 여러 소식지와 삽화지에 소개되어 유럽 전역으로 퍼져나갔다.[4]

요약하자면, 사람들은 여성의 자궁이 어린 아기의 차원을 훨씬 넘어서서 "태어나지도 않은 고깃덩어리"를 낳을 수 있다고 믿었다. 자궁에서 무엇이 어떻게 자라게 될지를 결정하는 것은 성교가 아니라, 별의 운행, 자궁 속의 물질 그리고 신의 의지였다. 몰라, 괴물, 두꺼비에게는 영혼이 없었다. 그리고 여성의 자궁에서 이러한 유형의 식물적 혹은 동물적 물질이 태어날 수 있다고 생각했던 사람들 가운데 일부는 타당하고 필요한 의학적 행위로서 "자궁의 정화" 역시 가능하다고 믿었다. 결코 가벼운 마음으로 옮길 수 있는 일은 아니었지만, 그것은 살인을 했다는 죄의식 없이 수행될 수 있는 행위였다. 아리스토텔레스가 팔과 다리의 성장과 함께 이성의 주입을 인간성의 상징으로 선호했다면, 크리스트교 신학자들은 신과 교회의 가호 아래 자궁 속의 태아를 신의 이미지로 만들 수 있는 단 하나의 요소, 즉 영혼의 문제에만 오직 주목했다.[5] 영혼 혹은 아니마anima의 도래가 태아를 인간으로 만들어주었고, 그것을 제거하는 것을 살인으로 만들었다.

그러므로 영혼이 존재하지 않는다면 죄도 없었다. 하지만 이 등식이 너무 편의적일 수도 있었다. 설교가, 신학자, 성직자들은 이 단순한 대응관계를 결코 받아들이지 않았고, 속인들이 이용할 수 있었던 그 등식의 논리적인 허점을 메우려고 시도했다. 스콜라주의 철학자 토마스 아퀴나스는, 비록 영혼을 소유한 태아를 제거하는 것만이 살인의 범주에 속한다고 해도, 임신을 중단시키는 그 어떠한 행위도 여전히 "심각한 범죄"에 해당한다고 주장했다.[6] 15세기 중반 어느 누구보다 더욱 강렬한 신학적 열기를 불러일으켰던 두 토스카나인이 보다 구체적으로 그 함의에 대해 설명했다. 먼저 프란치스코 수도회 출신의 설교가 시에나Siena의 성 베르나르디노S. Bernardino(1380~1444)는 "부패하고 해로운 것으로 알려진" 약을 제조한 "연고 판매상"을 비난한 바 있는데, 여기에서 그가 함의한 것이 바로 낙태약이었다.[7] 또한 후일 피렌체의 대주교 안토니누스Antoninus가 된 도미니코 수도회 출신의 신학자 안토니노 피에로치Antonino Pierozzi는 보다 직접적으로 그에 관해 언급했다. 그는 고해신부들을 위한 지침서로 널리 배포된 어떤 저술에서, 고해신부들은 의사들에게 임신을 중단시킬 수 있는 시술을 했는지에 대해 단도직입적으로 질문해야 한다고 기술했다. 그는 "낙태를 야기할 수 있는 방법을 가르쳐주거나 낙태약을 팔고, 뻔히 남용할 것이라고 예상할 수 있는 사람들에게 독약을 판매했던" 약제상들을 비난했다. 뭐라고 하든지 간에 그에게 있어 낙태는 "커다란 죄였다".[8] 수십 년이 지난 뒤, 카리스마 넘치는 또 다른 개혁가, 도미니코 수도사 지롤라모 사보나롤라Girolamo Savonarola가 이 문제를 다시 거론했다. 그는 부인과 의학에 관한 저명한 책을 저술했던 유명한 의사이자 의학 교수였던 미켈레 사보나롤라Michele Savonarola의 손자였다. 피렌체에서 산 마르코 수도원을 이끌면서, 지롤라모 수사는 부도덕과 부패에 대한 성전을 부르짖고 또 정치와 개인의 삶에 정교한 크리스트교적 행위 규범의 도입을 주장하면서 명성을 얻었다. 안토니누스처럼 그는 고해신부들이 여성들에게 결혼과 성생활에 대해 질문해야 한다고 믿었다. 오직 남편과만 잠자리를 함께했는가? 남편이 주의를 기울여 정액을 사정했는가, 혹시 그가 마지막 순간에 삽입을 멈추지는 않았는가? 월경 기간이나 임신 중에 성관계를 가졌는가?[9] 이것들이 그가 요구한 질문의 예였다. 또한 이것이야말로 임신을 피하려고 시도했던 사람들이 사용했던 몇몇 방법이었다. 사보나롤라, 안토니누스 그리고 베르나르디노에 따르면, 그것들은 모두 커다란 죄였다.

이와 달리 16세기의 일부 신학자들은 아리스토텔레스가 펼쳐놓은 회색 지대를 유지하려고 했다. 도미니코 신학자이자 도미니코회의 수장이었던 톰마소 디 비오 카르디날 카예탄Tommaso di Vio Cardinal Cajetan(1468~1534)은 살아 있는 태아에 대한 의도적인 낙태가 곧 살인이라는 점에 동의했다. 하지만 그는 "낙태가 살인"이라는 이 입장을 아리스토텔레스의 발생론에 입각해 정교하게 재검토하면서, 오직 이성을 가진 영혼에 의해 생명을 부여받은 태아의 경우에만 임신을 중단시키는 것이 살인에 해당한다고 논했다. 만약 영혼이 육신에 들어가기 전에 임신을 중단시킨다면, 낙태를 한 남성이나 여성을 살인 혐의로 기소해서는 안 되었다. 스페인의 예수회 신학자 토마스 산체스Thomas Sanchez(1550~1610)는 논의를 더욱 진전시켜, "강간을 당한 여성이 자신의 몸 밖으로 정액을 빼낼 수 있는지"의 문제를 제기했다. 그리고 이 질문에 대해 그는, 그녀가 쾌락을 목적으로 성교를 하지 않았고 또 자신의 의지에 따라 정액을 받은 것이 아니기 때문에, 실제 그것을 허락할 수 있다고 약간은 임상적인 차원에서 대답했다. 생명의 씨앗일 수는 있었지만, 정자가 생명 자체는 아니었다. 분명히 정교한 피임, 약초와 독약의 사용, 특정한 행위 또는 다른 수단을 통해 "영혼을 가진" 태아를 제거하는 것은 지상에서 벌을 피할 수 없는 살인 행위이자 사후에도 영원한 벌을 받게 될 대죄였다.[10]

1550년대와 1560년대 피에타의 집 여성들이 보르고 오니산티에서 자신들의 처방서를 만들고 있을 때, 그곳의 담장 밖에서는 이러한 열정적인 신학적 논의가 전개되고 있었다. 만약 그녀들이 초기 3개월 동안 임신을 중단시키려고 소녀들을 도왔다면, 어떠한 법도 이를 명확히 살인으로 칭하지 않았을 것이다. 적어도 이탈리아의 경우 그것은 어떠한 세속법이나 교회법에 저촉되지 않았다. 피렌체, 밀라노, 볼로냐, 베네치아, 나폴리, 페루지아 그리고 그 밖의 크고 작은 도시들의 어떠한 법률 조항에서도 낙태에 관한 언급은 나타나지 않았고, 분명히 그것을 처벌받아 마땅한 살인 행위로 묘사하지도 않았다. 오히려 소녀의 자궁 속에서 자라고 있는 것을 제거하는 일이 어떤 특정한 상황 아래에서는 정당화될 수 있다는 권위 있는 과학적 견해, 심지어는 일부 정통한 신학적 견해들이 존재했다.[11] 수십 년 뒤 한 교황이 보다 강력한 흑백논리로 이 문제에 접근해, 그 허점을 메우게 될 것이었다. 그리고 이러한 그 노력의 결과는 인상적이다.

교황 식스토 5세Sixtus V는 1588년에 반포한 교서 『방종Effraenatam』에서 아리스토텔레스의 이론을 반박하고 분명한 어조로 모든 낙태를 살인으로 규정했다. 그는 "여전히 산모의 배 속에 숨어 있는 태아를 가장 잔인하게 죽이는 데 아무런 두려움을 가지지 못한 사람들은", 남성이든 여성이든 상관없이 그리고 그들의 "상황, 직급, 계급, 지위, 조건"에 관계없이, 살인자나 암살자에게 내릴 수 있는 것과 동일한 처벌, 즉 "정당한 처벌"을 받아야 한다고 주장했다.[12] 식스토 5세는 특히 구체적으로 "성직자들, [그리고] 어떤 종교 교단에든 속해 있는 [사람들], 그리고 높은 지위를 누리고 있으며, 교회 혹은 세속 세계에서 뛰어나게 이름을 날리고 있는 [사람들]"을 거세게 비난하면서, 낙태와 관련된 논의를 교회 내부의 문제로 가져왔다. 오직 "오류가 많은" 여성들만을 쉽게 비난하고 처벌했던 문화에서, 식스토 5세는 그와 전혀 다른 부류의 사람이었다. "임신한 여성을 때리고, 그녀들에게 독약, 의약품, 독극물을 먹이고, 또 짐과 부담, 일거리와 노동을 부과함으로써" 태아를 제거하도록 도왔던 제3자도 "실제 살인을 저지른 살인자와 암살자에게 시민법과 세속법이 부과했던" 동일한 처벌을 받아야 했다. 더욱이 어떤 여성에게 태아를 제거하도록 조언하거나 그녀가 "불임을 위한 약물, 의약품, 혹은 독약"을 준비하거나 복용하도록 도움을 준 사람은 누구나 살인과 동일한 죄로 판정받고 그와 같은 처벌을 받게 될 것이었다. 그래도 남아 있을 수 있는 제도적인 마지막 허점을 방지하기 위해, 식스토 5세는 낙태로 인한 처벌은 확인·기소·재판이라는 세속적인 절차를 넘어서는 일이라고 단언했다. 즉 그는 직접적으로든 아니면 간접적으로든 낙태에 관여한 사람은 누구나 자동적으로 "파문"된다고 선언했다.[13]

『방종』은 자신의 국가, 성직자 그리고 세속인들을 정화하기 위한 노력을 조금도 게을리 하지 않았던 한 개혁 교황의 작품이었다. 하지만 3년도 지나지 않아, 그것은 사문서가 되어버렸다. 식스토 5세를 계승해 교황으로 등극했던 그레고리오 14세Gregorio XIV가 단지 5개월이 지난 뒤 전임자의 굳은 신조를 뒤엎어버렸기 때문이다. 자신의 교령 『사도좌Sedes Apostolica』(1591)에서 그는 식스토 5세가 "희망한 결실"은 결코 성취될 수 없는 것이며, 자동적인 파문 역시 또 다른 역풍을 불러올 수 있다고 주장했다. 즉 그는 이러한 정책으로 인해 오히려 대중들이 궁극적인 처벌에 대한 두려움을 덜 느끼기 시작하고 있다고 생각했다. 따라서 그레고리오 14세는 초기의 애매모호한 태도로 돌아가 엄격한 처벌을 오직 영혼이 들어간 태아를 제거한 경우로 제한했고, 또 의사, 약제사, 산파 그리고 영혼이 들어가기 전에 여성의 낙태를 도왔던 그 모든 사람에게 그들이 지상과 천상에서 처벌을 받게 될 것이라는 위협으로부터 자유롭게 해주었다. 일부의 설명에 의하면, 그는 아리스토텔레스가 말했던 것보다 낙태 가능 시기를 더 늘려 임신 후 116일까지, 혹은 마키아벨리의 『만드라골라』에서 리구리오가 칼푸치 소녀의 낙태가 가능하다고 주장한 대략 4개월까지로 잡았다.[14] 이후 가톨릭교회에서 식스토 5세가 주장했고 또 그레고리오 14세가 철회한 입장으로 다시 돌아오는 데는 거의 300년이라는 시간이 걸렸다.[15]

무슨 일이 발생했는가? 트렌토 공의회의 전례에 따라 가톨릭교회에서는 새롭지만 대중적이지 못한 그리고 거의 시행하기 어려운 교리와 입장들을 기꺼이 채택했다. 아마도 교회에서는 시간과 교육 그리고 주교와 종교재판관들의 꾸준한 고발을 통해 결국 반대자들을 하나의 생각에 정렬시킬 수 있을 것이라는 확고한 믿음을 가지고 있었을 것이다. 이를 감안한다면 단지 시행되기 어려웠기 때문에 식스토 5세의 확고한 입장이 파기된 것이 아니었다. 오히려 그의 입장은 아리스토텔레스와 아우구스티누스가 승인했고 또 여전히 많은 성직자와 세속인이 이치에 부합한다고 생각하면서 널리 수용하고 있던 일부 견해들을 가혹할 정도로 강하게 비판한 것이었다. 이는 견고하게 자리 잡고 있던 사욕에 대한 도전일 수도 있었다. 고리대금과 피임에 대한 가톨릭교회의 태도를 다룬 저명한 연구서의 저자 누난John T. Noonan은, 성직자들의 사욕이 점차 더 많이 개입되면서 가톨릭교회에서는 자신들이 견지하고 있던 확고한 중세적 입장을 철회하게 되었다고 주장한 바 있다. 르네상스기 후반 많은 개별 성직자와 제도권 교회는 고리대금을 필요로 했고 또 그것으로부터 이윤을 얻기도 했다. 그리고 결과적으로 이것이 초기의 신학적 규제를 재고하도록 신학자들을 이끈 지속적인 압력으로 작용했다. 누난은 피임과 관련해서는 성직자들에게 고리대금과 유사한 이해관계가 그리 많이 얽혀 있지 않았기 때문에, 관련된 교리나 교회법을 변화시키려는 압력이 발전하지 못하게 되었다고 주장했다.[16]

사제, 수도사, 수녀들을 날카롭게 겨냥했던 『방종』은 재빨리 철회되었다. 바로 이 사실은 실제로 이 교서가 적어도 일부 성직자들에게는 추상적인 관념을 넘어서는 중요한 쟁점으로 작용하고 있었음을 암시한다. 영혼이 들어오는 시기를 40일에서 116일로 바꾸는 것은 그 허점을 노리려는 사람들의 입장에서 볼 때, 작은 구멍을 대문으로 크게 넓히는 것을 의미할 수도 있었다. 아이를 갖고 싶지 않았던 남성과 여성이라면 누구라도 116일 안에 임신 중절의 기회를 쉽게 가질 수 있었다. 트렌토 공의회에서는 첩을 거느린 성직자들에 대한 초기 교회의 무심한 태도에 도전장을 내밀었고, 또 수녀원 내·외부에서 남성들과의 만남을 즐겼던 수녀들에게도 단호한 태도를 취했다. 그러한 상황 속에서 피임이나 낙태와 관련된 성직자들의 사적인 이해타산의 문제는 16세기 후반 오히려 증가하게 되었다.[17] 『방종』에서 이들을 지목했을 때, 식스토 5세는 분명히 그렇게 생각하고 있었다. 죄가 있는 모든 사람을 비난했지만, 그는 많은 양의 지면을 성직자들, 즉 사제, 수도사, 『만드라골라』에 등장한 티모테오 수사나 이름을 밝히지 않은 수녀원장과 같은 수녀들을 비난하는 데 할애했다. 아마도 그들이 낙태에 관해 조언하고, 그것을 조장하고 감독했으며, 또 시행에 옮겼을 것이다.

따라서 식스토 5세는 성직자들에게 죄가 있으며 아마도 그들이야말로 다른 누구보다 더 큰 죄인일 것이라는 생각에 일말의 의구심도 품지 않았다. 그는 사실주의적인 인물이었는가? 그것이 아니라면 그가 흥겹게 사통을 즐긴 수녀와 사제들이 상투적으로 등장하고 있는 피에트로 아레티노의 『논쟁Ragionamenti』, 브라치올리니Bracciolini의 『재담록Facetiae』, 그리고 살테르니타노Salternitano의 『풋내기Novellino』와 같은 여러 노벨라novella 작품을 너무 많이 읽었던 것일까? 지난 수세기 동안 반성직주의는 많은 풍자작품의 중요한 소재로 자리 잡고 있었다. 따라서 육체의 쾌락을 추구하면서 자신들의 서원을 저버린 수사와 수녀 그리고 사제들에 대해 상상할 때, 굳이 사실주의적이어야 한다고 느낀 작가는 거의 없었다. 그런 이야기들은 일상적인 풍자와 비유였고, 물론 상품적인 가치 역시 지녔다. 하지만 그러한 풍자 이외에도, 식스토 5세가 실제로 발생했던 당혹스러운 사례들을 머릿속에 떠올렸을 수도 있다. 그 한 예가 베네치아에서 전직 매춘부들을 위해 설립했던 콘베르티테의 집에서 고해신부로서의 지위를 남용하여 그녀들을 학대했다는 죄목으로 1561년 공개 처형된 사제 돈 조반니 피에트로 리온Don Giovanni Pietro Lion 사건이었다. 명망가 출신으로 높은 학식을 자랑하던 리온은 경건함과 도덕적 순결로 명성을 얻고 있었다. 그런 그가 목욕을 하기 위해 옷을 벗고 있던 콘베르티테의 여인들을 몰래 훔쳐보고 그 가운데에서 자신과 성관계를 가질 대상들을 선택했다. 그러고 나서 그는 아름다운 여인들을 감언이설로 달래고, 유혹하고, 위협하고, 투옥시켰으며, 심지어 매질을 가하기도 했다.[18] 베네치아의 수녀들 역시 오랫동안 성적 착취의 대상으로 오명을 날리고 있었다. 이 때문에 일부 설교가들은 그녀들의 수녀원이 공공 유곽과 다를 바 없다고 비난 섞인 설교를 퍼붓기도 했다.[19] 하지만 이러한 공인된 매춘부로서의 자격으로 인해, 그녀들이 낙태약을 사용하기까지 했을까? 16세기 초반 주교이자 코미디 작가였던 마테오 반델로Matteo Bandello(1485~1561)는 판도라Pandora라는 이름의 임신한 여성에 관한 이야기를 기술했다. 이 이야기에 등장하는 판도라는 이미 6개월이나 된 태아를 지우기 위해 절박한 상황에서 약초로 제조된 낙태약을 얻고 또 낙태를 도와줄 수 있는 식이요법이나 출혈요법 등을 배우기 위해 어떤 수도사를 찾아간다.[20] 돈 리온은 자신이 임신시킨 콘베르티테의 수녀들에게 낙태를 조장했다는 죄목으로 기소되었다. 그리고 몇십 년이 지난 뒤, 수녀원의 도덕성을 감독할 책임을 지니고 있던 베네치아의 행정 관료들은 종교적인 영적 훈련 이외의 또 다른 모종의 일로 수녀들과 연루되었던 세속인 갈레아초 시미테콜로Galeazzo Simitecolo를 다음과 같이 비난하며 기소했다.

다른 사람들과 함께 한밤중에 보트를 타고 이 수녀원을 따라 흐르던 운하를 거슬러올라가, 그는 앞서 말한 수녀를 태우고 작은 비밀 숙소로 데려왔다. 그곳에서 그녀는 자신을 기다리고 있던 사람들과 육욕적인 성관계를 맺었다. 또 어떤 경우에는 그가 임신을 한 또 다른 수녀를 같은 장소로 데려갔는데, 그 숙소에는 한 산파가 어떻게 아이를 지울 수 있는지에 관해 조언해주기 위해 임신한 수녀를 기다리고 있었다. 그리고 산파와 임신한 수녀가 함께 있는 동안, 그는 다른 수녀와 육욕적인 관계를 맺기 위해 모든 일을 시도했다.[21]

이는 일부 사례에 지나지 않는다. 그리고 우리는 이러한 사건들이 격렬하게 비난받고 처벌받았기 때문에 그것들에 대해 알고 있다. 대부분의 수녀는 정숙했으며, 수녀원은 유곽과는 다른 공간이었다. 가장 터무니없고 폭력적인 성범죄는 종교적인 시설 외부에서 발생했다. 하지만 비록 단순한 허구였을지라도, 예외적인 추잡함이 모호한 상황을 만들었다. 아퀴나스의 결론, 베르나르디노의 설교, 안토니누스의 지침 이외에도, 마키아벨리의 재치 있는 신학적 이야기, 열렬하게 간음을 즐긴 아레티노의 이야기 속 수녀와 수도사들, 돈 리온의 경우와 같이, 수녀처럼 옷을 차려입은 수십 명의 과거 매춘부들이 서비스를 제공했던 공적 사례들이 존재했다. 돈 리온의 목을 베기로 되어 있던 베네치아의 처형관은 한 칼에 일을 처리하지 못했다. 이 때문에 공포에 사로잡힌 군중들이 그 잔혹한 처형 광경을 지켜보는 동안, 리온은 말 그대로 난도질을 당한 후에야 죽음에 이르게 되었고, 이로 인해 이 사건에 대한 악명이 더욱 높아졌다. 피렌체인들도 미망인들의 쉼터 오르바텔로를 자신들의 사적인 유곽으로 만들었던 지역의 수도사들과, 마을의 소녀들을 임신시켜 매질을 당한 고장의 사제들에 대한 이야기를 들어 알고 있었다. 이 때문에 그들은 성행위에 관한 설교가들의 지침을 나름대로 가감해서 받아들였을 것이다.[22]

노벨라와 희곡은 상상 가능한 행위의 극단까지 밀고 나갔다. 우리는 제2장의 법률 기록에서 이미 근친상간적인 강간의 몇몇 사례를 살펴보았다. 이탈리아와 프랑스의 일부 저술가들 또한 이 사례를 낙태를 언급하는 맥락으로 이용했다. 조반니 세르캄비Giovanni Sercambi(약 1400)는 남편의 누이로부터 보호를 받고 있던 열세 살의 어린 신부에 대해 이야기한다. 이후의 이야기에서 그녀는 매부에게 강간을 당하고 결국 임신에 이르게 된다. 이후 그 매부는 낙태약을 구하려고 약제상을 찾게 되고, 계획이 실패하자 그 대신에 아기가 아닌 몰라를 임신한 것으로 진단하여 자신을 도와줄 의사를 찾는다. 결국 그는 비밀 은신처에 소녀를 보내 아이를 낳게 해 처리해버린다. 이후 그가 "심지어 이전보다 더 팽팽한" 처녀처럼 보일 수 있도록 소녀를 치료해줌으로써 두루두루 모두에게 행복이 다시 찾아온다. 거의 동시대의 프랑스에서는 이와 비슷한 기적에 관한 이야기가 존재했다. 이 이야기에는 자신이 돌보던 조카를 주기적으로 겁탈해 세 차례나 임신에 이르게 한 삼촌이 등장한다. 그는 낙태약을 이용해 앞의 두 태아를 제거해버린다. 그리고 세 번째 임신 사실을 안 소녀가 자살을 시도하려고 할 때, 동정녀 마리아가 이 이야기에 개입해 그녀를 구원한다.[23]

요약하자면 16세기의 피렌체인들은 낙태에 관한 한 신학적·법률적 회색 지대에서 살고 있었다. 만약 성직자들에게 제한된 범위를 넘어설 수 있는 운신의 여지가 있었다면, 세속의 남성과 여성들은 어떤 자유를 누렸을까?

그와 관련된 피렌체인들의 태도와 관행을 이해하기 위한 자료로 노벨라를 이용할 때 봉착하게 되는 한 가지 문제는, 그 이야기에 등장하는 여성들 가운데 임신을 하게 된 사람이 거의 없다는 점이다. 대부분의 이야기는 모두 재미있지만 중요한 의미를 담고 있지는 않았다. 또한 대개 젊은 여성들이 직면했던 구체적인 현실보다는 나이 든 남성 작가들의 희망 사항을 표현하고 있다. 하지만 특히 이탈리아와 프랑스의 이야기에서는 약간의 예외가 존재한다. 『만드라골라』에 등장하는 수녀원장의 경우처럼, 이탈리아와 프랑스의 이야기 속에 등장하는 여성들은 임신을 막거나 유산을 조장할 수 있는 약이나 기술에 접근할 수 있었다.[24] 고전 시대에 그러했듯이, 관습, 법, 검열 때문에 당시 의사들과 약사들은 공개적으로 피임법이나 낙태술에 관해 저술하지 않았다. 하지만 그럼에도 불구하고 그들이 저술한 책에는 그와 관련된 정보가 가득 들어 있었다. 때때로 낙태술은 "예방책"이라는 제목 아래 기술되었는데, 그것은 건강한 임신과 안전한 출산을 위해 피해야 할 것이라는 점을 의미했다. 다른 경우에서는 일반적인 "자궁 질환"을 다루기 위한, 혹은 다소 직설적으로 표현해서 사산아, 몰라, 태반을 제거하기 위한 시술이나 치료법으로 보다 명시적으로 설명되었다. 요약하자면, 비록 결코 낙태라는 직접적인 말로 언급되지는 않았지만, 그에 관한 방법은 산파나 의사들을 위한 거의 모든 부인과 의학 서적에 등장했다. 만약 어떤 여성이 이 동일한 치료법을 통해 의사들이 권하지 않았던 결과를 얻을지도 모른다는 점을 확인하기를 원했다면, 그녀에

게 필요했던 것은 단지 약간의 상상력과 약간의 절망뿐이었다.[25]

만약 어떤 피에타의 집 소녀가 심각한 "자궁 질환"을 호소하며 의무관 마르게리타를 찾아갔다면, 그녀에게 마르게리타는 어떤 반응을 보였을까? 그 무엇이 되었든 피에타의 집 「처방서」에 나타난 치료법은 갈레누스와 히포크라테스 같은 고전 의학 저술가들에게까지 거슬러올라갈 수 있는 광범위한 의료 체계의 일부분이었다. 의무관 마르게리타는 공기, 음식, 수면, 운동, 상토하사上吐下瀉, 그리고 감정이라는 건강을 통제하는 여섯 개의 "반자연적 요소"를 조절하면서 그 소녀를 치료하기 시작했을 것이다. 처음 셋을 위해, 비록 우밀타 병원에 그러한 목적을 위해 따로 준비한 충분한 공간이 있었는지는 알 수 없지만, 소녀들을 밀집된 기숙사에서 양호 병동으로 보냈을 것이다. 어디로 소녀들을 데려갔는지에 관계없이, 마르게리타는 처음에는 적절한 비외과적 치료 방법을 시도했을 것이다. 만약 그래도 차도가 없었다면, 강한 운동이나 격렬한 뜀뛰기 그리고 심지어 입을 꾹 다물고 재채기하기 등 자궁을 자극할 수 있는 육체적인 활동을 명령했을 것이다. 마르게리타는 또한 소녀의 몸속에 쌓인 독성 체액을 제거하기 시작했을 것이다. 소녀의 위를 깨끗하게 씻어내기 위해 거담제를 이용해 구토를 하게 했을 것이며, 약초로 만든 이뇨제와 완화제를 사용해 그녀의 신장과 장을 청소했을 것이다. 하지만 진정한 문제는 자궁이었다. 의사 구아이네리우스는 권위 있는 일부 고전 시대의 학설에 따라 "훈증 치료"를 추천했다. 이를 위해서는 톡 쏘는 역한 냄새가 자궁에 들어가 그 속에 있는 것을 약화시키도록 만들기 위해, 당나귀 발굽에서 코끼리 똥에 이르는 다양한 재료를 석탄과 함께 태운 침대 위에 소녀들을 매달아 놓았다. 이것은 쉽지 않은 방법이었고, 비용 또한 많이 들었다. 따라서 구아이네리우스가 이야기했던 보다 저렴한 대안을 마르게리타가 따랐을 가능성도 있다. 그것은 식초로 외음부를 닦아내고, 심지어는 자궁의 균형을 해치고 자궁이 제자리에서 벗어나도록 만든 부패한 정자나 독성 체액을 빼내기 위해 소녀들에게 자위행위를 시키는 것이었다.[26] 만약 소녀들의 상황이 호전되지 않으면, 마르게리타는 피에타의 집에서 고용했던 두 의사에게 조언을 구했을 것이다. 외과 의사 마에스트로 시모네Maestro Simone가 사혈을 처리했다면, 내과 의사 프란체스코 루지에리Francesco Ruggieri는 약의 배포를 담당했다.[27]

사혈은 혈액의 흐름을 회복시키거나 열병 환자의 고열을 유발한 초과량의 피를 빼내기 위해 의사들이 사용했던 일반적인 치료법이었다. 또한 환자들을 무기력하고 침울하게 만들거나 그들로 하여금 통증을 느끼게 만드는 밀집된 독성 물질이나 체액을 배출시키기 위해서도 사용되었다. 주요 정맥을 가늠해내고 칼로 작은 상처를 내기 위해서는 진정한 기술이 필요했다. 이탈리아 출신의 의사 루도비코 본나치올리Ludovico Bonnacioli가 저술한 『여성에 관한 두 권의 책Two Books on Women』(1566)처럼 라틴어로 쓴 전문 학술서에서부터 널리 번역되어 인기를 끌었던 『장미정원Rosegarten』이라는 제목의 동시대 독일 산파들의 설명서처럼 보다 접근이 용이하게 속어로 쓴 작품에 이르기까지, 당시의 다양한 의학서적은 사혈, 특히 왼발에서 시작된 사혈이 여성의 생리 흐름을 회복시키는 가장 좋은 방법이라고 주장했다.[28] 볼로냐의 의학위원회 프로토메디카토Protomedicato에서는 정확히 이러한 이유 때문에 실제로 임신한 여성의 사혈을 금지했다. 그들은 사혈로 인해 유산이나 낙태가 유발될 수 있고, 따라서 오직 몰라, 자궁 속에서 죽어버린 태아 혹은 자연적으로 나오지 않은 태반을 제거해야 할 필요가 있을 때에만 사혈 시술을 할 수 있다고 믿었다.[29] 사혈이 낙태에 효과가 있다는 이러한 믿음이, 살테르니타노의 『풋내기』에 등장한 두 인물, 즉 성관계를 너무 즐겨해 종종 임신에 이르곤 했던 두 소녀가 매우 능숙하게 서로서로에게 면도칼을 휘두르게 된 이유였을 것이다.[30] 하지만 사혈은 위험한 일이었다. 훈련받은 수녀들과 수도사들이 일반적으로 자신들의 공동체 구성원들에게 이를 시술했다. 수녀원과 수도원 밖에서는, 오직 피에타 집의 마에스트로 시모네 같은 전문가만이 이 세심한 작업을 수행할 수 있을 정도로 충분한 훈련을 받았다. 만약 피가 너무 천천히 나올 경우, 상처 위에 유리컵을 덮어두고 그것을 가열해 진공상태를 만들어 피가 좀 더 빨리 나오도록 유도함으로써, 피와 독성 체액의 흐름을 촉진하기도 했다. 기록에 따르면 외과 의사 시모네는 분명히 주기적으로 피에타의 집 소녀들에게 사혈 시술을 해주었다.

소녀의 병세가 호전되지 못했을 경우, 의무관 마르게리타가 의사 프란체스코 루지에리를 부르기도 했을 것이다. 루지에리는 공식적으로 훈련받은 경험 많은 의사였다. 아마 그는 스스로 발췌하여 만든 검증된 휴대용 의학 처방서를 주머니에 넣어 가지고 다녔을 것이다. 고장의 동료 의사였던 파골로Pagholo는 1515년 필경사 헥토르 반도비네티Hector Bandovinetti에게 바로 이와 비슷한 필사본 처방서를 주문했다. 훌륭한 토스카나 방언을 이용해 간결한 필체로 작성된 그 책은 질긴 송아지 가죽으로 묶인 페이퍼백 제본의 포켓북이었다. 이 책을 가지고 다니면서 의사 파골로는 자신에게 필요한 모든 정보를 언제나 손닿는 거리에 둘 수 있었다. 반도비네티는 피렌체에서 가장 앞서 가던 병원 산타 마리아 누오바의 훌륭한 도서관에서 얻은 수천 개의 치료법을 이 책에 옮겨적었다. 그곳이 바로 피에타의 집 방직공이었던 카테리나가 치료를 받기 위해 갔던 곳이자, 모나 베타와 그 밖의 다른 많은 피에타의 집 소녀가 죽음을 맞이한 곳이었다.[31] 의사들은 빈번히 반도비네티 같은 필경사들에게 돈을 주면서 개인적으로 특화된 책에 여러 중요한 치료법을 발췌하여 옮겨적도록 의뢰했다. 그리고 옷 속에 그것을 넣어 다니다가, 회진 중 필요할 때마다 참고하곤 했다. 아마 프란체스코 루지에리도 마찬가지였을 것이다. 의사 파골로의 처방전 컬렉션은 피의 흐름을 회복하고 자궁을 깨끗이 할 수 있는 처방으로 가득 찬 피에로 이스파노Piero Ispano의 유명한 책 『가난한 사람들의 보고Treasury of the Poor』로 시작한다. 그리고 당시의 주도적인 의사들과 "보호소 의무관medicha di casa"으로 산타 마리아 누오바에서 일했던 마돈나 카테리나Madonna Caterina 같은 이에게서 얻은 치료법과 검증된 의사들의 요약문이 그 뒤를 따른다. 그의 책에 발췌된 치료법을 고려하면, 의사 파골로가 치료했던 피렌체의 환자들은 오늘날의 우리에게도 그리 낯설지 않은 문제들에 관심을 가지고 있었던 것으로 보인다. 삼일열과 두통 그리고 피가 난 상처를 지혈하기 위해 처방된 약품 외에도, 머리를 은발로 바꾸고 치아를 표백할 수 있는 처방법 역시 발견할 수 있기 때문이다. 이 책에는 어떤 특별한 순서 없이 여러 치료법이 한데 뒤죽박죽 섞여 있다. 이 때문에 여성의 생리 기간을 회복시키기 위한 두 치료법을 다른 지면에, "훌륭한 치약"에 관한 내용이 함께 나타나기도 한다. 어찌 되었든, 그것은 피에타의 집 「처방서」에 등장한 치료법들이 결코 비밀스러운 지식이 아니라, 동시대의 피렌체 의사들 사이에서 널리 유포되고 있던 것이라는 점을 확인해준다.[32]

우리는 앞서 이미 피에타의 집 「처방서」에 나타난 치료제들이 모두 "단순한 재료들" 즉 식물, 동물, 돌, 금속에서 채취한 다양한 물질을 혼합한 것이라는 점을 확인했다. 디오스코리데스와 소라누스처럼 권위를 누리고 있던 고전 시대의 저술가들 그리고 베네딕토회 수도사였던 11세기의 아프리카인 콘스탄틴Constantine이나 13세기의 의사 빌라노바Villanova의 아르날드Arnald와 같은 중세인들은, 이 치료법에서 발견할 수 있는 재료들 가운데 4분의 1에 낙태 유발 성분이 함유되어 있다고 생각했다. 그것들 가운데 일부는 우리에게 매우 낯설고 또 전혀 그럴듯하게 보이지 않는다. 오래된 올리브기름, 병아리 콩이나 루핀 가루, 호로파는 전혀 해로워 보이지 않는다. 그렇다면 몰약, 오포파낙스 혹은 풍자향처럼 보다 이국적인 재료들에 내재한 가능성에 대해 생각해볼 수 있을 것이다. 그것들은 모두 아프리카와 아시아에 자라던 식물에서 추출한 식물성 수지樹脂였다. 마찬가지로 우리는 붓꽃이나 쥐방울덩굴과 풀의 뿌리에서 그 효능을 발견할 수도 있다. 하트워트hartwort 혹은 버스워트birthwort로도 알려졌던 그것들은, 바로 그 이름이 암시하는 것처럼, 가장 일반적으로 널리 알려진 낙태에 사용된 약초들이었다. 9개의 처방전에는 별 효능이 있었을 것 같지 않은 이러한 재료들 가운데 적어도 하나 이상이 포함되어 있었다. 그 가운데 3개의 처방전에는 3~5개의 재료들이 포함되어 있는데, 이들에 대해 좀 더 자세히 살펴볼 필요가 있다. 이 세 처방법은 중세 이슬람 의학자들에게서 기원했다. 그 가운데 하나는 이븐 시나Ibn Sina(980~1037)로부터, 단순히 서로에 대한 변형이라고도 할 수 있는 나머지 둘은 이븐 마사와이히 Ibn Masawaihi(777~857)로부터 기원했다. 무함마드는 임신 후 120일이 되었을 때 영혼이 개입되며, 따라서 그 이전의 태아는 "혈전 같은 응고물" 그리고 "살덩어리"에 불과하다고 주장했다. 결과적으로 이슬람 세계는 피임과 낙태에 대해 훨씬 더 관대했다. 일부 이슬람 법률가들은 심지어 여성들이 남편들에게 알리지 않고 낙태하는 것을 허락하기도 했다. 이로 인한 더 커다란 결과는 아라비아의 의사들이 고전 자료와 자신들 스스로의 연구 결과에 의존하여 보다 공개적으로 그리고 더 빈번하게 낙태와 피임에 관해 저술했다는 점이었다.[33]

이븐 시나의 치료법은 주로 연고나 도포제를 이용하는 것이었다. 의무관 마르게리타는 연고를 배 위에 혹은 보다 자주 단순히 성기 주위나 성기에 넓게 바름으로써 이 방법을 활용했던 것으로 보인다. 그녀는 몰약, 비델리오, 글라바노, 암모니아 고무와 같은 중요한 활성 재료를 하얀 식초에 넣어 용해시킨 뒤, 이 액체를 오래된 올리브기름, 테레빈유, 송진, 하얀 밀랍 그리고 구토나 설사를 유발시키기 위해 종종 사용되었던 수렴 성분의 일산화납 산화물과 함께 끓여 연고를 제조했다. 식초가 끓어 증발하면, 그녀는 분말로 된 버스워트와 오포파낙스를 첨가한 뒤 부드럽고 두꺼운 반죽으로 만들기 위해 초산동, 즉 녹청을 넣어 함께 휘저었다.

이븐 마사와이히의 처방법에 따라 제조된 약은 주성분인 기름과 납 산화물을 다양한 식물성 액즙과 혼합하여 만든 단연경고 혹은 경고였다. 만약 마르게리타가 스스로 이 약을 제조했다면, 아마 그녀는 잘게 간 납 산화물을 오래된 기름과 혼합하고, 이들이 잘 섞일 때까지 약한 불에 올려놓고 끝없이 휘저으며 끓였을 것이다. 이것을 차게 식힌 다음 다시 가열하고, 이후 분말로 된 붓꽃 가루와 호로파, 아마씨, 알테아, 그리고 전동싸리즙을 그것에 첨가했을 것이다. 이후 이것들이 모두 끈적끈적한 점액으로 변할 때까지 잠시 동안 부패시켰다. 이 과정 중에는 풍자향과 두 개의 수액이나 고무진, 암모니아 고무 그리고 세라피노가 첨가될 수도 있었다.

치료약을 만드는 데 필요했던 것은 난로와 솥뿐만이 아니었다. 의무관 마르게리타는 일부 재료들을 식료품상으로부터 구입했을 것이다. 그리고 때에 따라 자신의 힘으로 식물성 점액을 제조하기도 했을 것이다. 하지만 그녀는 오직 피렌체의 의사와 약제상 길드에서 지명한 중개업자로부터만 효능이 강한 재료를 구입할 수 있었고, 또한 최고가의 특별 중개 수수료를 그에게 지불해야만 했다. 아마도 이븐 시나의 연고를 제조하는 데 많은 돈이 들었을 것이다. 전체적으로 볼 때 그것을 제조하는 데 많은 재료가 필요했을 뿐만 아니라, 붓꽃, 아마씨유, 테레빈유, 수지, 납 산화물 등과 같이 꼭 필요한 재료의 절반 이상을 약제상으로부터 공급받아야 했기 때문이었다.[34] 비록 어떠한 품목이 거래되었는지에 관해 항목별로 기록하고 있지는 않지만, 피에타의 집 거래장부에 따르면, 피에타의 집이 보르고 오니산티에 자리 잡고 있는 동안 마르게리타는 주기적으로 길드의 중개업자로부터 재료를 구입했다. 그에 관한 보다 자세한 기록은 피에타의 집이 거처를 옮긴 다음 등장했다. 하지만 그때에는 초기 물량의 아주 적은 일부만을 구입했다.[35]

우리는 강력한 화학 합성물을 잘게 부수어 물 한 잔과 함께 복용할 수 있도록 작은 알약 형태로 제조한 것이 가장 효과적이라는 생각에 익숙해져 있다. 따라서 썩어가던 식물성 물질, 오래된 올리브기름, 여러 종류의 나무 수지로 만든 연고나 경고를 사용하는 것이 우리에게는 우스꽝스러워 보일 수도 있다. 더욱이 이렇게 제조된 약을 바르면 실제로 유산이 가능하다는 사실은 더욱 믿기가 어렵다. 하지만 파비아의 의학 교수였던 안토니우스 구아이네리우스는 자궁을 치료할 때, "나는 어떤 다른 약보다 경고를 더 신뢰한다"고 적었다. 그리고 그는 『자궁 논고』에 일단 사용되기 시작하면 유산을 멈추게 할 수 있다고 주장했던 몇 가지 방법에 관한 논의를 포함시켰다.[36] 오늘날의 역사학자 리들John Riddle은 고전 시대부터 르네상스기에 이르기까지의 문화에서 낙태약으로 사용되었던 "단순한 재료들"을 온전히 복원하면서 그것에 대해 추적해왔다. 그리고 그는 그것들 가운데 일부에는 강한 효과를 발휘하는 독성 성분이 들어 있고, 또 그 대부분에 어느 정도까지 낙태 효능이 있다는 점을 발견했다. 리들은 시간이 흐르면서 효능이 없는 식물이나 물질이 사용 가능한 품목에서 점차 사라지게 되었다고 주장한다. 수 세기에 걸쳐 그리고 서로 다른 문화권에 살았던 일군의 저술가들은, 좌약이나 질 좌약으로 신체 내부에 삽입되거나 심지어 외부에 경고나 연고로 사용되었을 때, 버스워트, 붓꽃, 오포파낙스로부터 유산을 촉진하는 효능을 얻을 수 있다고 믿었다. 그와 관련된 화학 성분이 명확히 분석되면서, 오늘날의 의학 연구에서도 이 점이 입증되고 있다. 피에타의 집 「처방서」에 나타난 재료들 가운데 그 일부에 대해 리들은 "그것들이 임신 초기와 후기의 다양한 낙태약을 구성하고 있으며, 또 임신을 중단시킬 수 있도록 여성의 호르몬 균형에 변화를 가져올 수 있

다"고 믿고 있다.[37]

노동자, 성 그리고 성 노동자들

—

만약 우리가 낙태약이 피에타의 집 담장 안에서 정기적으로 사용되었을 것이라고 믿는다면, 과연 이것이 그 공간 자체의 지위를 하나의 유곽 수준으로 낮출 수 있을까? 그 점이 피에타의 집과 관련된 침묵, 얼버무리기 그리고 은폐를 설명할 수 있는가? 피에타의 집 소녀들은 어디에서 그러한 처방법을 얻었는가? 우리는 그 보호소를 운영한 사람들에 대해 과연 무엇을 알고 있는가?

적어도 일부 소녀들이 성적 폭행의 가능성에 직면해 있었을지라도, 분명 피에타의 집이 유곽이었을 것 같지는 않다. 만약 피에타의 집 소녀들이 단지 북쪽으로 몇 블록 떨어진 곳에 위치한 도시의 공공 유곽과 마찬가지로 돈을 지불하는 고객들을 위해 문을 개방했다면, 그녀들은 오네스타 등록부 같은 동시대의 조사기록서와 대중문학의 광범위한 추적을 피할 수 없었을 것이다. 수십 년 전 프랑스의 리용에서는 자선기관 오텔-디유Hôtel-Dieu의 두 거주 감독관이 고급 유곽을 운영하기 시작했다. 그리고 바로 이 무렵, 악명을 날리고 있던 메르 힐레르Mère Hilaire와 메르 쿠로니에Mère Couronnyée가 추방되어 파리로 호송될 때까지, 도시 전역에는 온갖 흉흉한 소문들이 퍼져나갔다.[38] 카니발의 노랫말을 쓰는 작사가와 희곡 작가들은 언제나 코를 킁킁거리며 그러한 주제에 관심을 기울이고 있었다. 하지만 어느 누구도 피에타의 집에서 새어나오는 매춘에 관한 풍문을 작품의 소재로 삼지 않았다. 또 어느 누구도 피에타의 집 내부에서 조직적인 성행위가 일어나고 있다고 비웃거나 그곳이 부도덕한 곳이라고 손가락질하지 않았다. 따라서 우리는 그곳에서 밖으로 나온 소녀들에게 무슨 일이 일어나고 있었는지에 대해 보다 면밀하게 살펴보아야 한다. 우리는 이미 일부 소녀들이 빵, 와인 그리고 돈 등의 구호품을 얻기 위해 일주일에 몇 차례씩 거리로 나왔다는 사실을 확인했다. 하지만 너무 어렸고 또 엄격한 보호를 받았기 때문에, 그녀들이 폭행의 대상이 되었을 것 같지는 않다. 보호소를 떠났거나 간혹 다시 돌아왔던 그 밖의 소녀들은 다른 가정에서 일하기 위해 하녀로 계약을 맺었던 소녀들이었다. 우리는 다시 한 번 보다 세심하게 그녀들의 상황이 어떠했고, 왜 그토록 많은 소녀가 때로는 수 주 혹은 수개월도 지나지 않아 미처 계약이 만료되기도 전에 피에타의 집으로 되돌아왔는지에 대해 살펴보아야 한다. 제3장에서 우리는 그녀들의 노동 기술과 관련하여 이 문제를 살펴보았다. 하지만 계약을 파기하도록 이끈 것은 단지 게으름, 도둑질 또는 기술의 부족 때문만이 아니었다. 가정에서 하녀로 일하던 청소년기의 소녀들은 피렌체에서 성폭행의 위험에 가장 많이 노출된 취약한 여성들이었다. 이 점은 유럽 전역의 어디에서나 마찬가지였지만, 특히 고아나 버림받은 소녀들에 대한 성폭행은 더욱 심각했다. 자신들을 보호해주고 자신들이 당한 폭행에 대해 복수해줄 아버지나 형제들이 부족했기 때문에, 그녀들은 남성 고용주들의 착취에 취약한 상태로 노출되어 있었다.

앞에서 우리는 이미 가난한 노동 계층의 가정이나 시골 출신의 많은 젊은 여성에게는 다른 가정에서 하녀로 일하는 것이 단순한 직업이라기보다 삶의 한 단계에 해당했다는 점을 확인했다. 여러 가지 이유—그 가운데 가장 사소한 이유가 연령이었는데—에서 그것은 결혼 전의 시기를 의미했다. 결혼을 위해 소녀들은 자신을 고용한 사람들에게 절대적으로 의존했다. 가난한 노동 계층의 가정에서 딸을 결혼시키는 데 필요한 지참금을 모으기가 어려웠다는 것에는 일반적으로 동감한다. 하지만 피렌체의 사회 계층에서 그 상층부를 형성했던 이들, 즉 길드의 장인에서부터 상인 그리고 도시의 유력자에 이르는 모든 사람으로부터 듣게 되는 불평을 가난한 계층의 사례에 적용하는 것은 오류일 것이다. 다시 말해 우리는 지참금의 마련과 관련해서, 노동 계층의 가정에서도 수공업자, 전문가 그리고 귀족 가정이 직면했던 동일한 어려움에 봉착해 있었다고 생각해서는 안 된다. 이것은 그들에게 돈이 있었기 때문이 아니다. 오히려 더 정확한 이유는, 불규칙한 비숙련 일용직 노동에 의존하여 가족을 먹이고 입히고 또 잘 곳을 제공하는 동안, 그들에게는 지참금을 모을 수 있는 기회 자체가 너무도 부족했기 때문이다. 따라서 그들에게는 지참금을 마련한다는 것이 그저 그런 관념이거나 씁쓸한 농담에 지나지 않았다. 누구와의 결혼을 열망하는가에 따라 달라질 수 있었지만, 대개의 경우 지참금의 규모가 여전히 한 노동자의 1년 수입과 맞먹었고, 따라서 한 노동자가 모으기에는 사실상 거의 불가능한 금액이었다. 결과적으로 가족들은 모든 노력을 함께 나누어야 했다. 종교봉사단체의 구성원, 교구의 사제들, 귀족들이 자신들이 받은 은혜에 대해 보상하고 도움이 필요한 사람들을 돌보았듯이, 할머니, 숙부, 형제들이 모두 자기 몫의 역할을 다했다. 하지만 이 모든 집단적인 노력에도 불구하고, 노동 계층 출신의 소녀는, 만약 그녀가 결혼을 원한다면, 스스로 자신의 지참금을 벌어야 한다는 사실을 알고 있었다. 이를 위한 최선의 방법이 다른 가정의 하녀로 계약을 맺는 것이었다. 그리고 실제로도 그것이 유일한 길이었다. 가족들은 딸들이 하녀 일을 할 수 있도록 주선했고, 이 점에서는 고아나 버림받은 소녀들을 갑자기 돌보게 된 후견인들도 마찬가지였다. 이미 제3장에서 보았듯이, 피에타의 집과 같은 기관에서도 사회로 돌려보내지기를 희망했던 소녀들에게 그러한 일을 주선했다.

르네상스기에 하녀가 된 소녀는 그 일을 하나의 직업으로 갖게 된 그저 한 개인에 머물지 않았다. 그녀는 또 다른 가정에 흡수되었고, 결과적으로 그 새로운 가정과 연결되어 누릴 수 있는 모든 정체성과 권리를 얻었다. 어떻게 보면, 그녀는 자신이 일하러 들어간 가정에 의존해 있던 또 심지어는 그것에 의해 규정된 재산 혹은 "살덩어리"에 지나지 않았다. 비록 그 집의 딸이 향유하던 권한과 특권—심지어 그 일부도—을 전혀 누리지 못했지만, 그녀는 다른 가족 구성원들처럼 그 집에서 함께 살았고, 어느 정도까지는 마치 청소년기의 딸처럼 취급받았다. 하나의 극단적인 사례가 이러한 상황의 이면에 작동하고 있던 암묵적인 가정을 명백하게 보여준다. 피렌체의 매춘부에게는 본래 청소년기의 소녀를 하녀로 고용하는 것이 금지되어 있었다. 하지만 이 법을 강제로 시행하는 것이 쉽지 않다고 판명되자, 매춘부를 감독하던 오네스타에서는 그 입장을 바꾸어 매춘부의 하녀로 고용된 모든 젊은 여성 역시, 비록 그녀들이 딸, 조카 혹은 다른 친척일지라도, 매춘부로 등록하고 그에 합당한 모든 수수료를 지불해야 한다고 공표했다. 이것은 분명히 수입을 확보하는 일이었다. 하지만 여기에는 한 명의 하녀는 자신이 속한 가정의 완벽한 기능적 구성원이라는 사실과, 그녀의 신원이 그 가정의 직업 및 삶과 완전히 동일시되었다는 점이 반영되어 있다.[39]

만약 마르게리타, 마리아 혹은 막달레나가 하녀로 일하기 위해 아주 오랜 시간 피에타의 집을 떠나 있었다면, 아마 그녀들은 일에 대한 대가로 기본적인 음식과 의복 그리고 쉴 곳을 기대할 수 있었을 것이다. 이는 점차 나이 들어가고 또 더 많은 일을 할 수 있게 되면서 그녀들이 점점 더 얻기 힘들게 된, 또 그녀들에게 더욱 요구되는 것들이었다. 특히 의복은 논쟁을 피하기 위해 계약서에 정확하게 명기되었고, 연 배당금이라는 맥락에서 기술되곤 했다. 대부분의 소녀는 1년에 한 켤레의 신발 그리고 일정 수의 셔츠와 치마 이상을 기대할 수 없었다. 정기적인 급료가 없었거나, 적어도 잔 푼돈 이외에는 아무것도 받을 수 없었다. 진정한 급료 지불은 계약 기간이 만료될 때 일괄 총액 지불의 형식으로 이루어졌다. 만약 계약 기간이 1년이었다면, 양측 모두에게 더 이상의 의무 사항이 없었다. 그리고 상호 간의 합의에 따라, 주인과 하녀가 각자의 길을 가도록 결정할 수 있었다. 하지만 우리가 앞서 보았듯이 어떤 소녀가 지참금을 마련하기 위해 일을 했다면, 계약 기간이 5년 혹은 그 이상까지 늘어났고, 그녀를 고용한 사람과의 개인적인 관계를 지탱하는 기본적인 역할이 미묘하지만 분명하게 달라졌다. 그럴 경우 그녀는 지참금을 벌기 위해 그리고 자신을 위해 남편감을 찾아주면서 고용주가 행사하게 될 호의를 얻기 위해, 그에게 훨씬 더 많이 의존했다. 그것 역시 계약의 일부였기 때문이었다. 고용주는 아버지의 역할 그리고 배후자감을 고르는 중요한 임무를 맡았다.

계약 기간이 길면 길수록, 고용주는 더욱더 마치 자신의 아이들과 마찬가지로 하녀 역시 자신의 재산이라고 생각했을 것이다. 하지만 하녀의 행동과 친딸의 행동은 각기 다른 방식으로 주인의 개인적인 명예에 영향을 끼쳤다. 이 때문에 언제나 보이지 않는 선이 그녀와 그녀를 고용한 가족들 사이에 가로놓여 있었다. 비록 이로 인해 고용주가 보통의 아버지보다 더 큰 권한을 얻었지만, 그녀가 친딸보다 더 많은 자유를 누릴 수 있었던 것은 아니었다. 간혹 이 때문에 발생한 문제들이 오토 디 구아르디아 형사 법정에서 다루어졌다. 예를 들어 1560년 안토니오 디 카피탄 루카 마차란가Antonio di Capitan Luca Mazzaranga는 하녀로 자신의 집에서 일하던 소녀 막달레나 디 안골라 디 아리아나Maddalena di Angola di Ariana를 겁탈했다는 죄목으로 기소되었다. 1년 뒤에는 그곳에서 조반니 디 안토니오 게라르디니Giovanni di Antonio Gherardini라는 이름의 피렌체 시민이 자신이 범한 죄에 대해 변론했다. 그는 강제로 하녀였던 소녀 마르게리티아 다 보르셀리Margherittia da Borselli와 수치스러운 일을 벌이려고 시도했으나 실패하게 되었고 이에 그녀를 거듭해서 매질했다는 이유로 기소되어 법정에 섰다.[40]

막달레나와 마르게리티아의 형제들과 아버지들이 개입했기 때문에, 아마도 안토니오와 조반니는 결국 재판에 회부되었을 것이다. 이러한 폭행 사건 가운데 단지 일부만이 법정에서 다루어졌다. 왜냐하면 대개의 경우 소녀들에게는 자신을 보호해줄 어떠한 가족 구성원도 없었고, 또 대부분의 경우에는 설득에 의해, 강제로 혹은 수치심 때문에 자신을 겁탈한 사람들이 준 지참금을 받고 신속하고 조용하게 그 집에서 떠났기 때문이었다. 이것이 이중 잣대로 움직이던 피렌체 사회의 단면이었다. 아버지, 아들, 남성 친척 혹은 손님에 의한 하녀 폭행은 거의 누구나 예상할 수 있는 일상적인 일이었다. 하지만 만약 어떤 문제가 발생하면, 가해자나 원인을 제공했던 성인들이 책임을 지고 보상해야만 했다. 피렌체에서 가장 부유한 가문 가운데 하나였던 스트로치 가문에서 일어난 한 사례에서 볼 수 있듯이, 이로 인해 또 다른 갈등이 파생될 수도 있었다. 카를로 스트로치Carlo Strozzi는 하녀였던 소녀 아뇰레타Agnoletta와 관계를 맺고, 그 결과 그녀가 아이를 낳게 되었다. 아뇰레타가 낳은 남자 아기 파올로Paolo를 너무도 사랑한 카를로는 피렌체에 소유하고 있던 자신의 집에 엄마와 아이가 머무르도록 조치하고, 자신의 상속인들에게 아뇰레타와 아기에게 작은 집의 사용권과 시골에 있는 약간의 땅을 주도록 명령했다. 그들은 심지어 매년 일정량의 와인도 함께 받았다. 카를로의 관대한 처리로 그 아기는 "작은 사제il Pretino"라는 별명을 얻었다. 하지만 다른 상속자들에게는 그의 관대한 처리가 그리 마음에 드는 일이 아니었다. 결국 카를로가 죽고 난 뒤, 그들은 그가 명령했던 유산 상속을 철회했다.[41]

귀족 가문과 관련된 또 하나의 끔직한 사례는 피에타의 집과 보다 밀접하게 관련되어 있다. 1559년 오토 디 구아르디아는 2명의 하인을 학대했다는 이유로 지롤라모 다 솜마이아Girolamo da Sommaia의 아들이었던 조반니Giovanni를 처벌했다. 그가 학대한 하인 가운데 한 명은 무젤로Mugello에 살던 수산나 디 프란체스코 다 만프리아노Susana di Francesco da Manfriano라는 이름의 소녀였고, 다른 한 명은 포르티코 디 로마냐Portico di Romagna 출신의 니콜로 디 오를란도Niccolò di Orlando라는 남성이었다. 이 하인들은 열아홉 살 조반니와 같은 또래였거나, 아니면 그보다 약간 어렸던 것으로 보인다. 한 밤중에 그들을 꾀어내 집으로 불러들인 뒤, 그는 계속해서 니콜로에게 매질을 했다. 그러고 나서 수산나의 옷을 벗긴 다음 그녀에게도 역시 혁대나 횃불로 계속해서 폭력을 행사했고, 결국은 활활 타오르던 횃불로 그녀의 성기를 지져버렸다. 이것은 단순한 강간을 넘어 정신병적 망상에 가까운 행위였다. 아마도 조반니는 스스로를 신의 심판을 수행하는 예언자적 대리인으로 생각했던 것 같다. 산 지미냐노의 콜레지아타Collegiata 교회의 문 안쪽에는 자신들을 지옥으로 이끈 죄에 대한 대가로 끝없이 반복되는 영원한 고문을 견디는 죄인들의 모습을 표현한 프레스코화가 남아 있다. 그런데 그 그림의 왼편 아래에는 성기에 횃불을 밀어넣으며 한 창녀를 고문하는 악마의 모습이 표현되어 있다. 아버지 지롤라모와 토스카나 지역을 여행하면서 아마 조반니는 이 프레스코화나 그와 비슷한 다른 그림을 본 적이 있을 것이다. 그의 아버지 지롤라모는 피렌체의 의원이자, 공국 내의 여러 다른 분야에서 핵심적인 행정관으로 자주 봉직했던 공국 궁정의 저명인사였다.[42] 피렌체의 최고 법정으로서 오토 디 구아르디아에서는 젊은 조반니가 예언자인지 아니면 정신이상자인지에 대해 고려하지도 않고 600 두카토라는 막대한 금액의 벌금을 부과한 뒤 4년간 시칠리아로 추방해버렸다. 아들의 유죄판결이 있은 지 수 주 뒤, 의원 지롤라모 다 솜마이아는 유언장을 작성했다. 첫 번째 항목은 단지 한 블록 떨어진 곳에 살고 있던 피에타의 집 소녀들에게 자신이 소유한 시내의 집과 정원을 기부한다는 것이었다. 그 다음에는 결혼한 세 딸에게 현금과 농장을 선물로 주고, 결혼하지 않은 한 명의 딸에게 막대한 금액의 지참금을 남긴다는 내용이 뒤

악마의 고문을 받는 한 여인(세부 묘사).
Taddeo di Bartolo, *Last Judgement*, Collegiata Church, S. Gimigniano. Art Resource의 허락 아래 사용.

따른다. 아들 조반니에게 남긴 것은, 물론 600두카토의 벌금을 포함해서, 약간의 어머니 유산과 아버지의 부채 이외에는 아무것도 없었다. 이 유언장을 작성할 때 지롤라모는 젊은 조반니에게 피렌체로의 귀환이 허용될 수 있을지 확신하지 못했다. 그는 나중에 귀환을 전제로 약간의 물품 목록을 마련했는데, 여러 가족 농장에서 조반니에게 보낼 짐승이 주의 깊게 열거되어 있었다.[43]

비록 피에타의 집 소녀 다수가 조반니에게 학대를 당했던 수산나 디 프란체스코 다 만프리아노처럼 피렌체 북쪽의 무젤로 계곡 출신이었지만, 수산나 자신은 피에타의 집 출신이 아니었다. 의원 지롤라모 다 솜마이아에게 기부는 자신의 세습재산의 가치를 줄여, 폭력적인 아들을 스스로 징벌하고 또 적절하게 아들의 죄를 공적으로 보상하는 한 가지 방법이었다. 유산의 증여는 자신의 잘못을 스스로 벌충하고 가족의 명예를 다시 세우기 위해 일반적으로 용인된 방법이었다. 지롤라모는 그 명예가 회복되었는지 확인하지 못한 채 2년이 지나지 않아 사망했다.

돈으로 하녀들을 제거하고 가족의 명예를 회복시킬 수 있었다. 하지만 만약 강간으로 인해 임신하게 되었다면 어땠을까? 우리는 이제 온라인으로 피렌체의 세례 기록에 접속할 수 있다. 그리고 이 기록은 1550년대 그 도시에서 세례를 받은 많은 아기가 사생아였다는 사실을 알려준다.[44] 카를로 스트로치가 그랬듯이 일부 아버지들은 자신의 손으로 직접 이 사생아를 키웠다. 하지만 대부분의 피렌체인들은 기관을 통하거나 어머니들에게 양육비를 제공해 간접적으로 양육했다. 우리는 앞서, 한 세기 전 고아 보호소 인노첸티 병원이 정확하게 바로 이러한 아이들을 위해 설립되어 문을 열면서, 성과 관련된 피렌체의 모습이 의미 있게 변화했다는 점을 검토했다. 그곳에 온 아이들 가운데 일부는 불과 몇 시간 전에 태어난 갓난아기였고, 대부분은 생후 몇 주도 지나기 전에 유기된 아기였다. 압도적으로 많은 수의 아이가 사생아였으며, 대부분의 경우 그들의 엄마는 다른 가정에서 하녀로 일하던 소녀들이었다. 우리는 인노첸티의 설립자들이 처음에는 문밖의 세례반에 그리고 결과적으로는 건물 주위의 회전반에 익명으로 아기를 버릴 수 있도록 주선했는지는 전혀 확신할 수 없다. 어찌 되었든, 회전반의 바퀴를 돌리고 그것이 자신의 시야에서 사라지는 것을 바라보면서, 피렌체의 부모에게 아이를 놓고 가버리는 것이 그리 어렵지 않은 일이 되었다.

많은 사람이 그 바퀴를 돌렸다. 1530년부터 1540년 사이에 인노첸티에서는 5400명의 아이들을 받아들였고, 이 가운데 1539년 한 해에만 1000명이 들어왔다. 이 수치는 그해 도시에서 세례받은 모든 아기 가운데 거의 40퍼센트에 해당했다. 이후 몇 년간 아이들을 버리는 일이 감소했다. 하지만 1540년대 후반부터 1550년대 초반에 이를 무렵, 다시 출생한 아이들 가운데 20~40퍼센트까지 버림받는 아이들의 수가 치솟았다.[45] 이 아이들 가운데 일부는 도시 외부 출신이었다. 하지만 16세기 중반에는 분명히 많은 사생아가 태어났다. 대부분의 아이는 아마도 하녀로 고용된 소녀나 노예에 대한 폭행의 결과로 태어났을 것이다. 이때가 바로 피에타의 집이 계획되고 설립되던 시기였다. 피에타의 집에서 낙태약을 마련하고 있었는지, 만약 그렇다면 어떻게 그리고 누구를 위해 그랬는지에 대해 접근하려고 할 때, 우리는 바로 이 점을 염두에 두어야 한다.

인노첸티 고아원이 문을 열기 전에, 피렌체인들은 이 "죄 없는 아이들"이 죽게 된 것은 불법적으로 낳은 아기를 아르노 강변에 던져버리거나 길거리에 방치해버렸던 절박한 상황의 미혼모들 탓이라고 비난했다. 하지만 이러한 비난에는 다른 진실이 숨어 있다. 실제로는 아버지가 이 아기들을 인정하고 돌보지 않았기 때문에 결국 그들은 버림받았던 것이다. 인노첸티 고아 보호소는 이러한 아버지들의 집단적인 대응이었다. 따라서 우리는, 적어도 일부 인노첸티의 후견인에게 있어 인노첸티를 후원하는 일이 이해관계가 전혀 없는 제3자의 자선행위가 결코 아니었다는 점을 이해해야 한다. 혼외정사로 낳은 자신의 아들과 딸들이 회전반을 거쳐들어가 그곳에서 보호되고 있었기 때문이었다.

그러므로 크리스트교적 자선이라는 온화한 미사여구를 넘어 그 내면을 보다 자세히 살펴보면서, 우리는 인노첸티가 피렌체의 공공 유곽과 마찬가지의 맥락에서 본질적으로는 혼외정사를 조장한 제도적 장치였다는 점을 인식해야 한다. 두 기관은 상호 보완적이었다. 다시 말해 두 기관은 다른 연령대의 르네상스기 피렌체 남성들이 자신들의 미혼 딸들을 안전하게 집에 가두어놓으면서, 언제나 자신들이 주장하던 엄격한 성적 관례를 훼손하지 않고 결혼 체제 밖에서 성관계를 갖는 것을 가능하게 해주었다. 먼저 고아 보호소는 성인 남성이 하녀로 일하던 소녀와 함께 낳은 아이를 처분할 수 있도록 해주었다. 또한 유곽은 그의 아들들이, 자신 가족의 사회적 계급 내에서 존중받아야 할 소녀들의 도덕성이나 결혼에 대한 전망을 위험에 빠뜨리지 않고 원하는 만큼의 성관계—이와 관련하여 당대의 의학 이론에서는 청소년기 소년들의 성관계를 욕망이 아니라 육체적 필요성으로 생각했다는 점을 상기할 필요가 있다—를 즐길 수 있도록 만들어주었다. 이 제도적인 버팀목은 또 다른 차원에서도 역시 상보적이었다. 주인의 아기를 낳는다는 것은 대개의 경우 한 소녀에게는 하녀로서의 일자리를 잃는다는 것을 의미했다. 그리고 만약 그가 그녀에게 필요한 것을 제공하기를 거부한다면, 그녀는 결국 길거리에서, 심지어는 유곽에서 최후를 맞이하게 될 것이었다.

르네상스기의 피렌체에는 가난한 청소년기의 소녀들, 특히 하녀로 일하던 소녀들이 맞닥뜨렸던 성의 정치학이 존재하고 있었다. 그것이 하녀로 일하기 위해 피에타의 집을 떠났던 소녀들이 낙태약을 사용했는가에 관한 우리의 질문과 관련이 있는가? 이 질문에 접근할 수 있는 맥락을 이해하기 위해, 우리는 여성이나 어린이와 같은 르네상스기의 사회적 하위 계층도 생득권을 소유한 개인으로 간주될 수 있다는 근대적 관념을 제거해야만 한다. 성적 불평등은 피렌체의 법에 명기된 사실 자체였다. 과부, 결혼한 여성, 혹은 존경할 만한 가문의 처녀를 강간한 남성은 500리라의 벌금형에 처해질 수 있었다. 하지만 어린 하녀를 겁탈했다면, 그에게는 단지 25리라의 벌금만이 부과되었다. 매춘부로 생각되는 여성을 강간한 경우에는, 어떠한 벌금도 부과되지 않았다.[46] 집에 함께 살던 청소년기의 하녀는 마치 자궁 속 미지의 종양 혹은 고용주가 불법적으로 낳은 아기와 비슷하게 취급되었다. 생명체라는 점은 인정되었지만, 그녀는 개인적인 권리는커녕 여러 생득적인 가치조차 지니지 못한 존재 그리고 소모성 존재로 간주되었다. 소녀를, 아기를, 그리고 "태어나지 않은 살덩어리"를 제거하는 일은 모두 숙주의 안위를 지키기 위한 것이었다. 그 숙주의 안위가 다른 모든 가치 척도보다 높은 자리를 차지하고 있었기에, 그러한 제거 행위는 그저 허락된 수준을 넘어 도덕적으로도 용인되었다. 오늘날의 관점에서 판단할 때, 이러한 논리의 흐름은 놀랄 만큼 야만적으로 보인다. 하지만 르네상스기의 많은 사람은 그것을 자명하고 합리적인 것으로 생각했다.

제3장에서 우리는, 여러 주인과의 계약서에 서명했지만 이 가운데 어느 것도 완수하지 못했던 미켈리노 메티놀리의 도메니카, 하녀로 일하기 위해 들어간 뒤 단지 2주일 만에 모직물 장인의 집에서 도망쳐나온 스테파노 다 로미타의 난니아 같은 피에타의 집 소녀들을 만났다. 이제 우리는 이 소녀들에게 다시 돌아가 그녀들에 대해 기록하고 있는 입소명부를 검토하면서, 그녀들의 배경과 상황을 재구성해야 한다. 피에타의 집 소수녀원장 모나 알레산드라는 초기 수년 동안 피렌체 전역의 가정에서 일하게 될 하녀로 약 13명 정도의 소녀들을 밖으로 내보냈다. 그녀는 그 가운데 일부의 소녀들이 그리고 어쩌면 아마도 대부분이 성적 폭행에 희생될 수도 있을 것이라는 점을 알고 있었다. 당시 일종의 자매 보호소와도 같았던 산타 마리아 델레 베르지네에서도 역시 소녀들을 밖으로 보내려고 노력했지만, 그곳에서는 그리 큰 성공을 거두지 못했다. 적어도 그곳의 소녀들 가운데 3분의 1이 계약을 맺었지만, 그 가운데 3분의 2가 수 주 혹은 수개월 안에 다시 돌아왔다. 그리고 남은 3분의 1 가운데에도 대부분은 도망쳐버렸다. 아마 그녀들이 그리 능률적인 하녀들이 아니어서 해고되었을 가능성도 있다. 되돌아온 소녀들에 대한 기록을 남기지 않아서인지는 몰라도, 오히려 산 니콜로에서 밖으로 보낸 소녀들이 더 오래 머물며 일했던 것으로 보인다. 그렇다면 어떠한 사회학적 요인들이 이러한 차이를 만들어

냈을까? 첫째 산타 마리아 델레 베르지네에는 어느 정도의 수준을 갖춘 사회계층 출신의 소녀들이 수용되었다. 따라서 그녀들은 산 니콜로나 피에타의 집 소녀들만큼 자발적으로 하녀의 일을 수행하려 들지 않았다. 그 외에도 산 니콜로의 많은 소녀가 피렌체 출신이었고, 따라서 그녀들에게는 필요할 때마다 자신을 후원하고 보호하거나 또 자신을 위해 협상에 나서줄 남성 친척들이 가까이에 있었다. 이와 비교할 때 피에타의 집 소녀들 가운데 거의 3분의 2가 도시 외부 출신이었다.[47]

처방전에 나타난 치료약을 그렇게 되돌아온 소녀들이나 다른 가정의 하녀로 일하기 위해 밖으로 나가려 했던 소녀들에게 사용하는 것이 가능했을까? 여기에는 논리적인 절차가 존재한다. 피에타 집의 근본적인 목적은 매춘부로 전락할 가능성이 있는 소녀를 보호하는 것이었다. 일반적으로 하녀로 일하던 소녀들 그리고 특히 고아가 된 소녀들은 성적인 폭행에 취약했다. 만약 그러한 폭행이 임신으로 이어진다면, 그것의 장기적인 결과들 가운데 하나는 분명히 인노첸티에 아기를 유기하는 것이었다. 그리고 그 다음 단계는 그 소녀마저 버리는 것이었다. 그리고 이것이 다시 매춘으로 이어졌다.

하지만 논리적인 결과가 곧 역사적 인과론으로 이어지는 것은 아니다. 이 문제를 보다 깊이 추적하기 전에 우리는, 만약 이러한 처방전들이 낙태를 위한 것이었다면, 피에타의 집 간호사들이 과연 누구로부터 그것에 관한 정보를 얻을 수 있었는가라는 두 번째 질문을 제기해야 한다. 우리는 이미 피에타의 집이 산업 슬럼 지대에 위치하고 있었고, 보르고 오니산티와 비아 누오바가 교차하던 모퉁이 지역이 피렌체에서 가장 오래된 두 전문 업종, 즉 모직물 산업과 성매매업이 교차하던 지점이었다는 사실을 검토했다. 피에타의 집은 피렌체의 홍등가 지역 가운데 하나의 가장자리에 위치하고 있었고, 비아 누오바를 따라 자리를 잡고 있었던 소녀들의 이웃은 거리의 매춘부와 코르티잔이었다.

1562년의 인구통계 조사서는 당시의 피렌체에 134명의 매춘부들이 살고 있었다고 기록하고 있다. 그들 가운데 21명은 보르고 오니산티, 비아 누오바, 비아 팔라추올로 부근에 몰려 있었고, 이 때문에 그곳은 도시 내에서 가장 밀집된 공간이었다. 하지만 이 숫자는 단지 등록된 매춘부들, 즉 오네스타의 규정에 따라 활동하면서 3개월마다 15리라의 자격증 수수료를 지불했던 매춘부의 수다. 이 지역에서는 여성의 수가 남성의 수보다 훨씬 많았는데, 이 많은 여성이 모두 양털에서 실을 뽑아내며 시간을 보냈을 것 같지는 않다.[48] 코시모 1세의 도덕 개혁은 매춘부들이 일할 수 있는 특정한 거리를 지정함으로써 유곽 밖에서 일하던 매춘부의 활동을 억제하는 것을 목적으로 했다. 피에타의 집 부근 지역은 코시모 1세에게 그리고 매춘부와 오네스타에게 모두 훌륭한 수입원이 되었다. 다양한 모직물 작업장과 견직물 공장에서 아내와 가족을 시골에 남겨두고 도시로 밀려들어온 노동자들을 끌어모으고 있었기 때문에 아마도 매춘부들 역시 이곳으로 모여들었을 것이다.

이 모든 상황이 만들어지는 데 사실상 도시 전체가 관여했고 또 교회가 깊이 연루되었다는 점이 우리를 놀라게 할 수도 있다. 많은 설교가가 성매매를 비난했다. 하지만 그것이 산타 마리아 델 피오레 성당의 사제단이 자신의 부동산을 매춘부에게 임대하여 수입을 거두어들이는 일까지

막지는 못했다. 바로 이 사제단이 비아 누오바에서 가장 많은 부동산을 소유하고 있던 임대주들이었다. 그들이 소유한 재산은 피에타의 집 서쪽으로 펼쳐져 있었다. 그리고 대다수의 임차인은 매춘부였다. 성직을 소유한 임대주들은 교회로부터 1000브라치오 즉 200피트 내에 매춘부가 거주할 수 없도록 규정한 법에 대해 전혀 신경을 쓰지 않았다. 적어도 인근 지역에는 세 곳의 교회가 존재하고 있었다. 임차인들은 이러한 역설을 달갑게 받아들였을 뿐만 아니라, 오히려 그것을 최대한 활용했다. 예를 들어 성당 사제단으로부터 방을 임대했던 한 여성은, 성당의 이름과 가깝도록 자신의 이름을 마리아 피오렌차La Maria Fiorenza라고 바꾸어 사용했다. 이러한 일은 도시의 다른 지역에 거주한 또 다른 매춘부의 경우에도 비슷하게 나타났다. 그녀는 "작은 주교"라는 뜻의 단어를 여성형으로 변형하여 라 베스코비나La Vescovina라는 이름을 사용했다.[49] 비아 누오바와 주변 지역에서 두 번째로 큰 부동산 소유주는 오니산티의 수도사들이었고, 그들 역시 많은 매춘부에게 부동산을 임대했다. 이 모든 사실은 무미건조하게 인구통계『조사서』에 기록되어 있다.[50]

비록 피에타의 집에 돈을 기부하기로 약속하거나 자신의 딸을 그곳에 보낸 사람은 거의 없었지만, 비아 누오바의 매춘부들은 분명히 같은 거리의 모퉁이에 살고 있던 10대 소녀들에 대해 알고 있었다. 또한 그녀들이 피에타의 집 소녀들이 거리 곳곳에 가져다놓은 헌금함에 몇 푼의 동전을 던져넣기도 했을 것이다. 바로 그녀들이 피에타의 집 뒷문을 통해 의무관 마르게리타에게 낙태약에 관해 슬쩍 조언을 해주었을 수도 있다. 희곡 작가들과 노벨라 작가들은 대개의 경우 자신들의 파트너를 협박해 돈을 갈

취하기 위한 미끼로 아기를 가지려고 했던 인물로 매춘부를 표현했다. 피에트로 아레티노의 『대화Dialogues』에 등장하는 요령 있는 매춘부 나나Nana 역시 자주 이런 일을 벌이곤 했다. 하지만 열망에 넘친 매춘부들을 위한 그녀의 모든 유명한 가르침 가운데 피임이나 낙태에 관한 조언은 없다. 일부 매춘부에게는 아이들이 있었다. 하지만 많은 매춘부가 그렇지는 않았다. 따라서 우리는 여성의 비밀스러운 지식에 관한 남성들의 환상이라는 영역으로 되돌아가야 한다. 의사들은 더 적극적이면 적극적일수록 매춘부에게는 임신이 더욱 어렵게 될 것이라고 주장했다. 너무 강렬한 움직임으로 자궁이 과열되면서 그녀들이 불임의 상황에 처하게 되기도 했고, 또 아주 많은 다른 남성으로부터 정액을 받아들여 그녀들의 자궁이 혼란스럽게 되었다는 것이다. 하지만 바로 이러한 매춘부들이 자궁이 막히기 시작하고 또 생리 주기가 불규칙해지기 시작한다고 느꼈을 때 이븐 시나의 연고와 마사와이히의 경고를 사용했을 것이다. 아레티노의 이야기에 등장하는 나나와 달리, 그녀들은 낙태에 관한 지식이 필요했던 다른 여성 그리고 다른 소녀들과 그것을 공유했을 것이다.[51]

이것은 매력적인 주제다. 명성을 날리던 요령 있는 코르티잔의 경우라면 문학에도 조예가 깊었을 것이고, 아마도 소녀들에게 도움을 줄 치료약을 제조했던 아라비아의 의사에 대해서도 들어보았을 것이다. 그리고 그녀가 읽기보다는 대화 도중의 가벼운 실수로 낙태에 관한 지식을 전달해 주었을 가능성도 있다. 예를 들어, 피에타 집의 『처방서』에는 이븐 시나가 제조했던 연고가, "이븐 시나의" 연고라는 말 대신에 "븐 시나로부터" 혹은 "븐 시나의" 연고 따위로 기록되어 있는데, 이것이 이러한 가벼운 실수를 예증하는 것으로 보인다. 하지만 아무리 매력적으로 보인다고 해도, 우리는 은밀한 처방전을 공유하기 위해 매춘부들이 피에타의 집 뒷문을 들락거렸다는 생각을 받아들여서는 안 된다. 비록 『처방서』를 옮겨적었던 여성들이 낡은 거래장부의 곳곳에 일부 처방전을 숨겨놓았다고 해도, 그녀들이 어떤 자료를 사용했는지는 정확하게 알 수 없다. 이 때문에 처음에는 주의해야 할 것처럼 보이던 것들이 그저 빈 지면을 찾는 것과 다름없이 의미 없는 것이었을 수도 있다. 머리 백선 치료약을 제외하면, 처방서에 나타난 모든 치료법은 공작 코시모 1세의 명령으로 피렌체의 의사와 약제상 길드에서 제작해 피에타의 집이 문을 열기 몇 해 전에 출판했던 공식적인 의학 지침서로부터 유래한 것들이었다. 이 지침서는 일상의 모든 질환을 치료하기 위한 1000가지의 처방전을 묶어 손에 쥐고 다니던 파골로의 개인 포켓북과 같은 휴대용 책이 아니었다. 파골로의 책과 달리 『도시 피렌체의 의사와 약제상 길드와 협회의 처방서El Ricetrrario dell'arte, et universita de medici, et spetiali della citta di Firenze』는 200쪽가량으로 이루어진 2절판 크기의 대형 인쇄본이었다. 종종 디오스코리데스학에 따라 재료를 묘사한 이 책에는 연고, 달인 약물, 시럽 그리고 그와 유사한 약의 제조법이 설명되어 있으며, 모두 548개에 달하는 처방전이 등장한다.[52] 의사 파골로의 책처럼 무계획적으로 정리된 것은 아니었지만, 이 책에도 약간의 중복된 내용들이 나타난다. 피에타의 집 필사본에 명기된 제목은 바로 이 피렌체 길드와 협회의 『처방서El Ricettario』가 『처방서Del Ricettario』로 묘사된 피에타의 집 컬렉션의 원자료였다는 점을 암시한다. 언제, 어떻게, 왜 그리고 누구를 위해 사용해야 하는지를 기술하지 않아 우리를 혼란스럽게 만드는 것에 이르기까지, 이 두 책은 아주 비슷하다.

이탈리아의 노벨라에 등장한 아버지와 남자 형제들은 대개의 경우 결혼하지 않은 상황에서 임신한 소녀들을 보호해야 했다. 자신들이 처한 상황이 가족의 명예를 손상시켰기 때문이었다. 오직 소녀들을 죽임으로써 그들의 명예가 회복될 수 있었다. 이와 달리 프랑스의 이야기에서는 온 가족이 힘을 모아 소녀를 보호했다. 두 문학 전통에서 엄마들이 가장 직접적으로 딸들을 도와준 사람이었다. 프랑스의 작가 보나벤투라 데 페리에 Bonaventura Des Périers는 1558년 사후 출판된 노벨라 책에서, "엄마들은 딸들이 너무 빨리 이용되지 않도록 하거나, 어떤 놀라운 일이 발생했을 때 어떻게 불행한 일을 치유할 수 있는지에 대해 알고 있다"고 적었다.[53] 이로 인해 과부의 딸은 만약 다른 여성이 엄마와 같은 관심을 기울이지 않는다면 어려운 상황에 처했다.

이것이 우리를 세 번째 질문, 즉 이 보호소 그리고 그것을 둘러싼 숱한 수수께끼의 이면에 존재한 이들이 과연 누구였는가라는 질문으로 이끈다. 궁극적으로 피에타의 집을 운영한 사람이 누구였는가를 이해하기 위해, 거주 소수녀원장 모나 알레산드라 너머의 세계에 주목해야 한다. 우리는 이미 매년 피에타의 집을 지원하기로 맹세했던 후원인 집단의 대표 마리에타 곤디를 만났다. 이 모임에서 중요한 점은 그 구성원의 수가 수백 명에 달했고, 그들 모두가 여성이었다는 사실이다. 『피에타의 집 자매들의 연대기』는 재정적으로 그곳을 후원했던 200명 이상으로 구성된 집단에 대해 언급하고 있지만, 그녀들에 대해서는 거의 아무런 이야기도 하지 않는다.

이제 다른 필사본 자료와 역사적 기록으로 돌아가 그녀들에 대해 보다 자세히 살펴볼 차례다. 과연 그녀들은 누구였고, 또 무엇을 했는가?

피에타의 집 재무원장 기록에는 여러 차원에서 특히 흥미로운 사실이 담겨 있다. 『연대기』가 피에타의 집과 관련된 성직자들에 대해서는 많은 것을 이야기하는 반면 여성들에 관해서는 거의 아무런 언급도 하지 않는 것과 달리, 이 재무 기록은 오히려 그 반대다. 여성들의 활동이 모든 부분에서 분명하게 나타나고 있는 반면, 그와 반대로 성직자들은 오직 종교 의식을 수행한 대가로 정기적인 월급이 지불되었을 때에만 등장한다. 초기 몇 년에 관한 문서보관소의 개별 기록은 그 표지와 첫 면에 그것이 "피에타의 집 여성들과 소녀들에 관한 책"이라고 스스로를 표현하고 있다. 재무일지는 총액이 "여성들에 관한 책"으로 이관되었다는 메모로 끝나는데, 이것은 그녀들이 회계장부에 세심하게 주목했다는 점을 암시한다. 특히 후원 약속에 대해 기록한 서약의 책들이 가장 흥미롭다. 왜냐하면 그로 인해 이 집단이 결과적으로 거의 400명에 이르렀다는 사실을 확인할 수 있기 때문이다. 산타 크로체 출신의 수도사 한 명을 제외하면, 단 한 명의 남성 회원도 없었다. 피에타의 집은 거의 배타적으로 여성들에 의해 후원되었던 것이다. 피렌체의 다른 어떤 보호소도 이에 필적할 수 없고, 이탈리아의 다른 곳에서도 그와 같은 예는 거의 찾아볼 수 없다.

서로 다른 시기에 작성된 별개의 세 목록에 여성들의 이름이 등장한다. 첫째는 의학 처방전을 숨기고 있는 기묘한 책의 서두에서 발견된 목록이다. 그것은 처음 1554년부터 1555년까지 그 모임에 가입한 회원들의 등록부로 사용된 것으로서, 거기에는 총 62명의 이름이 기록되어 있다. 이 필사본 기록의 표지에는 "산타 피에타를 위한 산 조반니 지구"라는 제목이 붙어 있는데, 이는 산타 마리아 노벨라, 산타 크로체, 산 스피리토 지구에서도 이와 비교할 수 있는 책이 있어야 한다는 점을 암시한다. 그 이유는 두 번째 필사본 기록에서 찾을 수 있다. 그것은 같은 시기에 시작하여 1554년 가을을 거쳐 뒤이은 급속한 팽창기에 지원을 약속하고 서명했던 피렌체 전역의 320명 여성들의 서약을 기록으로 남긴 책이다. 세 번째 책은 1567년까지 여전히 회원으로 남아 있던 여인들에 관해 기록하고 있다. 13년 전 열광적으로 시작된 이후, 이제 그 모임에는 가까스로 10분의 1 정도만이 남게 되었다. 즉 계속해서 그 수가 감소하던 집단 내에서 오직 36명만이 남아 모임의 명맥을 유지하고 있었다. 다시 말해 피에타회는 붕괴되고 있었다. 1570년대에는 단 9명만이 가입했고, 기록이 끝나는 1606년까지 오직 17명만이 더 가입했을 뿐이었다.[54]

피에타회의 갑작스런 성장과 장기간 지속되었던 쇠퇴가, 무엇이 피에타의 집 소녀들을 죽음으로 몰아갔는가라는 질문에 대한 해답의 열쇠를 쥐고 있는가? 여성들의 조직은 간혹 오래 지속되지 못했다. 따라서 우리는 이 주목할 만한 여성들의 집단은 과연 어떠했는지에 대해 보다 분명하게 살펴보아야 한다. 일부 사실들은 바로 분명하게 드러난다. 그녀들 가운데 많은 수가 과부였다는 점이다. 그녀들이 서약한 후원금은 대부분 2리라 미만이었고, 첫해의 270명 가운데 18명만이 7.5리라의 가치에 해당하는 1스쿠도 이상을 기부했다. 이와 동시에 이들 가운데 의미 있는 수가 저명한 명망 가문 출신이었다는 점도 특징적이다. 이 목록에 기록된 피렌체의 엘리트 가문 출신을 열거하면, 3명이 메디치Medici, 4명이 안티노리Antinori, 6명이 리카솔리Ricasoli, 7명이 리돌피Ridolfi 그리고 11명이 카포니Capponi 가문 출신이었다. 하지만 흥미롭게도 가장 큰 입회등록 명부에는 당시 엘리트 여성들 사이에서 확산되기 시작하던 비전통적인 방식으로 그녀들의 이름이 종종 기록되어 있다. 어떤 미망인이 죽은 남편의 이름을 사용하려고 할 때, 이 여성들 가운데 상당수는 단순히 성만을 사용했다. 따라서 "고 피에로 안티노리의 막달레나Maddalena del quondam Piero Antinori, or Maddalena del fu Piero Antinori"라는 표현 대신에, 그 집단의 여성은 종종 단순하게 "안티노리의 막달레나Maddalena degli Antinori"라는 이름으로 등록되었다. 이전 피렌체 사회에서 남편이나 아버지의 이름에 따라 자신의 신원을 규칙적으로 기록하지 않았던 유일한 여성은 수녀와 매춘부뿐이었다.[55]

한 가지 더 깊이 있는 사항이 있다. 피렌체 역사를 전공한 역사가이자 기록학자인 로살리아 만노 톨루Rosalia Manno Tolu는 르네상스기 피렌체의 몇몇 보호소에 관해 저술해왔고, 또 후원한 남성과 여성들의 배경에 대해 철저히 연구해왔다. 그 시기에 대한 전문가라는 점 외에도 그녀에게는 피렌체 국립문서보관소의 책임자로서 필사본 기록에 접근할 수 있는 이점이 있다. 이러한 그녀의 연구—비록 그녀의 연구 덕분에 피에타의 집을 후원한 여성들의 행동과 그곳에서 발견된 낙태약 처방전을 더욱 이해하기 어렵게 되었지만—는 이 집단의 여성들이 중요한 무엇인가를 공유하고 있었다는 점을 보여준다.[56] 그것은 바로 피에타회의 여성들이 당시 피렌체에서 가장 근본주의적인 종교 집단의 구성원이었다는 점이다. 즉 그녀들은 60년 전 당시 사회의 부도덕과 타락을 강하게 질타했고, 이후 이단으로 몰려 화형당한 수도사 지롤라모 사보나롤라의 추종자들이었다.

제5장

르네상스기의 근본주의자들과 곤경에 처한 소녀들

Renaissance Fundamentalists and Girls in Trouble

마담 안토니아Madam Antonia: 이 삶은 너무도 커다란 고통이요, 고문입니다. 신이시여 저희를 도와주소서. 그리고 특히 저처럼 모든 이로부터 버림받고 홀로 사는 가난한 과부를 도와주세요. 이런 젠장! 때때로 저는 제가 태어나지 말았더라면 하고 바랍니다. 하지만 아직은 신에 대한 제 믿음 그리고 제 금식과 기도가 이승에서의 삶이 아니라면 저승의 삶을 위해서, 저에게 많은 희망을 줍니다. 하지만 과거에는 움켜쥘 수 있었던 일상적인 수입을 얻지 못하고 있으며 또 다른 벌이도 별달리 없는 상황에서도 하늘을 기쁘게 하면서 살아야만 하고 또 그렇게 살기를 원했기에, 먹고살기 위해 저는 이런저런 순간에 이 사람 저 사람에게 그들이 원하는 것은 무엇이든지 바로 제공하고 있습니다. 그것이 제가 살아가는 방법이고, 또 그것이 죽을 때까지 제가 계속 해야 하는 일입니다. 그것이 제가 잔니노Giannino를 돕기로 동의한 이유입니다. 그는 며칠 동안 제가 잘 지낼 수 있도록 충분한 돈을 지불하기로 약속했습니다. 그러나 그녀가 왜 이렇게 늦도록 나타나지 않는 것인가요?

잔니노: 벌써 왔네요, 그런데 당신은 마치 교수대로 끌려가는 사람처럼 보이는군요.

안토니아: 자네는 노년의 내게, 내가 젊었을 때에는 결코 하지 않았을 일

을 하도록 만들고 있어.

잔니노: 음, 제가 당신에게 충분히 지불하지 않았나요? 그 정도면 당신의 명예와 욕구를 돌볼 수 있을 텐데요. (…) [산드라Sandra를 향해] 왜 이렇게 늦은 거죠?

산드라: 단장을 좀 해야 했어요. 당신은 제가 어린 술집 처자처럼 보이기를 원했었죠?

잔니노: 당신에게서 이발소 냄새 같은 것이 나는데요.

산드라: 좋아요, 이제 이 이야기는 그만하죠. 제가 할 일이 무엇이죠? 모나 안토니아, 돈 받았죠?

안토니아: 아직, 나중에 줄 거라고 그가 말했어.

산드라: 얼마나요?

안토니아: 각각에게 2두카토씩.

산드라: 그게 다예요?

잔니노: 이 더러운 것들……! 그 정도면 딱 적당하잖아요.

안토니아: 좋아, 잔니노. 이제 이 이야기는 충분해. 자, 돈 받아.

잔니노: 자 이제 모두 합의됐죠. 벌써 문 앞에 왔네요. 이리로 들어가…….

– 안톤프란체스코 그라치니, 『뚜쟁이』

그리고 이렇게 경건하고 한때는 부유했던 과부 모나 안토니아는 자신의 딸 산드라에게 매춘을 주선하며, 하인 잔니노와 함께 계략을 꾸민다. 그것은 늙은 주인 제로초로 하여금 이웃에 사는 어리고 아름다운 부인과 잠자리를 함께하도록 만드는 일이다. 안톤프란체스코 그라치니의 『뚜쟁이』

에서는 별일 아니라는 듯 묘사되었지만, 실제로는 훨씬 더 복잡한 일이다. 그 이유는 누군가를 투명인간으로 만들어주리라 생각했던 마법의 약이 실제로는 아무런 효과가 없기 때문만은 아니었다.

모나 안토니아는 르네상스기의 피렌체인들이 혐오했던 모든 것을 대변했다. 그녀는 한순간에 도덕적이면서도 또 동시에 세속적일 수도 있는 경건한 위선자였다. 그렇다면 그녀가 오직 매춘을 시키기 위해 버림받은 소녀들을 보호하면서 피에타의 집을 운영했던 미망인들의 모습을 재현한 것인가? 불필요한 임신으로 인한 단절을 막고 계속 일을 할 수 있도록 만들기 위해 이 미망인들이 소녀들에게 피임약과 낙태약을 먹였는가? 피렌체인들은 이러한 정황에 의구심을 가지고 있었고, 그러한 의구심이 그들이 사용한 언어 속에 고스란히 스며들어갔다. 이탈리아어 핀초케라pinzochera는 가난과 순결이라는 경건한 삶을 살기로 맹세하고 비용을 줄이기 위해 간혹은 공동체 생활을 했으며, 또 약간의 돈을 벌기 위해 고아들을 받아들여 자신들과 함께 지내게 했던 존경할 만한 과부들을 묘사하는 말이었다. 하지만 피렌체의 은어에서 핀초케라는 그러한 긍정적인 의미와 함께 포주 혹은 여성 뚜쟁이를 뜻하는 말이었다.

이 책의 주제를 둘러싸고 증폭되고 있는 모든 수수께끼 가운데, 우리에게는 지금 다루고 있는 이 주제가 가장 낯설어 보인다. 사보나롤라는 이단으로 몰려 화형을 당했다. 하지만 그의 "이단"은 가장 격렬한 심판의 언어로 정치적 오용과 성적 부도덕, 부유한 사람들과 방종한 삶을 영위하던 교회 고위층 성직자들을 맹렬히 비난한 것이었다. 우리가 이미 보았듯이, 그는 낙태를 특히 맹렬하게 비난했다. 사보나롤라의 메시지는 1490년대

북이탈리아 전역에서 반향을 불러일으켰다. 그리고 피렌체는 사회적 부적응자, 도덕주의자, 불평분자들이 가담했던 소위 사보나롤라 운동의 진앙지였다. 하지만 여기에 피코 델라 미란돌라Pico della Mirandola 같은 철학자, 산드로 보티첼리Sandro Biotticelli 같은 화가를 비롯해 많은 과부 역시 가담했다. 사보나롤라는 과부들을 사회질서를 유지시키는 현명하고, 경건하며, 정숙한 보호자로 간주했다. 또한 그녀들은 사보나롤라의 추종자들 가운데에서도 가장 강력한 단체 가운데 하나를 결성함으로써 이러한 그의 믿음에 부응했다.[1] 물론 일부는 떠나버렸지만, 진정으로 사보나롤라를 믿었던 그녀들은 1498년에 있었던 그의 처형을 일종의 순교로 받아들였다. 그리고 그녀들은 이후 수십 년 동안의 정치적·종교적 삶에서 조직적이고 능동적이며 또 매우 의욕적인 가톨릭 단체를 유지했다. 어떻게 이런 그녀들이 1550년대와 1560년대에 10대 소녀들에게 낙태를 주선하는 것이 가능했을까?

오늘날의 우리는 피렌체의 주 광장에서 정교하게 "허영의 불꽃"이라는 의식을 거행해 그림과 책 그리고 놀이용 카드를 태워버린 도덕주의적이고 위선적인 흥 깨는 사람으로 사보나롤라를 기억하고 있다. 하지만 이러한 모습의 사보나롤라는 그에 관해서만큼이나 우리 자신에 대해 많은 것을 이야기해준다. 그는 "근본주의자"라는 20세기의 용어가 지닌 모든 시대착오적인 의미까지 포함해, 말 그대로의 전형적인 "근본주의자"였다. 통속적인 소설들은 필연적이다시피 사보나롤라를 감정, 창조성, 합리성 그리고 진보 등 우리가 르네상스에서 인간적이라고 간주했던 모든 것을 파괴했던 과격하고 영악한 억압적 교리의 제창자로 묘사한다. 이런 이미지 속의 사보나롤라는 자신의 잇속을 챙기기 위해 폭력과 위협을 서슴지 않았던 기회주의자이자 위선자다. 한마디로 그는 반르네상스적 인간의 화신이다.

한 세기 혹은 그 이전으로 거슬러올라가 살펴보자. 그러면 대중소설이나 역사서에 민주적이고 대의적인 정부를 믿었던 또 다른 사보나롤라가 등장한다. 이런 이미지의 사보나롤라는 교회와 국가의 분리를 주창하고, 인간적 진실성과 도덕성 그리고 궁핍하고 박탈당한 사람들에 대한 지원을 가치 있는 일로 평가하면서, 기본적으로는 내향적인 종교를 고취하려고 노력한다. 하지만 이러한 이미지도 마찬가지로 시대착오적이었다. 이탈리아 내에서, 이탈리아 통일에 대한 가톨릭교회의 강한 저항에 좌절했던 민족주의자들은 교황청의 정치적 간섭에 대한 사보나롤라의 비판을 이용하여, 얄궂게도 그를 교회와 국가의 분리를 옹호한 국가적 영웅으로 만들었다. 비록 아마도 사보나롤라가 심지어 더 큰 목소리로 마르틴 루터Martin Luther를 비판했을 테지만, 이탈리아 밖에서는 프로테스탄트들이 루터 이전 세대 가운데 가톨릭교회에 대항해 싸운 영웅들의 만신전에 그 수도사의 이름을 기록했다.[2]

논란이 많은 다른 인물과 마찬가지로, 오늘날의 사보나롤라 이미지는 대중문화의 열망과 격변 속에서 철저히 형성되어왔다. 사보나롤라의 역할, 정체성, 이미지를 둘러싼 이러한 투쟁이 16세기에도 마찬가지로 무섭게 진행되었다. 그의 권력 장악 그리고 공개적인 화형은 피렌체의 시민적 삶에서 철저히 친메디치 그리고 반메디치 파당의 정치적 관계와 연결되어 있었다. 드러내놓고 공개적으로 경건성을 표출했기 때문에, 그의 추종자들에게는 "우는 사람들" 혹은 "흐느끼는 사람들", 즉 사보나롤라 추종자

piagnoni['울부짖는 사람들'이라는 뜻]라는 꼬리표가 붙게 되었다. 이러한 언어적 표현을 통해 우리는 어째서 많은 피렌체인이 그들을 짜증날 정도로 독선적인 이들이라고 생각하게 되었는지를 알 수 있게 된다. 또한 그것은 간결하지만 함축적인 모욕이 공적인 관계에서 작용하는 힘을 증명한다.

이 흐느끼는 사람들이 신성한 도시를 세우겠다는 목적에 천착하고 그 대의에 따라 결연히 조직되었다. 하지만 우리는 그러한 그들의 비전에 근대적인 맥락에서 의미할 수 있는 모든 것을 투사해서는 안 된다. 분명히 그들은 누드, 세속주의, 난교에 인상을 찌푸렸던 도덕주의자들이었다. 그리고 그 결과 허영의 불꽃이 타올랐다. 사보나롤라는 경건한 청소년 폭력배 무리를 선발했고, 그들은 도시를 돌아다니며 게임을 일삼던 사람들, 동성연애자, 신성모독자들을 공포에 떨게 만들었다. 하지만 15세기 후반과 16세기에는 인문주의자, 과부, 정치꾼, 수녀 그리고 10대들의 이 이상한 연합이 피렌체에서 가장 단호하게 공화 정부를 주창했던 사람들을 하나로 결집시켰다. 그들은 여성들이나 아이들과 같은 주변부 집단에게 그들의 목소리를 되찾아주고, 가난한 사람들에게 관대한 사회적 서비스를 제공하고, 제도 교회로부터 정치권력을 빼앗아올 수 있는 계몽되고 평등한 사회질서를 추구하기 위해 투쟁하고 또 죽을 준비가 되어 있었다. 비록 사보나롤라의 처형 이후 10년도 지나지 않아 그들 사이에 분열이 생겨났지만, 16세기의 처음 30년간 메디치 가문과 싸우는 동안 이 흐느끼는 사람들은 상당히 일관된 하나의 집단을 유지했다. 하지만 1527년부터 1530년 사이의 공화국 마지막 격변기에 그들 사이에 심각한 분쟁이 발생했다. 이후 수십 년 동안, 속인 대 성직자, 남성 대 여성, 강경파 대 중도파의 대립 등 가능한 모든 변수와 함께, 그들 사이의 균열된 금이 점점 더 벌어졌다. 사보나롤라의 본래 이데올로기가 피에타 집의 설립과 초기의 발전을 가능하게 했다면, 후대의 이데올로기적 균열이 피에타의 집을 분열시키고 그것이 다른 방향으로 나아가도록 이끌었다.[3]

만약 우리가 1554년 피에타 집의 문을 열었던 여성들을 사보나롤라 추종자로 규정한다면, 그것이 실제 의미하는 바는 무엇인가? 그녀들은 과연 드러나지 않은 뚜쟁이였는가, 아니면 결연한 행동주의자였는가? 물론 그라치니는 모나 안토니아를 사보나롤라 추종자와 동일시하지 않는다. 하지만 그녀의 공공연한 경건성은 그 방향을 향하고 있다. 반면 그녀의 뻔뻔하고 위선적인 행동은 과부가 된 뒤 어려운 상황에 직면한 경건한 여성들이 결성했던 단체의 동기에 대해 당시의 피렌체인들이 얼마나 냉소적이었는지를 암묵적으로 보여준다. 우리는 그녀들이 누구였는지에 대해 보다 분명하게 알아야 한다. 또 우리에게는 소녀들을 위한 단순한 보호시설을 넘어 어떻게 피에타의 집이 르네상스 후기 피렌체의 보다 넓은 권력투쟁에 의해 좌우되던 제도적 노리개가 되었는지에 대해 좀 더 명확히 이해할 필요가 있다. 이것은 우리가 피에타 집의 기원과 후일의 변화와 관련된 다음과 같은 광범위한 질문을 검토해야 함을 의미한다. 피에타 집의 특징적인 모습과 일부 달라 보이는 초기의 역사는 사보나롤라 운동과 관련하여 그리고 그 내부에서 소용돌이치던 권력투쟁으로 인해 발생한 것인가? 1554년 문을 열기 전 그 보호소의 뿌리는 과연 어디에 있었는가 그리고 후일 피에타의 집이 보르고 오니산티로부터 이주해나온 것이 사보나롤라 추종자들 사이에서 발생했던 권력투쟁과 연관되어 있었는가? 결국 무엇 때문에 피에타의 집이 수녀원으로 변모하게 되었는가? 무엇보다 이 여성들은 누구였는가? 뚜쟁이였는가, 아니면 경건주의자들이었는가? 한 무리의 근본주의자들이 낙태약을 배포하는 일에 관여하는 것이 실제 가능할 수 있었을까? 그리고 이 많은 질문에 대한 해답을 구하는 것이, 왜 그토록 많은 피에타의 집 소녀가 죽게 되었는지를 설명하는 데 도움이 될까?

메디치 통치기 피렌체에 살던 사보나롤라의 여인들

—

수도사 지롤라모 사보나롤라는 북이탈리아 곳곳을 돌아다니며 예언적이고 시급한 사회적 현안에 대해 강경하게 설교하며 그 명성을 쌓았다. 그리고 그 명성에 기초해 이후 1490년 피렌체로 왔다.[4] 그는 스물두 살에 도미니코 수도회에 가입했고, 다소 평탄하지 못한 초기의 시간을 보낸 뒤, 날카로운 지성 그리고 그보다 더 날카로운 언술로 명성을 얻었다. 로렌초 데 메디치는 도미니코 수도회에 영향력을 행사해 교회와 광장으로 사람들을 끌어모은 카리스마 넘친 이 설교가가 피렌체로 올 수 있도록 주선했다. 사보나롤라가 피렌체는 물론이고 코시모 데 메디치 시대 이후로 메디치 가문에서 많은 후원을 아끼지 않았던 산 마르코 수도원을 더욱 화려하게 만들기에 적합한 인물로 보였기 때문이었을 것이다. 사보나롤라는 자신의 후견인들과 좋은 관계를 유지했고, 1492년 로렌초가 죽을 때 그들과 함께 로렌초의 침상을 지켰다. 하지만 그는 곧 자신의 강력한 설교로 메디치 체제를 공격하기 시작했고, 권력이 보다 넓게 공유되었고 도시 자체가 하나의 신성한 공간으로 자리 잡고 있었던 옛 피렌체의 정치 관행으로 돌아가자는 주장을 전개해나갔다. 분명히 사보나롤라는 전통주의자였다. 하지만 모든 르네상스기의 개혁가 역시 전통주의자였다. 그들 사이의 차이는 단지 그들이 호소했고 자신들의 방식으로 재생하려 했던 전통이 무엇이었는가—즉 고전 라틴 전통, 초기 크리스트교 전통, 중세 코뮌 전통 등—에 달려 있었다. 혁신적인 사람은 거의 없었다. 그들 모두는 미래로 향한 길이 과거를 통해 이어져 있고, 회복되어야 하는 것은 단순히 기술이나 관념이 아니라 초기의 세대들에게 생명력을 불어넣었던 개성, 신념, 훈육의 내핵 즉 덕이라고 생각했다. 이러한 전통은 어느 정도 현재 사회의 결함에 대한 반동으로 창안된 것이었기에, 그들의 시대 분석과 그에 대한 처방이 자주 중첩되곤 했다.

그리고 이것이 사보나롤라가 핵심 세력 훨씬 너머까지 그 호소력을 발휘할 수 있었던 한 가지 이유였다. 깊은 크리스트교적 신념에서가 아니라 그의 메시지에서 자신들의 사회적·정치적 혹은 종교적 대의와 공명하는 무엇인가를 발견할 수 있었기 때문에, 사보나롤라의 주위에는 그를 따라 이곳저곳을 돌아다니던 무리가 존재했다. 이것이 또한 다른 이들에게는 만족스러웠던 르네상스기의 문화적·지적 발전에 사보나롤라 운동이 도전을 가할 수 있었던 까닭이었다. 어느 누구도 그보다 더 정교하고 단호하게 진정한 공화 체제를 요구하지 않았다. 사보나롤라 진영은 여러 부류의 사람들 즉, 진정한 신봉자, 희망적인 관측자, 자신들이 원하는 대로 그를 조종하고 나중에 버릴 수 있다고 생각한 기회주의자들로 부풀어올랐다. 헌신, 투사 그리고 전략이 하나로 결합되었기 때문에, 사보나롤라 운동은 멈출 수 없게 되었다.

하지만 서서히 증가하던 교황청의 압력과 쌓여가던 도시 내부의 문제들에 직면하게 되면서 사보나롤라 스스로 교조주의적이고 비타협적인 태도를 보이게 되었고, 이로 인해 그들의 급격한 몰락은 피할 수 없는 일이 되었다. 그와 함께 곳곳을 돌아다니던 이들은 곧 흩어졌고, 심지어 그들 가운데 일부는 1498년 화형으로 그를 처형하는 일에 동의하고 처형에 가담하기도 했다. 하지만 역설적으로 이 분노에 찬 처형으로 인해 사보나롤라 운동은 계속 그 생명력을 유지할 수 있었다. 실패한 예언, 모순적인 정치 역학 그리고 쌓여가던 긴장에 의해 드디어 환상에서 깨어난 이 흐느끼는 사람들이 이제 자신의 시대 앞에 놓인 강하고 불법적인 권력에 의해 죽임을 당한 사보나롤라를 순교자로 생각하며 애도하게 되었던 것이다. 그들은 그의 약속을 실현하기로 결심했다. 사보나롤라가 우리의 주목을 끈다면, 그보다 훨씬 더 흥미로운 이들이 바로 그의 추종자들이다. 그들은 대규모 지하 네트워크를 형성했고, 자신들의 목적을 달성하기 위해 비밀리에 활동했으며, 1510년대 후반과 1520년대 후반 예기치 않은 기회가 왔을 때 갑자기 행동에 나서기 시작했다. 많은 이가 이런 일에 참여했고, 그들 가운데 일부에게는 순교의 위험마저 감수할 준비가 되어 있었다. 이것은 한 인간에 대한 헌신을 넘어서는 일이었다. 그들은 덕의 공동체 내에서 모든 이에게 새로운 삶을 약속한 보다 평등한 신성 공화국을 믿고 있었다. 그것은 15세기 말과 16세기 초 유럽 전역에서 다른 종류의 모든 개혁가에 영감을 주었던 강력한 힘을 가진 비전이었다. 그리고 그것의 가장 강력한 요소들 가운데에는 평범한 세속인, 여성, 심지어 어린이들에게 약속했던 능동적인 역할이 자리 잡고 있었다.

자선활동은 그들이 꿈꾸었던 이상적인 신성 공화국의 시금석이었고, 사보나롤라의 지휘 아래 그의 추종자들은 몸소 가난한 사람들을 돕기 위해 피렌체의 핵심 세속 종교봉사단체 일부를 떠맡기 시작했다. 구성원들은 정교하게 짜여 있던 초기의 시민적·종교적 의식 대신에 단순한 예배 활동만을 전형적으로 채택했고, 기금을 마련하기 위해 자신들 스스로에게 많은 세금을 부과했으며, 자선활동에 많은 사람이 참여할 수 있도록 보다 넓은 행정 체계를 구축하고 발전시켰다.

사보나롤라가 사망한 뒤에도 여전히 그의 추종자들은 이 동일한 자선봉사단체들을 통해 공공 교육과 공공 자선사업을 지속적으로 수행해나갔다. 그리고 이 단체들이, 특히 1512년 메디치 가문이 권력을 다시 장악하고 내부의 적들을 억압하려고 했을 때, 그에 저항하는 매우 효과적인 지하조직으로 자리 잡았다. 1527년 메디치 가문이 재차 붕괴하고 공화정이 다시 수립되었을 때, 사보나롤라 추종자들은 권력을 인수할 태세를 갖추고 있었다. 구체적인 정치적·자선적 활동에 관한 명확한 계획을 가지고 바로 그해에 그들이 갑자기 부활했다는 점은, 1520년대에도 여전히 사보나롤라 추종자들의 강건한 지하조직이 존재하고 있었다는 사실로만 설명될 수 있다. 세속 종교봉사단체와 자선사업은 분주히 활동하던 이 비밀조직의 공적인 측면이었다. 하지만 지하 세계에서 공적인 정치적 자리로 옮겨가면서 그들 내부에 잠복해 있던 문제가 고개를 들었고, 1529년 교황청과 신성로마제국의 군대가 피렌체를 포위했을 때 이 문제들이 더욱 크게 부각되기 시작했다. 전략의 차이가 이 운동을 갈라놓았고, 결국 많은 온건 지지자를 멀어지게 만들었다. 1530년대부터는 온건한 이 세속인들이 점차 혁명적인 수사와 행동을 포기하기 시작했다. 대신 그들은 세속인들을 중심으로 그리고 메디치 공작을 직접적으로 공격하지 않고—심지어 그들 가운데 일부는 자신들의 대의에 그를 동참시킬 수 있기를 희망했다—당면 문제를 해결하기 위해 행동에 나서면서 소규모의 신성 공화국을 건설하려고 노력했다.

이러한 사보나롤라 추종자들에 대해 메디치 가문에서는 보다 보복적인 입장을 취했다. 교황 레오 10세Leo X는 사보나롤라 추종자들을 자기편으로 끌어들이려고 노력했다. 그의 사촌이자 후임자였던 클레멘스 7세Clemens VII는 더 가혹한 방식을 택했다. 그는 자신과 어떤 흑인 여성 혹은 물라토 하녀와의 사이에서 태어난 사생아로 알려져 있던 "무어인il Moro" 알레산드로 데 메디치Alessandro de' Medici(1511~1537)를 피렌체 공국의 공작으로 앉혔다. 공작 알레산드로는 즉시 25명의 저명한 공화주의 지도자들을 처형했고, 또 다른 200명을 투옥시키거나 추방했다. 이후에도 여전히 그는 더 많은 지도자를 투옥하거나 처형했고, 또 세속 봉사단체를 폐쇄시킴으로써 후일 사보나롤라의 예언들이 되살아날 수 있는 뿌리를 잘라버렸다. 1537년 알레산드로가 암살된 뒤, 코시모 1세가 공작의 자리에 올랐다. 그는 즉시 세속 종교봉사단체들을 폐쇄시켜, 그것들이 일종의 지하 저항 운동 세력으로 발전하는 것을 막았다. 1510년대와 1520년대에 사보나롤라 추종자들이 그토록 효과적으로 활동할 수 있었던 것은 바로 그러한 지하 운동 덕분이었다.[5]

메디치 가문과의 싸움은 사보나롤라 추종자들의 운동에, 특히 속인과 성직자들 사이에 균열을 가져왔다. 유럽 전역에서 성직자들은, 특히 프로테스탄트 세속 개혁가들이 교회를 장악하고, 수도원과 수녀원을 폐쇄하고, 성직자들을 사회의 주변부로 몰아붙였을 때, 자신들이 한때 열정적으로 지지했던 정직한 세속인들의 지식과 진실성에 대해 재고하기 시작했다. 더 많은 성직자는 학식 있는 크리스트교 이성과 건전한 생각을 표출하는 것이 오직 자신들만의 권리이자 역할이라는 점을 확고히 천명하려고 했다. 사보나롤라의 경우에는 세속인과 성직자들 사이의 연합에 언제나 이상한 점이 존재하고 있었다. 왜냐하면 그가 속한 도미니코 수도회가 프란치스코 수도회, 성모의 종 수도회 그리고 심지어 아우구스티노 수도회만큼 결코 세속 지향적이지 않았기 때문이다. 따라서 1530년대에 피렌체의 도미니코회 수도사들이 사보나롤라 추종자들에게 활력을 불어넣고 그들을 지도하고 또 궁극적으로 통제하는 보다 광범위한 역할을 오직 자신들만이 담당해야 한다고 주장했을 때, 그것은 크게 놀랄 일은 아니었다. 그들이 기울인 노력의 대상에는 단순한 세속인뿐만 아니라 여성 성직자 즉 수녀들도 포함되어 있었다. 하지만 사보나롤라를 추종했던 여성들은 자선적·종교적 활동을 어떻게 조직하고 또 어떠한 방향으로 이끌고 가야 하는지에 관한 문제를 둘러싸고 도미니코 수도사들과 빈번히 충돌했던 자기 신념이 확고한 활동가들이었다.[6]

어떻게 우리가 피에타회에서 사보나롤라주의적인 측면들을 추적할 수 있을까? 피렌체에서 일어난 초기 사보나롤라 운동에 대해 알려주는 핵심 자료는 1497년 교황 알렉산데르 6세Alexander VI에게 사보나롤라에 대한 파문을 철회해달라고 청원했던 사람들의 목록이다. 이 목록에 나타난 사람들과 피에타회의 구성원을 비교하면 피에타회의 회원 가운데 40퍼센트 이상의 가문이 사보나롤라를 위한 청원서에 등장한 점을 확인할 수 있다.[7] 비록 거칠기는 하지만, 이것이 둘 사이의 연결 가능성을 보여주는 하나의 흔적이다. 물론 가족 구성원이 언제나 조화롭게 같은 노래를 부르는 것은 아니다. 피렌체만큼 당파적이던 공간에서는 적어도 그랬다. 따라서 우리에게는 가문뿐만 아리라 개개인들을 역시 세밀하게 살펴볼 필요가 있다. 이것은 특정한 개인들의 가정 배경, 결혼을 통한 관계, 정치적 이력, 사회적·종교적 활동 등을 추적해야 한다는 것을 의미한다. 이를 위해서는 공직 소유자의 목록을 조사하는 일, 가계도를 새롭게 만들어보는 일, 결혼 계약서를 추적하는 일, 지역의 연대기, 세금과 인구통계 기록 그리고 아마도 법정 기록 따위를 살펴보는 일이 수행되어야 한다. 이를 통해 우리는 피에타회에 가입한 개별 구성원들의 네트워크를 연결하고 있었던 개인적·사회적 실타래들을 하나하나 새롭게 구성할 수 있을 것이다.

피렌체의 역사가 로살리아 만노 톨루는 이러한 힘겨운 작업을 통해, 피에타회가 단순히 사보나롤라에 경도된 공상적인 박애주의자 집단이 아니었다는 점을 보여주고 있다. 그녀들은 최고위층의 활동적인 남성 사보나롤라 추종자들의 부인, 딸, 누이, 여동생, 미망인들이었고, 직·간접적으로 자신들의 신념을 지키기 위해 고통받아 왔던 여성들이었다. 1580년 죽을 때까지 능동적으로 활동했던 피에타회의 공동 설립자 마리에타 곤디는 페데리코 곤디Federico Gondi의 미망인이었다. 페데리코는 마지막 공화국의 저명한 구성원이자 메디치 가문의 확고한 적대자였다. 그는 1536년 추방된 상태로 죽었다. 그들 사이에는 자식이 없었고, 마리에타는 처음 문을 열 때부터 피에타의 집에 자신의 모든 삶을 바쳤으며, 이후 1580년 죽을 때에는 남아 있던 모든 재산을 기부했다. 지네르바 바르톨리니Ginerva Bartolini의 남편 리오나르도Lionardo는 1530년 공화정이 붕괴하자 도시를 탈출했다. 그는 피렌체의 빈민 구호 체계를 재조직하려 했던 카리스마 넘친 사보나롤라 추종자 집단의 지도자 피에루치오 데 포베리Pieruccio de' Poveri를 보호하는 데 기여했다는 죄목으로 사형선고를 받았다. 루크레치아 지롤라미Lucrezia Girolami는 공화국의 마지막 정의의 기수gonfaloniere였던 라파엘로 지롤라미Raffaello Girolami의 미망인이었고, 그녀의 딸 코사 안티노리Cosa Antinori 또한 피에타회에 가입했다. 마리아 스트로치Maria Strozzi의 남편 로렌초 리돌피Lorenzo Ridolfi는 1530년 공작 알레산드로의 귀환에 반대했고, 1537년의 몬테무를로Montemurlo 전투에서는 코시모 1세에 대항해 중요한 일전을 치렀다. 이 전투에서 그의 적들은 그가 미처 자리를 잡기 전에 낙마시키려고 했지만 성공하지 못했다. 심지어 피에타의 집이 문을 열고 초기 몇 년을 좀 더 자세히 들여다보면 더욱 흥미 있는 인물들이 등장한다. 마리아 스트로치와 남매간이었던 피에로Piero는 시에나를 차지하기 위해 전쟁 중인 코시모 1세의 군대에 대항해 프랑스와 시에나의 편에서 장교로 전투를 벌였다. 분명 그의 이복형제였던 파올로Paolo도 마찬가지였다. 마리에타 스트로치Marietta Strozzi는 카를로 스트로치의 딸이었다. 우리가 이미 앞서 보았듯이, 카를로는 하인으로 일하던 소녀 아놀레타와의 사이에서 "작은 사제" 파올로를 낳았고, 후손들에게 피렌체에 있던 집과 시골에 소유한 집 그리고 약간의 땅을 그에게 상속하라고 명령했다. 코시모 정부가 파올로를 반역자—아마도 그는 자신의 이복형제였던 피에로를 따라 무장하고 코시모의 반대편에 섰을 것으로 추정된다—로 선포했을 때, 가족들은 이것을 작은 사제와 그의 엄마로부터 상속권을 박탈하기 위한 시도로 간주했다.[8]

일부 피에타의 집 여성들은 더욱 복잡한 정치적 관계로 얽혀 있었다. 구성원들 가운데에는 안드레이우올라, 프란체스카, 막달레나라는 3명의 메디치 가문 출신의 여성들이 있었다.[9] 지네르바 사케티 카포니Ginerva Sacchetti Capponi의 아버지 니콜로 사케티Niccolò Sacchetti는 1497년 사보나롤라를 옹호한 청원서에 서명했고, 그의 동서 니콜로 카포니Niccolò Capponi 또한 마지막 공화정의 저명한 관료였다. 하지만 여동생 이사벨라Isabella의 남편이었던 또 다른 동서 루이지 구이차르디니Luigi Guicciardini는 메디치 가문의 밀접한 협력자였고 코시모 1세 치세에서 중요한 정치적 자리를 차지하고 있었다. 막달레나 곤디의 남편 파뇨초 리돌피Pagnozzo Ridolfi는 본래 사보나롤라 추종자였다. 하지만 그는 1530년 이후 사보나롤라 추종자들과의 관계를 끊고 그 대신 메디치 가문을 위해 봉사했다. 메디치 가문에서는 그를 신뢰하여 그에게 정치적인 자리를 제공했다. 모날데스카 모날데스키 발리오니Monaldesca Monaldeschi Baglioni는 1529년에서 1530년까지의 포위 기간 동안 공화국의 군대를 책임지고 있던 용병 대장 말라테스타Malatesta의 미망인이었다. 여러 달이 지난 뒤 낡은 성벽 위에서 말라테스타는 문서를 읽으며 제국의 군대와 항복 협상을 했다. 얽히고설킨 가문들 사이의 복잡한 관계를 검토하면, 그것으로 파생된 귀족 가문들 사이의 비공식적인 네트워크가 자선기관에서 어느 정도의 협력을 이끌어냈던 것으로 보인다. 마리아 다 디아체토Maria da Diacetto는 말라테스타 발리오의 투항에 가담한 피에로 디 바르톨로메오 카포니Piero di Bartolomeo Capponoi의 아내이자, 도니조

다 디아체토Donigio da Diacetto와 남매 사이였다. 도니조 다 디아체토는 1561년에서 1574년까지 산타 마리아 델루밀타 병원에 자리 잡고 있던 첫 번째 피에타의 집 보호소를 궁극적으로 통제했던 비갈로 행정관의 수장 가운데 한 사람이었다. 또 다른 자매는 유명한 수녀 성 카테리나 데 리치St. Catherine de' Ricci의 계모였다.[10] 이런 식으로 명부는 계속 이어진다.

이들은 자신들의 아버지, 남편, 형제들로 인한 통제의 현실과 반역의 대가를 경험한 여성들이었다. 많은 여성이 사보나롤라 추종자들과 연루되었다는 점 때문에 커다란 대가를 치렀다. 하지만 특징적으로 혹은 분명히 "사보나롤라주의적인" 보호소를 운영했다는 것이 무엇을 뜻하는가? 로살리아 만노 톨루는, 비록 그 뿌리가 사보나롤라와 관련되어 있다고 하더라도, 그녀들이 정치적으로 능동적이었다고 묘사하는 것은 시대착오적 오류라고 생각한다. 자선에 대한 공통된 관심사로 인해, 사보나롤라 추종자와 메디치 가문 사이의 초기 긴장이 수면 아래로 가라앉았기 때문이었다. 하지만 비록 명백한 정치적 목적이 없었다고 해도, 그러한 뿌리 자체에서 종교와 자선 그리고 삶에 대한 어떤 특징적인 태도가 뚜렷하게 성장할 수 있었다. 우리는 앞서 사보나롤라 추종자들이 자선적인 세속봉사단체를 책임지게 되었을 때, 종교적 삶을 단순하게 만들고, 행정 체계를 확대하고, 많은 돈을 노동에 투자하는 것이 그들의 전형적인 특징이었다는 점에 대해 살펴보았다. 이것들이 피에타회의 재정, 행정, 영적 보살핌의 관행에서도 또한 특징적으로 나타나는가?

『피에타의 집 자매들의 연대기』에 나타난 피에타 집의 기원에 관한 설명이 오류로 생각되는 한 가지 이유가 있다. 『연대기』가 일부 경건한 성직자들의 기도에 기초해 전적으로 수녀원 성격의 기관처럼 그 보호소를 취급하고 있기 때문이다. 우리는 피에타의 집을 다르게 묘사하고 있는 문서보관소의 또 다른 기록에도 주목해야 한다. 그리고 그것에 비추어 『피에타의 집 자매들의 연대기』를 비판적인 관점에서 새롭게 다시 읽어야 한다. 피에타의 집에는 뚜렷한 특징이 있었다. 다시 말해 피에타의 집은 분명히 사보나롤라주의적이었다. 피에타의 집은 1554년 12월에 문을 열었다. 하지만 그 이전부터 마르게리타 보로메이Margherita Borromei와 마리에타 곤디는 이미 수개월 동안 여러 가정을 방문해 문을 두드리며 사람들을 설득해 지원 서약을 받고 있었다. 그녀들은 1554년 크리스마스까지 149명, 첫해가 지난 후에는 270명, 1558년까지는 320명, 결과적으로 385명으로부터 지원 서약을 받았다.[11] 서약을 하고 기금을 지원한 사람들은 모두 여성이었다. 어떤 다른 보호시설에서도 이런 유형의 재정 충원 방법을 채택하지 않았고 또 어떤 곳에서도 이런 유형의 회원 제도를 운영하지 않았다. 비록 약속한 금액은 많지 않았지만 보호소의 문을 열기에는 충분했다.[12]

사보나롤라는 정확히 이러한 유형의 재정 구조를 옹호하는 주장을 개진했다. 그의 신성 공화주의 안에서는 부패한 늑대들이 사취하고 훔치기 위해 병원과 자선 쉼터 주위를 배회하고 있었다. 그들의 접근을 막을 수 있는 유일한 방법은 막대한 기부나 기증보다 작은 규모의 지원 서약에 의존하는 것이었다. 이렇게 모금된 돈의 양이 필요한 모든 비용을 충당하지 못할 수도 있었다. 하지만 부족한 양은 자선의 도움을 받는 사람들의 노동을 통해 메울 수 있었다. 그들은 후원자들만큼 스스로 무엇인가를 해야만 했다. 피에타의 집과 같은 시설에 수용되어 있던 소녀들은 기술을 익히고 삶을 준비해야 했고, 따라서 그것을 통해 더 넓은 보호시설의 구성원을 위해 기여할 수 있었다. 르네상스기의 사람들은 "복지의 여왕welfare queen"에 대해 떠들어댔고, 심지어는 자선을 말 그대로의 "복지welfare"라기보다 "자활workfare"에 가까운 모습으로 만들었다.

피에타회의 여성들 또한 보호소를 다른 방식으로 운영했다. 이를 이해하기 위해 우리는 존재하지 않는 것이 제공할 수 있는 단서에 주목해야 한다. 피에타의 집에는 보호소의 운영이나 방침과 관련된 어떠한 규정집이나 법규가 존재하지 않았다. 일반적으로 다른 보호시설의 경우에는 바로 그러한 규정이나 법규를 통해, 누가 관여할 수 있고, 또 어떻게 자선 쉼터가 일단의 관료들—그들 각자의 임무가 자세히 명기되어 있었다—에 의해 운영될 수 있는지가 보기 쉽게 제시되었다. 남성들이 운영했던 대부분의 보호소는 필요한 법규가 준비될 때까지 문을 열지 않았다. 하지만 보르고 오니산티에 있던 동안 피에타의 집 여성들은 전혀 이 문제에 관심을 기울이지 않았다. 한 여성이 서약을 통해 지원을 약속하면 그녀는 곧 피에타회의 구성원이 되었고, 보호소와 관련된 일에서도 어떤 역할을 담당할 수 있었다.[13] 법규 없이 일하는 것은 남편을 잃은 뚜쟁이들이 자신들의 작은 쉼터를 운영하던 방식이었고, 간혹 더 커다란 자선기관을 운영하던 여성들의 일반적인 방법이기도 했다.[14] 비록 재무 상황을 추적하기 위해 남성 회계장부 담당자를 고용하기는 했지만, 피에타의 집에서는 산타 마리아 델레 베르지네나 산 니콜로와 같은 다른 보호소를 운영했던 소수의 특화된 행정 집단에 관한 어떠한 흔적도 찾을 수 없다. 피에타회의 여성들은 마리에타 곤디가 소집한 비공식적인 소수녀원장 회의에 모였고, 그 회의에서 모든 문제를 집단적으로 결정했다. 어떠한 소녀들을 보호소에 받아들일 것인가에 관한 결정이 여기에 포함되었다. 잠재적으로 많은 여성이 참여할 수 있었지만, 피에타의 집에서의 절차는 다른 어느 곳에서보다 간소했다. 소수녀원장들은 입소 대상의 소녀들과 면담했고, 곧 그녀들의 입소 여부를 결정했다. 이와 달리 남성들이 운영하던 보호소는 정치한 법규를 통해 입소와 관련된 복잡한 절차를 조리 있게 제시해놓았다. 그 절차란 어떤 소녀의 배경과 평판을 검증하기 위한 인터뷰, 그녀가 처녀인지의 여부와 그녀의 매력도를 가늠하기 위한 신체검사, 그녀의 사례를 한 단계 한 단계 앞으로 끌고 가기 위한 구성원들의 반복된 투표였다. 이 때문에 남성들이 운영하던 보호소에 들어가는 데는 보통 수개월이 걸리곤 했다. 하지만 이와 달리 피에타의 집에서는 그저 몇 시간이면 충분했다. 소수녀원장들은 지원자에 관해서도 아주 최소한의 사항만을『비밀의 책』에 기록했다. 아마도 이것은 소녀들이 원활하게 새로운 삶을 시작할 수 있도록 만들어주기 위한 배려였을 것이다. 즉『비밀의 책』의 간결한 항목은 피에타의 집에 들어오면서 소녀들이 과거의 문을 닫을 수 있었다는 것을 의미했다.[15]

영적 보살핌이라는 측면에서 피에타의 집 여성들은 아슬아슬한 상황에 놓여 있었다. 그들의 집단적 영적 생활에 관해서는 거의 아무런 흔적이 남아 있지 않다. 피에타회는 당시의 다른 연대기에 등장하지 않으며, 성인들의 축일을 기념하기 위한 이웃의 축제에 참가하거나 어떤 공적인 역할을 담당했던 종교봉사단체의 구성원들을 기록한 목록에도 그녀들에 대한 언급은 존재하지 않는다. 일부 여성들은 영적이고 명상적인 문학작품들을 수집했다. 그녀들이 이 책을 소녀들에게 넘겨주었기 때문이다. 심지어 그녀들이 보호소에서 보수적인 가톨릭교도가 아니라 프로테스탄트와 영성주의자로 알려진 가톨릭 개혁가들과 관련 있는 무엇인가로 성경 공부를 시작했을 가능성도 있다.[16] 적어도 초기에는 그녀들이 사보나롤라를 계승했던 도미니코 수도사들에게 직접적으로 손을 벌리지 않고 자신들 스스로 그의 비전을 받아들였던 것으로 보인다. 도미니코 수도사들은 사보나롤라를 추종했던 다수의 개인이나 집단을 위해 개인적인 고해신부로 활동하곤 했다. 하지만 초기의 피에타의 집에서는 그렇지 않았다.

세속인들이 운영하던 종교기관과 자선기관이 도미니코 수도회 같은 단일 교단이나 산타 마리아 노벨라 혹은 산 마르코 같은 단일 보호시설의 통제 아래 놓이는 것을 막을 수 있는 최선의 방법은, 서로 다른 곳에서 교대로 사제를 뽑고 그들을 임명할 때 임기를 짧게 하는 것이었다. 사보나롤라는 과부들에게 한 명의 사제와 너무 가까이 하지 말라고 경고했다. 심지어 경건한 사제들조차 성이나 권력에 유혹되어 스스로는 물론 그녀들을 몰락시킬 수 있었기 때문이다.[17] 피에타의 집 여성들은, 속인들과 성직자로부터, 수사 성직자와 재속 성직자로부터, 제1회, 제2회, 그리고 제3회 수도회로부터 필요한 인력을 뽑으면서, 그의 충고를 충실하게 따랐다. 보르고 오니산티에 자리를 잡고 있었을 때, 피에타회의 여성들은 이름을 알 수 없는 인근의 한 종교봉사단체, 산타 마리아 델리 안젤리S. Maria degli Angeli의 가르멜회 수녀들 그리고 아마도 오니산티의 프란치스코회 수도사들로부터 소녀들을 교육하기 위한 교사를 고용했다. 초기의 담임사제들은 재속 성직자 안토니오 카타니Antonio Cattani와 카푸친회 수도사였던 지롤라모 피누지 다 피스토이아Girolamo Finugi da Pistoia였고, 나중에 그녀들은 결코 사보나롤라를 좋아하지 않았던 도미니코회, 가말돌리회 그리고 심지어 예수회의 수도사들을 고용했다. 하지만 이들 중 많은 수가 이러저러한 방식으로 사보나롤라 운동과 연관되어 있었다. 사보나롤라는 다양한 영역의 종교적 교단을 가로질러 추종자들을 보유했다. 따라서 피에타회의 여성들은 단순히 서로 다른 교단 출신으로 사제들을 충원함으로써 어떠한 단일 교단에 의해 통제되는 것을 피하면서도 또 그들 모두와 중요한 관계를 유지할 수 있었다. 비록 피에타의 집만큼 지속적이지는 않았지만, 다른 세속 종교봉사단체와 자선기관들도 종종 이런 방식을 이용하곤 했다. 하지만 도미니코 수도회에서는 다른 교단들에 비해 이러한 관행에 대해 덜 우호적이었으며, 특히 피렌체의 도미니코 수도사들이 이에 크게 반대했다. 몇십 년 뒤『피에타의 집 자매들의 연대기』를 쓰기 시작했을 때, 도미니코 수도사들은 다른 교단 출신의 성직자들이 피에타의 집과 관련해서 이룩한 업적을 경시하고 그곳이 언제나 영웅적인 도미니코 수도사들의 보살핌을 받았다고 기술했다. 이것이 바로 도미니코 수도회의 배타적인 태도를 보여주는 예다.[18]

우리가 재구성할 수 있는 사실에 기초해서 다시 말하자면, 피에타회는 그저 단순하게 사보나롤라 운동과 일반적으로 연결되어 있던 가문 출신의 여성들로 이루어진 집단에 그치지 않는다. 오히려 그것은 보호소의 재정과 행정 그리고 영적 보살핌을 여타의 기관들과는 다른 방식으로 이끌었던 집단이었다. 그리고 대부분의 이러한 차이는 사보나롤라의 이데올로기, 사보나롤라에게 영향을 받아 설립된 세속 봉사단체나 자선기관에서 사용된 방식 혹은 사보나롤라의 처형 이후 60년 동안 그들이 배운 교훈에서 기인했을 것이다. 보호소는 여성에 의해 배타적으로 운영되었다. 또한 운영에 필요한 재원은 부분적으로는 서약을 통해 소액을 제공한 많은 구성원에 의해 그리고 또 다른 일부는 소녀들 자신의 노동에 의해 마련되었고 비공식적으로 관리되었다. 여성 후원자들은 매우 종교적이었다. 하지만 그녀들은 어떤 특정한 성직자나 교단에만 지나치게 의존하지 않도록 주의를 기울였다. 피렌체의 홍등가 한복판에 보호소를 세우고, 도시의 다른 보호소의 경우보다 평균 나이가 조금은 많았던 미심쩍은 평판의 소녀들을 받아들이고, 또 자신의 정체를 비밀스럽게 유지하는 것은 도시의 구성원들 가운데 가장 취약한 영혼을 도우려 했던 사보나롤라의 비전과 꼭 들어맞는 것이었다. 물론 이 모든 사실 때문에 피에타의 집 소수녀원장들이 그라치니의 『뚜쟁이』에 등장하는 모나 안토니아 같은 경건한 위선자이고 그 비밀의 집이 곧 매음굴이이라는 의심을 사게 될 수도 있었다.

이제 그와 관련하여 이 보호소의 명칭에 대해 살펴보도록 하자. 1562년의 인구통계 기록관은 피에타의 집을 단지 "보르고 오니산티에 있는 아반도나테 구빈원Spedale delle Abbandonate in borgo orgnissanti[버림받은 소녀들을 위한 쉼터]"이라고 기록했다. 그저 단순한 묘사처럼 보일 수도 있지만, 이것은 깊은 반향을 불러일으키는 이름이다. 앞서 보았듯이, 미처 10년도 채 되지 않은 과거에 이미 또 다른 보호소에 이와 똑같은 이름이 붙어 있었기 때문이다. 어떠한 필사본 기록도 이 둘 사이를 분명하게 연결시키지 않는다. 하지만 만약 이 두 곳의 역사를 조금 더 자세히 살펴본다면, 우리는 두 기관 사이에서 명확한 관련성을 발견할 수 있을 것이다. 1540년대에 리오노라 지노리Lionora Ginori라는 한 미망인이 폰테 베키오에서 몇 블록 떨어진 올트라르노 지구에서 소규모의 비공식 쉼터를 운영하고 있었다. 그 쉼터는 그저 한 가구 정도의 작은 규모에 지나지 않았고, 그곳에서 그녀는 몇몇의 다른 과부들 그리고 결과적으로 자신의 두 딸 카테리나Caterina와 마리아Maria와 함께 살았다. 그것은 고전적인 뚜쟁이 스타일의 공동체였다. 지노리는 몇몇의 버림받은 소녀들이나 학대받던 소녀들을 후원했다. 그리고 동시에 그녀는 때로는 공작 코시모 1세에게 청원하여 그녀들을 위한 지참금을 마련해주기도 했고, 심지어 결혼을 주선해주었다. 그녀는 1541년 무렵부터 이러한 일들을 시작했다. "아반도나테 구빈원"이라는 이 명칭은, 피렌체에서 소년들을 위한 새로운 공공 보호소로서 "아반도나티 구빈원"이 비갈로 관리소장의 책임 아래 문을 열고 나서 대략 1년이 지난 뒤, 그것과 비교되어 비공식적인 꼬리표로 붙은 이름처럼 보인다. 비갈로의 관리소장들은 지노리의 보호소를 인수하여 그것을 아반도나티를 보완할 수 있는 보다 큰 규모의 소녀들을 위한 시설로 만들기를 원했고, 이에 따라 밀가루, 와인, 매트리스를 기부하면서 지노리의 일을 지원하기 시작했다. 하지만 코시모 1세는 그와 관련된 어떤 일에도 관여하지 않았다. 1549년 지노리가 죽은 뒤, 오히려 그는 그 보호소를 자신들의 관할 안에 두어야 한다는 비갈로 관리소장의 제안, 자금이 있어야 보호소를 유지할 수 있다는 지노리의 딸들과 다른 미망인의 호소, 이 모두에 귀를 막아버렸다.[19] 공작 코시모 1세는 실제로 그것을 폐쇄하도록 명령했다. 이유가 무엇이었을까?

지노리는 저명한 사보나롤라 추종자였다. 그녀를 도왔던 미망인들은 그녀의 딸들이었고, 우리가 배경이나 결혼 관계를 추적할 수 있는 대부분의 버림받은 소녀 역시 사보나롤라 추종자들이었다. 공작 코시모는 결코 멍청이가 아니었다. 그에게는 지노리의 보호소를 지하에서 활동하던 사보나롤라 추종자들의 또 다른 비밀 조직으로 의심할 만한 많은 이유가 있었다. 하지만 보호소를 폐쇄하도록 명령했다고 해도, 미망인들이 한 편지에서 그를 비난했던 것처럼 그는 결코 버림받은 소녀들로부터 완전히 등을 돌리지 않았다. 단지 그는 그녀들에 대한 보살핌이 자신의 적이 아닌 후원자들의 손에 의해 이루어져야 한다고 결정했다. 이것이 바로 새로운 산타 마리아 델레 베르지네 봉사단체가 출범하게 된 경위였다. 코시모의 아내 엘레아노르의 고해신부였던 스페인 출신 신부의 책임 아래, 그곳에서는 메디치 체제의 지지자들이 직원으로 고용되었다. 그들은 곧 공식적인 행정 구조를 분명하게 제시한 규정을 제정했고, 어느 정도 사회적 신분이 높은 소녀들을 받아들이도록 보호소의 방침을 변경했다. 소녀들은 공작의 성 건너편 산타 펠리체 광장에 자리 잡고 있던 낡은 병원으로 거처를 옮겼다. 이제 그녀들은 단순히 공작의 직접적인 보호 아래라기보다 말 그대로 그의 감시 아래 놓이게 되었다.

지노리 그리고 그녀의 딸들과 함께 일했던 사보나롤라 추종 여성들에게는 이러한 처사에 대해 격분할 만한 충분한 이유가 있었다. 공작 코시모 1세가 자신들로부터 보호소를 빼앗았고, 자신들이 도와주던 가난한 소녀들로부터 쉼터를 앗아갔기 때문이었다. 그녀들이 즉시 대응책을 계획하기 시작했는가? 피에타의 집은 3년 뒤에 문을 열었다. 그리고 우리가 보았듯이 1562년의 인구통계 기록관은 그것에 지노리의 보호소에서 사용된 것과 기본적으로 의미가 같은 이름을 부여했다.[20] 서약과 후원을 약속했던 여성들 가운데에는 리오노라 지노리의 두 딸인 카테리나와 마리아가 포함되어 있었다. 빠르게 성장하던 피에타회에 가입하고 보르고 오니산티에서 부활한 아반도나테 구빈원을 후원하기로 서약한 여성 중에는 이전에 지노리를 후원했던 여성들이 다수 포함되어 있었다.[21] 피에타 집의 비공식적인 구조, 많은 구성원, 지원 서약에 의존한 운영, 교회와 정부 당국으로부터의 독립, 이 모든 것은 공작 코시모에게 폐쇄의 기회를 주지 않기 위한 교묘한 전략으로 해석될 수 있다. 보호소를 운영하고 소녀들에게 지참금을 마련해주기 위해 지노리의 아반도나테는 점점 더 메디치의 자금에 의존하기 시작했다. 이렇게 의존하게 되면서 코시모로 하여금 보호소의 문을 닫을 빌미가 마련되었던 것이다. 이와 대조적으로 신설 피에타의 집/아반도나테는 의도적인 자립 시설을 지향했다. 그것은 어떠한 정부의 보조금도 받지 않았고, 소녀들에게 지참금도 거의 주지 않았다. 한때 코시모 1세가 지노리의 아반도나테로 보낸 보조금은 이제 피에타의 집이 출현하고 1년 남짓 지난 뒤 코시모의 명령으로 새롭게 문을 연 산타 마리아 델레 베르지네와 산 니콜로로 흘러들어갔다. 공작은 산 니콜로가 피에타의 집에서 돕고 있던 소녀들과 유사한 노동 계층을 위한 보호시설이 되기를 원했다. 그는 그 보호소를 도시 반대편의 노동자 지구에 위치시켰다.

메디치 가와 사보나롤라 추종자들이 피렌체인들의 가슴과 마음을 얻기 위해 눈에 보이지 않는 미묘한 전쟁을 벌였는가? 아마 이것은 지나치게 많은 의미를 부여한 해석일지도 모른다. 또한 이 해석에는 당시 피렌체 사회에서 작동하던 권력의 역학을 오독할 위험성 역시 분명히 존재한다. 만약 원했다면 코시모 1세는 별다른 어려움 없이 피에타의 집을 폐쇄할 구실을 찾을 수 있었을 것이다. 리오노라 지노리의 아반도나테, 공작 코시모의 산타 마리아 델레 베르지네와 산 니콜로, 그리고 피에타회의 피에타의 집 사이의 표면적인 차이 아래에 존재하는 상관관계를 고려한다면, 15년 동안 이러한 보호소들이 갑작스럽게 출현한 이면에는 고아가 되고 버림받은 소녀들의 정절에 대한 적극적인 관심 이상의 다른 어떤 이유가 있었던 것이 분명해 보인다. 이 보호소들은 서로 다른 비전을 반영했고, 또 서로서로에 대한 반향으로 출현했다.

영향력 있던 많은 여성이 피에타의 집에 관여했고, 한때 코시모 1세의 도움을 받았던 그녀들은 그 경험을 다시는 반복하지 않기로 결심했다. 그녀들은 특별한 집단의 청소년기 소녀들을 염두에 두고 있었다. 즉 그녀들은 낮은 지위의, 약간은 나이가 있고, 아마도 조금은 의심스러운 평판을 얻고 있었으며, 틀림없이 큰 위험에 처하게 될 소녀들을 보호할 대상으로 마음에 두고 있었다. 코시모는 자신이 피렌체의 좀 더 나은 지역에 설립한 새로운 보호소에 그러한 소녀들이 들어올 수 없도록 만들었다. 피에타회의 여성들은 자신들의 새로운 보호소를 산업 슬럼 지대와 홍등가가 부분적으로 교차하던 그런 열악한 지역에 세웠다. 이곳에서야말로 자신들이 목표로 삼았던 소녀들을 가장 쉽게 모집할 수 있었다. 그녀들은 신속하게 소녀들을 받아들였고, 『비밀의 책』에 그녀들에 관해 극히 일부만을 기록했다. 그녀들은 공식적인 규정 없이 시설을 운영했고, 교묘하게 국가와 교회 당국의 감독과 통제를 피해나갔다. 하지만 그녀들이 완전히 피해갈 수 있었을까? 피에타 집의 첫 번째 담임사제와 첫 번째 회계장부 담당자는 코시모가 설립한 산타 마리아 델레 베르지네 봉사단체 회원이었다. 또한 둘 모두 2년도 지나지 않아 시야에서 사라지게 된다.

모든 성인의 지역에서 아몬드 나무 거리로

—

이 여성들이 만든 세계가 기껏해야 일시적이었다는 점을 기억할 필요가 있다. 1550년대 말 피에타회에 가입한 여성들은 거의 400명에 가까웠다. 하지만 10년이 지나자 그 가운데 오직 30여 명만이 남았다. 이즈음 소녀들은 말 그대로 그리고 역설적으로 "모든 성인saint의 지역"으로 불린 보르고 오니산티의 낙후된 홍등가를 떠나 비아 델 만도를로Via del Mandorlo, 즉 "아몬드 나무 거리"로 이주했다. 이주 이후 그곳에 입소한 소녀들의 평균 연령과 사망률이 낮아졌고, 결혼하거나 다른 가정에서 하녀로 일하기 위해 보호소를 떠나는 소녀의 수 역시 감소했다. 또한 규정이 명기되었다. 행정 체계가 보다 엄격해졌고, 입회 역시 형식적인 절차에 따라 이루어졌다. 자금이 고갈되었고, 이에 관리인들은 일지에 비어 있는 명부를 찾기 위해 옛 거래장부나 필기장을 뒤지고 다녔다. 그녀들이 보르고 오니산티를 떠나자, 예전의 이웃들은 우밀타 병원에 160명은 고사하고 버림받은 소녀들이 있었다는 사실 자체를 인정하지 않으려는 듯 보였다. 비아 델 만도를로의 농원 지역에 자리 잡은 새로운 피에타의 집은 훨씬 더 전통적인 모습의 평범한 보호소로 변모했다. 솔직히 표현하면, 그것은 보르고 오니산티에 살던 이웃 즉 매춘부와 모직물 노동자 사이에서 운영되던 예전의 자유로운 쉼터의 모습이라기보다 공작 코시모 1세의 비전에 더 가까운 모습을 띠게 되었다. 이 급진적인 환경의 변화가 근본적인 비전의 변화와 연결되어 있었는가? 이제 이러한 변화와 그 변화의 이면에 존재하고 있던 사람들에 대해 좀 더 자세히 살펴볼 차례다.

한 겹 두 겹 껍질을 벗겨가며 어떻게 그리고 왜 1560년대와 1570년대에 피에타의 집이 변화했는지를 추적하기 위해 『연대기』와 거래장부 원장을 좀 더 자세히 살펴보면, 우리 앞에 하나의 이상한 역설이 그 모습을 드러낸다. 피에타의 집을 세운 것은 사보나롤라주의적인 비전과 사보나롤라의 비전을 공유한 여성들이었다. 하지만 궁극적으로 그녀들의 이 특징적인 연민의 집에 종말을 가져온 것은 바로 사보나롤라주의와 연관된 정치적 역학 그리고 사보나롤라주의에 경도된 남성들이었다. 1550년대에 피에타회의 여성들은 코시모 1세를 교묘하게 압도했다. 하지만 두 흐느끼는 성직자, 즉 한 명의 카리스마적인 수도사와 피렌체의 대주교가 함께 행동을 취하면서 그녀들은 수세에 몰리게 되었다. 코시모와 공조하면서 이들은 애초에 설립자들이 계획했던 것과 완전히 다른 모습으로 피에타회 여성들의 전망을 변화시켜놓았다.

그 수도사가 바로 피에타의 집에서 북쪽으로 두세 블록 떨어진 곳에 위치한 산타 마리아 노벨라 도미니코 수도원 소속의 알레산드로 카포키였다. 카포키는 사보나롤라를 추종하던 핵심적인 종교봉사단체 가운데 하나였던 산토 베네데토 비안코S. Benedetto Bianco와 산타 마리아 델리 안젤리의 가르멜회 수녀원의 영적 책임자였다. 그는 16세기 중반 새로운 모습으로 출현했던 사보나롤라 추종 남성 성직자 가운데 한 사람이었다. 이 새로운 사보나롤라 추종자들은 사보나롤라의 천년왕국주의적인 예언과 반메디치 공화주의 사상을 평가절하하고, 그가 영적 개혁을 위한 기적의 주창자로 곡해되었다고 주장했다.[22] 카포키는 단호한 의지를 소유한 카리스마 넘치는 인물이었고, 반대 세력을 극복하는 데도 능숙한 사람이었다. 자신이 속해 있던 도미니코회 탁발 수도사들을 열심히 설득해 그는 산타 마리아 노벨라를 도미니코회의 다른 지부로 옮기도록 만들었고, 그 결과 산타 마리아 노벨라는 산 마르코에 있던 사보나롤라의 옛 수도원과 힘을 합칠 수 있었다. 피에타 집의 담임사제로서의 지위를 얻기 위해, 그는 당시 그 일을 맡고 있던 예수회 성직자를 이단으로 고발하고 몰아냈다. 이단 혐의에 몰려 어쩔 수 없게 된 그 예수회 성직자는 결국 로마로 떠나야 했고, 이에 고마움을 느낀 피에타의 집 여성들이 그의 자리에 카포키를 임명했다. 하지만 『피에타의 집 자매들의 연대기』에 기술된 이 이야기는, 우리가 그 행간을 읽어야 하는 또 다른 예라고 할 수 있다. 더욱이 『피에타의 집 자매들의 연대기』에서는 수치스럽게 물러난 그 성직자를 단순히 "산 조반니오S. Giovannio의 사제들" 가운데 한 명으로 기술함으로써, 피에타의 집과 예수회 사이의 관련성을 애매모호하게 얼버무리고 지나간다. 즉 그것은 은근슬쩍 예수회가 그 교회에 있었다는 사실을 지우려는 듯 보인다.[23]

카포키는 1558년에서 1568년까지 10년 동안 봉사했고, 피에타의 집이 새로운 모습을 갖추게 되는 변화의 뒤에서 영향력을 행사했던 실질적인 인물이었다. 많은 여성이 무질서하게 비공식적으로 함께 일하던 느슨한 행정 체계를 보고, 그는 그녀들을 설득해 작은 규모의 행정운영위원회를 설치했다.[24] 소수녀원장들이 소녀들을 받아들였던 공개적인 입회 절차는 적당하지 않은 소녀를 가려내 제거하고 오직 가치 있는 소녀만을 고려 대상으로 받아들였던 후견인들을 추가함으로써 더욱 엄격해졌다. 초기에는 피에타회의 여성들이 이 후견인 집단에 포함되었다. 하지만 수십 년이 지난 뒤에는 사제와 성직자, 메디치 궁전의 구성원들 그리고 심지어는 대공비까지 포함될 정도로 그 범위가 확대되었다. 카포키는 피에타회 여성들이 소녀들에게 제공했던 예배에 관한 책들을 폐기해버렸고, 또 그녀들에게 크리스트교 교리를 가르쳐주었던 종교봉사단체를 해산시켰다. 그 대신 소녀들을 산타 마리아 델리 안젤리의 가르멜회 수녀들에게로 보냈고, 아울러 모든 소녀를 도미니코회에서 경건한 삶의 안내자로 홍보했던 로사리오 신심회Rosary Confraternity 소속으로 등록시켰다. 그리고 그는 보르고 오니산티로부터 이주해나오기 위해 열심히 노력하기 시작했다.

『피에타의 집 자매들의 연대기』에 이 모든 변화의 이유로 제시된 내용들은 여러 의구심을 자아낸다. 하지만 아무튼 그것은 당시 보호소의 진로에 관해 피에타의 집 내부에서 논란이 발생했음을 암시하고 있다. 아마도 옛 장소가 너무 비좁았을 수도 있다. 비록 지롤라모 다 솜마이아가 기부한 모퉁이 부근의 집과 정원이 어느 정도 문제를 해결해주었다고는 해도, 장소의 문제를 고려하지 않을 수 없다. 또한 비록 피에타의 집과 임대주였던 비갈로 행정관들의 재무기록 모두에서 연간 80스쿠도의 임대료가 실제로 지불되었다는 어떠한 기록도 발견되지 않지만, 아마 옛 우밀타 병원은 소녀들이 감당하기에는 너무 비싼 곳이었다. 또한 그곳이 육체적으로도 또 도덕적으로도 건강하지 못한 장소로 생각되었을 수도 있다. 사보나롤라의 추종자들은 언제나 가장 많은 도움의 손길이 필요한 이웃들이 사는 곳에서 자선사업을 수행하려고 했다. 하지만 설사 그렇다고 해도, 당시의 한 편지에서 "가장 커다란 위험 없이" 소녀들이 머무를 수 없는 "그토록 해로운" 이웃들이 사는 곳이라고 묘사했을 정도로, 보르고 오니산티는 위험한 지역이었다.[25] 도덕성에 대한 고려는 두 방향에서 작용하고 있었다. 비슷한 시기에 베네치아인들은 전직 매춘부들을 위해 설립된 콘베르티테 보호소와 피에타의 집처럼 버림받은 소녀들을 위해 세운 보호소 지텔레의 집Casa delle Zitelle을 도심에서 멀리 떨어진 주데카Giudecca 근처로 이주시켰다. 이들을 이주시킨 것은, 바쁘게 살아가던 이웃들이 여성들과 소녀들에게 유혹을 느꼈다고 생각했기 때문만이 아니었다. 그들은 시내의 남성과 소년들 역시 소녀들에게는 유혹의 대상이었다고 생각했다.[26]

새로운 장소가 단지 그 "해로운" 이웃들로부터만 멀리 떨어진 것은 아니었다. 그곳은 다른 것에서도 멀리 떨어진 곳이었다. 비아 만도를로는 보르고 오니산티에서 가장 멀리 떨어져 있으면서도 여전히 도시의 성벽 안에 위치한 지역이었다. 실제로 높이 솟은 벽돌 성벽은 소녀들의 새로운 집 뒤에 펼쳐져 있는 들판 위로 어렴풋이 나타났다. 당시에 그려진 조감도에는 텅 빈 공간을 제외하면 그 지역에 거의 아무것도 나타나지 않는다. 그 근처의 빈 거리에서 사보나롤라의 옛 수도원이었던 산 마르코의 도미니코회 수도사들은 주의를 기울여 산타 루치아S. Lucia와 산타 카테리나 디 시에나 수녀원을 포함해 자신들이 숭모했던 성인을 기리는 여러 수도원을 짓고 있었다. 그 지역은 피렌체에서 수도원들이 가장 밀집해 있던 곳이었다. 그것들 가운데 일부는 근처의 비아 산 갈로Via S. Gallo와 면해 있어, 피렌체

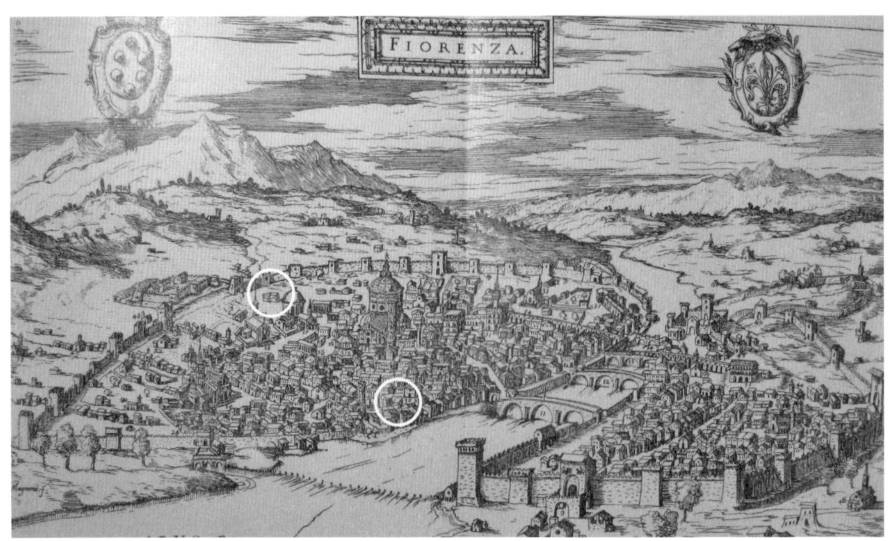

1569년 줄리오 발리노Giullio Ballino가 그린 피렌체 전경.
Attillio Mori & Giuseppe Boffito, *Firenze nelle vedute e piante. Studio storico topografico cartografico* (Firenze: Tipgrafia Giuntina, 1926). 아래의 원은 1554년부터 1568년 사이, 위의 원은 1568년 이후 피에타 집의 위치를 가리킨다.

인들은 그 지역을 "신성한 거리via sarca"라고 불렀다. 피에타회 내부의 논쟁이 무엇이었든지 간에, 카포키는 피에타의 집을 이전시키기 위해 능숙하게 공작의 궁정에 로비 활동을 펼쳐야 했다. 오니산티의 프란치스코 수도사들과 마찬가지로 비갈로의 책임자들은 이전에 반대했다. 가장 난처했던 문제는 새로운 공간을 마련하기 위한 재원을 확보하기 위해 지롤라모 다 솜마이아의 집과 정원을 팔아야 했다는 점이었다. 하지만 오니산티 지역에서 어린 하녀를 폭력적으로 겁탈했던 자신의 아들에 대한 기억을 피에타의 집을 도움으로써 지우려 했던 다 솜마이아는, 앞서 우리가 이미 보았듯이, 전 재산을 잃는 고통을 감수하더라도 자신이 기부한 그 어느 것도 팔지 못하도록 만들어놓고 삶을 마감했다. 카포키가 새로운 장소로 처

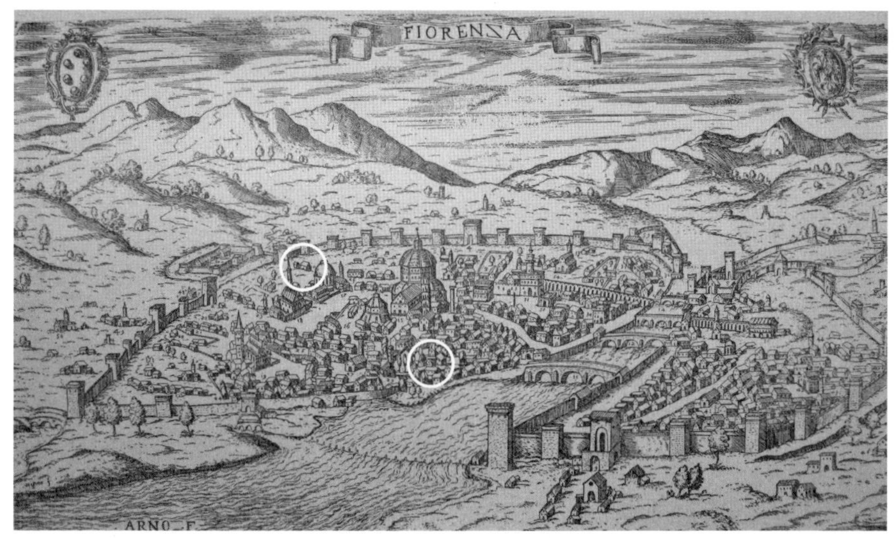

1600년경 조코모 라우로Giacomo Lauro가 그린 피렌체 전경.
Attillio Mori & Giuseppe Boffito, *Firenze nelle vedute e piante. Studio storico topografico cartografico* (Firenze: Tipgrafia Giuntina, 1926). 아래의 원은 1554년부터 1568년 사이, 위의 원은 1568년 이후 피에타 집의 위치를 가리킨다.

음 선택했던 곳은 산 마르코 광장을 마주하고 있으며, 교회와 그에 딸린 정원을 소유하고 있던 또 다른 보호소였다. 하지만 그곳을 주시하고 있던 공작은 카포키의 생각대로 일이 진행되도록 그냥 내버려두지 않았다. 이때 카포키와 메디치 가문 사이의 협상을 중재한 사람이 연줄 든든한 명망가 출신의 귀족이었던 파올로 로소Paolo Rosso였다. 그는 오네스타에서 일했고, 그의 아내는 피에타회의 초기 구성원이었다. 또한 카포키는 그의 개인적인 고해신부였다.[27] 결과적으로 기사Cavaliere 로소는 카포키에게 그가 원했던 곳을 얻어주지는 못했다. 하지만 그는 코시모 1세를 설득해 지롤라모 다 솜마이이아의 유언과 관련된 문제를 해결해주었다. 그리고 1563년 12월 피에타의 집에서는 다 솜마이이아의 유산을 팔아 비아 만도를로에 세 채

의 집을 구입했다. 그리고 그곳을 담장으로 둘러싸인 새로운 폐쇄적인 공간으로 만들기 시작했다.[28]

피에타의 집 소녀들은 1568년 11월에 그곳으로 이주했다. 열한 살 루치아Lucia, 열두 살 베타Betta 그리고 열네 살 디아만테Diamante가 공식적인 이주 행렬의 선두에 섰다. 그녀들은 모두 가장 최근에 보호소에 들어온 신입들이었고, 수 주 전의 보르고 오니산티에서는 살지 않았던 것으로 보인다. 그녀들과 함께 약 150명 소녀들의 행렬을 이끌었을 것으로 보이는 또 다른 소녀는 비록 다섯 살밖에 되지 않았고 병에 걸려 있었지만, 아마도 도메니카 디 마르코 다 피렌체Domenica di Marcho da Firenze였을 것이다. 도메니카는 피에타의 집이 여전히 보르고 오니산티에 위치하고 있을 때 들어온 마지막 소녀였거나, 아니면 비아 만도를로로 이주한 다음 들어온 첫 소녀였다. 둘 사이에 커다란 차이는 없다. 어찌 되었든 그녀가 새로운 장소에서 죽은 첫 소녀였기 때문이다. 그녀는 피에타의 집이 이주한 뒤 단 2개월 만에 죽었다. 이후의 다른 소녀들과 달리 그녀는 아무런 후견인 없이 피에타의 집에 들어왔다. 이것은 그녀가 보호소의 문을 개방했던 옛 입소 절차의 마지막 수혜자였다는 점과, 이 새로운 장소에서도 피에타의 집이 여전히 소녀들의 비극적인 죽음과 싸우게 될 것이라는 점을 암시한다.[29] 수년 뒤 소녀들이 그곳에 있었다는 사실에 대해 언급하는 것조차 "잊어버리게" 될 보르고 오니산티의 이웃들은, 의심의 여지 없이 자신들이 가진 것 중 가장 좋은 옷을 차려입은 어린이와 청소년들의 긴 행렬이 우밀타 병원에서 출발해 산타 마리아 노벨라로 빠져나온 다음, 피렌체의 중심부를 거쳐 북쪽으로 걸어가는 장면을 지켜보았을 것이다. 그녀들은 유곽과 세례당을 지나, 공작 코시모 1세가 더 이상 사용하지 않는 메디치 가문 궁전 너머의 산 마르코로 그리고 동북쪽으로 몇 블록 떨어진 비아 만도를로로 행진했다.

행렬에 참가했던 피에타의 집 10대 소녀들의 뒤로 옛 보호소의 문이 닫히면서, 피에타회의 여성들도 떠나기 시작했다. 1563년 새로운 시설이 그 자리를 잡아가기 시작하던 순간부터 피에타회는 이미 붕괴하기 시작했다. 소녀들을 제대로 보살피지 못한 데 대해 실망해서인지, 아니면 카포키가 진두지휘하던 변화에서 소외된 탓인지 혹은 비아 만도를로로의 이전에 반대해서인지는 정확히 알 수 없지만, 아무튼 많은 회원이 소녀들을 후원하겠다는 서약을 갱신하지 않았다. 이 내부의 갈등을 보여줄 작은 기록조차 남아 있지 않기 때문에, 우리는 이 붕괴의 이면에 무엇이 작동하고 있었는지 알지 못한다. 하지만 흥미롭게도 소녀들이 도시를 가로지르는 긴 도보 행진을 위해 열을 지어 옛 피에타의 집을 떠나기 시작했을 때, 남아 있던 피에타회의 여성들은 알레산드로 카포키를 해임하기 위한 투표를 하고 있었다. 피에타 집의 문서보관소에는 오늘날까지 당시의 사건과 기부 품목 혹은 결정된 내용을 담아 정리한 개략적인 노트가 남아 있다. 그런데 이 노트의 기록에 따르면, 카포키가 설치했던 행정운영위원회의 여성들이 행진이 거행되기 3일 전 혈기왕성했던 이 도미니코 수도사의 임기에 대해 논의했고, 결국 투표를 통해 그를 교체하기로 결정했다. 이것이 피에타의 집에서 담임사제의 임명과 관련해 남아 있는 유일한 행정 기록이며, 아울러 투표에 대해 언급된 단 하나의 사례다. 투표 결과는 8 대 1이었다.

여성들은 이제 도미니코 수도사를 완전히 배제하고, 가말돌리회의 수도사 프란체스코 프란체스키니Francesco Franceschini를 고용했다. 하지만 다시 한 번 『연대기』는 그를 단지 재속 성직자로만 명기함으로써, 다른 교단 소속의 성직자에게 담임사제직이 넘어갔다는 사실을 모호하게 만든다.[30] 물론 이 사제의 교체가 카포키가 거주하던 산타 마리아 노벨라 수도원으로부터 훨씬 멀리 떨어진 곳으로 피에타의 집이 옮겨가면서 발생한 단순한 결과일 수도 있다. 프란체스키니가 소속된 가말돌리회의 수도원 산타 마리아 델리 안젤리는 새로운 피에타의 집에서 남쪽으로 걸어서 몇 분이면 갈 수 있는 가까운 곳에 위치하고 있었기 때문이다. 하지만 심지어 『연대기』조차 카포키와 피에타회의 여인들 사이의 갈등을 은연중에 암시하고 있다. 『연대기』의 저술가는 피에타회 내부에서 악의를 지닌 일부 여성들이 카포키 수사에게 반대했다고 주장하며, "그녀들을 위한 자신의 의도를 실현할 수 없었기 때문에 그가 아반도나테의 행정운영위원회를 떠났다"는 수수께끼 같은 진술을 덧붙였다.[31]

어떤 의도인가? 우리는 카포키의 목적이 무엇이었으며, 또 그 목적이 마리에타 곤디와 루크레치아 리카솔리처럼 결연했던 피에타 집의 사보나롤라 추종자들을 좌절시킨 마지막 결정타가 되었는지에 대해 다만 추측할 수 있을 뿐이다. 그 행간에서 과연 우리는 무엇을 읽을 수 있을까? 행정 체계의 변화, 이전 그리고 소녀들에 대한 종교적 훈육의 변화는 피에타의 집을 수녀원을 닮은 어떤 모습으로 조금씩 바꾸어놓고 있었다. 하지만 이 각각의 움직임은 모두 여성들에 의해 승인되었다. 이러한 변화들이 급격한 회원 수 감소의 원인이었는가, 아니면 그에 대한 절박한 대응이었는가? 비아 만도를로로의 이전을 도모했을 때, 코시모 1세에게는 그것이 과연 자신이 억누르고 재편했던 것을 대체할 수 있는 새로운 아반도나테를 설립함으로써 자신에게 저항한 사보나롤라 추종 여성들에게 가한 공개적인 보복을 의미했는가? 분명히 카포키가 주창한 변화의 논리적 결론은 피에타의 집을 일종의 수녀원으로 전환시키는 것이었고, 따라서 그곳에서는 더 이상 피에타의 집에서처럼 보호소의 운영을 위한 종교봉사단체가 필요치 않았다. 어쩌면 이것이 개별적으로 진행되어오던 모든 변화에 대한 최종적인 저항을 자극했던 핵심 문제였을 수도 있다. 인근 거리에 이미 가말돌리회 수도원이 있었기 때문에 도미니코 수도사들을 긴장하게 만들 수도 있었겠지만, 가말돌리회 소속의 수사 프란체스키니를 임명함으로써 보호소가 수녀원으로 전환되는 것을 지연시킬 수도 있었다.[32] 하지만 만약 수녀원의 지위로 표류하는 것을 막는 일이 피에타회 여성들의 새로운 전략이었다면, 이제 이 이야기에 개입하게 되는 두 번째 도미니코회 성직자, 즉 피렌체의 주교 안토니오 알토비티Antonio Altoviti에 의해 그것은 실패를 앞두게 되었다.

알토비티는 1548년부터 이미 대주교로 임명되어 있었다. 하지만 코시모는 그가 피렌체에 들어오는 것을 막고 있었다. 알토비티 가문은 유명한 사보나롤라 추종 세력이었고, 안토니오의 아버지 비온도Biondo는 1537년 공작 알레산드로 "일 모로"의 암살을 지원할 때까지 공공연한 메디치 정권의 적대 세력이었다. 1548년 교황 바오로 3세Paul III가 알토비티를 대주교로 임명한 것은 코시모 1세의 면전에 가한 고의적인 공격이었다. 공작은 대주교가 토스카나 지역에 들어오는 것을 거부함으로써 이에 강력하게 대응했다. 그는 토스카나 지방에서 거두어들일 수 있는 교회의 수익 또한 몰수했다. 이러한 교착상태는 코시모가 교황으로부터 토스카나 대공이라는 새로운 직함을 받기 위해 한 걸음 물러나면서 일단락될 때까지, 거의 20년 동안 지속되었다. 따라서 정주해 있으면서 피렌체의 종교 생활을 면밀히 감독해야 할 대주교가 부재한 상황이 16세기 중반의 얼마간 지속되었다. 이러한 상황에서, 피에타회의 여성들은 어떻게 소녀들의 영적 삶을 지도해야 하는가에 관해, 아마도 일부 소녀들에게 성경을 제공하는 데 이르기까지, 많은 자유를 향유할 수 있었다. 하지만 1567년 약간의 타협과 절충을 거친 뒤 코시모 1세는 드디어 알토비티의 교구 입성을 허락했다.

새롭게 일신한 온건 사보나롤라주의가 메디치 가문과 평화적 관계를 맺었다는 것보다 더 극적인 공적 징후는 있을 수 없었다. 대주교 알토비티는 즉시 이전 수십 년 동안 자신이 피렌체 밖에서 기다리며 참석했던 트렌토 공의회에서 제정된 모범과 교령에 따라 공격적인 개혁 프로그램에 착수했다. 그는 1568년 4월에서 1569년 10월 사이에 피렌체의 모든 교회와 병원을 조사했고, 트렌토 공의회의 교령을 공식적으로 채택하기 위해 1569년 교구 종교회의를 개최했다. 여기에는 여성들이 운영하던 종교 공동체의 체계와 훈육을 강화하는 규정들이 포함되어 있었다. 이전 세기를 거치면서 이탈리아에서는 이러한 공동체들이 때로는 공개적으로 또 때로는 폐쇄적으로 일부는 규정에 맞추어 그리고 일부는 자유롭게, 매우 광범위하게 출현하고 있었다. 이들 가운데에는 비공식적인 서약을 통해 결속하고 재속 혹은 수사 성직자들의 감독 범위 밖에서 스스로의 자선사업을 추구하던 미망인이나 독신 여성들의 집도 포함되어 있었다. 후일 우르술라 회를 창시한 젊은 여인 안젤라 메리치Angela Merici에게 영향을 준 초기의 선구자들부터 미망인 리오노라 지노리의 아반도나테 구빈원, 그리고 위선적인 모나 안토니아의 경건한pinzochere 매춘의 집까지 그 모든 것이 그 사례에 해당했다.[33]

트렌토 공의회의 목적은 이러한 다양한 기관을 정리하고 통제하는 것이었다. 특히 공식적인 수녀원이든 아니면 비공식적인 종교 공동체든, 보다 강력하게 폐쇄된 보호시설에 여성들을 차단해둠으로써 모나 안토니아 같은 사람들이 운신할 수 없도록 만드는 것이 그 목적이었다. 어떤 지역에서는 주교의 목적이 비현실적인 망상처럼 보이기도 했고, 따라서 알토비티는 수녀원으로 보낸 딸들이 고립되기를 원치 않았던 유력 가문들의 저항을 단호하고 교묘하게 극복해야 하곤 했다. 부유한 가문의 입장에서는 자신들이 지참금을 지원해줄 수 없는 딸들을 받아들여 수용할 수 있는 수녀원이 필요했다. 그리고 그러한 딸들은 만약 자신들이 여전히 방문객을 맞을 수 있고, 친척이나 친구들을 방문할 수 있으며, 여전히 도시의 문화, 지식 그리고 사회생활에 참여할 수만 있다면, 결혼을 포기하고 기꺼이 수녀원으로 들어갔다. 하지만 문이 열려 있으면, 그것을 통해 모든 문제 또한 들어오는 법이다. 알토비티는 이 문을 닫기로 결심했고, 그 방법에 대해서도 역시 잘 알고 있었다. 1570년 6월 그는 도미니코 수도회, 그중에서도 특히 산 마르코 수도원의 수도사 가운데에서 담임사제를 뽑으라고 피에타회의 여성들에게 명령했다. 이와 함께 이제 가말돌리회 출신의 수도사 프란체스코 프란체스키니가 피에타의 집과 관련된 역사에서 자취를 감추게 되었고, 이전과 전혀 다른 새로운 치세가 시작되었다.[34]

산 마르코의 도미니코 수도사들은 담임사제로 기꺼이 봉사했다. 하지만 결과적으로 그 때문에 피에타의 집은 영원한 변화를 맞게 되었다. 그들은 피렌체의 다른 수도원이나 단체들에게 그러했듯이 이 보호소와 종교봉사단체를 보다 강력하게 통제하기로 결심했다. 피에타회의 여성들은 앞으로 오직 산 마르코의 수도사들만을 담임사제로 지명할 것을 약속해야만 했고, 또 그들이 담당했던 역할에 대해 이전보다 훨씬 많은 월급을 지불해야 했다. 그녀들이 가말돌리회 수도사에게 지불했던 것의 두 배에 가까운 금액이었다. 산 마르코의 수도사들은 언제나 자신들이 영적으로 보살피고 있던 수녀원과 종교봉사단체들을 자신들의 안정적인 수입원으로 간주했다. 하지만 피에타의 집을 통제하려는 그들의 의지는 금전적인 차원을 훨씬 넘어서는 것이었다. 피에타회의 여성들은 앞으로 산 마르코 소수도원장의 감독 아래 피에타회의 소수녀원장이 선출되어야 한다는 점을 받아들여야만 했다. 그녀들은 교회의 3개 열쇠 가운데 1개를 넘겨야 했고, 담임사제에게 더 많은 재량권을 주어야 했다. 새로운 영성 감독관이었던 수사 바티스타 살베티Battista Salveti는 즉시 소녀들을 로사리오 신심회에 다시 등록시켰다. 또한 그는 면벌부와 영적 혜택을 줌으로써, 그녀들이 도미니코 수도회와 더 친숙해질 수 있도록 만들기 시작했다. 결국 카포키의 행정 개혁안들이 그해에 채택된 공식적인 규정, 즉 또 다른 트렌토 공의회의 요구사항 속에 완전히 명문화되었다.[35]

규정에는 종종 그로 인한 수많은 좌절 그리고 그것을 관철시키려는 결의가 뒤섞여 있다. 무엇인가는 결코 다시 행해져서는 안 되고, 또 어떤 것은 분명히 지금부터 시행되어야 한다. 따라서 현실을 뛰어넘는 결과가 규정에 나타날 수도 있다. 소수의 사람만이 오래도록 엄격한 규칙에 맞추어 살아갈 수 있었고, 10대 소녀의 경우에는 그 수가 더 적었다. 여기에서도 역시 1570년 피에타의 집에 부과된 규정들의 행간을 읽음— 단지 새로운 금지 사항을 정리한 긴 목록만을 읽는다 해도—으로써 우리는 오니산티에서 소녀들의 삶이 어떠했는가를 더 잘 이해할 수 있을 것이다.[36]

오니산티에서는 피에타 집의 문이 외부를 향해 놀라울 정도로 활짝 열려 있었다. 소녀들은 문 앞에서 자신들의 부모나 형제 혹은 자매들을 만날 수 있었고, 그들과 함께 이야기를 나누고 더 나아가 함께 식사를 하며 오랜 시간을 보낼 수 있었다. 만약 친척이 아프면, 소녀들은 집으로 돌아가 그들을 방문하고 몇 주 동안 간호할 수도 있었다. 결혼해 그곳을 떠난 소녀들은 보호소의 옛 친구들을 만나러 돌아오기도 했고, 일부 여성 방문객은 그곳에서 소녀들과 함께 밤을 보냈다. 또한 온갖 유형의 남성이 보호소를 드나들었다. 짐꾼들이 큰 물건을 부엌으로 나르거나 가구를 기숙사로 옮겼으며, 모직물과 견직물 산업의 중매업자들이 사업 문제를 논의하고 소녀들이 수행하고 있던 작업의 상태를 확인하기 위해 작업실을 방문하곤 했으며, 목수와 잡부들은 보호소 근처에서 여러 수선거리를 나르고 다녔다. 그러한 모든 것이 여전히 자신들의 삶이었기에, 소녀들은 열린 창문과 문을 통해 거리에서의 삶과 쉽게 연결되어 있었다. 그녀들은 거리의 노래를 불렀고, 통속적인 책을 읽었고, 다른 소녀들처럼 옷을 입었다. 모두가 피에타의 집이 일시적인 보호소이지 감옥이나 수녀원은 아니라고 생각했기 때문이었다. 비록 보호가 필요한 존재일 수는 있었지만, 그렇다고 해서 그녀들이 피렌체의 일상생활로부터 단절되지는 않았다.

이 상황들이 그라치니의 『뚜쟁이』에 등장한 모나 안토니아와 비슷한 정도로 피에타의 집에서의 삶이 음탕하게 이루어졌다는 것을 의미하는가? 주위 환경을 보면 확실히 그럴 수도 있었다. 1570년의 규정은 명백하게 이러한 일상의 행위를 모두 종식시켰고, 그 외에도 일부를 추가해 덧붙였다. 상점이 문을 닫는 휴일에는 어떠한 모직물업 그리고 견직물업의 중매업자들도 피에타의 집을 방문할 수 없게 되었다. 실제로 수도사와 관료들을 제외한 어떤 남성도 이제부터는 언제, 어떤 이유로도 그곳에 들어올 수 없었다. 심지어 수도사나 관료들조차 2명의 여성 보호자를 동반해야만 했다. 청소년기 소녀들로서의 그녀들 삶에도 의심의 눈초리가 드리워졌다. 이제 기숙사의 등이 밤새 켜져 있어야 했고, 소녀들은 더 이상 한 침대에 한 명 이상 잘 수 없게 되었으며, 어떤 여성 방문객도 그녀들과 밤을 보낼 수 없게 되었다. 그런 경우에는 그녀가 곧 뚜쟁이를 의미할 수 있었다. 하지만 실제로는 그녀가 집에서 밀려나와 제도 기관에 머무르게 된 여섯 살 먹은 조카를 위로하기 위해 그곳을 방문한 숙모일 수도 있었다. 소녀들은 더 이상 함께 목욕할 수도 없었고, 또 다른 소녀의 머리를 감겨줄 수도 없었다. 복장은 더욱 커다란 관심사였다. 이제 소녀들은 수수한 단체 드레스를 입고 목까지 단추를 채워야 했고, "감추어야 할 것을 보여주어서는 안 되었다".[37]

새로운 규정이 피에타 집의 문을 완전히 닫아버렸다. 이즈음 담장 안에 여성들을 가두어놓은 모든 시설 역시 점차 더 엄숙하고 청교도적인 분위기로 변해가고 있었다. 더욱이 새로운 규정은 10대 소녀들을 위한 임시 보호소라기보다 오히려 수녀원에 더 잘 어울렸다. 규정은 피에타의 집을 하나의 수녀원으로 상정하고 있었으며, 심지어 자신들의 딸을 수녀원에 입회시키려 했던 일부 부모들조차 그 생각을 고쳐먹게 될 정도의 가혹한 처벌 조항을 담고 있었다. 카포키가 작성했는지 아니면 또 다른 누가 만들었는지는 문제될 게 없다. 아무튼 이 새로운 규정은 특히 성의 문제에 집착했다. 낭만적인 노벨라가 소녀의 머릿속에 다른 생각을 불어넣을 수 있었기에, 소녀들이 그것을 읽도록 내버려둘 수는 없었다. 또한 일하면서 사랑 노래를 부를 수도 없었다. 이로 인해 거리를 지나가던 누군가가 그릇된 인상을 갖게 될 수도 있기 때문이었다. 만약 어떤 소녀가 외설적인 노래를 부른다면, 그녀는 다른 이들 앞에서 매질을 당하거나 심지어는 보호소의 다른 모든 소녀들의 발에 입을 맞추어야 할 수도 있었다. 만약 성이나 결혼에 관한 농담을 한다면, 생대마가 감겨 있는 실패 2개를 들고 무릎을 꿇은 채 식사시간을 보내야 했다. 신이나 성인들을 모독한다면, 미사 도중 무릎을 꿇고 있어야 했다. 혼란에 빠져 악마를 부른다면, 쇳조각만을 입에 물고 식당에 서서 식사시간을 보내야 했다. 험담을 늘어놓는다면, 식사 도중 자신의 등에 어떤 표식을 착용하고 있어야만 했다. 이 새로운 감옥으로부터의 탈출에 관한 이야기를 입에 올린다면, 머리카락을 잘리게 될 것이었다. 어찌어찌해서 탈출에 성공했지만 결국은 붙잡혀 강제로 다시 돌아오게 되면, 그녀는 머리카락이 잘린 채 보호소의 새 감옥에 수감될 것이었다. 머리카락을 자르거나 밀어버리는 것은 특히 가혹한 징벌이었다. 왜냐하면 머리칼을 풀어 길게 늘어트리는 것이 미혼 여성들의 상징이었고, 또한 소녀들의 시각에서는 그것이 젊은 남성에게 자신을 매력적으로 보일 수 있게 만드는 방법이었기 때문이었다. 이러한 소녀들과 달리 기혼 여성과 수녀들은 머리카락을 짧게 자르거나, 머릿수건으로 머리카락이 보이지 않도록 감쌌다. 머리카락을 자르는 것은 언젠가 피에타의 집 외부에서 어른이 되려고 했던 10대 소녀들의 꿈을 자르는 것이나 다름없었다.[38]

결과적으로 이 규정들은 성, 결혼 그리고 일상의 삶을 꿈꾸었던 평범한 10대 소녀들의 의지를 꺾는 것을 의미했다. 규정의 목적은 담장 너머의 일상 세계에 대한 생각으로 정신이 분산되어서는 안 되는 수녀들로 그녀들을 탈바꿈시키는 것이었다. 이미 보호소에 살고 있었던 소녀들에게 이러한 규정들이 강요될 수 있었을까? 아마 그렇지 못했을 것이다. 하지만 산 마르코의 도미니코 수도사들은 앞을 내다보며 때를 기다리고 있었다. 일부 소녀들은 이미 죽었거나 그곳을 떠났고, 다른 소녀들에게는 선택의 여지가 그리 많이 남아 있지 않았다. 더 큰 변화는 피에타회를 세운 여성들이 하나둘씩 사라져가던 1580년대에 일어나기 시작했다. 1580년 대표 소수녀원장으로 26년의 세월을 보낸 마리에타 곤디가 죽었다. 창립 구성원 가운데 마지막까지 살았던 루크레치아 리카솔리는 1586년 죽을 때까지 곤디에 이어 대표 소수녀원장으로 일했다. 목공 지롤라모의 미망인으로서 거주 소수녀원장이었던 모나 알레산드라 역시 소녀들의 일상생활을 감독하며 29년을 피에타의 집에서 보낸 뒤 1583년 죽었다. 이 세 여성이 피에타의 집에 그 특징을 부여했고, 또 그것의 변화를 지켜봤던 이들이었다. 또 그녀들이 카포키에게 협조했고 이후 그를 교체하는 투표에 참가했다. 만약 피에타의 집에서 어떠한 낙태약이라도 사용되었다면, 그녀들이야말로 그것에 관해 알고 있었고 또 약의 사용에 동의했을 것이다. 리카솔리가 죽던 해에 플랑드르 출신의 수도사 게라르도 피암민고Gherardo Fiammingo가 담임사제로 일하기 위해 피에타의 집에 도착했다. 그는 카포키만큼 극적인 변화를 추구했다. 훨씬 더 절제되고 덜 대립적인 방식을 통해서였다고는 하더라도, 피에타의 집을 도미니코 제3회Third Order Dominican 수녀원으로 바꾸어놓은 결정적인 인물이 바로 수사 게라르도였다. 그는 1595년 3월 25일, 성모영보대축일이자 피렌체의 새해 첫날, 8명의 소녀들을 처음으로 제3회에 가입시켰다.[39]

이들은 모두 장기적인 변화였다. 하지만 보르고 오니산티에서 비아 만도를로로의 이전은 재정, 체계, 행정, 의료 관리의 차원에서 더욱 즉각적인 결과를 낳았다. 때로는 새로운 규정 반포의 차원을 넘어서는 다른 이유들로 인해 시련의 시기가 뒤따랐고, 소녀들과 외부 세계와의 관계에도 변화가 찾아왔다. 보르고 오니산티에서의 15년 동안 기본적으로 서약, 기부자, 자원봉사자들에 의존해 운영되었던 그녀들의 보호소에서는 이전 이후 재정적인 상황이 더욱 열악해졌다.[40] 가장 심각했던 상황은 엄청난 전염병이 피렌체를 강타했던 1574년에서 1575년 사이에 찾아왔다. 기부금이 급감하고 물가가 치솟던 상황에서 피에타의 집에서는 심지어 소녀들을 먹이는 데 필요한 자금의 절반도 마련할 수 없었다. 결국 음식, 의복, 나무의 구입을 줄였고, 더 많은 소녀를 다른 가정의 하녀로 내보냈으며, 조금이라도 남겨 다음 해를 준비하기 위해 일자리와 구호품을 얻으러 돌아다녔다. 그해 피에타의 집에 찾아온 경제적 난관은 더 깊이 그 뿌리를 내렸고 결국 피에타 집의 연간 예산이 심각하게 삭감되었다.[41]

곤경에 처하게 되었을 때 수용하던 소녀들을 밖으로 내보내는 일은 오랫동안 그곳에서 선택한 해결책이 아니었다. 보르고 오니산티에 자리를 잡고 있었을 때, 7명 가운데 1명의 소녀가 하녀로 일하기 위해 보호소를 떠났다. 성폭행의 위험에 빈번하게 노출되었고 또 많은 소녀가 피에타의 집으로 다시 돌아왔다는 사실에도 불구하고, 이는 보호소를 떠나 “일상적인” 가정생활로 들어가는 첫 단계였다. 하지만 이러한 일들이 비아 만도를로에서 끝났다. 열세 살 카밀라 디 안드레아Camila di Andrea 단 한 명만이 1569년 피에타의 집을 떠났다. 1570년대 중반 전염병이 닥쳐 거의 20명의 소녀들을 버리다시피 밖으로 내보낼 때까지, 더 이상 그 어떤 다른 소녀도 밖으로 나가지 않았다. 당시 피에타의 집은 절박한 상황에서 재정의 균형을 맞추려고 노력하고 있었다. 이후 몇몇 소녀들이 견직물 방직공들과 함께 일하기 위해 밖으로 나왔다. 이러한 외부로의 유출은 1584년경 마지막으로 이루어졌다.[42] 이후 가정의 하녀로 일하는 것은 더 이상 소녀들을 위한 선택 사항이 아니었다. 피에타의 집을 공장 그리고 수녀원으로 바꾸어 놓은 규정에 맞추어 살아가면서, 그녀들은 보호소의 내부에 감금되어버렸다.

아마 당시의 피렌체에서 우리는 피에타의 집보다 견직물 생산 공장에 더 적합한 공간을 찾을 수 없을 것이다. 탁 트인 밝은 옥외 마당과 정원으로 통하는 여러 개의 커다란 방이 뚜렷한 목적 아래 지어져 있어, 새로운 피에타의 집은 이 시기 얀 판 스트라트가 제작한 판화에 묘사된 넓은 작업장과 아주 닮아 보였다. 짐꾼들은 더 이상 미로 같은 도심의 좁은 길을 누비듯 빠져나와 수고스럽게 오니산티까지 올 필요가 없었다. 그들은 이제 세 블록 떨어진 산 갈로 문을 통해 커다란 누에 상자나 뽕나무잎 꾸러미를 피에타의 집으로 가져올 수 있게 되었다. 새로운 규정은 개별 감독관의 통제 아래 견직물, 모직물 그리고 리넨 생산 노동을 위한 공간을 분리하여 보다 발전되고 효과적인 노동의 분화를 도입하면서 그곳을 공장처럼 이용했다. 이 새로운 피에타의 집에서 소녀들은 분명히 노동을 했을 것이다. 만약 어떤 소녀가 할당된 양을 채우지 못할 경우, 식사시간에 그녀에게 음식이 제공되지 않았을 것이다. 또한 어떤 소녀가 일을 잘 못하거나 천 조각을 망쳤다면, 그녀는 다른 소녀들이 식사하는 모습을 지켜보면서 굶주림에 목을 늘어뜨린 채 서 있곤 했을 것이다.[43]

하지만 규정은 꽤나 야심만만했다. 보르고 오니산티에서의 마지막 몇 년과 비아 만도를로에서의 처음 몇 해 동안, 소녀들은 직물 생산 노동을 통해 꾸준히 피에타의 집 전체 소득의 40퍼센트 정도를 벌어들였다. 하지만 곧 20퍼센트 미만에서 60퍼센트 이상까지 매해 소득의 편차가 심각할 정도로 커졌고, 이로 인해 피에타 집의 모든 회계 상황이 혼란에 빠졌다. 첫째, 실켜기, 실잣기 그리고 방직 작업으로부터 거두어들인 수입은 두 배 이상 증가했다. 이 때문에 작업장을 넓히고 수입을 늘리기 위해 피에타 집의 이전을 옹호했던 사람은 누구나 자신들의 주장이 정당했다고 생각했다. 하지만 1574년부터 1575년 사이 위기의 시기에 직물 산업 전반에 걸쳐 수입이 급감했고, 그 결과 심지어는 비아 만도를로로 이전하기 전보다 한참 낮은 수준까지 떨어졌다. 1년 뒤 방적·방직 산업이 회복되면서 초기의 호황기 수준으로 수입이 늘었지만, 곧 이런 상황이 더 이상 오래 지속될 수 없다는 점이 분명하게 드러났다. 방직과 실켜기는 절반 수준으로 떨어졌고, 전통적으로 안정적이었던 방적 부문 역시 급격히 몰락했다. 방직 분야는 다음 해(1578)에 조금 개선되었지만, 다른 분야는 계속 쇠퇴해갔다. 피에타의 집이 이전하면서 그곳의 소녀들은 자신들에게 일감을 가져다주었던 상점의 주인들이나 중매업자들로부터 멀리 떨어지게 되었다. 또한 새로운 규정들로 인해 그녀들은 이러한 직물 노동자들과 예전에 즐겼던 일상적인 접촉이나 개인적인 관계를 맺을 수도 없었다. 넓은 공간과 충분한 양의 밝은 빛이 필요했던 견직물 생산 노동이 피에타의 집을 비아 만도를로로 이전시킨 한 가지 중요한 경제적 동인이었다면, 역설적이게도 이전 이후 가장 크게 몰락한 분야가 바로 누에고치로부터 실을 뽑아내는 일이었다.[44]

소녀들은 전통적으로 구호품을 수거해 많은 수입을 거두어들였다. 그리고 그러한 일을 통해 근처에 밀집해 살고 있던 이웃들과 연결되어 있었다. 보르고 오니산티 주변의 상점주인들, 직물 노동자들, 성직자들, 매춘부들은 이전하기 전 피에타 집의 수입 가운데 거의 60퍼센트에 달하는 몇 푼의 동전, 음식 그리고 여러 물품을 그녀들에게 제공해주었다. 그것은 피에타회의 여성들이 최전성기에 서약을 통하여 후원했던 지원금보다도 훨씬 많은 양이었다. 새로운 규정은 소녀들의 구호품 수집과 관련되어 지켜지기 어려웠을 매우 엄격한 지침들을 제시했다. 아무튼 그러한 규정에 의해 엄격하게 금지된 여러 사례를 통해 우리는 비아 만도를로로의 이주 이전에 피에타의 집 소녀들이 무엇을 하고 있었는지에 관한 보다 풍부한 그림을 얻을 수 있다. 이제 그녀들은 더 이상 함께 이야기를 나누거나, 다른 고아원에서 자신들과 같은 이유로 밖으로 나온 소년 소녀들을 만나 재잘거리거나, 결혼해서 이제는 가정을 꾸린 예전의 피에타 집의 소녀들과 수다를 늘어놓거나, 남성들과 대화하거나 하는 등의 일을 할 수 없게 되었다.

시장의 가판대 앞에서 그리고 길거리에서 가벼운 이야기를 주고받으면서 소녀들은 오니산티의 이웃들과 결속하고 있었다. 따라서 이러한 의사소통의 통로를 규제한 것이 비아 만도를로로의 이전 이후 왜 구호 수입이 급격히 떨어지게 되었는지를 설명해줄 수 있다. 구호 수입은 즉시 절반 수준으로 떨어졌고, 1570년대 말이 되기 전 또다시 그 절반의 절반으로 추락했다. 이제 구호 물품의 양은 피에타의 집 전체 수입의 채 5분의 1에도 미치지 못하게 되었다.[45] 물론 비아 만도를로 주위의 곧게 뻗은 텅 빈 거리에는 함께 무엇인가를 공유할 이웃도 거의 살지 않았다. 따라서 이야기를 나눌 이웃조차 없었다는 점이 왜 소녀들에게 돈을 준 사람들이 거의 없었는가에 대한 이유가 될 수도 있다. 하지만 거리에 사람이 많던 적던 상관없이, 비아 만도를로 주위의 거리에서는 오래도록 피에타의 집 소녀들이 거의 눈에 띄지 않았다. 10년이 지난 뒤 피에타의 집 거래장부 원장에는 소녀들이 구호상자를 들고 상점이나 교회를 돌아다니면서 얻었던 이러저러한 구호품들에 대한 영수증이 모두 사라져 있었다. 아마도 이것은 회계 기록 방식의 변화 때문이었을 수도 있고, 그녀들을 거리로 나가지 못하도록 만든 규정 때문에 발생한 현상일 수도 있다. 아무튼 10년이라는 짧은 기간 안에 피에타의 집은 절박한 삶을 살고 있던 이웃들의 구호를 통해 지탱되던 개방적인 보호소에서 사람이 많이 살지 않는 도시의 외곽에 자리 잡은 폐쇄적인 작업장으로 변화했다. 결코 수녀가 되기를 원하지 않았던 이 고아와 버림받은 소녀들의 집단에 수녀원적 삶이라는 트렌토 공의회의 목표가 부과되었던 것이다.

혹시 그녀들이 그러한 변화를 원했는가? 보호소에 더 많은 소녀가 머물게 되면서, 처음 조용히 그곳에 들어왔던 궁핍한 소녀들이 사용할 수 있는 공간이 더욱 부족해졌다. 또한 목까지 단추를 채운 옷을 입고 싶어 하지 않았던 그런 소녀들을 위한 공간도 마찬가지였다. 결국 안으로 들어오는 문은 더 이상 열리지 않게 되었고, 밖으로 나가는 문도 단단히 닫히고 있었다. 심지어 이전하기 전에도 마르게리타, 마리아 그리고 막달레나와 같은 소녀들은 1566년 6월부터 그 문을 밀어젖힐 후견인을 필요로 하고 있었다. 이것은 분명히 남성 보호시설에서 일반적으로 시행되고 있었지만, 그때까지 피에타의 집 여성들이 거부해왔던 그런 종류의 사전 절차였다. 일부 후견인들은 그저 한 소녀—그녀는 단지 18개월만 그곳에서 살았던 여덟 살 마리아 디 프란체스코 다 크레스피노Maria di Francesco da Crespino였다—만을 데려온 마리에타 곤디, 혹은 3명의 소녀를 데려온 안토니오 카르디Antonio Cardi의 미망인 카밀라Camilla 같은 피에타회의 회원들이었다.

하지만 다른 후견인들은 그녀들과는 상이한 방식으로 피에타의 집과 연결되어 있었다. 예를 들어, 막달레나 코스탄차Maddalena Costanza는 지롤라모 다 솜마이아의 손녀였다. 물론 자신의 아버지가 폭행했던 하녀처럼 취약한 상황에 처한 소녀들만을 헌신적으로 보호하고 있던 피에타 집의 한 소녀를 후원하면서, 그녀가 자신의 아버지의 끔직한 범죄를 염두에 두고 있었던 것 같지는 않다. 하지만 후견인의 3분의 1 이상이 남성이 되었을 때, 어떠한 미묘한 변화가 나타났을까? 8명의 후견인 가운데 1명이 성직자라면, 상황이 어떻게 변했을까? 혹은, 더 많은 후견인이 페라라의 대사 그리고 심지어는 대공비인 로렌의 크리스티안Christianne de Lorraine을 포함한 메디치 궁전의 사람들로 충원되었다면, 어떠한 결과가 나타나게 되었을까?[46] 실제로 대공비는 가벼운 압력을 행사해 수산나 디 가브리엘로 프란체세Susannah di Gabriello Francese라는 이름의 소녀를 피에타 집에 입소시켰다. 이름으로 추정컨대, 수산나는 크리스티안이 프랑스 출신의 궁정인과의 사이에서 낳은 사생아가 거의 확실해 보인다. 이러한 일들은 피렌체의 다른 보호시설에서도 점차 늘어나던 현상이었다. 궁정인, 성직자, 행정 관리들은 이러한 세속 보호시설들을 혼외정사로 태어난 아이들—자신들의 아이들 혹은 좋은 평판을 지니고 있던 영향력 있는 가문의 아이들—을 처리할 수 있는 저렴하고 편리한 장소로 생각하기 시작했다. 거리에 그냥 방치해버리기에는 아깝지만 진짜 수녀가 되거나 진짜 남편을 얻을 만큼의 재정적인 지원을 받기 어려웠던 소녀들도 대상이었다. 따라서 후견인들이 제공한 어떤 재정적 지원이나 고려도 결혼 지참금에는 턱없이 모자랐다.

1580년대 말에서 1590년대 사이에 피렌체에서는 버림받은 소녀들을 위한 보호시설이 많이 증가했다. 이 때문에 도시에서는 피에타 집에서의 이러한 변화를 용인할 수 있었다. 이제 새롭게 설립된 두 기관에서 예전 같으면 비아 만도를로로 향했을 소녀들을 수용하게 되었고, 그 결과 피에타의 집에서는 기존에 자신들이 돌보았던 절박한 소녀들로부터 등을 돌릴 수 있게 되었다. 대공 프란체스코 1세는 1591년 새로운 기근이 찾아와 피렌체 노동 계층 가정의 삶이 또다시 극한 상황에 처하게 되자, 피렌체에서 가장 가난한 소녀들을 위해 성 카테리나에 봉헌된 새로운 보호시설을 열었다. 또한 비슷한 시기에 그는 부유한 가족들에게 봉사하려고 했던 두 공공복지 관리인을 지원했다. 그들은 새로운 보호소 카리타의 집Casa della Carità을 수수료를 받고 가난한 가정의 소녀들을 보호하는 기숙사로 탈바꿈하도록 만들었다. 그리고 이로 인해 두 관리인은 피에타의 집으로 소녀들을 보내는 것을 멈출 수 있게 되었다. 피렌체는 여전히 인간과 공간이 긴밀하게 연결되어 서로서로에게 영향을 끼칠 수 있던 조그마한 도시였다. 피에타회 혹은 피에타의 집 내부의 변화만큼이나 도시의 보호 체계의 변화로 인해 게라르도 수사는 자유롭게 피에타의 집을 수녀원으로 바꾸는 일을 도모할 수 있었다.[47]

이 모든 변화를 고려하면, 이전 이후의 피에타의 집에는 과거와 달리 부유한 가정 출신의 훨씬 건강한 소녀들이 들어왔을 것이다. 아마 그녀들은 노동, 방문 혹은 결혼을 위해 보호소를 떠날 수 있을 것이라는 생각을 그리 많이 하지 않았을 것이다. 새로운 장소는 분명히 훨씬 더 넓고 환하며 신선한 공기로 가득 차 있었을 것이다. 비록 그러한 편의시설이 그들의 일상의 삶보다는 노동을 용이하게 하기 위해 고안된 것일지라도 말이다. 그렇다면 "무엇이 피에타의 집 소녀들을 죽음으로 몰아갔는가"라는 우리의 질문은 혼란에 빠지게 된다. 만약 마르게리타, 마리아 그리고 막달레나 같은 소녀들이 이 시점의 보호소에서 죽었다면, 그녀들의 죽음은 많은 세속 여성을 어린 나이에 죽게 만들었던 전염병이나 정기적인 출산과는 거리가 먼, 오랜 시간 수녀와도 같은 삶을 살고 난 뒤에 발생한 일이 된다. 의료 관리 체계도 급격하게 변화했다. 적어도 1571년부터 산 마르코의 수도사들은 과거에 피에타의 집 의무관으로 일했던 마르게리타로부터 의무실을 넘겨받아 수도사 안토니오Antonio의 통제 아래 관리했다. 의료와 관련된 다른 모든 직원 역시 해고되었다. 보르고 오니산티에서 고용했던 두 명의 의사—한 명은 사혈을 담당하고, 다른 한 명은 일반적인 도움을 제공하기 위해 고용된—도 한 명으로 교체되었다.[48] 한 명의 새 약제사가 약을 제공했다. 옛 의료진이 모두 사라지면서 그리고 의학 처방전을 담고 있는 필사본 책을 이제 호박, 양고기, 기름의 구입을 기록하는 회계장부 담당자가 이용하게 되면서, 보호시설의 의료관리 체계가 근본적으로 변화했다. 의무관 마르게리타는 자신의 처방전에 따라 약품과 재료를 구입하기 위해 1566년에는 130리라 이상을 그리고 1567년에는 220리라 이상을 소비했다. 하지만 새 의무관 안토니오 수사는 자신과 소녀들에게 오직 설탕 성분의 시럽과 아쿠아 보라acqua bora로 불린 탄산수만을 허락하면서, 1571년에는 4리라를 썼고, 1572년에도 다시 같은 양의 돈만을 소비했을 뿐이었다.[49]

1570년대 말, 아마도 이러한 변화의 혼란 속에서 피에타 집의 행정 기록 보존 체계가 붕괴했던 것으로 보인다. 피렌체 국립문서보관소의 목록에는 마리에타 곤디가 더 이상 대표 소수녀원장이 아니게 된 이후에 전개되었던 놀라운 상황이 여실히 나타나 있다. 다시 한 번 가장 놀라운 단서는 사라진 기록들이다. 피에타 집의 일지에는 1565년 이전부터 1579년까지의 상황이 기록되어 있고, 1579년에서 1605년 사이의 기록은 소실되었다. 수입과 지출Entrate/Uscite에 관한 거래장부는 1557~1577년만 기록되어 있고, 1577~ 1579년의 기록은 존재하지 않는다. 1557~1579년의 채무와 채권Debitori/Creditori 관련 기록은 남아 있지만, 1579~1604년의 기록은 현재 남아 있지 않다. 사라진 문서들은 그저 도난당한 것이 아니었다. 비록 단지 서둘러 낱장들을 무작위로 묶어놓은 형태이기는 하지만, 1580년대와 1590년대의 회계 기록은 존재하기 때문이다.[50] 홍수, 화재, 도난 혹은 미숙한 기록물 처리 등이 수 세기에 걸쳐 기록이 소실될 틈을 만들었을 가능성도 있다. 하지만 모든 기록 보존 상황의 점진적인 퇴화, 재정 상태를 보여주는 개별적이고 중요한 이 세 기록들 사이에 나타난 유사한 차이들, 간헐적으로 발견되는 정리되지 않은 낱장 형태의 기록들과 마주할 때, 우리는 피에타의 집에서 보다 심각한 위기 상황이 발생했으리라는 사실을 거부할 수 없게 된다. 단순히 담당자 교체 때문에 기록의 보존에 결함이 생겨난 것은 아니었다. 실제 1565년부터 1601년까지 거래장부의 기록과 관리를 책임졌던 유일한 회계장부 담당자 조반니 벤치니의 사례가 이를 잘 보여준다. 그는 피에타의 집이 보르고 오니산티에 있을 때에는 명징하고 체계적으로 기록을 정리했다. 하지만 1570년대 중반부터 벤치니는, 약간의 거래내역을 기록할 수 있을 정도의 지면만 생기면 그 어떤 거래 원장이라도 미친 듯이 찾아내면서, 옛 장부들을 뒤죽박죽 섞어놓기 시작했다. 그리고 몇 년이 지난 뒤에는 마치 어찌할 바 몰라 손을 놓고 모든 것을 포기한 듯 보인다. 결과적으로 이 기록들에 나타난 공백은 거의 정확히 피에타의 집을 설립했던 여성들이 죽었던 시기부터 게라르도 수도사가 죽은 시기 사이와 일치한다. 오직 게라르도의 후임이 등장하고 난 이후에야 우리는 다시 한 번 체계적인 일지, 수입/지출 원장, 채무/채권 기록 등을 발견할 수 있다.[51]

재무 기록 원장, 입회 등록 기록 그리고 규정들은 모두 비아 만도를로로 이전한 이후 피에타의 집에 급격한 변화가 일어났다는 점을 보여준다. 그렇다면 피에타회는 어떻게 되었는가? 한 움큼의 규모로 회원 수가 급격히 줄어들면서 피에타회의 행정 체계에도 불가피한 변화가 뒤따랐다. 이제 대표 소수녀원장과 거주 소수녀원장의 임기가 짧아졌고, 이와 달리 영적 지도자들이 더 오랜 기간 머물렀다. 이전의 관행과는 정반대의 모습이었다. 다시 말해 남성 수도사들이 보호소의 실질적인 감독관으로서의 역할을 수행하며 세속 여성들을 대체하기 시작했던 것이다.

가장 놀라운 징후는 소녀들과 그녀들을 도와준 사람들 사이의 관계에 대해 묘사하고 있는 서류에 사용된 언어에서 시작되었다. 여기에서는 행간을 읽는 것보다 표현된 그대로 읽는 것이 중요하다. 초기의 거래원장이나 장부에서는 명확하고 일관되게 여성들이 집단적으로 지칭되었다. 따라서 초기의 장부에는, 약간의 변형은 있지만 "이 책은 피에타의 집 여성들과 소녀들에 관한 것이다questo libro e delle donne e fanciulle della pieta"와 같은 제목이 붙어 있었다. 재산 이전과 관련하여 피에타의 집에서 공작 코시모 1세에게 보낸 서한에 서명한 이들도 마리에타 곤디나 그 밖의 한 사람의 실무자가 아니라, "보르고 오니산티의 버림받은 소녀들을 관리하는 여인들Le donne che governano l'abandonate di B. Ogni Santi"이었다.[52] 소녀들의 초기 입소 기록과 피에타회의 신입회원들의 입회 기록에도 역시 모두 복수로서의 "대표 소수녀원장들madre priore"이 그녀들을 면접하고 받아들였다고 진술되어 있다. 이러한 언어의 사용은 피에타회의 여성들이 소녀들과 나누었던 개인적이고 모성적인 친밀한 관계 그리고 집단 내의 평등한 관계를 강조했다.

『피에타의 집 자매들의 연대기』에서는 이러한 언어의 사용이 변화했다. 이 『연대기』를 처음 쓴 두 저술가 조반니 바티스타 브라케시 수사와 카테리나 수녀, 그 둘 가운데 누구도 피에타회의 여성들을 가리키는 말로 "대표 소수녀원장"이라는 용어를 사용하지 않았다.[53] 여덟 살에 피에타의 집에 들어와 모나 알레산드라가 죽은 뒤 그곳의 거주 소수녀원장이 되었던 브리지다 페실리만이 그 직함을 사용했다. 조반니 바티스타 수사와 카테리나 수녀는 『연대기』를 쓰면서 바로 이 브리지다의 노트를 참고해 피에타 집의 초기 상황에 관한 정보를 얻었다. 따라서 피에타의 집이 새롭게 변모하는 데 있어 게라르도 수사만큼이나 그녀가 핵심적인 역할을 수행했을 것이다. 카테리나 수녀는 당시 피에타회를 구성하고 있던 소수의 핵심 여성들을 "총장 소수녀원장Priora Generale" 혹은 더욱 효과적인 표현으로 "외부 소수녀원장Priora di Fuori"으로 불리던 세속 여성들을 "여성 지휘관들Signore Governatrice"이라고 묘사했다.[54] 그렇다면 신부들의 경우는 어떠했는가? 1570년의 규정은 소녀들로 하여금 도미니코 수도회 출신의 담임사제를 진정한 아버지로 여기고 그를 그렇게 부르도록 명령했다.

카테리나 수녀가 사용한 언어는 후일 도미니코 수도회 출신의 연대기 저술가들이 더욱 강하게 강조하게 될 분위기를 미리 예시하는 것이었다. 이 저술가들 그리고 수녀와 수사들은 모두 한결같이 보호소 내에서 도미니코 수도회 출신의 영적 아버지들padri spirituali과 소녀들 사이에 긴밀하게 유지되었던 정서적 유대에 관해 자주 언급했다. 하지만 그들은 피에타회의 여성들과 피에타의 집 소녀들 사이의 관계에 대해서는 아무런 긍정적인 기술도 하지 않았다. 심지어 『연대기』의 구성을 살펴보면 이에 관해서는 강력한 침묵의 차원에 이를 정도의 심각한 편견이 드러난다. 『연대기』는 장별로 나뉘어 있고, 또 각 장은 특정한 신부가 보호소 내에서 보냈던 시간적 길이에 따라 구성되었다. 하지만 기도, 영성 훈련, 종교적 훈육 이외에, 소녀들이 수행했던 그 어떤 다른 일에 대해서는 거의 아무런 묘사도

하지 않는다. 이처럼 이 작품은 수녀들의 복잡한 삶을 죽음이라는 단일한 창을 통해 굴절시켰던 수녀원의 사망기록서처럼 보인다.[55] 그것은 소녀들의 직물 생산 노동에 대해서도, 그리고 가정의 하녀로서 그녀들이 외부로 나갔다는 점에 대해서도 아무런 언급을 하지 않는다. 『연대기』에서 사랑하는 영적 아버지들이 죽었을 때 소녀들은 비탄의 눈물을 흘린다. 또한 그녀들은 피에타회의 여성들이 이 수도사들 가운데 한 명을 방해할 때도 역시 "마찬가지의 뜨거운" 눈물을 흘린다. 하지만 후자의 경우 그녀들이 흘린 것은 분노의 눈물이었다. 하지만 분명히 그녀들은 자신을 위해서는 울지 않는다. 보르고 오니산티에 살았던 첫 소녀들 가운데 일부였고 또 1년 안에 그곳에서 죽었던 병사 네그란테의 딸 마리아 그리고 빌리 수사의 딸 막달레나 같은 소녀들에 관해서는 아무런 언급이 없다. 또는 1568년 11월 1일 비아 만도를로로의 행진을 이끌었고 2개월 뒤에 죽었던 다섯 살 소녀 도메니카 디 마르코 다 피렌체에 대한 언급도 역시 없다. 『연대기』는 피에타의 집을 피렌체에서 소녀들이 살기에 가장 불안한 장소로 만들었던 많은 죽음에 관해 침묵한다.

17세기 초에 이르게 되었을 때, 초기 피에타회를 구성했던 수백 명의 여성이 카포키 시대 9명의 행정운영위원회의 수준보다 더 축소되어 6인의 조언가 집단으로 줄어들었다. 그리고 그녀들은 세상을 향해 열려 있던 피에타 집의 문과 창문을 모두 닫아걸고, 내부의 공동체를 점차 하나의 수녀원으로 바꾸어놓은 변화들을 감독했다. 과거에는 피에타회에서 직접 모나 알레산드라와 브리지다를 임명했다. 하지만 이제 후임자들은 피에타의 집에 가장 오랜 기간 거주했던 여성들 가운데에서 선출되었다. 이것이 수녀원의 수녀들이 수녀원장을 선출하는 방식이기 때문이다. 1623년부터는 나이 든 소녀들이 더 이상 거리에서 구호품을 수집할 수 없게 되었고, 1624년부터는 읽고 쓰기에 관한 모든 교육이 중단되었다. 아마도 교육의 단절이 왜 카테리나 수녀 이후에 그 어떤 다른 피에타의 집 소녀도 『연대기』 작성을 이어받아 계속할 수 없었는지를 설명해줄 것이다. 아무튼 이로 인해 소녀들이 사용하던 교실이 쓸모없게 되었고, 따라서 같은 해 그것은 곡물 창고로 바뀌었다. 소녀들은 예전에 보호소 안에서 밀가루 반죽을 준비해 외부 제빵사의 오븐으로 가지고 나가곤 했다. 하지만 보호소 안에 오븐이 설치되면서 외부 세계와의 이러한 연결고리마저 끊어졌다. 1624년 피에타의 집에서는 새로운 입소기록명부, 즉 새로운 책Libro Nuovo을 작성하기 시작했다. 여기에 106명의 여성이 등록되어 있는데, 이는 오니산티의 기숙사에 밀집했던 소녀들의 3분의 1도 되지 않는 수였다. 가장 어린 여성은 여덟 살, 가장 나이 많은 여성은 일흔아홉 살이었다. 그녀들 가운데 3분의 1은 게라르도 수사가 처음 제3회에 가입시켰던 30년 전부터 보호소에 살고 있었다. 1634년의 행정 기록에서는 이곳을 모나스테로 델레 판치울레Monastero delle Fanciulle[소녀들의 수도원] 혹은 베네라빌 콜레조 델레 판치울레 델라 피에타Venerabil Collegio delle Fanciulle della Pietà[피에타 소녀들의 경애하는 보호소]라는 이름으로 지칭했다. 피에타의 집은 80년 전 위험한 삶의 단계를 거쳐야 했던 청소년기의 소녀들을 보호하기 위한 임시 보호소의 형태로 그 문을 처음 열었다. 하지만 이제 그곳은 어린 나이의 소녀들이 들어가 대부분의 경우 죽을 때까지 결코 떠날 수 없었던 제3회 수녀원으로 완전히 탈바꿈했다.[56]

본래 우리가 집중했던 시대를 훨씬 넘어서는 먼 이후의 시기까지 살펴보았다. 이제 다시 앞으로 돌아가, 어떻게 피에타 집의 후대 역사를 통해 1550년대와 1560년대 그곳에서 어떤 일이 벌어졌는지 우리가 이해할 수 있는지 질문해볼 필요가 있다. 당시에는 많은 소녀가 어린 나이에 죽어가고 있었고, 또 낙태약이 의료 행위에 사용되고 있었다. 후대의 변화들을 추적하면서, 우리는 그러한 변화들이 초창기 피에타의 집을 특징지었던 초기의 여러 관행을 종식시키려는 직접적인 목적에 따라 이루어졌다는 점을 쉽게 이해할 수 있다. 소녀들은 이제 더 어린 나이에 그리고 대부분 남성이고 또 대부분 상층 계급에 속한 후견인의 추천으로 피에타의 집에 들어오기 시작했다. 이제 그녀들의 삶은 더욱 배타적으로 보호소의 담장 안에서만 영위되었고, 누구도 하녀로 일하거나 구호품을 수거하기 위해 밖으로 나가지 않았다. 모든 의료진이 교체되었고, 『처방서』가 무시되었으며, 약품의 구입과 제조에 소비된 돈이 급감했다. 엄격한 규정에 따라 훈육에 기초한 노동 체계가 수립되었고, 담장 밖의 감정적·물리적 삶에 이끌려 스스로의 사고와 언어의 길을 잃어버린 소녀들은 가혹하게 처벌받았다. 그녀들은 목까지 단추를 채운 단체복을 입었다. 더 이상 피에타회에서 뽑은 다양한 전문가로부터 기도, 노래, 교리를 배울 수 없었고, 이전보다 성경을 읽을 기회가 훨씬 줄어들었다. 하지만 그녀들은 산 마르코의 도미니코 수도사들의 배타적인 영적 보살핌을 받았다. 일부 소녀들에게 그리고 결과적으로는 그녀들 모두에게 수녀로서의 삶을 덧씌운 협소한 보살핌이었다. 피에타회는 거의 소멸해버렸다. 기금을 지원하기로 서약하고 시간과 책 그리고 일자리를 제공했던 수백 명의 회원들 가운데 적은 수의 실무진만 남게 되었다.

이 모든 사실은 장소의 변화가 단순히 매춘부들과 노동자들이 살던 위험한 지역으로부터 농원과 과수원이 있는 안전한 곳으로의 물리적 이동만을 의미하지 않는다는 점을 암시한다. 비아 만도를로에 자리 잡은 피에타의 집은 보르고 오니산티에 있던 옛 피에타의 집에 대한 거부를 의미했다. 가장 커다란 역설은 이 여성들과 그녀들의 보호소를 특징지었던 것이 전통적인 사보나롤라의 핵심 신조를 구현하려는 노력이었다면, 처음에는 관습적인 보호소로 그 다음에는 하나의 수녀원으로 이 모든 시도를 바꾸어놓은 이들 역시 바로 온건한 모습으로 재편된 새로운 사보나롤라 운동의 일부 핵심 활동가들이었다는 점이다. 1530년대의 사보나롤라 운동에서 나타났던 세속인과 성직자 그리고 남성과 여성 사이의 일부 긴장이 여전히 수십 년 뒤에도 반향을 일으키고 있었다. 1560년대와 1570년대 그 운동을 주도했던 남성 성직자들은 피렌체 사회에서 가장 주변적인 계층을 도와주었던 가장 특징적인 실험 가운데 하나에 종말을 가져왔다.

물론, 이러한 맥락을 모두 검토한 뒤에도, 우리는 여전히 낙태 치료약이 실제로도 낙태를 위해 사용되었는지를 확인하는 데까지 접근하지 못했다. 하지만 우리가 아는 것은 비아 만도를로로 이전한 이후 그것을 사용해야 할 가장 그럴듯한 이유 대부분이 사라졌고, 그것을 가장 많이 수령했을 사람들이 보호소 밖으로 밀려났으며, 그 약을 나누어주었을 가장 유력한 사람들이 자신들의 일자리에서 떠나게 되었다는 점이다.

피에타의 집 의무관이 보르고 오니산티에서 소녀들에게 낙태약을 투여했는가? 물론 그것은 단지 절반의 질문일 뿐이고 또 해명될 수 없는 문제일 수도 있다. 1550년대와 1560년대를 거치면서 낙태약의 실제 사용 여부와 관계없이, 만약 당시의 지침대로만 사용되었다면 낙태약이 소녀들을 죽게 만들었을 것 같지는 않다. 아주 잘못 복용했다면 몇몇이 아프게 되거나 그 때문에 일부 소녀들이 죽게 되었을 수도 있다. 하지만 이 약이 오니산티의 문 앞에 계속해서 쌓여가던 시체 더미들의 끝없는 행렬을 낳을 수는 결코 없었다. 간단히 요약하면, 우리는 낙태약을 피에타 집 소녀들을 죽음으로 몰아간 주범으로 지목할 수 없다. 그렇다면 무엇이 이를 설명할 수 있을까?

바로 이 지점에서 나의 연구는 오도 가도 못하는 교착 상태에 빠졌다. 그리고 바로 그때 나는 의학적 배경지식이 있는 한 동료와 피에타 집의 특징적인 성격과 그것의 복잡한 역사에 대해 논의했다. 그녀의 최근 연구 관심사는 어떻게 헌신적인 가톨릭교도들이 지하 종교를 운영했는가를 해명하는 것이다. 그녀의 연구 주제는 메디치 정권 아래의 사보나롤라주의자들이 아니고, 여왕 엘리자베스 1세 치하의 영국 가톨릭 저항세력들이었다. 나는 내가 검토하고 있던 사보나롤라 추종자들, 정치적 역학, 매춘, 가정에서 하녀로 일하기, 젠더 등 여러 주제를 그녀 앞에 늘어놓았다. 하지만 결국은 피에타 집의 높은 사망률과 관련되어 내가 봉착한 좌절에 대해 고백하지 않을 수 없었다. 이에 대해 그녀는 곧바로 "오, 하지만 매독 때문이었을 가능성도 있어 보이는 걸요" 하고 대답했다.

제6장

순결한 소녀들과 베누스의 질병

Virgin Girls and Venereal Disease

햇병아리 같은 어린아이들이 이 질병으로 큰 고생을 하고 있는 상황에서, 나는 과연 이들에 대해 무엇을 이야기해야 하는가. 갓 한 살에 지나지 않은 아이, 네 살 혹은 다섯 살, 여섯 혹은 일곱 살 아이들이다. 그 가운데 1567년 열두 살 먹은 한 여자아이를 치료했다. 그 아이의 경우 몸의 많은 부분이 이 병에 감염되어 뼈가 썩어가면서 그때부터 관절이 쑤시고 아포스테메apostheme와 궤양으로 고생하게 되었지만 예상되는 부분에서는 아무런 징후도 나타나지 않았다. 그녀는 그러한 행위를 저지를 아무런 힘도 없었다. 하지만 나는 오히려 여러 다른 이가 그런 일들을 저질렀고, 다만 그 아이는 감염된 유모의 부패한 젖을 먹고 병에 걸리게 되었으리라고 본다. 왜냐하면 감염된 피를 통해 그러한 젖이 생겨나기 때문이다.

– 윌리엄 크로우스, 『갈리아 병에 관하여De morbo gallico』(1567)

매독을 주범으로 지목하는 데는 많은 의미가 함축되어 있다. 그것은 16세기에 처음 출현해 결국 페니실린을 통해 통제되기 시작한 20세기 중반에 이르기까지 매독의 역사가 대략 흑사병의 경우와 동일한 경로를 밟았다는 것을 의미한다. 또한 그것은 르네상스기에 발발한 전염병이 실제로는 매독일 수도 있었다는 점을 암시한다. 당시의 사람들은 국가가 되었든 아니면 어떤 다른 집단이 되었든 자신들이 가장 혐오하고 두려워했던 대상을 수식어로 사용해 그 병을 그저 "폭스pox"라고 불렀다. 나폴리 폭스, 프랑스 폭스, 이탈리아 폭스 등이 그 예였다. 그것은 이 폭스가 기존에 존재하던 일부 질병들의 단순한 변종이 아니라, 당시의 유럽인들에게 새로운 질병이었음을 의미한다. 의학사가들은 한때 이 모든 생각을 자신만만하게 받아들였다. 하지만 더 이상은 아니다.

이는 오직 우리의 상황을 더욱 복잡하게 만드는 문제의 시작일 뿐이다. 어떠한 당대의 기록도 피에타의 집 소녀들과의 관련성 속에서 이 질병을 매독 혹은 폭스로 명명하지 않는다. 어떠한 자료에도 그에 대한 암시조차 나타나지 않으며, 어떠한 노래, 이야기, 설교 심지어 풍자에서조차 그에 관한 단서는 전혀 없다. 또한 어떠한 기록에서도 그 병의 증상을 보인 소녀가 분명히 등장하지 않는다. 내 동료의 제안은 페니실린이 출현하기 이전 시기의 매독 역학疫學에 관한 그녀의 지식—특히 간혹 사춘기 이전에 발병해 점차적으로 악화되어 비교적 어린 나이에 죽음에 이르는 선천성 매독의 증상에 관해 그녀가 알고 있는 지식—에 기초하고 있었다. 내 연구의 논의를 진전시키기 위해 폭스가 실제 매독이었고 대략 500년 동안 두 질병의 증상이 비슷했다고 생각했지만, 우리에게는 피에타의 집에서 발견된 약간의 의학적 처방전과 소녀들의 죽음과 관련된 사망의 유형을 제외하고는 그것을 피에타의 집에 결부시킬 만한 특별한 연결고리가 그리 많지 않았다. 마르게리타, 마리아 그리고 막달레나 같은 소녀들이 죽었을 때, 그녀들에 대해 언급한 『비밀의 책』의 지면에는 "+" 표시 이외에는 어떠한 흔적도 없었다. 또한 그녀들이 어떠한 증상을 보였고, 혹은 어떠한 치료 과정을 거쳤는지에 대한 묘사도 없었다.

피임과 관련된 경우에서처럼 자료의 침묵과 맥락상의 복잡한 문제 때문에, 피에타의 집 소녀들의 높은 사망률의 원인을 매독에서 찾고자 하는 이 가설이 확고한 지지를 얻기는 힘들 것이다. 하지만 피임의 경우와 마찬가지로, 매독을 그 원인으로 지목하는 것은 피에타의 집 여성들과 같은 당대인보다 오늘날의 우리에게 더 많은 것을 의미할 수 있다. 다시 말해 그들은 자신들 나름대로의 생각 때문에 소녀들의 질병을 폭스나 매독과 연결하지 않았고, 그저 단순히 그녀들을 돌보기만 했을 수도 있다. 그리고 만약 그들이 둘 사이를 연결했다 해도, 그 병과 그것의 전파에 관한 지식이 부족했기 때문에 그 질병에 대해 그리 크게 염려하지 않았으며, 어떤 특별한 판단 또한 유보했을 것이다. 모든 사회가 매독을 곧바로 부도덕이나 죄와 연결시키지 않았다. 피임과 관련한 경우와 마찬가지로 르네상스기의 이탈리아인들이 폭스에 관해 생각했던 지평—폭스가 확산되기 시작하면 그들은 그저 도대체 무엇이 자신들에게 닥쳤는지를 이해하기 위해 노력하고 있었다—을 재구성하면서, 우리는 그와 관련된 논의를 시작해야 한다. 그래야만 그 지평이 우리에게 어떻게 보이는지를 가늠할 수 있다.

폭스에 접근하기

—

그것은 다양한 이름으로 불리던 질병이었다. 이탈리아인들은 프랑스 폭스라고 불렀고, 또 갈리아 병morbus gallicus이라는 라틴어로 표기했다. 스페인, 독일, 잉글랜드에서는 기꺼이 그 이름을 차용하여 전통적인 적에게 모욕을 주었다. 일부 프랑스인들은 1494년 나폴리를 점령하고 있을 때 처음 병사들이 그 병에 걸렸기 때문에 나폴리 병이라고 부르면서 이에 대응했다. 1527년 프랑스의 의사 자크 드 베텡쿠르Jacques de Béthencourt는 성에 의한 감염을 강조하기 위해 그것을 모르부스 베네레우스morbus venereus라고 명명했다. 즉 "베누스의 병disease of Venus"이라는 뜻의 이 이름에서, 오늘날 성병venereal disease이라는 말이 유래했다. 하지만 모든 사람이 성관계를 이 병의 유일한 매개체로 생각한 것은 아니었다. 비슷한 시기에 이탈리아의 의사이자 시인이었던 지롤라모 프라카스토로Girolamo Fracastoro는 한 편의 시에서, 시필리스Syphilis라는 이름의 어떤 양치기가 불경한 행동으로 인해 이 병에 걸렸다고 기술했다. 왜 시필리스라는 이름이 붙었는지는 미스터리이지만, 그 이름은 근본적으로 은유라고 할 수 있는 또 다른 이름을 떠올리게 한다. 그 은유는 대개의 경우 "욥St. Job의 병"이었다. 욥이 르네상스기에 이 새로운 질병으로 희생되었던 사람들과 별반 다르지 않은 통증과 가려움증으로 오랫동안 고통받았던 구약시대의 예언자였기 때문이다.[1]

그렇다면 그리 새로울 것도 없다. 드 베텡쿠르와 프라카스토로는 새로운 질병이라고 생각했지만, 이탈리아의 의사 니콜로 레오니체노Niccolò Leoniceno 같은 다른 권위자들은 그것을 히포크라테스 역시 알고 있었던 오래된 질병이라고 생각했다. 하지만 제노바의 외과 의사 조반니 디 비고Giovanni di Vigo는 그의 견해를 지지하지 않았다. 디 비고는 폭스를 새로운 병이라고 믿었다. 하지만 그는 로마의 황제 아우구스투스Augustus가 비슷한 증상으로 고생했고, 따라서 사실 그것이 고대인들에게는 코끼리 병elephantiasis으로 알려졌던 질병의 한 유형일 수도 있다는 점을 인정했다. 엘리자베스 1세의 왕립 외과 의사였던 잉글랜드의 의사 토머스 게일Thomas Gale은 이러한 모든 논의를 중단하고 그 질병을 "카멜레온 병chameleontiasis"으로 부르자고 제안했다. 마치 못을 박듯이 정확하게 무엇으로도 그것에 관해 설명하기가 너무도 어려웠기 때문이다. 어떤 의미에서 보면 그리 문제될 것도 없었다. 다만 민족주의자들의 모욕적 언급, 신화적 은유, 시적 창작력, 성서적 모델 그리고 단순한 혼란에서 유래한 이름들이 기본적으로 그 질병이 르네상스기의 유럽인들에게 얼마나 혼란스러운 수수께끼로 다가왔는지를 강조할 뿐이다.[2]

새로운 질병이었든 아니면 오래된 것이었든, 그 병에 관해 진단하기 위해 의사들은 고전적·성서적 권위로부터 자신들이 가장 친숙하게 알고 있던 원인과 용어를 연구해야 했고, 또 그것을 통해 병을 발생시킨 유력한 요인들을 모았다. 혹자에게는 그것이 별로부터, 다시 말해 토성과 화성(혹은 목성)이 일식이나 월식과 위험하게 결합하면서 초래된 병으로 이해되었다. 또 어떤 이들은 좋지 않게 혼합된 체액이나 공기의 오염, 혹은 식인 행위에서 그 병이 유래한다고 생각했다. 또한 그것을 인간들의 난교에 신물이 난 신이 내린 심판의 번개로 생각한 이들도 있었다. 하지만 별, 체액, 공기, 식습관, 아니면 신 등 그 기원이 무엇이든, 주요한 매개체는 거의 언제나 여성이었다. 1550년대의 한 저술에서 피에트로 로시티니오Pietro Rositinio는 나폴리 부근에 주둔하고 있던 프랑스 병사들 사이에서 몸을 팔았던 매춘부를 지목했다. 그녀는 뛰어난 미모로 많은 사람을 주위로 끌어모았다. 하지만 부패한 체액으로 썩은 그녀의 자궁에서 통증이 느껴졌다. 그리고 그녀와 잠자리를 함께한 모든 사람이 감염되었고, 그들이 또 그것을 다른 창녀들에게 옮겼다. 그리고 다시 그녀들이 또 다른 남성들을 감염의 소용돌이 속으로 밀어넣었다.[3]

하지만 심지어 감염된 남성이나 여성과의 성교 때문에 폭스에 감염될 가능성이 높다고 생각했던 사람들조차, 무엇을 했는가라는 행위 자체의 문제보다 어디에서 누구와 관계를 가졌는가의 문제가 전염의 또 다른 원인일 것이라는 점에 그 가능성을 열어두었다. 진물이 흐르는 부스럼은 아주 일반적인 증상이었다. 따라서 많은 의학적 권위자는 부스럼에서 흘러나오는 매우 전염성 높은 고름과 접촉함으로써 그 병에 걸릴 수도 있을 것이라고 생각했다. 감염된 옷을 입거나 감염된 침구류에서 잠을 자는 것은 분명히 위험한 일이었다. 왜냐하면 갈아입을 여벌의 옷을 가지고 있었던 사람이 거의 없었고, 또 자주 세탁도 하지 못한 침구가 놓인 침대에서 여전히 둘, 셋 혹은 네 사람이 함께 잠을 자야 했던 상황에서, 감염은 거의 피할 수 없는 일이었기 때문이다. 식사시간에 대부분의 사람이 여전히 컵, 접시 그리고 그릇을 함께 썼고, 나이프나 포크, 숟가락 등보다 맨손을 더 많이 사용했다. 따라서 감염된 사람과 함께 무엇인가를 먹고 마시면 병에 걸릴 수도 있었다. 환자와 같은 화장실을 사용하거나, 어떤 도구나 물품을 나누어 쓰던 관행을 통해 사람들이 전염성 고름에 노출될 수 있었다. 환자가 오염시킨 나쁜 공기를 호흡함으로써 병이 옮을 수도 있었다. 스페인의 한 권위자는 이것이 어떻게 정숙한 사제들이 그 병에 걸리게 되었는지를 해명할 수 있는 최선의 설명이라고 생각했다. 가난하고 절박한 사람들 사이에서 행한 자선활동이 여러 사제를 매우 취약한 상태로 밀어넣었고, 따라서 이들이 폭스에 걸리게 된 것은 정결 서원Vow of chastity을 위반한 것과는 아무런 관계가 없다는 것이었다.[4]

어린이들의 경우에는 수유 행위가 가장 위험했다. 젖을 빨면서 아기들이 감염될 수 있었기 때문이었다. 일부 권위자들은 젖을 탓했고, 다른 이들은 감염된 가슴과의 신체적 접촉을 발병의 원인으로 보았다. 또 어떤 이들은 이 병에 걸린 여성의 경우 성기 부근에 대개 염증이 있어, 일부 아기는 태어날 때부터 감염될 수도 있다고 생각했다. 감염된 성인의 입술에 난 염증은 특히 아기나 어린이에게 입을 맞출 경우 위험했다. 하지만 어떻게 그들이 스스로를 지킬 수 있었을까? 폭스에 감염될 수 있는 경로는 무척이나 많았고, 이 때문에 그 병에 걸렸다는 것이 언제나 도덕적 해이와 관련된 수치스러운 징후로 보이지는 않았다. 일부 사람들 특히 어린이들에게 그것은 감기나 열병에 걸리는 것만큼이나 부끄러운 일이 아니었다. 그 병 때문에 동정을 받을 수는 있지만, 비난받지는 않았다.[5]

그렇다면 병의 증상은 어땠는가? 교황 율리오 2세Julius II의 주치의로 일하면서 1514년에 저술한 한 의학서적에서, 조반니 디 비고는 프랑스 폭스에 관한 가장 명확한 기술 가운데 하나를 포함시켰다. 제일 먼저 성기 위에 검정 농포가 생기고, 농포 주위의 피부가 굳은살처럼 딱딱해진다. 이후 이 농포가 얼굴, 목, 팔, 다리를 넘어 몸 전체로 퍼져나간다. 6주 정도 지나면, 어깨, 팔, 허벅지 그리고 엉덩이에 엄청난 통증이 느껴진다. 몇 개월이 지나면, 더 심한 종양이 뼈를 공격해 낮에도 심한 고통을 가져오고 밤에는 고문에 가까울 정도의 통증을 느끼게 만들며, 뼈와 그 주위의 피부에 상처를 남긴다. 감염 뒤 1년에 걸쳐 두껍고 부패한 고름으로 가득 찬 밤톨만 한 크기의 농양이 썩어가던 신체 조직의 곳곳에서 자라난다. 피부 발진이 계속되면서 몸의 일부에서는 마치 옴에 걸린 것처럼 피부가 벗겨지고, 또 다른 부분에서는 마치 뼈처럼 딱딱한 혹 같은 것이 부어오른다. 눈이 충혈되고 쓰라려 보는 것조차 힘들게 된다. 통풍에 걸린 것처럼 찌르는 듯한 날카로운 통증이 발을 공격하고, 좌골 신경의 통증으로 엉덩이와 허벅지를 절게 된다. 관절 주위의 강한 통증이 온몸으로 퍼져 관절염으로 발전해가고, 이에 대해서는 어떠한 전통적인 진통제로도 그 효능을 기대할 수 없었다.

> 프랑스 병의 통증을 완화시키기 위해 [갈레누스와 이븐 시나가 처방했던] 치료법이 무엇인가? 아무것도 없다. 전혀 없다. 우리는 경험을 통해 그 점을 확신하고 있으며, 모든 종류의 진통제용 기름, 모든 종류의 진정제 연고, 모든 종류의 위로용 도유, 목욕, 훈증 요법 등이 전적으로 아무런 소용도 없다고 확신한다. 이와 달리 약간의 수은 복용으로 기적적인 효능을 발휘할 수 있는 단순한 도유가 놀라운 경감효과를 가져온다.[6]

조반니 디 비고는 확산되고 있던 이 전염병을 직접 목격했다. 그리고 그는 고대의 의학적 권위자들로부터 전해내려온 체계에 맞추어 분류하는 일을 제외한다면, 그 병으로 인해 생긴 딱딱한 종양, 농양, 병소를 묘사하기 어렵다고 불평을 토로했다. 하지만 그는 나름대로 최선을 다했고, 대부분의 16세기 권위자가 이 병에 대해 언급하기 위해 그가 사용했던 용어를 따랐다. 아포스테메 혹은 농포는 과도한 점액질 체액으로 인해 야기된 견디기 어려울 정도의 화끈거리고 따가운 염증이었다. 비고는 아포스테메라는 용어를 비정상적인 피부 종양을 묘사하기 위해 사용했다. 체액이 부패하고 균형을 잃으면서 발생했기 때문에, 아포스테메는 제거되어야만 했다. 일부 외과 의사들은 이를 위해 뜨거운 쇠로 상처 부위를 지졌다. 하지만 이와 달리 비고는 아포스테메를 "진정시키는", 즉 숙성시켜 부드럽게 만드는 방법을 선호했다. 그 다음 상한 부분을 용해시켜 건강한 조직을 회복시켰다. 비고는 크기, 굳기, 색깔, 위치, 그리고 병이 진행되거나 치료하지 않고 내버려두면서 발전하는 양상에 따라 아포스테메를 아주 다양한 범주로 묘사했다. 병이 진행되는 동안 아포스테메는 다양한 종류의 궤양으로 악화되어 더 격렬하게 건강한 조직을 집어삼킬 수도 있었다. 누관瘻管은 피부에 작은 구멍을 만드는 궤양의 한 유형이었다. 비록 피부에는 조그맣고 단단한 입구만을 남겨놓은 것처럼 보이지만, 몸 안으로 들어가면서 그 구멍이 점점 넓게 퍼져나갔다. 특히 누관은 턱, 배, 관절에서 자랐고, 피부가 부드러우면 부드러울수록 작은 구멍을 더 많이 만들곤 했다.[7] 다른 궤양들에는 전염성이 있었는데, 비고는 이들을 연주창scrofules이라고 불렀다. 견디기 어려울 정도의 고통스러운 농양이었던 연주창은 성기, 목, 겨드랑이, 가슴 부위에 주로 나타났다.

비고는 고전적 체계에 맞추어 범주화하기 어려웠던 많은 통증이나 증상에 관해 불평을 토로하곤 했는데, 그에게 이것은 매우 중요한 문제였다. 왜냐하면 르네상스기의 의사들에게 출발점이 되었던 것이 갈레누스와 히포크라테스 같은 고전 시대의 의학적 체계였기 때문이었다. 차가운 체액 때문에 발병한 종양이나 농양에는 뜨거운 체액으로 인해 생겨난 것들과는 다른 처방법이 필요했다. 당시의 의학적 치료가 부분적으로는 그 자체로 차갑거나 뜨겁고, 혹은 건조하거나 습한 식물과 미네랄 그리고 액체들을 이용해 반대되는 성질의 균형을 맞춤으로써 이루어졌기 때문이었다. 오직 시행착오를 통해서만 전통적인 처방서가 증상에서 그것의 발병 원인으로 옮겨갈 수 있는지, 혹은 어떻게 그것이 가능한지를 가늠해줄 수 있었다. 만약 새로운 병이라면 의사들은 그 처방서 외부의 재료들을 사용하여 새로운 치료법을 개발해야 했다. 이를 위해 그들은 환자들의 증상으로부터 지침을 얻었다. 새로운 병이든 아니면 오래된 병이든, 별의 운행, 체액 혹은 신의 분노가 그 병을 야기했든, 또는 성관계, 수유, 혹은 나쁜 공기 때문에 감염되었는지에 관계없이, 환자들은 두 가지 사실을 분명하게 알고 있었다. 하나는 몸속에서 가장 큰 통증이 시작되었다는 점이고, 또 다른 하나는 가장 심각한 신체적 증상—즉 고름이 흐르는 상처와 마치 혹과 같은 부종—은 피부 위에 나타난다는 것이었다. 초기의 치료법들은, 비록 상호 간에 배타적이지는 않았지만, 이 둘에 대해 따로 다루었다. 일부 치료법은 땀을 흘리게 해 내부의 독소를 배출시키는 것을 목적으로 했다. 뜨거운 열을 가해 몸의 구멍을 통해 독소를 방출할 수 있도록 뜨거운 방에 환자를 가두어두고 약재 달인 물을 마시게 하는 것이 이러한 방법에 포함되었다. 다른 치료법은 상처 부위를 태우거나 지지고, 환자의 몸에 연고를 바르는 것이었다. 연고는 고름으로 꽉 찬 부분을 가려내 제거하고("고름 빼내기"), 썩어문드러진 살을 되살리기 위한 목적으로 사용되어("세정하기" 혹은 "몸 만들기"), 딱딱한 상처 부위를 부드럽게 만들어주었다("진정시키기").

이 두 방법에는 상대적으로 값비싼 새로운 재료들이 필요했다. 땀을 흘려 독소를 배출시키기 위해서는 다른 발한제들과 함께 남아메리카가 원산지였던 유창목의 껍질이나 나무에서 우려낸 차가 이용되기도 했다. 부분적으로 이것은 병을 만든 바로 그곳에서 신이 그 치료법도 함께 주었다는 원칙에 따라 선택된 방법이었다. 당시의 일부 사람은 폭스가 남아메리카에서 기원했다고 생각했기 때문에 이는 나름대로 논리적인 원칙이었다. 또한 이를 통해 유창목에 대한 독점권을 소유하고 그것을 이용한 치료법을 열정적으로 홍보했던 아우크스부르크의 금융가문 푸거 가the Fuggers[16세기에 번성한 독일 아우크스부르크의 대상인 집안]에서 많은 경제적 수익을 얻었다. 피부 치료에는 비고가 기술한 것처럼 놀라운 효능을 보인 수은이 사용되었다. 이와 관련해 비고는 "나는 종종 그 질병에 수은 연고를 처방했는데, 단지 일주일 만에 프랑스 병으로 인한 통증이 완전히 사라지고, 궤양이 치유되고, 발진이 사라졌으며, 피부의 모든 부분이 깨끗해지는 것을 관찰할 수 있었다"고 진술했다.[8]

이 두 치료법의 결함은 매우 비싸 제한된 소수에게만 가능한 방법이라는 점이었다. 특히 수은 치료를 할 수 있을 정도로 부유한 사람들의 경우에는 그것이 개인적인 치료법으로 선택될 수 있었다. 또한 16세기 초반 이탈리아 전역에서 문을 열기 시작한 폭스 치료 전문 병원에서도 그 치료법이 채택되었다. 예를 들어 1521년 문을 연 피렌체의 트리니타 델리 인쿠라빌리SS. Trinità degli Incurabili[불치병자들을 위한 쉼터]는 발한 치료법으로 놀라운 성공을 거두었다. 동일한 목적으로 운영되던 여러 다른 곳에서와 마찬가지로, 그곳에서는 지정된 방이 최고 온도에 오를 수 있는 2월부터 10월까지의 따뜻한 기간에만 시술했다. 그리고 수개월이 걸릴 수도 있는 치료기간 동안 환자들이 그곳을 떠나는 것을 금지했다. 가난한 사람들은 두 가지 방법의 위탁 소개 절차를 통해 그곳에 들어올 수 있었다. 하나는 트리니타의 의사들이 치료의 필요성을 확인해주는 것이었고, 다른 하나는 교구 사제들이 환자들이 가난하다는 점을 검증해주는 것이었다. 그곳에서는 남성과 여성 모두 격리 공간에서 병원의 거주 직원들의 관리 아래 치료받을 수 있었다.[9] 하지만 당시의 일반적인 어린이들은 그곳에 들어가지 않았고, 또 어떠한 피에타의 집 소녀들도 필요한 위탁소개서를 얻지 못했다. 아울러 피에타 집의 『처방서』에는 수은이나 유창목에 대한 그 어떤 언급도 등장하지 않는다.

하지만 소녀들의 『처방서』에 나타난 것은 정확하게 프랑스 폭스에 걸린 사람들을 괴롭혔던 증상을 치료하기 위한 재료들과 치료법이었다. 비록 수은이라는 마법의 탄환을 가장 선호했을지라도, 16세기 유럽의 의학 권위자들은 『처방서』에 나타난 여러 재료 그리고 간혹 소녀들이 사용했던 특별한 치료법을 추천했다. 『처방서』에는 발한 요법으로 간주할 수 있는 치료법이 딱 하나만 등장한다. 하지만 건강하지 못한 성분을 제거하고 조직과 피부를 복원함으로써 피부 궤양을 치료하기 위한 목적으로 사용될 수 있는 연고, 외상 크림, 경고의 사례는 다수 나타나고 있다.

1514년의 논문에 첨부된 해독제 부분에서 조반니 디 비고는 차례차례 피에타의 집『처방서』에 나타난 많은 재료에 대해 논의하고, 그것들을 각각 체액과 관련하여 범주화하려고 시도했다.『처방서』에 등장한 것들 가운데 그가 언급했던 재료들은 특히 아포스테메와 기타의 다양한 궤양을 치료하기 위한 것이었다. 딱딱한 염증에는 차갑고 축축한 점액질 체액 특히 고름이 가득 차 있곤 했는데, 이에 대한 최고의 치료법은 부어오른 부분을 "익히거나" 부드럽게 만들어 부패한 체액을 용해시켜 건강한 조직이 되살아나도록 만드는 것이었다. 따뜻하고 건조한 물질로 생각되었던 명반암을 이용해 차갑고 축축한 점액질 체액이 몸을 통해 퍼지는 것을 막을 수 있었다. 의사들은 단단한 궤양을 치료하기 위해 명반을 질경이 달인 물이나 석류로 만든 와인과 혼합하여 끓였다.[10] 이 단단한 아포스테메를 "익히고" "닦아내고" "소화시키는" 데 효능이 있었던 다른 재료들에는 비델리오와 알테아 등이 포함되었다. 아욱과 비슷한 이 끈적끈적한 재료들은 본래 마사와이히의 처방전에 기초하고 있는 피에타 집의 두 처방전에 등장한다. 아마인, 암모니아 고무, 오포파낙스는 모두 따뜻하고 건조한 성질을 지니고 있으며, 따라서 차가운 아포스테메를 부드럽게 진정시키는 데 효과적이었다.[11] 부드럽게 만들지는 못하지만 천연 역청 또한 차가운 궤양을 치료하기 위해 제조된 연고에 등장한다. 반면 호로파는 실제로 차가운 궤양을 부드럽게 만들고 또 "익힐" 수 있었다. 가벼운 궤양 환자들의 경우에도 독이 든 고름을 빼내고 상처를 건조시킨 다음 건강한 피부를 다시 돋아날 수 있게 만들 수 있는 무엇인가가 필요했다. 송진과 마찬가지로 따뜻하고 건조한 성질을 지닌 쥐방울덩굴이 바로 이 역할을 수행했다. 정확한 속성에 대해 설명하지 않은 채, 비고는 뜨거운 궤양을 치료하기 위한 연고에 일산화납을 첨가할 것 역시 추천했다.[12]

수십 년 뒤 피에타의 집에서 『처방서』를 사용하고 있을 무렵, 토머스 게일은 영국에서 『외과의술서Certaine Workes of Chirurgerie』(1563)를 출판했다. 피렌체의 의사와 약제사 길드에서 펴낸 책에서 발견되는 것과 비슷한 치료법을 일부 포함하고 있다는 점에서, 그 책은 특히 흥미롭다. 앞서 살펴보았듯이 피렌체에서 출판된 이 책은 피에타의 집에서 발견된 처방서의 원자료였다. 피에타의 집 『처방서』와 마찬가지로 거의 축어적으로 표현되어 있지만, 게일의 처방전은 각각의 치료법이 무엇에 효능이 있는지에 대한 정보를 제공함으로써 일부 설명을 추가하고 있다. 게일은 또한 해독제에 관한 논의를 첨가하고, 다양한 재료를 그 속성에 따라 분류했다. "뜨거운 온도와 미세한 부분" 때문에 몸 안의 병원성 물질을 "뽑아내고 끌어당기는" 약품에는 암모니아 고무, 오포파낙스 그리고 풍자향이 포함된다.[13] 딱딱한 궤양과 아포스테메를 부드럽게 만들고 고름을 빼낼 수 있는 재료에는 알테아, 암모니아 고무, 비델리오, 호로파, 풍자향, 아마인, 오포파낙스, 역청, 수지, 밀랍 등이 있다. 궤양이 제거된 뒤의 반흔 조직을 치료할 수 있는 재료에는 명반, 쥐방울덩굴, 비델리오, 몰약, 유향 등이 포함된다. 반면에 상처가 치료된 이후 건강한 조직이 자라나도록 돕는 "새살을 돋게 하는" 재료에는 쥐방울덩굴, 유향, 역청이 있다.[14]

프랑스의 외과 의사 앙브로와즈 파레Ambroise Paré의 작품이 번역되어 유포되기 전까지, 조반니 디 비고의 책은 16세기의 외과 의사들에게 가장 권위 있는 저작이었다. 파레는 기본적인 과정을 분명하고 명확하게 설명하면서 폭스와 관련된 부분에서는 대부분 비고와 게일의 방법을 따랐다. 파레에 의하면 그 자체의 열 덕분에 "구멍을 열고, 체액을 희석시키고, 이롭지 못한 물질을 증발시켜 제거하거나 해결하는" 약품에는 암모니아 고무, 쥐방울덩굴, 비델리오, 풍자향, 오포파낙스, 몰약, 검정색 역청, 테레빈유가 포함된다.[15] 암모니아 고무, 호로파, 풍자향, 아마인, 역청 밀랍은 모두 화농촉진제들이다. 즉 그것들은 궤양을 막고 증산 작용을 방해하여 상처 구멍을 메운 뒤, 부패한 물질을 고름으로 만들어 빼내는 데 효능이 있다. 또한 파레는 알테아, 호로파, 아마인이 딱딱한 궤양을 부드럽게 만드는 데 효능이 있으며, 명반, 암모니아 고무, 쥐방울덩굴, 풍자향, 몰약, 테레빈유는 궤양을 세정하는 데 효과적이라고 기술한다. 아울러 파레는 첫째 주입, 둘째 연고, 셋째 경고 그리고 넷째 훈증이라는 네 가지 치료법에 대해 언급한다. 수은과 유창목을 강조하면서도 그는 또한 발한제로 테레빈유를 사용한다. 아울러 설사, 배뇨, 배의 움직임을 자극함으로써, 하지만 대부분은 입속의 타액 분비와 궤양에 의해, 연고와 경고는 해로운 체액이 배출되도록 만든다. 이후 그는 치료 중인 환자로 하여금 해로운 체액을 입 밖으로 배출하기 위해 탄산수로 입안을 헹구도록 요구한다. 가장 효과적인 구강세정제는 보리수, 질경이와 석류를 달인 물이었다.[16]

단순히 재료의 차원을 넘어, 이 저술가들과 여러 의사가 피에타의 집 『처방서』에 등장한 것과 동일한 많은 치료법을 사용했다. 피에타의 집 『처방서』에 지안 디 비고의 연고로 소개된 두 번째 치료제가 비고의 책에서는 이집트 연고라는 표현으로 등장한다. 비고는 특히 그것이 점액으로 가득 찬 아포스테메 즉 "부패하고 움푹 팬 악성·부식성 궤양"과 그로 인한 상처 딱지의 치료에 효능이 있다고 추천한다. 게일과 파레도 모두 이에 동의하는데, 특히 파레는 이 연고의 효능에 대해, "그것은 피부를 열고 이완시키며 그 안에 있는 물질을 빼낸다. 그리고 부식성을 가지고 있어 아포스테메에 파고 들어가 그것을 부식시키고 부패하게 만들면서 태워 없애버린다"고 생생하게 묘사한다. 두 명의 동시대 권위자 즉 『프랑스 병에 대한 논고Treatise on French Disease』의 저자 피에트로 로시티니오와 『프랑스 병에 관한 책The Book of French Disease』를 쓴 니콜로 마사Niccolo Massa 역시, 비록 수은이 첨가되면 훨씬 더 효과적일 것이라고 기술했지만, 폭스로 인한 염증에 특히 이집트 연고를 추천했다.[17] 『처방서』에 등장하고 있는 세 번째 치료법 역시 비고와 게일의 처방과 유사하고 그들의 작품에도 역시 등장한다.[18]

네 번째 처방, 즉 사도들의 연고는 이븐 시나의 『정전Canon』에서 직접 유래한 것으로서 누관과 연주창의 치료에 효능이 있는 것으로 추천된다.[19] 이 연고는 다른 많은 의학서적에도 등장하는데, 르네상스기의 의사들은 대개 그것을 궤양 특히 위험하고 부패한 악성 궤양을 "세정하기" 위해 사용했다. 게일은 그것이 "치료하기 어려운 상처나 궤양에 그리고 누관의 치료에 큰 효능"이 있다고 묘사한다.[20] 다시 한 번 로시티니오와 마사는 모두 그것을 궤양과 프랑스 병으로 인해 생겨난 아포스테메를 치료하는 데 효과적인 치료법이라고 지목한다. 그런데 이번 경우 그들은 수은에 관해서는 언급하지 않았다.[21]

일곱 번째 처방인 최고의 연고 역시 이븐 시나의 『정전』에 궤양 치료법으로 등장한 것이다.[22] 이 처방을 궤양, 누관 그리고 연주창에 대한 치료법에 포함시킨 비고와 달리, 게일은 그것이 "새살을 돋아나게 하는" 데 효과적이라고 기술한다. 파레는 이 연고를 궤양의 화농에, 즉 상처 부분을 고립시켜 부패한 체액을 고름으로 바꾸어 제거할 수 있게 만드는 데 이용할 것을 추천한다. 로시티니오는 그것에 관해 언급하지 않았지만, 마사는 특히 이 연고가 프랑스 폭스 때문에 생긴 피부의 딱지를 치유하는 데 효능이 있다고 추천한다.[23]

여덟 번째와 아홉 번째 처방은 마사와이히의 처방전에 기초한 경고다. 실제 이 경고는 마사와이히의 저술에 등장하며, 그는 그것을 딱딱한 궤양과 아포스테메를 치료하는 데 추천했다.[24] 비록 신체 어느 부위에서나 효능이 있지만, 비고는 특히 그것들을 여성의 가슴에 생긴 연주창 치료에 추천했다. 게일은 이 둘 모두를 포함하여 각각의 경고가 "간, 비장, 위, 다른 부위의 딱딱한 섬유질에 효능이 있고, 모든 단단한 부분을 부드럽게 만들고" "염증과 종양"에도 역시 사용될 수 있다고 기술한다. 파레 또한 그것에 화농성 효능이 있다고 추천하고 있으며, 마사는 특히 볼로냐의 의학교수 안토니오 프라칸차노Antonio Francanzano가 『프랑스 병French Disease』(1563)에서 기술했던 것과 마찬가지로 그것이 프랑스 병mal francese 때문에 생긴 피부의 딱지와 염증을 치료하는 데 처방한다.[25]

『처방서』에 등장한 15개의 처방전 가운데 6개가 아포스테메, 궤양, 피부에 생긴 상처 딱지 그리고 연주창에 대해 다루고 있다. 물론 다른 원인에서 기인할 수도 있었지만, 이 모든 것은 16세기의 의학적 권위자들이 프랑스 병과 연관시켰던 증상들이었다. 초기 소아과 의학서인 『어린이들의 질병에 관하여Of Children's Diseases』(1583)의 저자 지롤라모 메르쿠리알레Girolamo Mercuriale는 연주창을 스트루마struma 즉 종양의 속어로 간주했다. 비록 후대의 저술가들이 그것을 선천성 매독과 직접적으로 연결시켰지만, 일반적으로는 연주창이 아이들에게서 발견되는 문제였기 때문이었다.[26] 이 증상을 폭스와 연결시켰던 의학 권위자들은 또한 간혹 수은을 첨가하면서 그것에 대해 동일한 치료법을 처방했다.

그렇다면 남아 있는 다른 치료법은 무엇에 관한 것이었는가? 6개는 쓰라린 눈에 대한 것이었다. 분명히 날마다 여러 시간씩 누에고치에서 실을 뽑아내는 작업을 하면서 소녀들은 극심한 눈의 피로를 겪었을 것이다. 하지만 안질과 시력 감퇴 역시 프랑스 병의 또 다른 특징적인 증상이었다. 열 번째 치료법은 특히 어린이들을 공격했던, 즉 어린이들이 빽빽이 들어차 함께 붙어 잠을 자야만 했던 기관들을 괴롭혔던, 고도로 전염성이 강한 두피 질환을 치료하기 위한 것이었다. 하지만 파레와 비고는 특히 프랑스 병으로 고생하는 환자들 역시 그와 유사한 두피 질환에 걸린다고 지적했다. 그들은 그것을 "딱지"라 불렀고, 그에 대해 비슷한 치료법을 처방했다.[27]

남아 있는 치료법들 가운데, 마사와이히로부터 유래한 첫 번째 치료법은 일반적으로 궤양으로 인한 상처에 사용되었던 식초와 초산염에 기초하고 있다. 토머스 게일은 다섯 번째 치료제인 소석회로 만든 연고가 화상에 효능이 있다고 밝힌다. 열두 번째 치료제는 간혹 변비약으로 이용되던 장미 기름과 일반적으로 발한제와 이뇨제로 사용되던 딱총나무 껍질을 혼합한 것이었다. 열세 번째는 담쟁이 잎과 산딸기 종류의 열매를 혼합하여 만든 연고인데, 그것은 대개 염증과 두통의 치료에 처방되었고, 나중에는 매독 환자를 치료하는 데 더 일반적으로 사용되었다.[28] 마지막 두개는 다양한 가루를 혼합해 만든 경고였다. 비록 파레가 자신의 치료에 이러한 경고들을 사용했지만, 그것들에는 폭스 치료법에서 발견된 재료가 아무것도 포함되지 않는다.

이 15개의 처방전들은 그리 특별한 것이 아니었다. 르네상스기의 의사들은 다양한 목적에서 그러한 처방전들을 사용했다. 하지만 1550년 피렌체 의사와 약제사 길드에서 출판한 『처방서El Ricettatio』에 등장한 거의 550개의 치료법들 가운데 그 일부를 선택한 사람은 누구든지, 16세기 중엽의 다양한 의사가 묘사하고 처방했던 것처럼 프랑스 병으로 생긴 증상을 치료하기 위해 이들을 활용했다. 바로 이 점이, 만약 이 경우가 아니라면, 의미 없이 무분별하게 선택된 것에 지나지 않았을 진정제, 연고, 경고, 외상 크림들 사이에 흐르고 있던 공통된 실타래다. 적어도 그 가운데 하나에는 훗날 일반적으로 매독 환자들을 위한 진통제로 사용되게 될 성분이 들어 있으며, 프랑스 병과 별다른 관련이 없어 보이는 것은 단 두 개뿐이다.

이 치료법 이외에도, 우리는 피에타의 집 기록에서 그녀들이 보리수 같은 약재수와 질경이 물과 같은 탄산수를 구입한 것을 확인할 수 있다. 환자들은 치료를 목적으로 자신들의 입속에서 독성 체액을 세정하고 배출하기 위해 그것들로 입가심했다.

물론 이러한 정황 증거들은 아무것도 증명하지 못한다. 피에타의 집 『처방서』에 나타난 치료법들은 다양한 일상적인 용도를 지니고 있었다. 또한 그것에 등장한 어떠한 치료법에도 수은이나 유창목에 대한 언급이 나타나지 않는다. 비록 파레가 유아나 어린이들이 수은에 너무 노출되어서는 안 되며, 대신 테레빈유를 사용할 것을 추천했다고 하더라도, 만약 수은이나 유창목이 언급만 되었더라면, 그것들이 피에타의 집 여성들이 의식적으로 프랑스 폭스를 치료하고 있었다는 훨씬 더 결정적인 증거가 될 수도 있을 것이다.[29] 하지만 달리 생각하면, 당시 가장 인기 있었던 두 재료가 없다는 것이 피에타의 집에서 수은이나 유창목을 구입할 충분한 경제적 여유가 없었다는 단순한 사실을 의미할 수도 있다. 혹은 피에타의 집 여성들이 단순히 그 질병이 무엇인지 몰랐을 수도 있다. 그녀들은 프랑스 병을 소녀들과 연결시키지 않았고, 따라서 자신들이 규명할 수 없었던 낯선 병에 직면하여 그저 단순히 증상을 치료하기 위해 그것들을 사용했을지도 모른다.

하지만 그 질병이 실제 피에타의 집 소녀들의 목숨을 앗아갔는가?

성인들의 시각

—

직접적인 성관계로부터 프랑스 병을 얻게 된 청소년기의 소녀들은 위에서 묘사했던 증상, 즉 발진에 의해 몸 전체에, 특히 성기, 목, 팔다리에 외상을 입곤 했다. 그녀들은 심각한 두통과 관절통을 겪었고, 또 밤이면 그 통증이 너무 심해 고통스러운 비명을 지르기도 했을 것이다. 머리 백선에 의한 감염이 두피 전체로 확산되면서 머리카락이 빠지고 몸의 다른 부분은 고름이 흐르는 상처투성이로 뒤덮였을 것이다.

하지만 어린이들의 경우에는 감염된 부모로부터 간접적으로 병을 얻게 되었을 가능성도 있었다. 그것은 요강과 침구를 통한 감염이 아니라, 비고부터 로시티니오 그리고 파레에 이르는 당대의 여러 의사가 두려워했던 자궁을 통한 감염이었다. 피에타의 집이 문을 열 무렵, 프랑스 폭스라는 새로운 전염병은 3세대째 계속 확산되고 있었다. 파레가 인식했듯이, 일부 증상은 이미 완화되고 있었다. 하지만 감염된 남성과 여성의 수가 계속해서 증가했고, 또 그들이 계속해서 아이들을 낳았다. 많은 권위자가 어린이들이 유모의 가슴에 난 상처나 부모의 입술에 난 상처로부터 폭스에 감염된다고 기술했다. 심지어 유아기 폭스의 경우 성인들의 폭스에서와는 다소 다른 증상이 나타날 수도 있었다. 그에 관해 처음으로 자세히 기술했던 잉글랜드의 전문가 윌리엄 크로우스의 주장에 따르면, 유아들에게도 폭스로 인한 특징적인 상처가 몸 전체에 나타났다. 하지만 의사들이 어른들을 진찰할 때 처음 확인하는 성기 부근에서는 상처가 거의 발견되지 않았다.[30]

자궁을 통해 엄마에게서 아이에게로 전염된 선천성 프랑스 폭스야말로 거의 피할 수 없는 큰 문제였다. 하지만 당시에는 어느 누구도 그것에 대해 인식하지 못하고 있었다. 여기에서도 역시 약간의 증상 차이 때문에 그들의 무지가 어쩌면 그리 놀라운 일이 아닐 것이다. 후천성 매독과 선천성 매독을 비교할 때가 바로 그러한 경우에 해당한다. 따라서 명확한 진단이 부재했던 당시의 상황에서 후천성 매독과 선천성 매독의 차이를 비교하기 위해 우리는 프랑스 폭스와 비교할 수 있고 또 아마도 거의 똑같았던 그 성병에 대해 보다 자세히 살펴보아야 한다.

페니실린이 등장하기 이전에, 선천성 매독을 지니고 태어난 아이들은 거의 대부분 유아기에, 좀 더 정확히 말하자면 출생 후 몇 시간에서 수개월 사이에 사망하곤 했다. 발육 상태가 좋지 못했던 이 아이들은 대개 나이 들고 쭈글쭈글해 보였다. 살아남은 아이들 대부분은 신체장애 특히 두개골에 장애를 지니고 있었고, 대략 여섯 살경부터 그와 관련된 증상을 보이기 시작했다. 비록 선천성 매독이 즉각적으로 그리고 무차별적으로 치명적인 것은 아니었지만, 심각한 경우는 죽음을 재촉할 수 있었다. 여섯 살이 된 어떤 소녀의 경우, 뼈에 나타난 병변으로 관절이 쑤시게 되었다. 또한 눈에 극심한 통증을 느끼게 될 수도 있었고, 점차 악화되어 결국은 앞을 볼 수 없게 되는 시력 감퇴로 고생할 수도 있었다. 아울러 코와 입의 부드러운 피부에 살점이 떨어져나간 끈적끈적한 조각들이 생겨날 수도 있었으며, 청소년기로 넘어가면서 이것들이 입에 큰 구멍을 뚫어놓을 수도 있었고, 또 그로 인해 그녀의 코가 완전히 눌러앉을 수도 있었다. 이쯤 되면 그녀는 신체 마비나 청력 소실로 더 심하게 악화될 수도 있는 두통과 수전증과 같은 몸의 떨림 현상에 대해 토로하곤 했다. 신경매독에 걸렸다면 그녀가 자주 짜증을 내고, 모든 일에 무관심해지거나, 편집증적인 성향을 띄게 될 수도 있었고 혹은 유아증이나 발작 증세를 보일 수도 있었을 것이다. 그것들에 대한 어떠한 치료법도 없는 상황에서 결국 소녀들은 10대나 20대 초반에 사망에 이르렀다.[31]

여섯 살 소녀에게서 이런 증상들이 점차 늘어나는 모습을 본 16세기의 부모 특히 과부나 홀아비는 아마도 두려움, 혼란 혹은 절망에 사로잡혀 그녀를 피에타의 집과 같은 보호시설에 버렸을 것이다. 마찬가지로 피에타의 집을 운영하던 여인들도 자신들이 도대체 어떤 병을 치료하고 있는지에 대해 명확히 알지 못했을 것이다. 그녀들은 그저 아픈 소녀들을 받아들일 뿐이었다. 피에타의 집에 들어온 뒤 몇 개월 지나지 않아 죽게 된 소녀들은 분명히 일부 심각한 병이 많이 진행된 상태에서 그곳에 들어왔을 것이다. 하지만 그 병이 무엇이었는가? 일부 증상들은 확실히 프랑스 폭스와 유사했다. 그리고 이 경우 상처에 바르는 연고와 크림, 두통약, 눈에 바르는 연고가 통증을 완화시킬 수 있었다. 폭스 환자들은 코를 함몰시키고 또 입을 공격했던 부패기를 경험했다. 그러나 『처방서』에는 그에 대한 대응책이 거의 없었다. 물론 정신적·심리적·육체적 퇴화, 몸의 떨림, 상처, 마비, 청력 소실 등과 같은 증상들은 흑사병이나 나병 같은 다른 질병과 연관된 것일 수도 있었다. 비고가 불평을 토로했던 진단상의 짙은 안개 속—바로 그곳에서 모든 것이 변화했고, 또 고전의 주요한 저작들은 아무런 도움이 되지 못했다—에서 선천성 매독 환자들은 어찌할 방도를 찾지 못했을 것이다.[32]

우리에게는 다른 것보다 유력해 보이는 특정한 감염 방식을 굳이 고려할 필요가 없다. 프랑스 병에 걸린 채 피에타의 집에 들어온 소녀들은 다양한 형태로 그 병에 감염되었을 것이다. 유럽에 처음 보고된 이후 60~70년 동안 이 끔직한 새로운 전염병이 꽤 많은 사람에게 확산되었다. 하지만 그 증상은 여전히 불분명했고, 그 일부도 여전히 진단되지 못한 상황이었다. 선천성 유형의 프랑스 병은 분명히 1550년대 특히 이주 노동자들 사이에서 확산되고 있었을 것이다. 대다수의 피에타의 집 소녀들의 아버지는 젊은 나이에 일자리를 찾아 도시로 들어왔을 가능성이 높은 피렌체 외부 출신이었다. 그들이 다른 이들보다 더 많이 매춘부를 방문했고 더 자주 유곽을 찾았을 것이며, 따라서 그 질병에 더 많이 노출되었고 나중에 그것을 아내에게 전했을 것이다. 그리고 그녀들이 다시 아이들을 감염시켰을 것이다. 피에타의 집 소녀들이 처음 입소했을 때, 대부분은 편모나 편부 슬하의 딸들이었다. 일반적으로 홀아비가 된 아버지나 미혼부가 대부분이었다. 아마도 병사 네그란테의 딸인 마리아와 수사 빌리의 딸인 막달레나가 그러한 경우였다. 그녀들은 각각 피에타의 집에 들어온 첫 소녀이자 그곳에서 죽은 첫 소녀에 속했다. 네그란테는 아마도 마리아의 엄마와 결혼하지 않았을 것이고, 수사 빌리는 분명히 막달레나의 엄마와 결혼할 수 없었을 것이다. 이들은 모두 유곽과 길거리 매춘의 세계와 친숙했던 사회적으로 낮은 계층 출신이었고, 그렇다면 두 엄마는 모두 매춘부였을 것이다.

이것이 피에타의 집 소녀들의 죽음을 둘러싼 이면에 자리하고 있던 인구통계학적 배경이었다. 출산, 사고, 흑사병이나 말라리아 혹은 열병이나 콜레라 같은 역병, 또는 결핵과 같은 만성 질환 등 이 모든 것이 엄마의 목숨을 앗아갈 수 있었다. 또한 적어도 엄마들을 죽인 병의 일부가 자궁을 통해 소녀들에게 전달될 수 있었고, 소녀들의 목숨 역시 빼앗기 위해 잠복하고 있을 수도 있었다. 프랑스 병과 같은 질병에는 선천성 질환과 후천성 질환 사이에 미묘한 차이가 충분히 존재하고 있었다. 그리고 이 때문에 점점 악화되어가던 소녀들을 옆에서 지켜보던 사람들은 혼란에 빠져 어쩔 줄 몰랐을 것이다. 어쩌면 그들이 소녀들의 병을 폭스로 의심했을 수도 있고, 그에 따라 폭스 치료약을 처방했을 수도 있다. 하지만 결코 어느 누구도 그에 대해 확신할 수는 없었다.

르네상스기의 피렌체에서 청소년기의 소녀들은 여러 경로를 통해 직접 폭스에 감염될 수도 있었다. 침구류나 요강을 통해 감염된 것이 아니었다면 병에 걸린 유모로부터 보살핌을 받았던 아기는 분명히 다른 경로를 통해 병을 얻었을 것이다. 의사들은 이것을 유아 폭스의 가장 일반적인 원인으로 지목했으며, 우리는 어렵지 않게 그와 관련된 맥락을 재구성할 수 있다. 일부의 경우는 폭스에 감염된 여성의 젖을 먹고 감염되었을 수도 있다. 보르고 오니산티에 위치하고 있던 피에타의 집에 들어온 소녀들은 대개 1540년대 말에서 1550년대에 태어났다. 기아의 압력과 경제의 붕괴로 인해 당시의 많은 부모가 갓 태어난 아기들을 피렌체 성당에서 북쪽으로 몇 블록 떨어진 인노첸티 고아원에 버렸다. 당시 태어난 아기 가운데 20퍼센트에서 40퍼센트가 마치 홍수처럼 인노첸티로 밀려들어갔고, 이것이 피렌체 전역에 걸쳐 유모업의 경제를 왜곡시켰다. 당시의 피렌체 사회에서 유모업은 이미 상대적인 고임금 업종으로 자리 잡고 있었다. 부유한 상인 가정이나 전문가 가정의 여성들은 유모에 대한 꾸준한 수요 집단이었다. 이 점은 방금 아이를 낳은 가난한 피렌체 여성들이 비싼 급료를 받고 부유한 가정의 아기를 키우기 위해 자신들의 아기를 값싼 유모에게 보냈다는 것을 의미한다. 멀리 떨어진 시골에 살던 여성, 한 번에 두세 명의 아기를 돌볼 수 있었던 여성, 아기를 낳은 지 아주 오래되어 이제 젖이 마르기 시작한 여성들이 값싼 유모에 해당했다. 또한 그녀들이 바로 돌보던 아기들에게 젖을 먹이기 위해 인노첸티에서 고용한 여성들이었다. 절박한 시기에 이 여성들이 더 많은 급여를 요구하게 되었을 때, 고아원에서는 심지어 더 극한 수준까지 재정 규모를 줄여야 했고, 결국 아픈 여성이나 매춘부 그리고 간혹은 심지어 폭스에 감염된 여성들 사이에서 유모를 충원해

야만 했다.[33]

피에타의 집 소녀들은 정확히 이 절박한 시기에 태어났다. 그리고 유모에 대한 높은 수요를 고려하면, 그녀들 가운데 일부가 폭스에 감염된 값싼 유모들의 손에서 양육되었을 수도 있다. 가정에서 자신의 아기를 폭스에 감염된 유모에게 맡기는 것이 가능한 일이었을까? 앙브로와즈 파레는 그럴 수 있다고 생각했다. 그는 다음과 같이 기술했다.

> 이 도시 파리의 한 훌륭한 시민은 매우 정숙한 여성이었던 자신의 부인에게 그녀가 최근에 낳은 아기를 몸소 양육한다면 그녀 일의 일부를 도와줄 유모를 집에 고용할 것을 승낙했다. 하지만 불행하게도 그들이 택한 유모는 이 병에 걸려 있었다. 그 때문에 지금 그녀가 아이를 감염시켰고, 아이는 엄마를, 엄마는 남편을 감염시켰다. 그리고 그는 또 그 불치의 병으로 자신의 몸속이 더렵혀지고 있다는 사실을 모른 채 침대와 식탁에서 자주 자신과 함께 놀았던 다른 두 아이를 감염시켰다. 그러는 동안 엄마는 자신이 돌보던 아이가 별다른 차도 없이 계속 울며 보채기만 하자, 나에게 이 병의 원인에 대해 조언을 구했다. 그 일은 내게 어렵지 않았다. 아기의 온몸이 성병으로 인한 딱지와 고름으로 가득 차 있었고, 고용된 유모와 엄마의 젖꼭지에는 독성 궤양이 뒤덮여 있었으며, 아버지와 다른 두 아이의 몸도 역시 마찬가지였기 때문이다. 한 아이는 한 살, 다른 아이는 네 살이었는데, [둘 모두] 비슷한 농포와 상처 딱지로 고생하고 있었다. 나는 그들 모두에게 고용한 유모가 옮긴 독성 전염병으로부터 발발한 성병Leus venerea에 감염되었다고 이야기했다. 나는 그들 모두를

치료하기 시작했다. 그리고 신의 가호 덕분에 젖을 빤 아기를 제외하고는 모두 치료했다. 그 아기는 치료 도중 사망했다. 하지만 유모는 완전히 묶인 채 수감되었다. 그녀는 도시의 거리에서 태형을 받아야 했고, 행정관은 이 불행한 가족의 명예를 보살펴주어야 했다.[34]

오늘날의 독자들은 이 파리의 아버지가 어쩌면 그토록 순진할 정도로 무지했는가에 대해 놀랄지도 모른다. 하지만 그것은 지금의 논점에서 벗어난 문제다. 파레와 크로우스 같은 저술가들이 감염된 유모를 유아 매독의 가장 일반적인 매개체로 지목했을 때, 그들은 잘 살고 글을 읽을 줄 아는 독자들에게 경고의 메시지를 전했다. 그리고 그들은 이러한 독자들과 같은 동료 집단과 노동 계층으로부터 생생한 사례를 이끌어냈다. 만약 우리가 그들의 판단과 조언을 액면 그대로 받아들인다면, 적어도 일부의 부모는 건강 상태를 적절히 확인하지 않고 폭스에 감염된 유모를 고용했다.

유모에 의해 감염된 대부분의 아기는 이 파리의 아이처럼 유아기에 죽었다. 이를 고려한다면, 10대에 사망한 많은 피에타의 집 소녀의 경우 아기였을 때 엄마나 유모로부터 전염된 폭스로 인해 고통을 겪었을 것 같지는 않다. 파레의 사례를 읽으면서, 그녀들을 치료했던 의사들은 아마 나이를 조금 먹은 소녀가 성과 무관한 어떤 접촉으로 파리의 아이처럼 간접적으로 감염되었다고 생각했을 것이다. 유모의 품에서 부유한 시민의 가정으로 침투했고 이후 전 가족에게 불어닥친 전염병에, 이 파리의 어린이들은 죄 없이 감염되었다. 다른 한편으로 우리는 어떻게 청소년기의 한 소녀가 폭스에 걸리게 되었는지를 이해하기 위해 노력하면서, 그 가정과 고귀한 시민에 대해 보다 자세히 살펴볼 수도 있다.

마르게리타, 마리아 혹은 막달레나 같은 소녀들은 성관계를 통해 직접 프랑스 병과 접촉할 수 있었다. 우리는 이미 르네상스기의 10대 소녀들 특히 가난하고 주변적인 가정 출신의 소녀들의 경우, 우리가 생각할 수 있는 것보다 그리고 그녀들 자신이 원했던 것보다, 능동적으로 성관계를 가질 수 있는 기회가 훨씬 더 많았다는 점에 대해 살펴보았다. 하녀로 일한 소녀들은 특히 그녀들이 파탄나고 붕괴된 가정의 출신이었을 경우 공공연히 폭행을 당하곤 했다. 하지만 그녀들 가운데 일부가 두려움에 빠진 희생자들이었다면, 또 다른 일부는 쾌락을 추구하거나 아마도 배우자를 찾았던 의도적인 성적 파트너들이었다. 또 어떤 소녀들은 매춘부의 딸이었다. 젊음이 가치 있는 상품이었고 더군다나 처녀성은 수익성 좋은 상품이었기 때문에, 이미 그런 소녀들은 스스로 매춘업에 종사하고 있었다. 또 다른 소녀들은 자신의 집에서 아버지, 삼촌, 형제 혹은 시아버지나 시동생으로부터 폭행을 당했다.

이들 가운데 일부는 사춘기가 되기 전에 폭행을 당했다. 만약 어떤 남성이 여섯 살 먹은 소녀를 자신의 성 파트너로 찾았다면 그의 행동에 성적 지배나 비역질 이외의 또 다른 어떤 동기가 있었을까? 이에 대한 단서를 얻기 위해, 시간을 훨씬 더 거슬러내려와 오늘날과 더 가까운 시기에 다가가볼 필요가 있다. 소수의 르네상스기 저술가들은 수 세기에 걸쳐 표면 아래에 잠복해 있었고 에이즈의 급속한 확산 속에서 오늘날 대중의 시각에 되살아난, 성병에 대한 특별한 "치료법"을 넌지시 제시했다. 그것은 처녀 치료였다. 성병에 감염된 일부 남성들은 처녀와 성관계를 가짐으로써 성병을 치유할 수 있다고 믿었다. 일곱 혹은 여덟 살 소녀의 순수한 처녀성이 남성을 감염시킨 유독성 물질을 흡수하고 결과적으로 그를 깨끗하고 건강하게 만들 수 있다고 생각했다. 이러한 확신이 근대 시기로 발전하던 세계의 여러 곳에서 어린이 강간을 전염병처럼 확산시켰다. 때때로 그 지역의 남성들에 의해 또 때로는 치료 여부를 검증할 수 있는 자본과 이동 능력을 소유한 성 관광객들에 의해 이러한 일이 주도되었다. 그렇다면 르네상스기의 남성들은 처녀 치료를 믿었는가? 그들이 그러한 생각에 기초해 행동했는가?[35]

아마도 검증하기 가장 어려운 가설일 것이다. 다시 한 번, 그에 관한 직접적인 증거가 없기 때문이다. 분명히 비고, 파레, 크로우스, 로시티니오 혹은 다른 저술가들의 의학 저작 어디에서도 처녀 치료에 대한 언급은 나타나지 않는다. 통속적인 연극이나 노래에서도 그것에 관해 언급하지 않았다. 하지만 몇몇 증거에 따르면, 적어도 일부 남성들은 한 여성이 자신들에게 주었던 무엇인가를 다른 여성이 다시 가져갈 수 있다고 생각하고 있었다. 휴머니스트 스칼리거Julius Caesar Scaliger(1484~1553)는 아프리카에서는 프랑스 폭스에 감염된 사람들이 "다른 치료제 없이 누미디아 혹은 에티오피아 흑인 여인과 잠자리를 함으로써" 그것으로부터 회복되었다고 기술했다.[36] 몇십 년 지나지 않아 파도바의 내과 의사 사소니아Ercole Sassonia는 『성병에 관한 가장 완벽한 논고Most Perfect Treatise on Veneral Disease』(1597)에서, 흑인 여성들과의 성관계를 통해 성병을 치료하려 했던 몇몇 이탈리아인들에 관해 자신이 들었던 보고서를 보강하기 위해 스칼리거의 말을 권위 있는 근거로 인용했다.

> 하지만 몇몇 베네치아인들이 경험했다고 들은 이야기에 대해 조사할 필요가 있다. 그들은 한 흑인 여성과 성교를 해서 임질을 계속 고치고 있다고 주장했다. 그 실험은 사실이며, 스칼리거에 의해 검증된 것처럼 보인다. (…) 그에 따르면, 아프리카인들은 누미디아 혹은 에티오피아 여인과 잠자리를 함으로써 성병lues venerea을 치유한다. 비록 실제로 더 많은 남성이 처녀와 잠자리를 가짐으로써 오래된 임질gonorrhaea antiqua로부터 자유로워졌다는 보고서를 기록했더라도, 그것은 나 역시 아는 사실이다. 하지만 이후 그 여성이 감염된다.[37]

비록 베네치아에도 역시 상당히 많은 흑인—여성보다는 남성의 수가 훨씬 많았을지라도—이 살고 있었지만, 먼 곳까지 자주 여행했던 베네치아의 남성들이 근대의 성 관광객들처럼 치료를 위해 바다를 건넜을 수도 있다. 유럽에 등장한 아프리카인들의 수가 증가하기 시작한 15세기 이래 그리고 아마도 거의 그때부터, 유럽인들은 그들을 이국적으로 그리고 성적으로 묘사하기 시작했다. 16세기에는 강하고 난교를 일삼는 검은 아프리카인이라는 고정관념이 그들에 대한 부정적인 편견과 결합했고, 이로 인해 흑인 여성들은 하녀로 일하거나 몸을 파는 것 이외에는 다른 일자리를 찾기 힘들었다. 열정적인 뚜쟁이나 유곽의 관리인들은 그러한 고정관념이나 미신에 대해 알고 있었다. 어쩌면 흑인 매춘부를 매력적으로 만들었고 또 폭스와 임질 사이의 관계를 불분명하게 만들었던 신화가 자라난

데에는, 바로 그들의 책임이 있었을지도 모른다.[38]

스칼리거와 사소니아가 처녀성보다 인종의 문제에 주목했다면, 다른 이들은 어떻게 특정한 여인과의 성관계가 병의 치료법이 될 수 있는가에 관한 보다 일반적인 시각으로 그 관점을 이동시켰다. 밀라노의 의사 조반니 바티스타 시토니Giovanni Battista Sitoni는 다양한 의학적 호기심을 담은 자신의 논고에서, 그 한 장을 "프랑스 병을 앓고 있는 남성이 처녀와의 성교로 치유될 수 있는지"에 관한 문제를 해명하는 데 할애했다. 그는 그러한 생각에 코웃음을 쳤고, 그런 생각을 계속 퍼뜨리고 다닌다고 사소니아를 신랄하게 비난했다. 하지만 비록 갈레누스의 의학과 환자들의 실제 사례를 이용해 어렵지 않게 그것이 잘못된 생각이라는 점을 보여주었다고 하더라도, 시토니는 천박한 대중은 여전히 매독으로 괴로워하는 남성들을 치료할 수 있는 힘이 처녀성에 존재한다고 믿고 있다는 점을 인정했다.[39]

하지만 실제 그것은 단지 천박한 대중들만의 견해가 아니었다. 심지어 스칼리거가 "에티오피아 치료"에 관해 기술하기 이전에도, 이미 스페인의 휴머니스트 비베스Juan Vives가 그와 관련된 자신의 장인 이야기를 기술한 바 있었다. 그의 이야기에 따르면 프랑스 폭스에 걸린 마흔여섯 살의 장인 베르나르드 발다우라Bernard Valdaura는 어린 처녀를 아내로 맞았다. 결혼식 날 밤 그녀에게 그의 상태는 놀라움 자체였고, 그는 바로 위축되었다. 의사들은 냄새나는 상처투성이의 이 남성이 곧 죽을 것이라고 생각했다. 하지만 어린 아내는 그를 포기하라는 그들의 조언을 받아들이지 않았다. 오히려 아내 클라라 체르벤트Clara Cervent는 병에 걸린 베르나르드를 수십 년 동안 간호하고 보호했을 뿐만 아니라, 그와의 사이에서 8명의 아이를 낳았다. 그리고 그들 모두가 건강했다. 또한 비베스에 따르면, 클라라는 20년의 결혼 기간 동안 폭스에 걸리지 않았고 그녀의 아이들 가운데 누구도 감염되지 않았다. "[그들은] 건강하고 깨끗한 신체로 태어났다."

비베스는 클라라를 병든 남편을 위해 자신의 건강과 부를 희생한 충직한 아내의 존경할 만한 모범으로 보았다. 하지만 클라라와 교제하면서 과연 베르나르드는 어떤 시각으로 그녀를 보았을까? 비록 클라라가 첫날 밤 이후 더 이상 처녀일 수 없었고 베르나르드가 결코 치유되지 못했다고 하더라도, 적어도 한 명의 또 다른 휴머니스트는 후일 이 이야기를 처녀 치료의 한 예로 보았다.[40] 어떻게 또는 왜 비베스가 이 이야기를 기술했는지의 문제와 관계없이, 그 이야기는 이미 지하에서 회자되고 있었고 또 처녀인 클라라를 처음 보았을 때 베르나르드를 희망에 부풀게 만들 수도 있었던 대중들의 생각을 충족시키는 것이었다. 비베스의 이야기는 절망에 빠진 다른 남성들로 하여금 베르나르드와 마찬가지로 어린 하녀들이나 고아가 된 조카들과 관계를 맺도록 그들을 이끌 수도 있었다. 비베스, 스칼리거, 사소니아, 시토니 같은 르네상스기의 휴머니스트들은 미신을 비난하기 위한 목적으로 처녀들이나 흑인 여성에 의해 치유된 남성에 관한 이야기를 기술했을 수도 있다. 하지만 그런 이야기를 통해 그들의 독자들이 포착했던 것이 무엇이었을까? 우리는 이미 피임과 낙태와 관련해서 이와 유사한 사례들을 보았다. 아프리카인 콘스탄틴이나 빌라노바의 아놀드와 같은 중세의 저술가들은 그들의 의학적 개요서들에서 임신 조절 치료제에 대해 비판하기 위해 그것에 관해 기술했을 수도 있다. 하지만 그들의 바로 그 비난이 임신 조절에 관한 지식이 유지되고 확산되도록 만들었다. 당시에는 처녀 치료에 관한 설명이 급속도로 확산되고 있었고, 적어도 선도적인 의학 지식 개요서를 포함한 여러 책에 인쇄되어 더 많은 독자에게 퍼져나갔다. 비난을 예상했지만 그에 대한 "지식"이 밖으로 유포되자, 그런 비난 역시 그저 그런 군더더기에 불과한 것이 되어버렸다.[41]

해로운 대중의 견해에 불과한 것이라는 의사들의 강한 거부 이상의 다른 무엇으로 추적하기는 어렵지만, "처녀 치료"에 대한 믿음은 사라지지 않았다. 예상할 수 있는 것처럼 많은 의사는 그러한 믿음이 이미 사회적으로 매도되고 폄하된 집단들 사이에서 특히 일반적으로 나타나는 현상이라고 주장했다. 그것은 타락을 상징하는 고정관념의 일부분이 되었다. 1906년 해브록 엘리스Havelock Ellis는 처녀 치료가 여전히 남성들 사이에 유지되고 있는 하나의 믿음이라고 묘사하면서, "미국에서는 이러한 믿음이 이탈리아인, 중국인, 흑인들, 기타 등등에 의해 빈번히 유지되고 있다"고 덧붙였다. 이어 엘리스는 존스 홉킨스 병원 제약국의 플로라 폴락Flora Pollack 박사의 말을 인용했다. 폴락은 "볼티모어에서만 한 살에서 열다섯 살 사이의 어린이 800명에서 1000명가량이 매년 성병에 감염된다. 가장 많은 수는 여섯 살이며 가장 중요한 원인은 욕정이 아니라 미신 때문인 것으로 보인다"고 주장했다.[42] 동시대 스코틀랜드의 의사들과 검사들—비록 그들 중 일부는 그러한 믿음이 "낮은 계층" 사람들 사이에서 더 강하게 나타난다고 주장하긴 했지만—은 많은 사람이 계급이나 교육 수준에 관계없이 처녀 치료를 믿고 있다는 점을 발견하고, 소녀들에 대한 폭행의 증가가 그것에 기인한다고 비난했다. 고아들이 특히 이에 취약했다. 그리고 그들이 발견한 사례 가운데 4분의 1의 경우 가족 구성원에 의해 강간이 자행되었다. 강간을 당하고 성병에 감염되면, 그녀들은 피해자이면서 이와 동시에 위험인물로 간주되었다. 따라서 그녀들이 다른 이들에게 병을 확산시키는 것을 막기 위해, 고아원, 보호소, "막달레나의 집" 혹은 매독 치료 병원 등의 몇몇 기관으로 그녀들을 보내는 일이 전형적인 관행이었다.[43]

의사들이 회진 중에 듣게 된 이상한 대중적인 믿음 너머로 우리가 한 걸음 더 나아갈 수 있을까? 18세기 잉글랜드의 매독을 전문적으로 연구한 케빈 시에나Kevin Siena는 런던의 올드 베일리 법정 기록에서 청소년 강간에 관한 사례들을 발견했다. 시에나는 1714년에서 1759년 사이 런던에서 발생했던 46건의 강간 사례—폭행당한 여성들은 나중에 성병을 얻었다—들 가운데 거의 85퍼센트가 열여섯 살 이하의 소녀들을 대상으로 이루어졌다는 점을 발견했다. 정확히 말해, 84.7퍼센트인 39명의 소녀들이 희생자였고, 폭행 당시 소녀들의 평균 연령은 8.9살이었다. 사실 어린이들이 연루된 강간 사건의 54퍼센트 이상에서 성병 감염이 나타난다. 시에나는 이후 청소년들에게 성병 치료가 이루어졌는지에 대해 깊이 있게 조사했다. 그리고 그는 1758년에서 1760년까지 런던의 고아원에서는 그 내부 병동에서 28명의 어린이들의 성병을 치료했고, 그 가운데 24명이 사망했다는 점을 발견했다. 성병의 증상을 보였고 내과 치료를 받았던 추가적인 60명의 아이들 가운데에서는 43명, 즉 73.3퍼센트가 사망했다. 14명의 경우 증상이 너무 심각했거나 혹은 나이가 너무 많아, 피렌체의 트리니타 델리 인쿠라빌리에 상응하는 런던의 록 병원Lock Hospital으로 보내졌다. 그리고 그들 모두는 죽었으며, 대부분은 소녀였다.[44]

시에나는 이 연구를 하기 전에 처녀 치료를 찾아다니던 남성들을 비판한 당시의 설교나 팸플릿을 우연히 발견한 적이 있었지만, 그것들을 모두 무시했다. 그는 공포를 조장하여 기아보호소나 고아원의 잠재적인 기부자들의 지갑을 열기 위해 그것들을 생산한 설교가들이 과장된 경고를 하고 있다고 생각했다. 하지만 이제 그는 설교가들이 단순히 사실을 진술하고 해결책을 찾고 있었던 것이었을 수도 있다고 믿었다.

피에타의 집 여성들이 해결하려 했던 위협 가운데 하나가 처녀 치료를 추구하던 남성들이 사춘기에 도달하지 않은 소녀들을 강간하는 것이라는 이야기가 가능할까? 16세기 피렌체의 법정과 병원 기록들은 18세기 영국의 자료들보다 훨씬 적은 정보를 우리에게 제공한다. 그것들은 분명하게 가족 관계 내·외부 모두에서 청소년 강간이 피렌체에서 발생했었다는 점을 보여주고 있다. 하지만 18세기 런던의 기록들이 제공하는 것만큼의 정확한 통계는커녕, 단순한 사실을 넘어서 위의 질문을 추적할 수 있을 만한 충분한 정보를 제공하지 못한다. 우리는 피에타의 집 소녀들이 폭스에 감염되었다고 결정적으로 확언할 수 있는 직접적인 증거를 가지고 있지 못하다. 그리고 그녀들이 처녀 치료를 찾고 있던 남성들에 의해 폭행당한 아이들이었다는 증거는 훨씬 더 적다. 우리에게는 다시 한 번 암시적이긴 하지만 놀라울 정도로 두려운 가설만이 남아 있을 뿐이다. 하지만 비록 입증될 수 없다고 해도, 그것은 결코 묵살해서는 안 되는 가설이다.

피에타의 집 여성들이 정확히 낙태 의료원이나 매독 병원 같은 기관의 문을 열려고 했던 것 같지는 않다. 그녀들은 당대의 피렌체 사회에 작용하던 성의 정치학으로 인해 더 취약한 상황에 놓여 있던 청소년기 소녀들에게 쉼터를 제공하기 위해 보호소를 열려고 했을 것이다. 입소 기록부『비밀의 책』에 나타난 간결한 목록은 분명하게 그 정황에 대해 이야기해주지 않는다. 우리가 어떻게 이 침묵을 읽을 수 있을까? 소녀들 가운데 일부는 아내가 죽은 뒤 자신의 딸을 돌볼 수 없었거나 돌보지 않으려 했던 홀아비들이 버린 소녀들이었다. 또 어떤 소녀들은 아마 다른 가정의 하녀로 일하며 학대받던 소녀들, "막힌 자궁"을 가지고 있던 소녀들 혹은 병에 걸린 부모로부터 유전되었거나 직접적인 성 접촉으로 얻게 된 폭스를 앓고 있던 소녀들이었다.

피에타회의 비범한 여성들은 르네상스기 피렌체의 성의 정치학에 대해 알고 있었다. 그녀들은 소녀들이 일반적으로 봉착했던 어려운 현실, 그리고 심지어는 가족에게마저 버림받은 소녀들이 감내해야 했던 더 거친 상황에 대해서도 알고 있었다. 이것이 그녀들의 지평을 결정한 것이었고, 이것이 그녀들이 개선하려고 의도했던 것들이었다. 시대적인 정황을 고려하면, 거의 분명히 여기에 강간당한 소녀들, 프랑스 폭스를 앓고 있던 소녀들, 임신한 소녀들 그리고 그저 심각한 병을 앓고 있던 소녀들이 포함되어 있을 것이다. 10대 소녀들 그리고 그보다 더 어린 소녀들이, 관절통, 시력 감퇴, 몸의 떨림, 발작, 마비 증상을 보이는 낯선 병을 가지고 빠르게 그리고 비밀스럽게 피에타의 집에 수용되었다. 우리는 피에타회의 이 여성들이 병과 관련된 문제를 완전히 알고 있었다거나 소녀들을 치료할 수 있는 충분한 자원을 가지고 있었다고 생각할 수 없다. 피에타의 집은 폭스 치료 병원이 아니었다. 만약 성병 환자나 다른 심각한 질병을 앓고 있던 사람들을 받아들였다면, 그것은 치료의 장소라기보다 고통받던 사람과 죽어가던 사람들을 위한 호스피스처럼 운영되었을 것이다. 이 여성들의 자선적인 의도와 순수한 결의로, 피에타의 집은 적어도 16세기 중반의 15년 동안 바로 그러한 기능을 수행했다.

제7장

문서보관소 내의 파열음

Conclusion: Friction in the Archives

3월 13일 만토바의 공작과 대공 프란체스코의 딸인 공주 엘레오노라 사이에서 결혼 동맹이 선포되었다. 만토바의 태자가 성불능인지 궁금했기 때문에, 그들은 신의 이름을 걸고 내기해야 한다는 좋지 않은 조언을 떠올리게 되었다. 피렌체에는 피에타의 집이라고 불리는 소녀들을 위한 공간이 있는데, 그들은 그곳에서 가장 사랑스러운 소녀 한 명을 뽑아 거짓 희망과 이설로 그 통치자를 시험해보기 위해 그녀를 만토바로 보냈다. 그리고 내막을 알게 되었을 때, 그 가엾은 소녀는 많은 눈물을 흘리며 울었다. 그럼에도 불구하고 임신했다는 것을 알게 되자, 그녀는 자신의 부정한 경험에 대해 증언하기 위해 피렌체로 돌려보내졌다. 아이를 낳은 뒤 그녀는 로마의 음악가였던 줄리아노Giuliano에게 3000스쿠도의 지참금과 함께 아내로 받아들여졌다.

– 아논, 『1557부터 1590년 사이에 피렌체에서 벌어진 사건들Events in Florence from 1557~1590』

마리오타 다 피오렌차Mariotta da Fiorenza의 삶

1550년 그녀가 이 보호소에 등록했다. 조반니 프란체스코 다 피오렌차Giovanni Francesco da Fiorenza의 딸로 당시 여섯 살이었던 그녀는 그해 7월 17

일에 그곳에 들어왔다. 그녀는 언제나 특별한 덕성을 보여주었고, 신께서는 적지 않은 가치를 지닌 두 방법으로 그녀의 인내력을 단련시켰다. 첫째는 40년 동안 지속되었던 질병이었다. 그리고 그녀가 천상의 일에 대해 더 쉽게 명상할 수 있도록, 20년 동안의 장님 생활이 더해졌다. 그녀는 1633년 8월 13일 거의 아흔의 나이로 죽었다. 그녀에 관해서는 간단하지만 대단한 이 사실 이외에는 더 이상 아무것도 알려진 바가 없다.

–『피에타의 집 자매들의 연대기』

만토바의 빈첸초 곤차가Vincenzo Gonzaga는 그 폭풍우가 불어닥쳤을 때 막 스무 살이었다. 만토바 공작의 첫째 아들이었던 이 공국의 후계자와 마르게리타 파르네세Margherita Farnese 사이에서 정교하게 만들어진 결혼 동맹은 결혼식 다음 날부터 흐트러지기 시작했다. 그의 진영에 있던 사람들은 그녀가 육체적으로 성관계를 할 수 없다고 속닥거렸고, 그녀의 편에 섰던 사람들은 그가 소도미티요, 강간범이며 또 성불구자라는 모순적인 풍문을 쏟아내며 이에 대응했다. 결혼 무효 건으로 로마에까지 이 사건이 올라가게 되면서, 소문은 더 강렬해졌다. 곤차가 가문의 지지자들은 어린 시절의 빈첸초가 매춘부와 처녀들의 무리를 휩쓸고 다니면서 10대 시절을 보냈으며, 따라서 가엾은 마르게리타가 감당하기에는 너무도 남성적인 청년이라고 떠벌렸다. 이에 대해 파르네세 진영에서는 단 한 가지 사실에 초점을 맞추어 그를 비난했다. 그 소년이 발기할 수 없다는 것이었다. 교황 그레고리오 13세Gregory XIII는 1585년 결혼 무효를 결정했고, 이 결정으로 마르게리타는 수녀원으로 보내졌으며, 빈첸초는 결혼 시장으로 다시 돌아왔다.

메디치 가문으로 돌아와보자. 그들에게는 열여섯 살 먹은 딸 엘레오노라가 있었다. 또한 그들은 빈첸초가 정말로 처녀성을 뚫을 수 있을까라는 의구심을 품고 있었다. 아주 훌륭한 딸을 후손도 낳지 못하고 따라서 왕조를 잇지 못하게 할 수도 있는 동맹에 낭비할 필요가 그들에게는 없었다. 거의 1년 동안 자세한 검증, 지참금, 행사 문제를 해결하기 위해 많은 편지가 그 일에 관여한 다양한 사람 사이에서 오고 갔다.[1] 빈첸초는 자신의 성기를 측정하고 분석한 의사의 증언을 확보하고 있었지만, 언제나 실용적이었던 메디치 가문에서는 보다 명백한 증거를 원했다. 메디치 궁정의 한 미망인이 지참금과 결혼 중매를 대가로 자신의 딸을 이 문제를 검증하는 일에 제공했다. 검증 작업은 페라라에서 하기로 그리고 그 소녀가 처녀인지를 확인하고 직접 손으로 빈첸초의 발기된 성기의 힘을 시험하는 일은 페라라의 태자였던 체사레 데스테Cesare d'Este가 맡기로 합의되었다. 소녀가 그곳으로 떠났지만 마지막 순간 빈첸초가 약속을 파기해버렸다. 소녀는 페라라에서 돌아왔고, 이제 메디치 가문에서는 엘레오노라를 사보이의 공작에게 결혼시킬 생각을 하고 있다는 이야기를 암암리에 흘리기 시작했다. 체사레 데스테가 이 일에 더 이상 관여하지 않기로 하면서 궁지에 몰리게 된 빈첸초는 결국 토스카나의 대리인이 보는 앞에서 어떤 피렌체의 처녀와 세 차례의 관계를 맺어야 한다는 대공 프란체스코 1세의 마지막 제안에 동의해야만 했다. 언제나 궁정의 인사들은 이런 식의 일에 좋은 패를 쥐고 있었고 또 그런 식의 거래에 촉각을 곤두세우고 있었다. 이를 잘 알고 있었던 메디치 가문에서는 이제 그들을 피해, 적어도 소녀가 아름다워야 한다는 빈첸초의 본래 요구를 여전히 받아들이면서, 직접 시험용 처녀를 찾아 피에타의 집 보호소에 이르게 되었다. 심지어 곤차가 가문에서는 대리인을 보내 그녀가 예뻐야 한다는 점을 분명히 했다.[2]

검증을 위해 1584년 3월 모든 관련자가 비밀리에 베네치아에 모였다. 메디치 가문의 관료들과 한 여성 경호원은 줄리아라는 이름의 피에타의 집 소녀에게 그녀가 무엇에 주목해야 하는지를 일러주었다. 베네치아에 도착하자마자 곧 빈첸초가 그녀를 보러왔다. 나중에 대리인이 대공 프란체스코 1세에게 말했듯이 그는 그녀에게 좋은 인상을 받아 "그때 그 자리에서 그녀의 권리를 강제로 탐하기"를 원했다. 하지만 토스카나인들은 그가 그곳까지 오느라 너무 지쳤다고 생각했다. 다음 날 밤 그가 돌아왔고 "압력을 가해, 하지만 다정하게, 그녀를 가지려 했다". 하지만 그날은 금요일, 즉 선량한 가톨릭교도라면 누구라도 성관계를 피해야 하는 회개의 날이었다. 따라서 대리인은 또다시 그의 요구를 거절했다.[3] 드디어 약속한 날 저녁에 빈첸초는 토스카나의 대리인이 있는 곳으로 와 자신이 어떤 도구도 가지고 있지 않다는 것을 증명하기 위해 옷을 벗었다. 대리인은 빈첸초의 성기가 실망스러울 정도로 작다는 것을 알게 되었고, 따라서 빈첸초는 첫 번째 검사를 통과하지 못했다. 비록 줄리아가 "어떤 조각상에라도 욕정을 불러일으킬 수 있을 정도로 준비하고, 치장하고, 온몸을 깨끗이 했지만", 빈첸초는 약간의 무미건조한 전희 후에 곧바로 잠에 곯아떨어졌고, 이후 방을 뛰쳐나오며 복통을 호소했다.[4]

빈첸초는 결국 며칠 밤이 지난 뒤 두 번째 시도 끝에 처녀 줄리아의 성기에 삽입할 수 있었다. 두 사람 사이에 기어들어가 자신의 손으로 빈첸초의 성기가 충분히 단단했고 올바른 곳에 있었는지를 검사한 대리인에 의해 이 사실이 검증되었다. 다음 날 아침 빈첸초는 줄리아를 "세 개의 창으로 찔렀다"고 우쭐댔고, 만약 그녀가 그저 가만히 있기만 했었다면 네 번도 가능했을 것이라고 주장했다.[5] 하지만 그녀는 당시의 언어로 이야기하자면 자신이 "처녀성을 상실한 것"인지 확신하지 못했다. 만토바 공작의 진영에서는 이를 비웃으며 3일 밤 뒤 재대결을 주선했다. 아무튼 베네치아에서의 이 짧은 기간 동안의 어느 순간, 빈첸초는 줄리아를 임신시킬 수 있었다. 메디치 가문에서는 가벼운 포르노그래피와 수의사의 보고서가 결합된 것처럼 보이는 줄리아와의 면담 기록—이에 관해서는 부록을 보라—을 포함한 대리인의 자세한 설명에 만족했다. 대리인은 왜 비명을 터트렸는지 그녀에게 질문했다. 하지만 그가 더 많은 관심을 기울였던 것은 과연 빈첸초가 어디까지 갔고 또 그가 아이를 갖게 할 수 있는지의 문제였다. 한 달도 지나지 않아 결혼식이 거행되었다. 줄리아는 아기를 양육할 짐을 지을 필요가 없었고, 자신이 한 일에 걸맞은 지참금과 남편을 얻었다. 빈첸초가 엘레오노라와의 사이에서 5명의 아이를 그리고 다른 정부들과의 사이에서 4명의 아이를 더 갖게 되는 동안, 줄리아는 이 역사의 장면에서 자취를 감추고 사라졌다.

만약 피에타의 집 소녀들의 취약했던 상황과 그녀들에게 찾아온 이른 죽음을 "르네상스기 피렌체의 성의 정치학"의 탓으로 돌리는 것이 모호해 보인다면 그리고 그녀들의 성이 판매를 위한 상품이 되었다고 이야기하는 것이 마치 무미건조한 이데올로기처럼 생각된다면, 이 피에타의 집 소녀와 만토바 태자와의 만남을 읽는 것이 상황을 더욱 뚜렷하게 보이도록 도와줄 수 있다. 이 만남에는 교환의 효용성을 지탱하는 무엇인가가 존재하고 있었다. 그리고 그것이 우리로 하여금 피에타의 집에 수용되어 있던 줄리아 같은 소녀들이 당시의 피렌체인들에게 어떻게 인식되었는지를 이해할 수 있도록 도와준다. 그녀들은 재산으로 간주되던 물품이나 항목이었다. 다시 말해 보호받고 또 일정 정도의 보살핌을 받을 가치를 지니고 있었지만, 그녀들은 다른 무엇보다 유용성, 편의성, 가용성에 의해 가치가 매겨졌던 대상이었다. 그녀들의 성은 보호되고 따라서 사용될 수 있는 어떤 것이었다. 그리고 그것의 사용 기간과 조건은 소녀들 자신이 결정할 수 있는 문제가 아니었다. 메디치 가문에서 만토바의 태자 빈첸초가 겁탈할 수 있도록 줄리아를 베네치아로 보냈을 때, 그들은 피에타의 집에서 데려온 다른 하녀들을 강간했던 상인이나 직조공 혹은 보르고 오니산티에 위치했던 피에타의 집과 비슷한 여타의 보호시설에 자신의 조카를 버리기 전에 처녀인 그녀를 폭행했던 폭스에 걸린 남성들이 지니고 있었던 것과 동일한 가치 기준에 근거해서 행동했다. 소녀들의 처녀성을 취하는 것은 이러한 남성들이 맞닥뜨리고 있었던 일부 문제들, 즉 왕조적 정치학, 성적 욕망, 성병 등의 문제를 치료하는 수단이었다. 물론 그에 대해서는 여전히 일부 보상이 마련되었다. 메디치 가문에서는 자신들이 줄리아를 명예롭게 대우했다고 믿었다. 그녀가 받은 지참금과 남편은 분명히 그녀가 피에타의 집에 들어갈 때 예상했던 수준을 훨씬 넘어서는 것이었다. 하지만 이 사건이 낳은 엄청난 논란 때문에 메디치 가문의 대리인은 줄리아 자신이 이 계획에 기꺼이 공모했던 것으로 이야기를 윤색해야 할 필요성을 강하게 느꼈다. 토스카나의 대리인은 그녀가 첫날밤에 울음을 터트렸다고 인정했지만, 이것은 오직 성교의 아픔 때문이었다고 주장했다. 두 번째 일이 있고

난 다음 "제가 그를 다시 볼 수는 없을까요"라고 그녀가 질문했을 때, 그는 이 질문이 그녀가 실제로 빈첸초에게 마음을 빼앗겼다는 것을 의미하는 징후로 받아들였다. 분명히 그는 줄리아가 강간을 즐겼다고 생각했다.[6]

무엇이 피에타의 집 소녀들을 죽음으로 몰아갔는가? 어떠한 단일한 질병도, 의약품의 오남용도 혹은 강제적인 노동 체제도 그에 대한 답이 될 수 없다. 보르고 오니산티의 보호소로 들어왔을 때, 아마 많은 소녀가 병에 걸린 상태였을 것이다. 그리고 빽빽하게 밀집된 환경, 강도 높은 노동, 열악한 음식이 죽음을 재촉했을 것이다. 한 홀아비가 딸을 버렸을 때, 그것은 단지 청소년기의 소녀를 양육할 능력이 그에게 없었다는 것을 보여주는 징후만은 아니었다. 또한 어떤 과부가 딸을 버렸을 때, 그것이 언제나 그녀가 새로운 결혼 계약을 맺기 위해 이전의 결혼에서 얻은 열매를 없애버렸다는 징후는 아니었다. 그들이 버린 딸들은 때때로 말기 환자였고, 사고로 불구가 되어 있었으며, 병 때문에 장애를 앓고 있었고, 또 정신적으로 결함이 있었거나 점차 장애인이 되어가고 있었다. 효용성을 높이 평가하고 또 어떤 소녀의 효용성을 결혼하고 아이를 낳을 수 있는 생식 능력을 통해 주로 규정하곤 했던 사회에서, 그러한 소녀들은 불가피하게 그와 같은 성 정치학의 희생자가 될 수 있었다. 그리고 그들의 부모들은 그 점을 알고 있었다. 유기는 언제나 절박함에서 나온 행동이었다. 하지만 그에 대한 대안들, 특히 매춘이 그것보다 그리 나은 것도 아니었다.

일부 피렌체인들은 이러한 효용성을 넘어서는 또 다른 가치 체계를 세우려고 했다. "피에타의 집"에 관해 이야기하는 것은, 그들이 했던 것을 하나의 명사 즉, 하나의 기관 그리고 하나의 세속 여성단체로 환원하는 일이다. 하지만 연민의 집Home of Compassion을 열기 위해 연민의 회Company of Compassion를 만든 여성들의 목적은 바로 위태로운 건강, 상황, 부모로 인해 미래가 불투명했던 소녀들에게 연민을 보여주려는 것이었다. 이것이 왜 그녀들이 산업 슬럼가와 홍등가에 자신들의 보호소를 세웠고 또 외부를 향해 그곳의 문을 열어두었는지, 왜 소녀들이 본래 가족과 계속 접촉할 수 있도록 하기 위해 노력했는지, 왜 기꺼이 소녀들이 노벨라를 읽고 대중적인 노래를 부르고 자신들의 옷을 입도록 했는지 왜 하녀로 일하면서 미래를 준비하고 훈련하도록 했는지, 그리고 왜 서약을 통해 기금을 마련했고 또 그러한 방법이 결코 충분한 재원을 가져올 수 없다는 것이 분명해졌을 때 소녀들이 스스로의 노동을 통해 돈을 마련하려고 노력했는지를 설명해준다. 또한 그것이 왜 그녀들이 막힌 자궁과 프랑스 폭스와 매우 유사해 보이는 신비한 병에 대한 의학적 치료를 소녀들에게 제공했는지를 설명해준다.

피에타의 집 소녀들을 죽음으로 몰아간 것은 반드시 피에타의 집 내부의 무엇은 아니었다. 그것은 피에타의 집에서 시행했던 정책의 문제였다. 피에타의 집에서는 죽어가던 사람들 즉 건강이 나쁘며 오래 살지 못할 소녀들을 받아들였고, 또 그 때문에 사망률이 높았다. 이들은 피렌체의 다른 두 유사한 보호소에서 채택했던 입소 절차에 의해 배제된 그리고 1566년 이후 피에타의 집에서 채택했던 새로운 정책에 의해서도 역시 허락되지 못한 소녀들이었다. 이러한 소녀들을 받아들이는 것을 멈추었을 때, 피에타의 집의 사망률이 떨어졌다. 하지만 그러한 소녀들은 여전히 피렌체에서 죽어가고 있었다. 다만 피에타의 집에서 죽어가고 있지 않았을 뿐이다.

피에타회의 여성들을 낭만적으로 묘사하고 또 그녀들을 아이를 양육하는 엄마로 표현하는 것은 어렵지 않은 일이다. 하지만 그녀들이 소녀들을 양육했는지에 대해 알려줄 수 있는 기록은 남아 있지 않다. 그녀들은 단지 집을 제공했을 뿐이었다. 또한 그녀들의 목적은 표준적인 자선사업에 맞추어 다른 보호시설에서 받아들이지 않았던 취약한 소녀들에게 음식, 의복, 쉼터, 의학적 진료를 제공하려는 것이었다. 그리고 자선의 마지막 업무인 매장까지 제공했다. 얼마나 많은 소녀가 병들어 있었는가를 고려하면, 보르고 오니산티에 있었던 피에타회의 쉼터는 몇 년 뒤 떠나거나 결혼하게 될 청소년들에게 임시로 쉴 곳을 제공했던 하나의 보호시설이었던 것만큼이나, 죽어가던 사람들의 고통을 달래준 호스피스였다. 이와 관련하여, 후원을 서약했던 여성들이 결코 그 시설을 "집casa" 이외의 다른 어떤 것으로 부르지 않았다는 점은 시사하는 바가 적지 않다.

또한 우리는 피에타회의 여성들을 낭만적으로 묘사해서는 안 된다. 왜냐하면 보호소의 문턱을 높였고 아프고 희망 없는 사람들을 배제했던 가장 큰 변화의 시기에, 한때 그곳을 후원했던 수백 명의 여성들 가운데 그 대부분이 자취를 감추고 단지 수십 명만이 남아 명맥을 유지했기 때문이다. 변화 때문에 이 수백 명이 떠났는가, 아니면 그들이 떠나서 그러한 변화가 야기되었는가? 우리에게 남아 있는 자료들은 이에 대해 어떠한 대답도 하지 않는다. 일반적으로 여성들의 세속 종교봉사단체나 모임이 남성들이 주도한 그것들보다 훨씬 단명했다는 점은 염두에 둘 만한 사실이다. 분명히 상당수 후대의 변화는 자신의 젠더를 경시하고 상품화한 가부장적 가치관을 받아들였던 여성들의 주도 아래 이루어졌다. 수도사 알레산드로 카포키와 대주교 안토니오 알토비티가 박차를 가했던 변화는 좁은 공간, 건강하지 못한 장소, 부도덕한 이웃이라는 실용적인 문제 혹은 도덕적인 관심사에서 기인한 것이었을 수도 있다. 하지만 그 변화가 피에타의 집을 성의 정치학이 낳은 희생자들을 위한 호스피스에서, 바로 그 동일한 성의 정치학을 위한 대행업소로 바꾸어놓았다. 그곳은 궁정인과 귀족들이 혼외정사로 낳은 딸들을 위한, 자식들 모두에게 지참금을 마련해줄 수 없었던 그리고 그 때문에 자신들의 "잉여 딸들"이 살 수 있는 안전한 공간이 필요했던 수공업자나 상인의 딸들을 위한 저렴한 수녀원이 되었다. 여기에 성의 정치학의 역설이 존재한다. 그것은 보호소를 지배하던 가치가 덜 착취적이었을 때 보호소의 환경이 더 열악했다는 점이다. 아마도 부분적으로 이것은 피에타의 집을 설립했던 여성들이 그러한 정치학에 희생된 청소년기의 피해 소녀들에게 동정을 베풀려고 했기 때문이었을 것이다. 행정 체계와 운영의 가치가 덜 동정적이고 더 착취적으로 변하게 되었을 때, 건강 조건이 개선되었다. 자신들이 줄리아라고 불렀던 소녀로 하여금 만토바의 태자 빈첸초 곤차가에게 몸을 팔도록 피에타의 집에서 동의한 것은, 그녀들이 홍등가로부터 이주해 나오고 또 대부분의 여성 설립자가 사망한 이후의 일이었다.[7]

어떤 차원에서 본다면, 피에타의 집이 수녀원으로 변신한 것은 불가피한 일이었을 수도 있다. 또 카포키, 알토비티 그리고 후일의 수도사 게라르도 피암민고가 단순히 열악한 상황에서 자신들이 할 수 있는 최선의 노력을 다한 것이었을 수도 있다. 피에타의 집 여성들이 호스피스를 처음 열었을 때, 그녀들은 모든 소녀가 곧 죽게 되지는 않을 것이라는 점을 인식했어야 했다. 마리오타 다 피오렌차처럼 그녀들 가운데 일부는 늙을 때까지 그 호스피스에서 살았다. 20년 동안의 장님 생활을 포함해서 그녀가 평생 안고 살아야 했던 40년 동안의 질병은 3기 매독의 결과였을 수도 있다. 아마 피에타의 집에는 그녀와 같은 여성들이 더 많았을 것이다. 언제나 심신을 약화시키고 치명적이었지만, 간혹 프랑스 폭스는 천천히 그 효과를 드러냈다.

더 이상 우리는 폭스에 대해서만 깊게 생각할 필요가 없다. 피에타의 집에 들어올 무렵, 마리오타가 어떤 다른 종류의 선천성 혹은 후천성 질병에 걸려 있었을 수도 있다. 보다 중요한 사실은 그녀가 "새로운" 피에타의 집에서 원하던 종류의 소녀가 더 이상 아니었다는 점이다. 후견인에 의존하여 입소하는 새로운 절차는 다른 유형의 소녀들이 그곳에 접근하는 길을 천천히 제한했다. 이것이 바로 피에타 집의 변화된 모습이었다. 또한 이것이 1580년대 초반 대공 프란체스코 1세가 만토바의 태자 빈첸초 곤차가를 검증하기 위해 그 일에 적합한 처녀를 찾고 있었을 때 그의 눈에 닿았던 보호소의 모습이었다. 이제 그곳에는 보다 나은 계급 출신의 더 건강한 소녀들이 수용되었고, 여전히 그들은 사용되기 위해 그곳에 거주했다.

프란체스코 1세가 피에타의 집에 대해 잘 알고 있던 누군가로부터 약간의 조언을 얻었을 수도 있다. 앞서 우리는 횃불로 어린 하녀를 성폭행했던 조반니 다 솜마이이아의 이야기를 살펴보았다. 이로 인해 그는 피렌체에서 벌금형을 구형받고 추방되었으며 또 자신의 가족들로부터 외면당했고, 그의 상속재산 가운데 최고의 가치를 지닌 일부가 피에타의 집 수중에 떨어졌다. 당시 조반니는 빈첸초 곤차가와 비슷한 나이인 열아홉 살이었다. 그가 금수와도 같은 짓을 저질렀다고 판단한 아버지 지롤라모는 가족 농장의 돼지와 소를 주의 깊게 열거한 목록을 그에게 남겼고, 보르고 오니산티 근처에 있던 가족의 집을 피에타의 집 소녀들에게 넘긴다는 유언 증서를 작성했다. 지롤라모는 때론 도덕성이 세습재산을 이긴다고 강조한 사보나롤라 추종자였다. 지롤라모는 만약 공작이 조반니의 귀환을 허락한다면 그에게 더 많은 것을 남긴다고 약속했다. 그리고 그는 돌아왔다. 지롤라모가 살아서 그 모습을 보지는 못했지만 조반니의 복권은 그의 예상을 넘어서는 일이었다. 지롤라모가 조반니를 농장의 동물 가운데 하나로 취급했을 수도 있었다. 하지만 피렌체의 귀족들은 여전히 조반니를 자신들의 동료로 대우했다. 그는 귀족 가문 출신의 여성 코스탄차 구이차르디니Costanza Guicciardini와 결혼했고, 자신의 정치적 지위를 높이기 시작했다. 1584년 곤차가의 빈첸초에 대한 검증이 이루어질 때, 그는 200인 위원회의 구성원이었고, 상인 법정과 피렌체의 감옥을 감독하던 고위관료로 일하고 있었다. 그는 서서히 메디치 궁정의 내부 인사로 진입했다. 심지어 1587년 형 프란체스코 1세와 그의 정부 비안카 카펠라Bianca Capella의 갑작스럽고 미심쩍은 사망 이후 페르디난드 1세가 공작위를 계승하자 그의 지위는 더 높이 상승했다. 조반니 다 솜마이아는 다음 해에 의원이 되었고 공작이 가장 신뢰하는 조언가로 부상했으며, 많은 중요한 고위 관직에서 역할을 수행한 다음 1590년대에는 최고 위원회Magistrato Supremo로 불리던 내각에서 일했다.

곤차가에 대한 검증이 있기 직전, 조반니의 딸 막달레나Maddalena가 피에타의 집에 있던 열 살 소녀 레산드라Lessandra를 후원했다. 막달레나는 레산드라보다 그리 나이가 많지 않았을 것이다. 그리고 이를 고려하면 아마 조반니가 이 후원에 대해 알고 있었고 또 그것을 용인했을 것이다. 아버지가 분명히 그랬듯이, 이 자선활동으로 그가 자신의 과거 잘못을 바로 잡으려고 하고 있었는가? 또한 레산드라에 대한 후원이 피에타의 집에 대한 조반니 다 솜마이아의 개인적인 화해를 의미하는 것일 수도 있다. 비아 만도를로에 자리 잡은 새로운 피에타의 집은 그가 자랐고 한때 유산으로 받기로 되어 있었던 집을 판 수익금으로 구매한 것이었다. 하지만 그것이 그 외의 무엇을 보여줄 수 있을까? 이것은 괴로운 생각을 유발하는 질문이다. 열 살 소녀를 보호시설에 영원히 맡긴 그런 유형의 피렌체 귀족들이 바로, 동일한 보호소의 10대 소녀를 한 태자에게 강간당하도록 보냈고 또 초기에는 자기들과 비슷한 사회적 계층의 다른 10대 소녀들을 겁탈하고 짐승처럼 다루었던 바로 그런 유형의 피렌체인들이었기 때문이다. 소녀들은 성적 재산이었고, 또 그녀들은 성인 남성들이 결정하는 대로 사용될 수 있는 존재였다. 그녀들의 운명은 자신들의 손이 닿지 않는 곳에서 결정되었다. 반면 귀족들은 함께 움직였다. 지롤라모 다 솜마이아는 피에타의 집으로 하여금 자신이 유언장에 남긴 보르고 오니산티의 가족 집을 어느 누구에게도 팔지 못하도록 엄격하게 금지시켰다. 하지만 카포키 수도사와 공작 코시모 1세가 몇 년 뒤 그 유언장을 뒤엎고 집을 매각하려고 했을 때, 그들은 또한 세습재산이 도덕성을 이긴다는 점을 분명하게 강조했다. 그들이 주의 깊게 길을 터준 구매자가 바로 조반니 다 솜마이아였다.[8]

신성한 역사 특히 교단의 역사에 관해 읽으면서, 나는 고대인들에 대한 지식이 애매모호해지고 그들에 대한 기억과 그들이 거둔 업적이 사라지게 되었을 때, 근대인들이 봉착하게 되는 많은 손해를 자주 보았다. 따라서 1700년, 이 세기의 마지막 해에, 그리고 피렌체의 도미니코 제3회 수도회의 존경할 만한 피에타 수도원의 고해신부로서 나의 선임자들을 대리해 일하면서, 나는 순서에 따라 그리고 시간의 흐름에 맞추어 이 수도원의 기원, 창립, 발전과정을 묘사하여, 이곳과 관련된 모든 좋은 소식 가운데 그 어느 것도 소실되지 않도록 하고 또 오늘날의 신자들이 과거의 훌륭한 신자들로부터 좋은 선례를 배울 수 있도록 하기로 결심했다. 나는 여러 해 동안 이 작업을 하기를 원했지만, 언제나 다른 작업 혹은 이런저런 일로 방해를 받았다. 하지만 드디어 올해, 신을 칭송하건대, 나는 나의 바람을 실행에 옮길 수 있게 되었다. 나는 다양한 곳에서 여러 기록을 모았고, 이 연대기에 그것들을 종합해 다시 썼다. 이 일을 하게 된 데에는 많은 동기가 있었다는 점을 나는 고백한다. 첫째 이 집이 도미니코 수도회 수사들에 의해 설립되었기 때문에, 이 신부들의 행적과, 설립 당시이든 이후의 발전 단계에서든, 그들이 수행했고 또 수행하고 있는 노력을 공표하는 일이 도미니코 수도회 수사의 적절한 책임이라고 생각한다. 둘째 어느 누구도 내가 할 수 있는 만큼, 다시 말해 그토록 수월하게 이 일을 할 수 없기 때문이다. 이곳의 영속적인 미사의 기원을 돌보고 회복시키는 것이 나의 임무다. 나는 이곳과 관련된 모든 책에 쉽게 접근할 수 있었고, 그 속에서 다른 누구도 더 이상 기억하지 못하는 언급할 만한 가치 있는 것들을 일부 재발견했다. 셋째, 나는 전통을 기억하고 있던 이 집의 많은 독실한 여성이 이미 죽어가는 것을 보아왔다. 따라서 그녀들의 죽음과 함께 그러한 기억이 소멸되지 않도록 그녀들에 관해 기록하는 것이 내게는 타당해 보였다. 마지막으로, 그들은 기억하고 있는 것 가운데 어떤 것들을 실제 일어난 것과 전혀 다르게 기억하고 있다. 진실이 제자리를 잡고 또 우리 사이에서 빛날 수 있도록 하기 위해, 나는 이 작업이 끝날 때까지 멈추지 않을 것이다. 고백하건대, 이것들이 내가 처음 가지고 있었고 끝까지 그러할 동기다. 나는 이 기록을 읽게 될 사람들이 온 마음으로 연민을 느끼기를 기도하고, 언제나 나의 영혼과 독실한 내 동료들의 영혼을 위해 기도한다. 그래서 우리가 이 이승의 삶에서 그리고 다른 삶에서도 축복받기를 희망한다.[9]

– 로마노 펠리체 비초니, 『피에타의 집 자매들의 연대기』

1700년 피에타 집의 역사에 관해 기술하려고 펜을 들었을 때, 로마노 Romano 수사는 기록들 사이의 차이, 불완전한 기억, 다양한 해석 등 많은 문젯거리에 봉착했다. 그에게는 문서보관소를 샅샅이 뒤지고, 행간을 읽고, 다른 곳의 기술과 비교하면서 가설을 세워야 할 필요가 있었다. 나는 이 책의 다른 부분에서 그와 다른 연대기 서술가들이 신뢰할 수 없고 또 오해의 소지가 있는 『연대기』를 편찬했다고 비판했다. 물론 로마노 수사와 다른 연대기 서술가들이 말 그대로의 허구를 기술한 것은 아니었다. 하지만 그들은 분명히 일부 사실을 지어냈고, 또 다른 부분에 대해서는 모든 것을 전부 이야기하지도 않았다. 하지만 만약 그들이 지금 내가 기술하고 있는 이 역사를 읽는다면, 그들은 내게도 거의 같은 비난을 퍼부을 것이다. 그렇다면 누가 옳은 것인가?

역사가들은 되도록 최대한 1차 사료에 기초해 분석하려고 노력한다. 그리고 그들이 기술한 역사는 그들이 강조하기 위해 선택한 사료를 반영한다. 이와 동시에 그들은 하나의 목적 그리고 자신들의 작업과 맞아떨어지는 더 넓은 이야기에 대한 감각을 가지고 역사를 서술한다. 목적 그리고 더 넓은 이야기가 필연적으로 역사가들이 사료의 행간을 인식하고, 읽고, 메우는 방법을 결정한다. 다시 말해 사료에 언급되지 않은 시기와 주제를 해석하는 역사가들의 방법 혹은 그들이 당연하다고 간주하는 콘텍스트는 모두 그들의 목적과 그들이 구상한 이야기에 따라 좌우된다. 로마노 수사는 순진할 정도로 솔직하게 이 모든 것을 우리 앞에 펼쳐놓고 있다. 그는 과거의 업적과 교훈을 잊지 않기 위해 역사를 기술하고 있다. 다른 집이나 다른 교단에서 발생했듯이, 이런 일이 이미 피에타의 집에서도 일어나고 있다고 염려한다. 보호소 내의 구전 전통은 그가 문헌들에서 찾을 수 있었던 것들과 다르다. 그는 그것들이 어떤 문헌인지 설명하지 않는다. 하지만 우리는 그가 명확히 언급한 것들, 즉 영속적인 미사 목록과, 자신이 발견했다고 말한 공간 다시 말해 도미니코회의 산 마르코 수도원과 영적 아버지로서 자신에게 공개되었던 피에타의 집이라는 공간에서 그에 관한 단서를 얻을 수 있다. 이것은 그가 미사전서, 교리문답서, 노래집, 법규, 수녀들의 고백서, 초기의 연대기와 영적 회고록, 미사와 면벌부의 목록 따위를 보았다는 것을 의미한다. 그가 재무기록 원장, 의류 노동에 관해 상세히 기록한 문서, 의학적 처방서 혹은 보호소에 들어온 신입 구성원의 목록이나 피에타회의 회원명부를 보았을 것 같지는 않다. 또한 만약 보았다고 해도, 그것들에는 피에타의 집에 대한 자신의 비전에 기여할 수 있는 내용이 그리 많지 않다고 판단했을 것이다. 그의 비전은 도미니코 수도사들에 의해 설립되고 영적으로 성장한, 처음부터 신에 의해 수녀원으로 의도된 보호소의 모습이었다.

자신의 방법론과 가치관에 대한 로마노 수도사의 첫 진술은, 만약 피에타 집의 성구보관실이나 산 마르코의 도서관이 아닌 회계장부 담당자나 소수녀원장의 사무실에 저장된 다른 기록을 보았다면, 그로부터 우리가 구성할 수 있는 것과 전혀 다른 강조점과 침묵이 왜 그의 연대기에 나타나는지를 이해하는 데 도움이 된다. 그의 기록은 영적 아버지들의 기록이고, 따라서 당연히 그의 역사는 그들의 사역에 초점을 맞추고 있다.

로마노 수사는 피에타의 집이 무엇이 되어야 하는가에 관한 관점에서 작업했고, 그것이 어떻게 그렇게 되었는지를 보여주고자 했다. 하지만『르네상스 뒷골목을 가다』는 피에타의 집이 무엇이었는가라는 관점에서 작업하여, 어떻게 그것의 본래 목적과 성격이 변화했는지를 보여주고자 했다. 회계장부 담당자와 소수녀원장들의 사무실에 저장된 기록들은 영적 아버지들에게는 아무런 소용이 없는 세속적인 일상의 측면을 담고 있다. 필연적으로 다른 종류의 인물들을 부각시키고, 또 다른 측면의 일상의 삶을 묘사하는 것이다. 따라서 두 설명은 언제나 깔끔하게 서로 들어맞을 수 없고, 또 각각 완전히 다른 결말에 도달하게 될 수도 있다. 로마노 수사의 콘텍스트는 영적 역사이고, 그의 목적은 영감을 주고, 쌓아올리고, 가르치는 것이다. 이와 달리 이 책의 콘텍스트는 한 르네상스 도시의 세속 역사, 즉 처녀와 성에 대한 강박관념, 10대 소녀에 대한 환상과 두려움, 변화하던 정치와 경제, 세상을 휩쓸던 낯선 질병에 대한 사람들의 대처 등에 관한 것이다. 물론 이러한 콘텍스트 자체도 무엇인가를 가르친다. 하지만 그것들이 내놓은 결과가 언제나 영감을 주는 것은 아니다.

우리에게는 마리오타 다 피오렌차가 하나의 좋은 사례일 수 있다. 로마노 수사는 그녀의 이름, 나이, 장애를 우연히 발견했다. 그리고 인내를 검증하고 덕을 닦을 수 있도록 신이 질병을 내려 고통받게 한 신성한 여인으로 그녀를 재구성했다. 그의 연대기에서 그녀는 수녀원의 신성한 여인들 혹은 축복받은 여인들beatas의 목록 속에 등장한다. 우리도 동일한 내용을 자세히 볼 수 있다. 그리고 그것을 통해 로마노 수사와는 전혀 다르게 우리는 프랑스 폭스에 감염되었고, 증상이 나타나면서 부모로부터 버림받았으며, 만성적인 질병으로 장애를 얻게 되었고, 인생의 후반기에는 제3기 매독으로 눈마저 멀게 된 소녀의 모습을 재구성할 수 있다. 로마노 수사는 마리오타를 신성한 성인 여성으로 재구성한다. 그것이 그의 콘텍스트가 요구하는 모습이기 때문이다. 즉 수녀원에는 위대한 덕성과 인내력을 소유한 신성한 여성이 있어야 하며, 오랫동안 병을 앓아온 이 수녀가 그에 부합하는 자질을 갖추고 있었다. 하지만 우리는 그녀를 병에 감염되어 결국 버려진 아이로 말할 수 있다. 이것이 피렌체의 사회사라는 우리의 콘텍스트가 암시하는 모습이기 때문이다.

이러한 상반된 두 모습이 단순히, 마리오타라는 한 인물의 두 측면 혹은 그녀 삶의 두 시기를 의미하는가? 로마노 수사가 구성한 오랜 시간 병을 앓은 수녀의 모습에는 또 다른 문제가 존재한다. 그녀는 피에타의 집으로 입소가 허락된 소녀들의 목록 기록인 『비밀의 책』에 결코 등장하지 않는다. 심지어 피에타의 집이 실제 문을 열기 4년 전에 그녀가 들어온 것으로 기록된 연대 기록상의 작은 실수를 감안하고 검토해도, 그녀의 이름, 부모 관계, 나이 등, 그 어떤 것도 피에타회의 여성들에 의해 등록되지 않았다. 이것은 단지 그녀에게만 해당되는 문제가 아니다. 로마노 수사는 다른 두 신성한 여인들에 대해서도 묘사한다. 피암메타 다 모르찬노Fiammetta da Morzanno는 알레산드로 카포키 덕분에 그곳에 들어왔다. 그리고 보호소의 구전 전통에서 본다면 그녀는 게으른 대화를 피하고 자신의 삶을 기도에 헌신하며 참회와 금욕의 삶을 살았던 비범한 수녀였다. 그녀는 카포키의 총애를 받았고, 그가 죽던 바로 그 시점에는 산에 오르는 그의 환영을 경험하며 은총을 받았다. 그 환영에서 카포키는 지팡이bastone를 들고 있었다. 그녀는 곧바로 산타 마리아 노벨라로 가서 그 지팡이를 피에타의 집으로 가져와 성물로 만들었다. 피렌추올라 출신의 안토니나 디 필리포 델 프라테Antonina di Filippo del Frate는 게라르도 피암민고의 시대에 피에타의 집으로 들어왔다. 그녀는 특별한 은총과 환영을 경험했으며, 자신과 피에타의 집에 대한 예언으로 명성을 얻었다. 그녀의 영적 안내자이자 필경사였던 피암민고는 이후 소실된 한 책에 그녀의 계시를 받아적었다. 사망한 지 몇 개월이 지난 뒤, 1638년 크리스마스에 위궤양을 앓고 있던 한 소녀의 침대 발치에 그녀가 다시 출현했다. 그리고 그녀는 그 소녀가 부활절에 침대에서 일어나게 될 것이라며 치유를 약속했다.[10]

영감을 불러일으키는 이 이야기들을 둘러싼 문제는 피암메타 수녀나 안토니나 수녀 그리고 보다 일반적으로 『연대기』의 묘사에 부합하는 그 누구도 피에타의 집 입소 기록에 등장하지 않는다는 점이다. 로마노 수사는 사보나롤라주의적인 남성 성직자들이 자신들이 보살피고 있던 수녀들에 대해 기술하면서 발전시켜왔던 고정관념을 철저히 지키며 관습적인 전기를 기술했다. 이에 대해 주의 깊게 탐구해온 샤론 스트로키아Sharon Strocchia에 따르면, 창조적이고 활동적인 삶이 부정되었기에 수녀들이 거둘 수 있는 최대의 성취는 영웅적으로 고통을 경험하고 평화롭게 죽는 것이었다.[11] 사보나롤라에게 영향을 받은 그녀들의 감독관들은 그렇게 생각했고 또 그에 맞추어 기술했다. 특히 다른 담임사제들과 관련하여, 또한 피에타 집의 역사의 다른 측면까지 확장하여 우리가 앞서 보았던 생략되거나 창안된 자세한 사항들을 함께 고려하면, 여기에는 하나의 패턴이 강조되어 있다. 『연대기』의 저자들은 단호히 피에타의 집을 신의 사역이자 동시에 도미니코 수도사들의 업적으로 만들려고 했으며, 따라서 다른 동인이나 대의가 끼어들 여지가 결코 없었다. 우리가 이 허구적인 신성한 여인들과 관련된 두 수도사를 피에타의 집을 변화시키려고 각고의 노력을 기울였던 두 핵심 인물로 간주해야 하는가? 1700년에 저술되었기에 이 영적 역사에는 충분한 가설과 가능성이 개입될 수 있었다. 하지만 그러한 가설과 가능성 사이의 일부 간극들이 신성한 창안으로 메워졌고, 또 다른 부분들은 정교한 속임수로 마감되었다. 그들에게 있어 안토니나 수녀는 성인의 반열에 오를 수 있는 후보자였고, 또 그것에 이르는 과정은 특별한 유형의 역사 서술을 요구했다. 로마노 수사가 회계장부 담당자들과 소수녀원장들이 날마다 일했던 사무실의 선반에 쌓여 있던 기록들을 보지 않았을 수도 있다. 만약 그가 그 기록들을 보았다고 하더라도, 그는 그 성가시고 때로는 저속한 이야기가 자신의 내러티브에 어울리지 않는다고 판단했을 것이다. 서문에서 그는 어느 정도 그 점에 대해 인정하고 있다. "그들이 기억한 것 가운데 어떤 것들을, 그들은 실제 일어난 것과 전혀 다르게 기억하고 있기" 때문에, 잘못된 기록들을 올바르게 만들기 위해 이 연대기를 기술하고 있다고 진술한 것이다.

"실제 일어난 것." 나는 조용한 아몬드 나무 거리로 이전한 피에타의 집이 모든 성인의 유곽에 자리 잡고 있었던 옛 피에타의 집에 대한 거부였으며, 『연대기』의 저자들과 편집자들이 미묘한 방식으로 자신들이 주장·변경·무시했던 것들을 통해 피에타 집의 초기 역사를 은폐하는 데 기여했다고 주장해왔다. 도미니코 수도사들을 피에타 집의 설립자로 창조했던 경우처럼, 그들의 일부 주장은 단순하다. 하지만 아마 순전히 창안된 것으로 보이는 일련의 성스러운 여성들의 경우에서처럼, 다른 것들은 더욱 심각할 정도로 허구적이다. 소녀들이 도미니코 수도회 소속의 자신들의 "아버지들"에 대해서는 감사의 눈물을 흘렸지만 쓸데없는 간섭을 일삼았던 피에타회 소속의 "어머니들"에게는 분노의 비명을 질렀다는 주장은 아마도 우리가 크게 신경 쓸 필요 없는 양식화된 신성한 수사일 것이다. 카포키의 시신을 자신들의 눈물로 씻어주기 위해 피에타의 집 소녀들이 일제히 1583년 그의 장례식에 몰려가 노출된 시신 주위의 장벽을 뛰어넘었다는 주장처럼, 『연대기』는 간혹 기이한 현상을 기술할 정도까지 과열된 허구로 불타올랐다. 슬픈 현실은 피에타의 집에서 그의 영적 지도를 받았던 많은 소녀가 그의 장례식이 거행될 즈음에는 이미 죽고 없었다는 점이다. 담임 사제로 피에타의 집을 위해 봉사했던 다른 수도회 소속의 수도사들이나 사제들의 고귀한 신분이나 그들과의 교분을 완강하게 인정하지 않으려 했던 것처럼, 『연대기』가 바꾸어놓은 것들 중 많은 부분은 교단 사이의 경쟁 관계에서 유래했을지도 모르는 사소한 문제였다.[12]

"실제 일어난 것"을 모호하게 만든 『연대기』의 가장 큰 공헌은 그들이 무시한 것에서 찾을 수 있다. 많은 죽음, 공장 규모의 섬유산업, 강도 높은 노동과 피에타의 집 여성들의 높은 사회적 지위, 장소를 이전한 이후 발생한 재정과 행정의 붕괴, 하녀로서 소녀들을 외부로 내보내는 것과 관련한 문제들, 그녀들을 밖으로 보내던 관행에 대한 후일의 중단 등이 그것들이다. 피렌체 국립문서보관소에 남아 있는 다른 필사본 기록들 덕분에, 이것들이 우리가 항목화하거나 재구성할 수 있는 문제와 위기들이다. 보다 검증하기 어려운 보호소 내 삶의 다른 측면들도 존재한다. 왜냐하면 그것들은 이후의 기록 특히 다른 무엇보다 1570년의 규정에서 피에타의 집에서 더 이상 허락되지 않았던 것의 예로서 간략하게 언급되어 등장하기 때문이다. 예를 들어, 그라치니의 작품들과 같은 통속적인 노벨라부터 성경에 이르는 모든 책에 대한 독서, 일상의 노래 부르기, 거리에서 흔히 볼 수 있는 옷 입기, 도시로 나가는 것, 가족을 방문하고 돌아오거나 보르고 오니산티를 방문한 친척들과 시간을 보내는 것 등, 이런 모든 일이 더 이상 허락되지 않았다. 이 모든 것을 함께 고려하면 연대기에 나타난 주장, 변화, 침묵은 우리로 하여금 피에타의 집에서는 그 책이 암시하는 것보다 훨씬 더 많은 일이 발생하지 않았을까 하는 의구심을 불러일으킨다. 그것은 역설적인 집이었다. 그리고 『연대기』는 정교하게 "실제 일어난 것"을 모호하게 만든 또 다른 역사를 창조한다.

그렇다면 실제로 일어난 것은 무엇인가? 무엇이 기술되었고 무엇이 기술되지 않았는지를 검토할 때, 행간을 읽을 때 그리고 "개혁"의 내용을 앞으로 투사해 "개혁되지 않은" 것을 재구성할 때, 우리는 처음 문을 열었을 때에는 수녀원과는 다른 형태를 지니고 있었던 어떤 보호소의 모습을 발견하게 된다. 수백 명의 여성들이 당시의 피렌체에서는 낯선 어떤 것, 다시 말해 일상적인 "처녀 치료"에 대안을 제공할 수 있는 수백 명의 소녀들을 위한 쉼터를 만들었다. 그곳에서는 묻지도 않고 슬럼 지역에서 소녀들을 데려갔을 것이다. 가두지 않고 그러한 10대 소녀들을 보호했을 것이다. 그리고 피렌체의 성 정치학의 희생양으로 생겨난 바로 그 질병을 완화시키려고 노력했을 것이다.

이 여성들은 단순히 르네상스기 피렌체의 성의 정치학뿐만이 아니라 그 이상의 문제에 도전했다. 다시 말해 그녀들은 은근슬쩍 그리고 아마도 개별적으로 하지만 뚜렷한 목적의식을 갖고 르네상스기 피렌체 사회의 정치와 종교의 토대에 도전했다. 하지만 그러한 정치학 그리고 토대들은 결국 스스로 더 견고했음을 입증했다. 피에타의 집을 통한 여성들의 실험은 편입되고, 새롭게 방향을 바꾸고 그리고 장소를 옮기게 되기 전까지, 단지 10여 년 동안만 지속되었다. 그리고 이후 그녀들이 해놓은 일의 흔적을 제거하기 위한 작업이 주도면밀하게 시작되었다. 우리는 그녀들을 로마노 수사가 묘사했던 이차원적 성녀의 근대판 모습—즉 약간의 파편적인 고문서 자료들을 페미니스트들의 고정관념 및 희망 사항과 결합하여 구성한 영웅적인 허구의 모습—으로 바꾸고 싶은 욕망을 거부해야 한다. 영적 역사라는 로마노 수사의 콘텍스트는 소녀들 가운데에서 기적을 행하는 영적인 여성 영웅을 창조하도록 그를 이끌었다. 이와 달리 사회, 정치, 젠더의 역사라는 우리의 콘텍스트는 그녀들의 대리모에게 시선을 집중하고, 또 결연했고 능력도 있었지만 궁극적으로는 압도되고 말았던 여성들에 관한 잠정적인 그림을 조합하도록 우리를 이끈다.

무엇이 피에타의 집 소녀들을 죽음으로 몰아갔는가? 무엇이 마르게리타, 마리아, 막달레나 그리고 그토록 많은 다른 소녀를 죽음으로 몰아갔는지를 재구성하려는 시도는 이제 매우 불확실한 지점으로까지 우리를 이끈다. 빗나간 문헌, 불완전한 자료 그리고 사회적 콘텍스트에 의해 암시된 예감과 추론의 과정을 추적해가면서, 우리는 조금씩 나아갈 뿐이다. 처음에는 아무런 가능성이 없어 보였을지라도, 초기의 역사를 은폐하려는 후일의 시도에 직면하게 되었을 때, 우리는 할 수 있는 한 이러한 가설들을 계속 밀고 나가야 한다. 새로운 본보기를 추구하면서 혹은 새로운 사실이나 고집 센 침묵 때문에 중단되면서, 우리의 탐구가 이쪽 끝에서 다른 쪽으로 갑자기 널뛰기를 할 수도 있다. 그럴 때마다 우리의 전체적인 시각이 변화한다. 한쪽이 무게를 갖게 되면, 다른 쪽이 사라지게 된다. 부족한 문서를 고려한다면, 우리는 결국 "실제 일어난 것"을 알 수 없을 것이라는 점을 받아들일 준비를 해야만 한다.

우리는 무엇이 소녀들을 죽음으로 몰아갔는지 확언할 수 없다. 그녀들은 값싼 노동력과 아마도 값싼 성을 제외하고는 거의 다른 소용이 없었던 한 도시에서 죽음을 맞았다. 그리고 그녀들은 자신들의 나이, 젠더, 그리고 가족으로부터 버림받은 하층 계급 출신의 소녀라는 취약성 때문에 죽었다. 우리는 그녀들 죽음의 정확한 원인을 해명할 수 없을 것이다. 그리고 과도한 노동, 낙태, 매독과 관련된 가설들이 너무 추측에 의존해 있고 또 근거가 희박하다고 판단하는 것도 무리가 아니다. 하지만 적어도 우리는 그녀들의 짧은 삶을 둘러싼 일부 상황을 재구성하고 누가 그녀들을 어떻게 도왔는지에 대해서는 이해할 수 있다. 피에타의 집은 여전히 침묵의 베일에 싸여 있는 미스터리다. 하지만 그 사실로 인해 몇백 명의 여성들이 16세기 중반 투쟁했던 예외적인 연민의 실험을 칭송하는 것을 멈출 필요는 없다.

부록

성의 정치학:
줄리아와 곤차가의 태자

Appendix: Sexual Politics: Giulia and the Crown Prince Gonzaga

피에타 집의 한 소녀가 만토바의 태자에 의해 겁탈당한 사건은 일련의 연출된 시리즈로 종결되었다. 이 사건은 르네상스 후기 이탈리아의 귀족들 사이에서 벌어진 결혼이라는 중요한 게임에서 시작되었다. 1580년 메디치 가문에서는 맏딸 엘레오노라에게 아주 잘 어울리는 배우자감이라고 생각했던 빈첸초 곤차가가 그녀에게 관심을 가질 수 있도록 노력을 기울였다. 만토바의 지배 가문이었던 곤차가 가문은 이에 대해 단호히 큰 보상을 요구했다. 지참금 100만 두카토와 앞으로 궁정과 외교 세계에서 곤차가 가문이 메디치 가문보다 우선한다는 점을 합의해달라는 것이었다. 메디치 가문에서는 이를 무시해버렸고, 1년 후인 1581년 빈첸초는 엘레오노라 대신 마르게리타 파르네세와 결혼했다. 그러나 이 결혼이 빠르게 붕괴되면서, 가톨릭교회의 최고위직에까지 이어져 있던 두 가문 사이에 격렬한 대립이 일어났다. 이 결혼 관계를 종식시키고 빈첸초에게 다시 결혼을 허락하게 될 무효 선언에 대해, 곤차가 출신의 추기경은 격렬하게 찬성했고 파르네세 측의 추기경은 맹렬히 반대했다.[1]

이 싸움에서 거둔 빈첸초의 승리는 예상 가능한 일이었다. 르네상스기의 고위 정치 게임에서 태자가 결혼하여 가문을 유지할 수 있도록 하는 것이, 소녀의 명예를 지키는 것보다 훨씬 중요했기 때문이다. 하지만 그것은 분명히 양면적인 차원의 승리였다. 왜냐하면 그것이 곤차가 가문을 메디치 가문에게 되돌려보내는 것을 의미했기 때문이었다. 메디치 가문은 이제 더 곤란한 거래 조건을 내걸었고, 이와 함께 이전의 수모에 대한 약간의 복수를 하기로 결심했다. 국제적인 궁정 사회에서 누구의 대사들이 우선권을 갖게 될 것인가 하는 문제는 더 이상 거론조차 되지 않았다. 그리고 토스카나인들은 빈첸초가 거절하기 힘든 아주 적은 지참금만을 제안했다. 하지만 곤차가 가문을 무엇보다 치욕스럽게 만들었고, 또 이탈리아의 궁정 세계를 가장 경악케 만든 것은 메디치 가문의 다른 요구였다. 그것은 빈체조에게 그가 처녀에게 삽입할 수 있다는 점을 분명히 입증하라는 것이었다. 메디치 가문은 이를 불경스러운 요구라고 비난하면서 이에 대해 재고할 것을 요구했던 많은 이의 청원을 모두 거절했고, 단호하게 검증 절차와 조건을 제시했다.

두 가문 사이의 서신 교환은 1583년 5월에 시작되었고, 그해 12월부터 더욱 빈번해졌다. 만토바의 공작은 1583년 11월 12일 검증에 동의했고, 양 진영은 1584년 1월 6일 30만 스쿠도의 지참금에 합의했다. 1월 30일 메디치 가문은 여전히 중립 지역이었던 페라라에서 피렌체의 처녀와 일련의 검증 작업을 해야 한다는 압력을 가했다. 그리고 그 검증은 그 소녀가 임신하게 되었다는 증거가 나타날 때까지 계속되어야 한다는 것이었다. 그 이후 그 소녀는 어떤 수녀원에 그리고 아기는 인노첸티 고아원에 보내지게 될 것이었다. 하지만 빈첸초 곤차가와 페라라의 태자 체사레 데스테가 모두 이를 거부하자, 메디치 가문에서는 약간의 타협에 동의했다. 1584년 2월 17일 그들은 처녀에게 삽입할 수 있는 빈첸초의 능력을 확인하는 정도로 검증의 수준을 낮출 것에 합의했다. 그리고 이제 메디치 가문에서는 비용이 적게 들고 검증이 끝난 뒤에는 쉽게 무시해버릴 수 있는 피렌체의 처녀를 찾는 일에 착수했다.

바로 그날 볼테라의 귀족이었던 벨리사리오 빈타Belisario Vinta는 한 친구에게 보낸 편지에서, 자신이 대공 프란체스코 1세와 만토바의 공작 굴리엘모 곤차가Guglielmo Gonzaga로부터 "건강하고 상당한 외모와 미모를 지니고 있으며, 공주[엘레오노라]와 같은 연령대의 숫처녀"를 찾도록 요청받았다고 적었다. 그리고 나흘 뒤 빈타는 대공 프란체스코에게 다음과 같은 편지를 보냈다.[2]

> 하루 종일 메세르 피에로 카펠리Messer Piero Cappelli와 저는 이 일을 하고 있습니다. 인노첸티에서 그리고 다른 보호소에서 우리는 어떤 괜찮은 소녀도 찾지 못했습니다. [소녀들은] 장애가 있거나, 상처로 인한 딱지 투성이였고, 피부와 외모가 그 모양이어서 아마 공께서 그녀들을 보신다면 역겨움을 느끼실 것입니다. 한때 체포Ceppo의 수녀들이 머물던 아반도나테에서만 우리는 미모가 나쁘지 않은 두 소녀를 발견했습니다. 하지만 그녀들은 모두 스물한 살입니다. 공께서 원하신 것보다 나이가 많지만 일단 그녀들을 확보해두신 다음, 상황에 따라 마지막에 [뽑지] 않으셔도 될 것입니다.

빈타는 나중에 이 둘 가운데 자신이 더 유망하다고 생각했던 한 소녀가 고귀한 태도와 정숙함을 지니고 있다고 보고했다. 하지만 그는 또한

"그녀를 씻기고 단장시키는 데ripulirla et riordinarla" 이틀 정도 걸릴 것이라고 주의를 주었다. 그는 2월 22일 오후에 이 소녀를 자신의 집으로 데려왔고, 잠시 후 저녁 시간 대공에게 그녀와 자신들이 봉착해 있던 문제에 대해 묘사하면서 다음과 같이 편지를 썼다.[3]

> [그녀의] 이름은 줄리아이고, 나이는 스물한 살입니다. 그녀는 키도 크고 또 고상한 외모를 지니고 있습니다. 너무 마르지도 또 너무 뚱뚱하지도 않습니다. 제 생각으로는 얼굴도 만족스러운 편입니다. 그리고 그밖에도 보호소에서 자란 것처럼 행동하지 않기 때문에 그녀가 더 나은 것 같습니다. 그녀는 겸양의 미덕과 수치심vergognosa을 갖추고 있을 정도로 잘 자랐고, 생기발랄하며 지식도 있어 보입니다. 가르치기에 적합하다는 희망이 그녀에게 보입니다. 가장 어려운 문제는 그 소녀와 계약을 맺을 수 있어야 한다는 점입니다. 가능한 최대로 이 일의 비밀을 지키고, 또 남성들을 아직 맛보지 못한 이 암망아지들 사이에서, 좀 더 부지런히 전략을 수립할 필요가 제게 있을 것입니다.

그는 계속해서 부유한 메디치 가문에서 최종 가격으로 얼마를 주시하고 있는지를 보여주는 논의와 함께 그 전략의 일부를 묘사한다.

> 그녀는 검정색 옷을 입고 있으며 베일 이외에는 머리에 아무것도 쓰고 있지 않습니다. 다른 것보다 그리고 최소한, 저는 이제 색깔 있는 페르피냥을 그녀에게 입히고, 그녀가 만토바 사람들에게 최고로 보일 수 있도

> 록 소매, 주름, 조끼, 깃을 만들어주어야 할 것입니다. 그녀가 만족스럽게 보일 수 있어야 한다면, 의복이 이 여행의 목적에 맞게 그녀를 꾸며줄 수 있을 것이기 때문입니다. 만약 그녀가 만토바인들을 기쁘게 하지 못한다 해도, 여전히 그 옷을 신의 사랑에 대한 대가로 그녀에게 줄 수 있을 것입니다. 왜냐하면 그녀를 돌려보낼 필요가 있다고 해도, 물론 저는 그렇게 되리라 생각하지 않습니다만, 그녀가 대공 폐하께서 위대한 자비로 베푸실 보호를 받을 만하다고 생각하기 때문입니다. 만약 실제로 그녀가 그들을 만족시킨다면, 그 후 우리는 더 진전시켜 그녀에게 하얀 옷을 입히고 화관을 조금 만들어 머리 위에 씌울 것입니다. 물론 될 수 있는 한 저는 최대한 절약하고 지나친 치장을 피하면서 이 모든 일을 진행할 것입니다. 이 모든 것 이외에도 일을 보다 신속하게 처리하기 위해서, 폐하께서 원하시는 다른 모든 사항을 함께 적어 저에게 답신을 주시기를 청하옵니다. 검증 작업이 성주간the Holy Week에 앞서 이루어질 수는 없기 때문입니다.

빈타에게는 몇몇 구체적인 문제들에 대한 즉각적인 답신이 필요했다. 만약 첫날밤의 검증으로 결론에 이르지 못한다면 두 번째 밤 그를 받아들이도록 허락할 수 있는가, 시간이 핵심 문제라고 한다면 소녀에 대한 예비 검사와 승인이 조속히 이루어질 수 있는가, 대공이 줄리아의 나이에 문제가 있다고 생각하고 있는가 등의 문제였다. 특히 마지막 문제와 관련하여 그는 "저는 그녀가 스물한 살이라고 말씀드렸습니다. 비록 그렇게 보이지는 않지만, 이 나이가 폐하의 마음에 들지 않을 수도 있을 것입니다"라고

적었다.[4]

대공은 승인한다는 신호를 보냈다. 이에 빈타는 만토바의 대리인 마르첼로 도나티Marcello Donati가 줄리아를 방문할 수 있도록 준비했다. 도나티는 이미 빈첸초 곤차가로부터 메디치 가문과 곤차가 가문의 두 공작들 사이의 협상에서 자신이 얼마나 방관자적 입장에 놓여 있는지를 보여주는 염려 섞인 편지를 받았다.[5]

> [그들이] 이 일을 위해 준비한 소녀를 검사해보라. 그리고 그녀에게 합당한 자질이 있는지를, 그녀의 나이와 능력, 또 네가 찾아서 알아야 할 다른 사항을 확인하라. 그리고 첫 번째 경우에서 그들이 준비한 사람이 옳다고 생각되지 않으면, 다른 이를 찾으라고 주장하라 (…) 만족할 만한 사람을 찾은 뒤에는, 약속한 것처럼 시간을 지체하지 말고 주의를 기울여 은밀하게 그녀를 베네치아로 보내라. 검증을 위해 우리도 그 도시에 같은 시각에 도착할 것이다. 네가 한 일에 대한 보고서를 즉시 이곳으로 보내라.

도나티는 그녀를 검사하러 피렌체로 갔고, 빈타에게 줄리아의 외모가 좋다면 더 나을 것이며 그녀가 일을 수행하게 될 것이라고 말했다.[6] 일부 후대의 권위자들은 그녀가 알비치Albizzi 귀족 가문의 서출이라고 주장했지만, 당대의 어떤 서신도 이에 대해 언급하지는 않는다. 그들은 때때로 그녀를 성이 아닌 이름만으로 불렀고, 더 자주 "신민il soggetto" 혹은 "어린 소녀la giovane"라고만 불렀다. 이 서신들 어디에서도 우리는 줄리아가 이 계획에 대해 어느 정도까지 알고 있었는지 확인할 수 없다. 이 일에 관여했던 궁정인들이나 대리인들은 그녀가 자발적으로 이 일에 참여했는지, 혹은 피렌체의 연대기 작가들이 주장하는 것처럼, 태자의 성행위 능력을 검증하기 위한 이 시험에서 그녀가 뜻밖의 놀라운 중심적인 역할을 담당했는지의 여부에 대해 언급하지 않는다.[7]

양 진영은 이제 중립 지역인 베네치아로 이동했다. 빈첸초는 베네치아에 도착한 순간부터 자신만만한 난봉꾼의 역할을 수행했고, 그곳에서 줄리아를 처음 보았다. 그는 그녀를 보자마자 바로 그곳에서 검증받을 준비가 되어 있다고 의기양양하게 소리를 질렀다. 하지만 빈타는 기다리는 것이 최선이라고 생각했다. 빈첸초가 허세를 부리고 있었는가, 아니면 용기를 쥐어짜내고 있었는가? 며칠 밤이 지난 뒤 이루어진 첫 검증은 치욕스러운 실패였다. 빈타가 성공이라고 외치는 소리를 듣기 위해 옆방의 침대 위에서 옷을 입은 채 잠도 자지 않고 누워 기다리는 동안, 빈첸초는 줄리아의 배 위에서 잠이 들었다. 그리고 두 시간가량 지나자 배를 움켜쥐고 방을 뛰쳐나오면서, "기사 양반, 오, 어렵쇼, 속이 매슥거려" 하고 외쳤다. 빈타는 줄리아에게 무슨 일이 있었는지를 물었다. 또한 그와 함께 이 검증에 참여했던 여성 감독원guardadonna—그녀는 빈타가 자신의 편지에서 굳이 이름을 밝히려고 하지 않았던 중요한 동료이자 코치였다—이 재빨리 그녀를 검사했고 줄리아가 여전히 처녀임을 확인했다.[8]

빈타는 매우 효율적인 사람이었다. 며칠 뒤 다음 검증 날 아침, 그는 외과 의사 피에트로 갈레토Pietro Galletto를 방으로 소환해, 태자의 성기를 조사하도록 조치했다. 방에 도착한 갈레토는 단지 셔츠 하나와 가운처럼 생긴 긴 예복만을 걸치고 있는 태자의 모습을 보았다. 빈타는 갈레토에게 자신의 요구사항을 설명했고, 태자는 어쩔 수 없이 예복과 셔츠를 벗어 의사가 자신의 몸을 검사하도록 허락했다. 철저하게 신체검사를 마친 후, 갈레토는 태자의 고환이 완전히 발달하지 못했다는 소문에 근거가 없다고 확신했다. 하지만 다음 날 아침 대공 프란체스코 1세에게 보낸 편지에서 갈레토는, "발기하지 않았기 때문에, 제가 그 짐승이 완전히 삽입할 수 있을 것이라고 말씀드릴 수는 없습니다"[9]라고 적었다.

빈첸초는 그날 밤 어둠이 내린 뒤 두 번째 기회를 마련하기 위해 돌아왔다. 빈타는 창문이 없는 안쪽 방에 줄리아를 머물도록 해 철저히 감시하고, 여성 감독원을 제외하고는 아무도 그녀 가까이 접근할 수 없도록 했다. 그는 줄리아와 관계를 맺기 전 빈첸초가 자연적인 장비 외에는 아무것도 지니고 있지 않은지를 확인했고, 다시 한 번 옆방에서 자리를 잡고 기다렸다. 한 시간도 지나지 않아 만토바의 대리인 도나티로부터 전갈을 받았을 때, 아마 그는 회의적이었을 것이다. 도나티는 피렌체인들을 불러, 만토바인들이 베네치아에서 자신들의 본부로 빌린 훨씬 더 좋은 성으로 거처를 옮겨 이 모든 작업을 수행하자고 알려왔다. 도나티는 곤돌라 한 대가 밖에서 대기 중이며, 즉시 이 커플이 보다 익숙한 침대 위에서 편안하게 자신들의 일을 수행할 수 있을 것이라고 적었다. 이에 대해 빈타는 그 메모의 하단에 다음과 같은 단호하고 짜증 섞인 답신을 휘갈겨써 돌려보냈다.[10] "지금 줄리아는 비명을 지르고 있습니다. 그리고 그녀는 집을 떠나기를 바랍니다. 만약 태자께서 밤이건 낮이건 검증을 수행하기보다 변덕만을 부린다면, 이제 선택은 그의 몫이 될 것입니다. 불행히도 저는 한 여성의 머리에 대항해 싸우고 있습니다. 그리고 종종 그것이 타협하도록 저를 위협하고 있습니다. 저는 당신의 손에 입 맞추고, 영광스러운 폐하에게도 역시 입을 맞춥니다. 1584년 3월 15일 집에서." 이 편지를 쓰고 한 시간 뒤, 빈타는 줄리아가 부드러운 목소리로 "기사님, 기사님, 이리 오세요, 그리고 당신의 손으로 여기 좀 만져보시고 느껴보세요" 라고 말하며 자신을 부르는 소리를 들었다. 그는 그 방으로 서둘러 들어갔고, "약간의 부끄러움과 미안함을 느끼며" 침대 위로 올라갔다. 울고 있는 줄리아의 옆에서, 빈첸초는 팔꿈치를 뒤로 기대어 빈타가 손을 더듬어 모든 것이 그대로 제자리에 있는지를 확인하도록 포즈를 취했다.

다음 날 아침 빈첸초 곤차가는 외과 의사 피에트로 갈레토를 다시 불러, 줄리아가 침대 위에서 자신의 옆에 누워 있는 동안, 철저한 2차 신체 검사를 통해 의구심을 해소했다. 갈레토는 이제 빳빳한 성기가 "충분히 크다"는 것을 목격했고, 그것이 줄리아를 해치지 않았다고 확인했다. 명백하게 모든 소문을 잠재우기를 원하면서, 빈첸초는 자신의 성기 아래에 있던 누관 역시 검사할 것을 그 의사에게 요구했다. 몇몇 의사들은 그 누관으로 인해 그가 성기를 완전히 삽입할 수 없고, 자식을 얻을 수도 없을 것이라고 의심했다. 갈레토는 그의 명을 따를 수밖에 없었다. 그리고 대공 프란체스코 1세에게 보낸 편지에서 그는 실제 누관이 그곳에 있었고, 비록 금속 공예사들이 사용하는 추만 한 크기였지만 "그것이 성교의 도구와는 아무런 관계가 없으며, 모든 다른 부분에서 그는 건강한 태자un bel Principe로 보이며, 대공께서는 그에 대해 염려하실 필요가 없으십니다"라고 보고했다.[11]

하지만 벨리사리오 빈타는 확신하지 못했다. 그날 아침, 생기 넘치고 득의만만하게 그리고 보란 듯이 뽐내고 있던 빈체조가 옷을 입으며 하인들과 농담을 나누고 있을 때, 빈타는 줄리아를 한쪽으로 데려가 여성 감독원과 함께 몇 마디 질문을 던졌다. 다음 날 아침 충격적인 내용은 결론으로 남겨둔 채, 그는 그 면담 기록을 모두 적어 피렌체로 보냈다.[12]

> 그녀를 취하기 전에 태자가 그녀를 열 수 있는 도구로서 금속이나 유리로 된, 혹은 다른 물질로 만든 도구를 가지고 있었는지에 대한 질문에 대해, 그녀는 "아니오"라고 대답했습니다.
>
> 제게 진실만을 말할 것을 맹세했는지에 대해, 그녀는 "네"라고 대답했습니다.
>
> 그가 손으로 그녀를 더 넓히고 폭력적으로 열었는지에 대해, 그녀는 "아니오, 그는 오직 인간의 성기il membro di carne만을 넣었습니다"라고 대답했습니다.
>
> 그가 보석, 돈, 혹은 다른 것을 제공하거나 주었는지, 또는 그가 이에 대해 침묵했거나 그것이 아니라면 무엇인가의 언질을 주었는지에 대해, 그녀는 "그가 제게 아무것도 제공하거나 주지 않았고, 또 그런 일에 대해 말하지도 않았습니다"라고 대답했습니다.
>
> 그가 몇 차례 했는가? 그녀는 "확실한 기억은 세 번이지만, 네 차례였을 수도 있습니다"라고 대답했습니다. 태자는 낮 시간의 네 번째 경우에 그녀가 가만히 있으려고 하지 않았다고 말했습니다.
>
> 첫 번째의 경우에 비명을 질렀는지에 대해, 그녀는 "아니오"라고 대답했

습니다. "그리고 태자가 너무 빨리 일을 끝냈고 직접 안으로 삽입하지 않았으며, 그 때문에 저는 비명을 지르지 않았습니다. 하지만 두 번째에는 그가 진짜로 그것을 제 속에 넣었고, 따라서 저는 비명을 질렀습니다. 그리고 바로 그때 제가 빈타를 불렀습니다"라고 대답했습니다.

첫 번째 혹은 두 번째 경우 가운데 언제 기사 빈타를 불렀는지에 관한 질문에 대해, 그녀는 "두 번째입니다"라고 대답했습니다.

기사 빈타가 그의 손을 자신의 은밀한 부분과 태자의 그것 사이에 넣었을 때 이를 느꼈는지에 대해, 그녀는 "네"라고 대답했습니다.

수치심 때문에 비명을 질렀는지 아니면 아팠기 때문에 그랬는지에 대해, 그녀는 "그것이 저를 아프게 했기 때문이었습니다"라고 대답했습니다.

안쪽에서 느낀 통증 때문이었는지 아니면 바깥쪽을 찔렸기 때문에 그랬는지에 대해, 그녀는 "안쪽이었습니다"라고 대답했습니다.

그가 단단하고 빳빳했는지에 대해, 그녀는 "예, 그것이 저를 아프게 했습니다"라고 대답했습니다.

그것을 그녀 안에 밀어넣었을 때 태자가 그것을 손가락으로 받쳤는지에 대해, 그녀는 그것을 세우고 안에 넣을 때에만 그랬고 그의 두 팔이 자신을 안고 있었기 때문에 이후에는 아니었다고 말했습니다.

태자의 신음 소리를 들었는지에 대해, 그녀는 "두 차례요"라고 대답했습니다.

그가 그것을 안에 넣을 때 언제나 그것이 단단하다고 느꼈는지에 대해, 그녀는 "네"라고 대답했습니다.

그가 아주 오래 넣고 있어 몸 밖으로 사정할 수 없었는지에 대해, 그녀는

"네"라고 대답했습니다.

음액이 나왔는지에 대해, 그녀는 "태자가 그랬었던 두 번째의 경우에 그가 빼낸 후 곧 제 은밀한 부분에서 그것이 똑똑 떨어지는 것을 느꼈습니다. 그 다음 세 번째 경우에서도 역시 그것이 '나왔고', 그것이 제 셔츠의 뒤쪽을 더럽혔으며, 저는 그것이 피가 아닌지 의심했습니다"라고 말했습니다.

음액이 방사될 때 쾌감을 느꼈는지에 대해, 그녀는 "두 차례 어떤 느낌을 받았던 것 같습니다"라고 대답했습니다.

만약 진실을 말하면 태자가 좋아하지 않을 것이라는 두려움을 가지고 있는지에 대해. 그녀는, "아니오, 하지만 저는 진실을 말씀드렸습니다"라고 대답했습니다.

일어났을 때 음액이 자신의 성기에서 떨어지는 것을 느꼈는지에 대해, 그녀는 "예, 앉아 있었던 동안에요"라고 대답했습니다.

다른 경우의 진술에서처럼 자신의 이야기에 대해 태자가 아무런 영향력도 행사하지 않았는지에 관해, 그녀는 "네"라고 대답했습니다.

태자의 성기에 손을 댔는지에 대해, 그녀는 "아니오, 태자가 제 손을 그곳으로 가져간 경우를 제외하고는요. 하지만 저는 수치심으로 손을 뺐습니다"라고 대답했습니다.

자신의 은밀한 부분이 태자의 그곳과 접촉했는지에 대해, 그녀는 "네"라고 대답했습니다.

남편을 가져야 하는 모든 젊은 여성이 태자에게서 즐거움을 느낄 수 있을까에 대해, 그녀는 "네, 그것이 의도된 방식으로는 그렇게 생각합니다"

라고 대답했습니다.

태자가 돌아올 것이라고 생각했는지에 대해, 그녀는 "네"라고 대답했습니다.

마지막으로 자신이 처녀성을 잃은 것 같은지에 대해, 그녀는 "첫 번째에는 그가 제게 깊이 넣은 것 같지는 않았습니다"라고 대답했습니다.

어떻게 그것을 알게 되었는가라는 질문에, 그녀는 "그것을 빼낼 때 아주 빨리 빠져나왔기 때문입니다"라고 대답했습니다.

다른 경우에 자신이 처녀성을 잃었는지 아니면 아닌지에 대한 질문에, 그녀는 "그런 것 같지는 않아요"라고 대답하며 머리를 가슴에 파묻었습니다.

여성 감독원의 질문에 그리고 그녀가 되풀이한 내용이 폐하께 보낸 편지에 담겨 있습니다.

마지막 밤의 일nottolata에 관한 그녀의 설명 역시 폐하께 보낸 편지에 담겨 있습니다.

비록 침대 시트가 피로 얼룩졌고 여성 감독원이 빈첸초가 검증에 통과했다고 만족했지만, 자신이 여전히 처녀라는 줄리아의 확신 때문에 태자에 대한 약간의 의구심이 계속 남아 있었다. 겉으로는 콧방귀를 뀌었지만, 만토바인들은 이에 대해 불안을 느꼈다. 그들은 다시 줄리아를 빈타가 엄격히 지키고 있는 방에서 자신들의 궁으로 데려오려고 시도했다. 빈타는 그에 관해 들으려고도 하지 않았고, 따라서 며칠 밤이 지난 후 앞서와 마찬가지로 엄격한 감시 아래에서 그는 다시 줄리아가 안에서 기다리는 동안 침실의 문간에서 곤차가를 시험했다. 이번 경우 결과는 덜 모호

했다. 빈첸초의 동생 카를로Carlo는 아버지에게 보낸 편지에서 다음과 같이 적었다.[13]

> 시뇨레 마르첼로[도나티]로부터 듣게 되실 이야기 외에도, 아버님께서는 오늘밤 태자가 그 소녀에게로 돌아갔고 이 일이 잘 처리되어 그녀도, 시뇨레 빈타도 그리고 그들의 의사들도 그 일을 다시 반복하기를 원치 않게 되었다는 점을 아셔야 합니다. 그리고 오늘 아침 저는 모든 사람에게 이야기했고, 그들은 모두 만족했으며, 우리의 동료들과 함께 기쁨을 만끽했습니다. 이에 관해 저는 폐하께 설명드리기를 원했고, 그래서 아버님께서는 이 검증에서 더 이상 단 하나의 의혹도 이 세상에 남지 않게 되었다는 점을 알게 되셨습니다.

무엇에 관한 단 하나의 의혹인가? 성기에 있던 누관이 일반적으로 폭스의 징후로 이해되었다는 점을 고려하면, 메디치 가문에서는 단순히 태자의 성행위 능력을 넘어서는 그 이상의 무엇을 염두에 두고 있었을 수도 있다. 즉 그들이 줄리아를 자신들의 딸 엘레오노라와 결혼하여 잠자리를 함께하기 전에 빈첸초를 위해 제공된 "처녀 치료"의 매개체로 생각한 것이었을 수도 있다. 이 때문에 그들에게는 그녀가 진정으로 "처녀성을 잃게 되었는가"에 관한 문제가 더욱 중요했을지도 모른다. 또한 그것이 바로 왜 빈타가 그 점을 계속 확인하려고 요구했는지에 대해서도 설명해줄 수 있다. 어쨌든 득의만만해진 빈첸초는 이제 베네치아를 떠났고, 한 달도 지나지 않아 피렌체에서 엘레오노라 데 메디치와 결혼 서약을 교환했다. 그리고 이후 그들은 공식적인 국가적 결혼식을 거행하기 위해 만토바로 이동했다. 많은 아이를 낳았고 많은 정부를 거느리고 있었음에도 불구하고, 성적 능력에 관한 문제는 후일 그의 삶 속에서 다시 등장해 빈첸초를 괴롭혔다. 1609년 마흔일곱 살이 되었을 때, 공작 빈첸초 곤차가는 바다 건너 아메리카의 원주민들 사이로 특별한 탐험 원정을 떠나도록 한 탐험가를 후원했다. 이 탐험은 성적으로 혈기왕성하다고 전설처럼 생각되던 아메리카의 원주민들이 자신들의 발기 상태를 오래 유지하게 해줄 수 있는 약물, 독극물 혹은 연고 등을 가지고 있는지를 확인하기 위한 것이었다. 그는 그 탐험가가 돌아오기 전에 죽었다. 하지만 3세기가 지난 후 그는 오페라 「리골레토Rigoletto」에 등장한 호색한 만토바 공작의 모델이 되어 주세페 베르디에 의해 부활했다.[14]

줄리아 역시 베네치아를 떠났고, 곧 역사의 기록에서 사라졌다. 그녀는 피에타의 집으로 되돌아오지 않았다. 원래 메디치 가문에서는 일이 끝난 후 그녀를 수녀원에 보내고 또 아이를 인노첸티 고아원에 맡기기로 계획하고 있었다. 하지만 동시대의 한 연대기를 포함한 다른 기록들이 전하는 바에 따르면, 메디치 가문에서는 지참금을 주어 피렌체에 살던 줄리아노라는 이름의 로마 출신 음악가에게 그녀를 결혼시켰다. 이 경우에도, 다른 모든 경우에서와 마찬가지로, 그녀가 어떻게 처리되었는지에 대해 그녀 자신은 아무 말도 하지 않고 있다. 하지만 이는 아마 그렇지 않았다면 피에타의 집 소녀로 갇혀 있었을 운명보다 더 나은 삶이었다. 음악사가인 팀 맥기Tim McGee는 그 부부가 결국은 그 아기를 잃지 않았을 것이고, 대신에 그 아기를 음악가로 길렀을 것이라고 생각한다. 맥기는 그 소년이 메디치 가문의 궁정 음악가 줄리아노 로마노 카치니Guiliano Romano Caccini의 아들 폼페오 카치니Pompeo Caccini였을 것이라고 추론한다. 폼페오는 17세기 초반 유명한 가수이자 교사 그리고 무대 연출가였다. 그 또한 여성들과 문제를 일으키는 데 악명이 높았는데, 그 때문에 피렌체의 고위 관료들 앞에 출두해야 했던 한 경우에, 그는 "줄리아노의 서출 자식"이라고 묘사되었다.[15] 이 가설에는 여러 문제가 있다. 그 가운데 곤란한 문제는 줄리아노 로마노 카치니와 결혼했고 폼페오를 기른 여성이 문헌에는 "루치아Lucia"로 불렸다는 점이다. 보호소의 기록에서 흔적도 없이 사라져버린 피에타의 집 소녀 줄리아의 운명과 마찬가지로, 우리는 이 여성 루치아의 기원에 대해서 거의 알지 못한다. 메디치 가문과 곤차가 가문은 이 이야기를 비밀로 만들기 위해 최선을 다했다. 그녀에게 새로운 남편을 찾아주었을 때, 그들이 새로운 이름도 주었는가? 이것은 아직까지 미스터리로 가득 찬 이 이야기에 남아 있는 또 다른 물음표다.

피렌체인들은 성모영보대축일the Feast of the Annunciation[3월 25일]을 새해의 첫날로 계산했다. 그날이 바로 회계장부 기록자나 필경사들이 자신들의 기록에서 해의 바뀜을 기록한 날이었다. 하지만 이 책에서의 모든 날짜는 오늘날의 방식을 따른다. 따라서 피렌체인들이 1566년 3월 15일로 기록했을 일자가 이 책에서는 1567년 3월 15일로 표기된다.

피렌체의 상인들과 은행업자들은, 공화정기에는 플로린florin 그리고 1530년 이후에는 스쿠도scudo에 기초하여, 국제 무역에서 금화를 사용했다. 반면 모든 평범한 피렌체인들은 그날그날의 거래를 위해 다양한 동전과 은전을 지갑에 넣고 다녔다. 회계원들은 로마 시대까지 거슬러올라가고 중세와 르네상스기의 유럽 전역에서 다양한 모습으로 발견되는 별개의 유통되지 않는 "계정 화폐money of account"로 거래장부를 관리했다. 그것은 리라lira, 솔도soldo, 데나로denaro로 나뉘었다. 1리라는 20솔도, 240데나로에 해당했다. 장부상의 거래 금액은 기준적인 상징에 따라 기록되거나(예를 들어 £2.14s.9d), 혹은 마침표를 사이에 넣어 그것을 통해 통화 단위를 구분하여 단순한 숫자(즉 2.14.9)로만 명기되기도 했다. 이러한 통화 체계는 파운드pound, 실링shilling, 펜스pence의 형태로, 중세 시대부터 근대 초에 이르기까지 유럽 전역에서 널리 사용되었으며, 잉글랜드에서는 1971년까지 계속되었다. 이 책에서 다룬 여러 사건이 발생했던 1550년대와 1560년대에는, 1스쿠도가 7리라에서 7.5리라의 가치를 지니고 있었다. 한 명의 비숙련 노동자의 연 수입은 아마도 100리라 정도였을 것이며, 숙련 노동자라면 300리라까지 수입을 올릴 수 있었을 것이다. 아마 당시의 피렌체인들은 곡물 1스타이오staio(24.4리터)를 구입하는 데 2리라 10솔도를, 그리고 와인 1바릴레barlie(약 46리터)와 올리브유 1바릴레(약 32리터)를 구입하기 위해 각각 3리라와 16리라 정도를 지불했을 것이다.

상인들은 브라치오braccio(복수의 경우 braccia)를 직물의 길이를 재는 척도로 사용했다. 피렌체에서 1브라치오는 58.36센티미터 또는 대략 2피트 정도의 길이에 해당했고, 일반적으로 커트 렝스cut length를 재는 척도로 사용되었다. 직물의 전체 길이는 칸나canna라는 단위로 측정되었는데, 1칸나는 2.92미터 혹은 5브라치오와 같았다.

다양한 피렌체의 산업계에서는 상품의 무게를 파운드, 피렌체의 단위로는 리브라libbra로 측정했다. 1토스카나 파운드 즉 1리브라는 0.34킬로그램에 해당했으며, 오늘날의 파운드처럼 12온스, 피렌체의 단위로는 온시아oncia로 나뉘었다.

약어 설명

AAF	Archivio Arcivescovile di Firenze
AD	Acquisiti Diversi
ASF	Archivio di Stato di Firenze
Bigallo	Compagnia poi Magistrato di S. Maria del Bigallo
BNCF	Biblioteca Nazionale Centrale (Firenze)
BRF	Biblioteca Riccardiana (Firenze)
Ceppo	Fanciulle Abbandonate di S. Maria e S. Niccolò detto del Ceppo
CRSGF	Conservatorio di Domenicane denominato La Pietà di Firenze
OGBP	Otto di Guardia e Balia del Principato
SMN	Santa Maria Novella

주

제1장 미스터리와 침묵

1. 피에타의 집에서는 『비밀의 책Libro Segreto』으로 불린 소녀들의 최초 입소명부를 1555년 1월 25일부터 작성했다. 이때 50명의 소녀들이 등록했다(ASF CRSGF 112/78, 1r~13r). #49 Margherita di Ma Betta di Firenze. 마르게리타는 1555년 1월 25일 아홉 살의 나이로 등록되었고, 1555년 2월 산타 마리아 누오바로 보내졌다(13r). # 88 Maria di Neghrante, *soldato da zonta di Mugiello*. 마리아는 1555년 5월 6일 아홉 살의 나이로 등록되었고, 1556년 3월 산타 마리아 누오바로 보내졌다(22r). #108 Maddalena *da Fra Billj dall Certosa di Firenze*. 막달레나는 1555년 7월 15일 열두 살의 나이로 등록되었고, 1556년 4월 산타 마리아 누오바로 보내졌다(26r). 르네상스기의 피렌체에서는 3월 25일에 새해가 시작했다. 하지만 이 책에서 나는 모든 연대를 오늘날의 형식으로 바꾸었다.
2. 이 여섯 소녀들은 모두 피에타의 집에 처음 입소했던 52명의 소녀들 가운데 그 일부였다: ASF CRSGF 112/78: #39 Bartolomea di Mona Caterina di Mugello (10r); #30 Chaterina di Bastiano legniauolo (8r); #20 Lizabetta di Giovanni di Firenze (5r); #14 Agniola di Bastiano di Monte Aciuto (4r); #44 Lucrezia di Giulio dal Como da Giocho (10r); #41 Brigida di Antoniano da Firenze (10r). 이 52명의 첫 소녀들 가운데 34명(65.38퍼센트)이 피에타의 집 병동에서 사망했다.
3. ASF, Acquisti e Doni, 291, "Onestà[1560~1583]." 쪽수를 명기하지 않은 이 소책자에는 1560년부터 1583년 사이에 오네스타의 행정관들 앞에 기소된 여러 사건의 요약본이 담겨 있다. 이와 함께 Brackett, "The Florentine Onestà", 273~300을 보라.
4. Terpstra, *Abandoned Children*.
5. BRF, Moreni, AD 93.
6. 청소년기의 성과 관련된 육체적·사회적 콘텍스트에 대해서는, Horowitz, "Worlds of Jewish Youth", 83~119와 Crouzet-Pavan, "Flower of Evil", 173~221을 보라. 특히 소녀들과 관련된 문제에 관해서는, 이와 함께 Potter, "Greensickness in *Romeo and Juliet*", 271~291과 Parsons, "Medieval Aristocratic Teenaged Female", 311~321을 참고하라.

1. *I germini sopra quaranta meretrice*. 나는 네리다 뉴비긴Nerida Newbegin의 번역에 고마움을 전한다. 실제 자신이 살던 시대를 배경으로 한 것은 거의 없지만, 안톤프란체스코 그라치니는 1540년에서 1566년 사이에 출현한 로마의 희극을 모델로 자신의 희곡을 썼다. Grazzini, *Il teatro del Lasca*, 576~578. Rondini, *Antonfrancesco Grazzini*, 1~19. 그라치니의 두 희곡은 *Il Frate*(『수도사The Friar』)와 *La Pinzochera* (비록 "신성한 여인The Holy Woman"이 그라치니의 위트 넘치는 역설을 더 잘 표현하고 있지만, 종종 이 작품은 『뚜쟁이The Bawd』로 번역된다)는 번역되어 있다. D'Orazio, "Antonfrancesco Grazzini (Il Lasca)."
2. Strocchia, "Taken into Custody," 177~200.
3. Grazzini [D'Orazio], *La Pinzochera*, Act 1, Scene 6. 청소년들의 성에 관해서는, Eisenbichler, *The Premodern Teenager*를 참조하라. 특히 그 책에 실린 Taddei, "Puerizia, adolescenza and giovinezza", 21~24; Stoertz, "Sex and the Medieval Adolescent", 228~229, 234~238; Lansing, "Girls in Trouble", 293~296을 보라.
4. Rocke, *Forbidden Friendships*.
5. 예를 들어, 매춘부였던 마르게리타 네그리Margherita Negri는 매춘 관련 규정에 따라 60스쿠도를 지불하고 종신 면제권을 구입했다. 그것은 콘베르티테에 들어가기 위해 필요했던 가장 저렴한 지참금 액수였다. Cohen, *Evolution of Women's Asylum*, 49~53. 이에 관한 규정은 ASF Onestà, ms. 1에서 확인할 수 있다.
6. Trexler, "Florentine Prostitution", 373~414와 Brackett, "Florentine Onestà", 273~300. 규정 위반자에 대한 오네스타의 처벌에 기초하여 트렉슬러는 당시 유곽을 찾았던 대부분의 고객이 외국인이었다고 주장한다. 하지만 모든 유형의 법정에서 외국인을 불평등하게 처벌하는 경향이 있었다는 점을 감안한다면, 그의 주장은 불안한 가정에 불과해 보인다. 매춘부들 사이에 과도하게 외국인이 많았다는 점 역시 그녀들 본국의 경제적 불황이나 그녀들이 다른 일자리를 얻는 것을 힘들게 만들었던 지역적 편견을 암시하는 것일 수 있다. Goldberg, "Pigs and Prostitutes", 178~179, 190.
7. 선술집의 이름에 대해서는, Ruggiero, *Machiavelli in Love*, 96과, Trexler, "Florentine Prostitution", 387을 참조하라.
8. Trexler, "Florentine Prostitution", 410~412. 이러한 현상은 유럽 전역에서 나타난 일반적인 모습이었다. Goldberg, "Pigs and Prostitutes", 182~185.
9. 마르코 디 안드레아 피노키오의 폭행 사건은 1555년 발생했다: ASF Acquisti e Doni

291, Carnesechi, n.p. 매춘부로 일했던 외국 여성에 관해서는 ASF Acquisti e Doni 291, Onestà, n.p. (1566)을 참조하라.

10. 비공식적인 젊은이들의 무리가 이러한 패거리를 이루고 있었을 수도 있고, 혹은 포텐체 potenze로 알려진 보다 조직적인 축제 집단 혹은 견습공들의 집단이 이러한 패거리였을 수도 있다. Niccoli, *Il seme della violenza*. Niccoli, "Ritual of Youth", 75~94. 자신의 지역을 지키려던 마을 사람들이 일부 이러한 사건을 벌일 수도 있었다. Rosenthal, "Spaces of Plebian Ritual", 161~181.
11. 이러한 규정들을 확인하기 위해서는 ASF Onestà, ms. 1, 27r~31v, 33v~35v를 참조하라. 100브라치오 규정에 대해서는 1561년 5월 6일 공작 코시모 1세에게 보낸 서한을 보라. ASF Acquisti e Doni 291, "Onestà e Meretrici". 1594년에 기소된 사건 가운데, 13건이 폭행, 11건이 소동, 10건이 매춘 알선과 관련된 것이었고, 그로 인해 기소된 사람들 가운데 30명이 집단 폭력에 가담했다: ms. 3, 5r; ms. 4, 1r~10r.
12. 1527년, 1544년, 1547년, 1548년, 1555년, 1558년의 복장 규정에 관해서는 ASF Onestà, ms. 1, 24v, 32v~33r, 36r, 36v~37r, 38r을 보라. 보다 강화된 1577년의 수정 규정에 대해서는 ASF Onestà ms. 3을 참조하라. 또한 Siegmund, *Medici State and Ghetto of Florence*, 203~205를 참조하라. 그는 매춘부들이 시 전역에 널리 분포되어 있었으며 홍등가 역시 단 하나만 존재했던 것이 아니라고 주장하면서, 유곽의 공간적 상관관계를 평가절하한다.
13. 18개의 새로운 규정 혹은 포고령을 반포함으로써, 오네스타에서는 1544년부터 1560년 사이에 그 절차를 재정비했다. 1560년대 후반에 발효된 3개의 경고는 코시모 1세가 새로운 규정들을 피하거나 무시하려고 시도했던 행정관들을 경계하고 있었음을 보여준다. ASF Onestà, ms. 1, 27r~43r. 1558년 행정관들은 1547년의 18개의 거리 외에 네 곳을 더 추가했다(38v). 코르티잔과 관련된 규정에 대해서는 ASF Onestà ms. 3, 13v~14v, 17v와 Grazzini [D'Orazio], *La Pinzochera*, Act IV, Scene 2를 보라.
14. ASF Onestà, ms. 1, 27r~33r. 위의 내용은, 어떤 매춘부들이 어떤 거리에서 어떤 조건으로 일할 수 있는지에 대해 프라티카 세그레타Pratica Segreta의 행정관들에게 제공되었던 1560년의 오네스타 보고서에 수록되어 있다: ASF Aquisti e Doni, 291, Onestà, n.p. 1551년의 토스카나 행정 통계 보고서는 오네스타 행정관들의 임기와 임금에 대한 정보를 담고 있다. d'Addario, "Burocrazia, economia e finanze", 414~415.
15. 코시모 1세와 그의 아들들은 국가적 세입과 개인적 수입 사이의 경계를 무시하면서 자신들의 부동산을 축적하거나 가족의 재산을 늘리는 데 국가의 수입원을 이용하곤 했다. 코시모 1세의 빚은 총액 251만6352스쿠도로 늘었는데, 대부분은 1545년에서 1557년 사이

에 쌓인 것이었다. 이후 그는 많은 돈을 자신의 일을 맡아보던 관료들이나 스페인의 펠리페 2세와 같은 외국의 통치자들에게 빌려주기 시작했다. 공작의 가문에서는 인노첸티와 같은 보호시설들의 재원을 찾아뒤졌고, 지참금을 마련하고, 그림이나 보석 등을 구입하고, 또 군사 행동을 수행하기 위한 비용을 충당하기 위해 몬테 디 피에타Monte di Pietà와 같은 전당포형 은행에서 상당한 양의 돈을 저리로 대출받았다. 그들은 또한 외국의 은행가로부터 개인적인 빚을 지기도 했고, 이를 변제하기 위해 보호시설이나 신성한 기관에 강제로 추가 부담금을 물리기도 했으며, 또 채무자들이나 행정관들에게 특수 세금의 수익을 배정했다. 적어도 그들의 개인적인 빚 가운데 3분의 1이 피렌체의 납세자들에 의해 지불되었다. Parigino, *Il tesoro del principe*, 64~114, 186~187, 190~200. 또한 Najemy, *A History of Florence*, 473~476을 보라.

16. 매춘부 사찰rassegna과 관련된 이러한 규정은 1577년 프란체스코 1세 치하에서 채택된 오네스타 개혁 법령집에 등장한다. ASF Onestà, ms. 3, 15v.
17. 오르바텔로는 1370년에서 1377년 사이에 설립되었다. 오르바텔로와 관련된 이후의 사항에 대해서는 Trexler, "Widow's Asylum", 415~418을 참고하라.
18. 1500년부터 1517년 사이에, 74명의 오르바텔로 소녀들이 결혼했다. 평균 134리라에 달했던 결혼 지참금을 마련하기 위해, 오르바텔로에서는 평균 76리라를 기부해주었다. Trexler, "Widow's Asylum", 434, 440.
19. 하지만 이 모든 상황이 16세기 후반 갑자기 붕괴하기 시작했다. 중산층 수준의 관료들이 결혼하지 않은 딸을 보낼 수 있었던 수녀원보다 더 저렴한 곳을 찾자, 피렌체 정부에서는 1540년대에 그녀들이 오르바텔로에 자리 잡도록 만들었다. 수십 년이 지난 뒤 재정이 붕괴된 인노첸티 고아원에서는 훨씬 커다란 문제에 봉착하게 되었고, 결국 그 때문에 그곳에 수용되었던 나이 많은 소녀들을 오르바텔로로 보내도록 명령했다. 이 여성들은 구엘프 당의 규정이나 여성 감독원들의 권위에 거의 신경을 쓰지 않았고, 심지어 그녀들 가운데 일부는 자신들의 거처에서 유곽을 운영하기도 하면서 오르바텔로를 본래의 모습과 다르게 변질시켜버렸다. Trexler, "Widow's Asylum", 441~448.
20. Cohen, *Evolution of Women's Asylums*, 13.
21. Cohen, *Evolution of Women's Asylums*, 35.
22. Cohen, *Evolution of Women's Asylums*, 41~60.
23. 오네스타에서는 벌금으로 벌어들인 수입을 초과한 비용에 대해 정기적으로 장부에 정리하여 기록했다. D'Addario, "Burocrazia, economia, e finanze", 414~415. 20명이 안 되는 소녀들을 위해 산타 마리아 델라 베르지네에서 연평균 5400리라를 지출했다면, 산 니콜로에서는 50~60명가량의 소녀들에게 1만1500리라를 소비했다. Terpstra,

Abandoned Children, 291. 1569년 오네스타에서 거두어들인 수수료에 대해서는, Canosa and Colonnello, *Storia della prostituzione*, 107~109를 보라.

24. 사망세에 대해서는, ASF Onestà, ms. 1, 40r~41v를, 벌금의 비율에 대해서는 ibid., 42r을 보라. 1559년 10월 5일 코시모 1세에게 보낸 한 서한에 따르면 당시 콘베르티테에는 100명을 상회하는 여성들이 거주하고 있었다. 또한 그렇게 많은 수가 수용되면서 그곳에서 그녀들을 먹이는 일이 점점 어렵게 되어가고 있었다. Ibid., 41v.
25. 사망한 매춘부의 재산을 획득하기 위해 마련된 1553년, 1558년 그리고 1559년의 규정에 대해서는, ASF Onestà, ms. 1, 39v~40r, 41v~42r을 보라. 그리고 매춘부 등록부에서 이름을 삭제하는 것과 관련되어 1558년 2월 10일과 1569년 7월 8일에 반포된 규정에 대해서는, ASF Onestà, ms. 3, 26r~31v를 보라. 아울러 Cohen, *Evolution of Women's Asylums*, 45~53을 참조하라.
26. Dean and Lowe, *Marriage in Italy*. Klapisch-Zuber, *Women, Family, and Ritual*. Molho, *Marriage Alliance*. 당시 가톨릭 소녀들이 봉착했던 여러 제한적인 상황은 유대인 소녀들이 맞닥뜨렸던 그것과 매우 유사했다. Weinstein, *Marriage Rituals Italian Style*.
27. Grazzini, *Il Frate*, Act I, Scene 3. Translation D'Orazio, 74.
28. Grazzini, *La Pinzochera*, Act V, Scene 5. Translation D'Orazio, 208.
29. ASF Acquisti e Doni 291, Carnesecchi, n.p., cases of 1563, 1545, 1561, 1553; Onestà, n.p., cases of 1564, 1565, 1566.
30. ASF Acquisti e Doni 291, Carnesecchi, n.p., cases of 1560 and 1563.
31. 이러한 역학관계의 일부 예가 Brucker, *Giovanna and Lusanna*에서 검토되고 있다.
32. Grazzini, *La Pinzochera*, Act V, Scenes 7~11.
33. ASF Acquisti e Doni 291, Carnesecchi, n.p., cases of 1560 and 1563.
34. 이후 전개된 상황의 추이를 이해하기 위해서는, Terpstra, "Competing Visions", 1319~1355를 보라.
35. 지노리의 쉽터는 이전 시기 산 니콜로 데이 판토니 구빈원S. Niccolò dei Fantoni ospedale으로 사용되던 건물에 자리하고 있었다. 한편 비니 구빈원Ospedale Bini을 차지하고 있던 산타 마리아 델레 베르지네는, 1557년 피렌체의 북쪽 끝에 위치한 산 갈로 성문 외곽에 있던 보다 넓은 산 마르코 수도원으로 잠시 자리를 옮겼다. 하지만 그것은 1년도 지나지 않아 다시 비니로 돌아왔고, 최종적으로는 1564년 아르노의 북쪽 강변에 위치한 옛 체포 수도원으로 거처를 옮겼다. Terpstra, *Abandoned Children*, 51~53, 69를 보라.

36. 성 니콜로(270~343)가 어떻게 소녀들에게 지참금을 주었는지에 관한 이야기에는 다양한 이형이 존재하고 있었다. 하룻밤에 3개의 자루를 나누어주었다는 이야기도 있고, 다 보라진의 『황금 전설Golden Legend』에 나오는 것처럼, 해를 걸러 가며 나이에 맞게 3명의 소녀에게 각각 자루 하나씩을 나누어주었다는 이야기도 있다. Da Voragine, *Golden Legend*, I, 21~22.

37. ASF, Ceppo, ms. 145, 161r, 165r. BRF, Moreni, AD93, 10r~12v.

38. ASF Fondo Manoscritti, #603, inserto 28.

39. 나중에 파테베네프라텔리Fatebenefratelli가 그곳을 차지했고, 이후 또다시 조반니 디 디오S. Giovanni di Dio 병원에서 그곳을 차지하게 되었다. 후일의 개축을 통해 순례자들을 위해 마련되었던 홀은 폭 8미터, 깊이 17미터의 교회의 중앙 신도석으로 변화했다. 비록 아래에 언급된 인구통계 조사서와 같은 16세기의 자료들에는 다르게 기술되어 있지만, 일부 근대의 자료들은 베스푸치 저택이 비아 누오바와 보르고 오니산티가 교차하던 모퉁이에 위치했다고 기술하고 있다. Diana, *San Matteo e San Giovanni di Dio*, 123~129.

40. ASF Bigallo, 1229 #43. 이 기록을 ASF Bigallo, 1700, 4r의 기록과 비교하라.

41. ASF Bigallo, 763, ASF Bigallo, 1687. 1543년의 조사서와 도메니코의 설명은 ASF Bigallo, 1700, 4r에 남아 있다. 루이지 베스푸치의 거래장부와 이웃들의 증언에 대해서는 ASF Bigallo, 1225, #5 and 1232, #4를 참조하라.

42. 피에타의 집에 대해 침묵하고 있는 당대의 연대기에는, Francesco di Andrea Buonsignori, *Memorie [1530~1565]*; Marucelli, *Cronaca Fiorentina 1537~1555*; Bernardo Segni, *Istorie Fiorentine*; Richa, *Notizie istoriche* 등이 있다. 이와 함께, Passerini, *Storia degli stabilmenti*와 Diana, *San Matteo e San Giovanni di Dio*, 123~129를 보라.

43. ASF Decima Granducale, ms. 3782, 40r.

44. "614번은 라포 디 마르코 베스푸치Lapo di Marco Vespucci, 피에로 디 줄리아노 베스푸치Piero di Giuliano Vespucci 그리고 마르코 디 알레산드로 베스푸치Marco di Alessandro Vespucci의 후손들 집이다. 60스쿠도(5보카)에 상당하는 이 집은 지금 안토니오 데 놀리Antonio de Nolli와 사제 바르톨로메오 다 엠폴리Bartolomeo da Empoli에 의해 임대되어 있다. 622번에는 베르나르도 디 파올로 베스푸치Bernardo di Paolo Vespucci의 미망인 마리아Maria가 살고 있으며, 임대 가격은 30스쿠도다. 그 집은 아르노 강변 쪽으로 등을 대고 있는 길가에 자리 잡고 있다." ASF Decima Granducale, ms. 3782, 36r. 안드레아 베스푸치Andrea Vespucci는 후일 피에타회의

회원이 되었다. ASF CRSGF 112/97, 34r, 57r, 76r.

45. 산타 마리아 베르지네에 관해서는 ASF Ceppo 145, 171~187을, 산 니콜로에 대해서는 ASF Ceppo 59를 참조하라. 1570년의 인구통계 조사서에는 57명의 소녀들이(105v~118v), 1579년의 조사서에는 50명의 소녀들이(129v~135r) 기록되어 있다. 한편 1562년의 인구통계 조사서에는 122명의 소녀들이 기록되어 있는데, 이 수에는 이전에 산 니콜로의 감독을 받았지만 도시 전역에서 하녀로 일하며 살아가던 소녀들이 포함되었을 수도 있다.
46. ASF CRSGF 112/78(1554~1559)과 112/79(1558~1623).
47. 361명의 소녀들 가운데 224명(62퍼센트)은 분명히 피렌체의 외부에 뿌리를 두고 있었다. 연령대와 기원에 대한 비교분석적인 통계자료를 참고하기 위해서는, Terpstra, *Abandoned Children*, 79~81, 301 n. 24를 보라.
48. 결과에 관한 통계자료를 위해서는, Terpstra, *Abandoned Children*, 256~265, 277을 보라.
49. 비록 일부 소녀의 경우 사망 날짜가 명기되어 있지 않아 정확한 수치를 산출하는 것이 불가능하지만, 이 소녀들 가운데 일부는 1568년 비아 만도를로로 이주한 이후 사망했을 것이다. 『비밀의 책』(ASF CRSGF 112/78)에 등록된 361명의 소녀들 가운데 210명은 피에타의 집에서 사망했다. 사망 날짜가 기록되어 있는 182명의 소녀들 가운데 167명이 1568년의 이주 이전에 죽었다.
50. 산타 마리아 델레 베르지네에서의 사망률은 11.36퍼센트, 산 니콜로에서는 19.82퍼센트였다. ASF Ceppo mss 59, 145.

제3장 르네상스기의 일하는 10대 소녀들

[도입글] 이 글은 Dallington, *A Survey*(1596), 32~33의 원문을 오늘날의 형태로 바꾸어 간결하게 다시 정리한 것이다.

1. ASF CRSGF ms. 112/97, 120r, 122r (Margherita Boninsegni: 1554~1555); ms. (Alessandra di Girolamo: 1555~1583); ms. 112/78, 43r, #168 (Brigida di Franxino Pesilli da Pansano: 1583~1601); ms. 112/78, 57r, #220; ms. 112/79, 8r, #41 (Chaterina di Piero legniauolo: 1601~1613).
2. 이 수치와 이후의 논의들에 관한 모든 자료는 ASF CRSGF/112. 1555: 6062.18.04 (ms. 97, 235), 1556: 9034.15.00 (ms. 96, 82), 1557: 10,612.11.08 (ms. 55, 25), 1558:

10,418.15.04 (ms. 55, 108)에서 유래한다. 당시 피렌체의 물가와 임금에 대해서는 Morelli, *La seta fiorentina*, 66, 68과 Goldthwaite, "An Entrepreneurial Silk Weaver", 88, 97~98을 참조하라.

3. 모나 로레타는 첫째 날인 1554년 1월 25일자로 등록한 52명 가운데 한 명이었다. 그녀는 1560년 6월 사망할 때까지 그곳에 머물렀다. CRSGF 112/78, 3r, #10; 73r, #286.
4. 526명 가운데 68명이 이에 해당했다. ASF CRSGF mss 112/78과 79.
5. 아뇰레타 디 로렌초 다 카세티노Agnioletta di Lorenzo da Casentino는 피에타의 집에 단지 2주 동안만 머문 후 곤디의 집으로 나갔다(ASF CRSGF ms 112/78, 32, #129). 마르게리타 디 갈라니Margherita di Gallani에 대해서는 ms. 112/78, 3, #12를 참조하라.
6. ASF CRSGF ms 112/78, 10r (#78), 73r(#285), 32r(#125); ms. 112/79, 57r(#342).
7. Romano, *Housecraft and Statecraft*. C. Klapisch-Zuber, "Female Celibacy and Service", 176~177.
8. 두 등록명부의 기록에 따르면, 68명의 소녀가 밖으로 나갔고, 그 가운데 25명이 다시 돌아왔다.
9. ASF CRSGF 112/79, 32, #189.
10. 1554년부터 1572년 사이에 일을 하기 위해 피에타의 집을 떠나 외부로 나갔던 68명의 소녀들 가운데 29명이 섬유산업계의 장인이나 과부들과 함께 일을 하기 위해 그곳을 떠났다.
11. 1562년 아고스티노 디 베르토와 함께 일하면서 기술을 배우기 위해 피에타의 집을 떠났을 때, 베타 디 파골로의 나이는 열아홉 살이었다. 그녀는 이전에 피에타의 집에 5년 동안 거주했다. 그리고 그녀는 2년도 지나지 않아 피에타의 집으로 다시 돌아왔다(112/78, 75r, #292; 112/79 #31). 한편 1561년 계약이 시작될 때 난니아 디 스테파노Nannia di Stefano는 열네 살이었고, 그녀는 그 이전까지 피에타의 집에 4년 동안 살고 있었다: ms 112/78, 70r #273; ms. 112/79, 22r #126.
12. 아뇰리나는 피에타의 집에 1566년 7월 6일 들어왔고, 1576년 4월 24일 보티의 집으로 일을 하기 위해 나갔으며, 1581년 2월 14일 피에타의 집으로 다시 돌아왔다. 1581년 4월 11일 그녀는 승소판결을 받아 36스쿠도를 받았고, 1587년 4월 1일 쿠아라키Quarachi의 프란체스코 디 로렌초 칼라니Francesco di Lorenzo Callani와 결혼했다. ASF CRSGF 112/79, 52r (#306).
13. 도메니카 디 베르나르디노 다 시에나는 1560년 피에타의 집에 들어왔고, 1568년 모나 마르게리타와 함께 일을 하기 위해 그곳을 떠났다(CRSGF 112/79, 31r, #182). 카밀라 디 로렌초 팔라추올로에 대해서는 CRSGF 112/79, 49r, #275를 보라. 안토니아 디 마르코

달로로의 사례를 이해하기 위해서는, 중복되어 남아 있는 1560년의 두 등록부를 비교하면서, 이들을 함께 짜맞추어야 한다. 하나는 CRSGF 112/78, 77r #298의 기록으로서 그것에는 그 방직공이 과부 도메니카로 기록되어 있다. 하지만 CRSGF 112/79, 3r, #14에 남아 있는 또 다른 기록에는 그 인물이 도메니코 베르도네Domenico Verdonne라는 이름으로 등장한다. 이 사례를 제외하면, 과부들과 일하기 위해 피에타의 집을 떠났던 4명의 소녀 가운데 어느 누구도 다시 피에타의 집으로 돌아오지 않았다.

14. 의류 노동을 통해 피에타의 집에서 벌어들인 수입과 관련해 리라로 명기되어 남아 있는 영수증 기록은 다음과 같다. 590.14.00 (1555), ASF 112/97, 235r. 2027.13.00 (1556), ASF 112/96, 82r. 2395.13.08 (1557), 3386.10.08 (1558), 3786.00.00 (1559~partial) 112/55, 25r, 108r, 183r.
15. ASF CRSGF 112/2.
16. "Questo libro e delle fanciulle della pieta e chiamasi giornale segnato *A* tenuto per me [blank] una di dette fanciulle" ASF CRSGF 112/2, 1r.
17. ASF CRSGF 112/2, 44v, 46r.
18. 피렌체의 섬유산업에 관한 최근의 가장 완벽한 연구로는 Goldthwaite, *Economy of Florence*, 265~340을 참조하라.
19. 견직물 산업에 작용한 젠더별 노동 분화에 대해서는, Brown and Goodman, "Women and Industry"를 보라. 이와 함께, Goldthwaite, *Economy of Florence*, 322~336, 367~376, Franceschi, "Les enfants au travail", 69~82, 그리고 De Roover, "A Florentine Firm"을 참조하라.
20. Elder de Roover, *Medieval Terms of Business*, 149, 279~280.
21. Elder de Roover, *Medieval Terms of Business*, 279~280.
22. 괄호 안에 무게를 기입하여 리라/솔도/데나로로 지불된 금액은 모두 ASF CRSGF 112/2, 56r~v, 71r, 78r, 83r과 112/29, 1v~7r에 나타나 있다. 이 두 책을 이용하여 피렌체의 계산법(즉 새해의 첫날을 3월 25일부터 계산하는 방법)에 따라 1년 동안의 추이를 추적할 수 있는데, 그 결과는 다음과 같다. Andrea Parenti 265.04.08(175리브라, 12온스); Benedetto di Filippo 98.05.08(166리브라, 12온스); Francesco detto Naso 216.07.04(366리브라); Lorenzo di Bardo Lanino 1036.08.04(1797리브라, 17온스); Pagolo Lanino 92.14.08(154리브라). 이해 견직물 노동으로 얻은 총수입은 1709.04.08이었다.
23. 브라운과 굿맨은 1570년대에 피렌체의 모직물 산업이 붕괴했다고 주장한다. 하지만 이와 달리 리처드 골드스웨이트는 그 기점을 1610년대로 잡는다. Brown and Goodman,

"Women and Industry," 77. Goldthwaite, *Economy of Florence*, 278. 프란체스코 데 메디치의 거래장부에서는 각각 21.2와 11.83으로 나타난다. De Roover, "Florentine Firm", 118. 골드스웨이트는 20퍼센트가 모직물 산업에서 원사 생산에 해당한다는 점을 보여준다. Goldthwaite, "Entrepreneurial Silk Weaver", 117.

24. ASF 112/29, 1v~7r. De Roover, "Florentine Firm", 98.
25. Leonardo Fioravanti, *Lo specchio di scientia universale*...... (Venice, 1572), as cited in Mola, *Silk Industry*, xiii.
26. 모직물 산업에 관한 이후의 논의를 위해서는, Elder de Roover, *Medieval Terms of Business*, 330을 보라. 또한 Elder de Roover, *L'arte della seta*; Mola, *Silk Industry*; Roberta Morelli, *La seta fiorentina*를 참조하라.
27. 1440년부터 1576년 사이에 토스카나 지방에서 양잠업은 75퍼센트가량 증가했고, 이후 다음 25년 동안 2배로 늘어났으며, 1610년에서 1650년까지 2.5배 증가했다. 그것은 연평균 11만 리브라를 생산하는 피렌체의 주요한 경제 활동이 되었다. Brown, "Woman's Place", 220~221. Goldthwaite, *Economy of Florence*, 293~295.
28. 양잠업과 견직물 생산업에 참여했던 다른 지역의 여성과 소녀들에 관한 더 많은 정보를 얻기 위해서는, Li, *China's Silk Trade*, 18~33을 참조하라.
29. Brown, *Shadow of Florence*, 82~85. 시스몽디에 관해서는 n. 65를 보라. 0.34킬로그램에 해당하는 토스카나 파운드libbre로 계산할 경우, 1565년 소녀들이 생산한 1200리브라는 견사 408킬로그램에 해당한다. 건조한 고치를 10:1의 비율로 놓고 생각한다면, 이러한 양의 견사를 생산하기 위해서는 4080킬로그램의 고치가 필요했을 것이다. 고치 한 마리당 무게가 1.5~2.5그램이라면, 이것은 다시 163만2000에서 272만 마리의 고치를 합해놓은 무게에 해당한다. 이런 비율로 1905년에 계산된 논의를 참고하기 위해서는, Laurent de l'Arbousset, "Silk and Sericulture"를 보라.
30. Poni, "All'origine del sistema di fabbrica", 444~445, 451~456. Martin, *Viaggio in Toscana*, fig. 44.
31. 견사의 파운드는 특별 제조된 비누의 파운드를 취했다. Edler de Roover, *Arte della seta*, 43.
32. Giovanni Soldani: lire 637.00.00(ASF CRSGF ms. 112/2. 93r, 96r; 112/29, 3r, 4r, 5v). Baccio Comi: lire 1155.00.00 (112/2, 90r; 112/29, 3v, 5r). 이해에 견직 노동으로 거두어들인 총수입은 1792.00.00리라였다.
33. 1565년 11월 15일부터 1568년 3월 21일 사이에, 코미는 다양한 공정에서 작업될 1264리브라의 생사를 전달했다. 그 가운데 35.85퍼센트는 토스카나와 북이탈리아의 도시들

에서 왔고[19.2퍼센트가 우리 지역nostrale으로 묘사된 곳에서 왔고, 9.96퍼센트는 루카 너머의 해안 도시인 피에트라산타Pietrasanta에서, 6.68퍼센트는 레지오 에밀리아에서 왔다], 51.5퍼센트는 남부 이탈리아에서 왔으며[44.54퍼센트는 칼라브리아의 몬탈토Montalto에서 그리고 6.96퍼센트는 메시나에서 왔다], 10.04퍼센트에는 원산지가 표시되어 있지 않았다. 1564년 11월 26일부터 1565년 3월 5일 사이 솔다니는 191리브라를 전달했다. 그 가운데 56퍼센트가 토스카나 혹은 북이탈리아산이었고(29.8퍼센트는 레지오 에밀리아에서 왔고, 26.2퍼센트는 피에트라산타산이었다), 단지 12퍼센트만이 칼라브리아의 몬탈토에서 왔으며, 31.9퍼센트에 대해서는 명확한 산지가 표시되지 않았다. ASF CRSGF 112/2, 87r~88r, 93r. 피에타의 집으로 들어온 일부 생사는 누에고치 상태였을 가능성이 있다. 왜냐하면 일부 거래장부에 누에고치로부터 실을 뽑는 노동에 대한 대가로 지불된 금액이 포함되어 있기 때문이다. 또한 Morelli, *Seta fiorentina*, 34~35를 보라.

34. 정확한 수치를 산출하기가 어렵다. 하지만 예를 들어, 피에타의 집에서는 1565년 11월 26일 자노비 다 펠리카이아Zanobi da Felicaia의 작업장으로 보내기 위해 31파운드 6온스의 견사를 켜고 자았으며, 이에 대한 대가로 1566년 2월 9일 42리라를 받았다: ASF CRSGF ms, 112/2, 93r, 96r. 공작 코시모 1세는 새로운 법령을 명령했고, 그것은 1562년에 *Riforma attenente a l'Arte della Seta et università di Porta S. Maria della citta di Fiorenza* (Fiorenza: i Giuinti, 1570)로 채택되었다.

35. 모직물 생산은 1460년에서 1559년 사이에 1만5000브라치오에서 2만 브라치오 사이의 생산 규모에서 1560년부터 1580년까지 3만 브라치오 생산 규모로 급속히 팽창했다. 하지만, 이후 붕괴하기 시작하여 1580년부터 1609년 사이에는 단지 1만3000브라치오만을 생산할 정도로 급락했다. 그리고 이후 1630년에서 1649년까지는 6000브라치오, 1660년부터 1669년까지는 3500브라치오의 생산 규모로 계속 하락했다. 이 마지막 시기에 모직물 산업에 종사했던 노동자의 수는 1만5100명이었다. Brown and Goodman, "Women and Industry", 76~77.

36. 이하의 논의를 위해서는, Brown and Goodman, "Women and Industry"; Franceschi, "Les enfants au travail"; Franceschi, "Florence and Silk"; Goldthwaite, *Economy of Florence*, 322~340; Goldthwaite, "Entrepreneurial Silk Weaver"; Caferro, "Tommaso Spinelli", 417~439; Piergiovanni, "Technological Typologies", 543~564; Morelli, *La seta fiorentina*를 참조하라.

37. Morelli, *La seta fiorentia*, 63, 69. 골드스웨이트는 인건비의 급락에 관해 약간 다른 견해를 피력한다. 하지만, 그의 논의에서도 총액은 마찬가지다. *Economy of Florence*, 339.

38. 브라운과 굿맨은 남성들이 팽창하고 있던 사치품 제조 산업 분야로 이동해갔다고 주장한다. "Women and Industry", 79~80.

39. 1590년 토스카나에서는 토스카나산 원재료의 12.5퍼센트를 이용해 1만 필의 견직물을 생산했다. 이를 위해 1560명의 여성들과 어린이들이 생애 주기가 45일인 누에를 기르는 노동에 종사했고, 누에고치로부터 실을 켜는 100일 동안의 작업에 120명의 노동자가 참여했으며, 실을 잣는 70일간의 일에 70명의 방적공이 종사했다. 1650년에는 9360명이 고치를 기르고, 740명이 실을 켜고, 420명이 실을 자았다. Brown, "Women's Place", 220~224.

40. 1663년의 인구통계 조사서에 기록된 1만4034명의 견직물 생산 노동자 가운데, 2252명(16퍼센트)이 남성이었고, 1만1782명(84퍼센트)이 여성이었다. 또한 6084명(43퍼센트)이 어린이였고, 이들 가운데 4775명(78퍼센트)이 소녀였다. 이 수치에는 도제들은 포함되지 않는다. 전업 방직공과 염색공으로 일한 성인들은 1908명이었고, 그 가운데 1459명(76퍼센트)이 여성이었다. Brown and Goodman, "Women and Industry", 80.

41. Morelli, *La seta fiorentina*, 62. Goldthwaite, *Economy of Florence*, 322~326.

42. 파올로 디 조르조 우기Paolo di Giorgio Ugi는 1566년 3월 바초 코미와의 계약을 처리했다. 솔다니와 계약을 처리했던 여성 모나 지네르바 데 톨로메이와 마찬가지로, 중개업자 프란체스코 디 야코포 바르베리노와 상인 조반니 솔다니의 아내들 역시 피에타회의 회원들이었다. ASF CRSGF 112/9, 90r, 96r; 112/29, 5r. 톨로메이는 당시 피렌체에서 대부분의 견직물이 생산되던 산타 크로체 부근에 살고 있었다. Caferro, "Tommaso Spinelli", 423.

43. Mola, *Silk Industry*, xiii.

44. 이 회색 영역에는 노골적인 기부 행위도 포함된다. 피에타의 집이 비아 만도를로로 이전하자 견직물 길드에서는 피에타의 집에 보조금을 지급하기 시작했다. 하지만 그것은 우스울 정도로 적은 금액이었다. 그곳에서는 피에타의 집에 연 25리라를 제공했고, 피에타의 집으로부터 간절한 호소를 받았을 때에도 단지 75리라로 올렸을 뿐이었다. ASF CRSGF 112/89, #17 (18-XI-1604).

45. 따라서, 예를 들어, 1565년에서 1566년 사이에 모직물과 견직물 생산 노동을 통해 피에타의 집에서 대략 1700리라의 수입을 거두어들였을 때, 4명의 모직물 산업 중개업자로부터 개별적으로 102건의 지불이, 2명의 견직물 산업 중개업자로부터 27건의 지불이 이루어졌다. ASF CRSGF 112/29, 1v~7r. 단일 규모로 지급된 가장 큰 액수(700리라)는 1565년 8월 4일 바초 코미가 약간의 견직물 생산 노동에 대한 대가로 지불한 것이었다.

46. 데 루버는 남성 전업 견직공이 매년 대략 300브라치오의 다마스크 직물을 많은 시간을

들여 생산했던 반면, 시간제로 일했던 여성들은 동일한 양의 저가의 호박단을 생산할 수 있었다고 주장한다. Edler de Roover, *L'Arte della seta*, 54~56. 피에타의 집에서는 1565년 적어도 2000브라치오를 생산했다.

47. 브라치오는 대략 58.36센티미터 혹은 대략 2피트 길이로서, 대개는 천의 길이를 잘라서 재는 데 사용되었던 피렌체의 척도였다. 이와 달리 천의 전체 길이는 칸나로 측정했다. 1칸나는 3~4브라치오였다. Edler de Roover, *Medieval Terms of Business*, 52. 1565년의 1년 동안, 정확한 길이를 명기하여 이루어진 판매가 31건이었고, 그것을 통해 피에타의 집에서는 총 1383브라치오의 천을 제작해, 브라치오 당 1s7d에서 3s1d로 다양하게 계산해 수입을 올렸다. 또한 길이를 명기하지 않은 생산을 통해서도 71.01.00을 벌었다. 직조를 통해 총 163.11.04리라를 벌었는데, 심지어 아주 저렴하게 브라치오당 2솔도를 받았다고 해도, 이것은 그녀들이 또 다른 700브라치오의 천을 생산했다는 것을 의미한다. 그렇다면 그해 피에타의 집에서는 대략 총 2100브라치오를 생산했을 것이다. ASF CRSGF 112/29, 1v~6v, 129r~130r. Edler de Roover, *L'Arte della seta*, 54~56. 카페르로는 거래장부가 작성되는 전형적인 방식으로부터 임금을 확인하기 어렵다는 점에 주목한다. Carferro, "Tommaso Spinelli", 428~429.
48. 1559년 피에타의 집에서는 24개의 비단 리본을 생산해 9.12리라를 벌어들였다. ASF CRSGF 112/55, 176r. 1565년의 회계장부에는 24브라치오 길이의 빗질한 견사가 단 하나 등장하는데, 그것으로 6.10리라 혹은 브라치오 당 5s6d를 벌었다. 여성들이 자신들의 시설에서 벌었던 액수의 규모는 4s16d에서 6s였지만, 그것은 전문적인 방직공들이 자신들의 작업장에서 벌 수 있었던 브라치오당 7~10솔디보다 아주 적은 액수였다. Morelli, *La seta fiorentina*, 74~75. Goldthwaite, "Entrepreneurial Weaver", 82~84. Edler de Roover, *L'Arte della seta*, 54~55.
49. Edler de Roover, *L'Arte della seta*, 54~56. Caferro, "Tommaso Spinelli", 428.
50. Hufton, *The Prospect Before Her*, 88~89.
51. ASF CRSGF 112/81, "*Manifatture di Tele e Pigionali* 1554~1579". *Pigionali*는 비록 이 거래 원장에는 피에타회의 여성들이 매년 피에타의 집에 지원하기로 서약했던 기부금을 의미하는 것으로 나타나지만, 이와 함께 "임대"로도 번역될 수 있다.
52. "훈련받은, 하지만 숙련되지 못한" 것으로 이 필체를 특징적으로 이해할 수 있게 조언해 준 네리다 뉴비긴에게 감사의 뜻을 전한다.
53. Pezzella, *Erbario inedito*, 112, 140, 300, 314~315, 318. 머리 백선에 대한 처방전과 두 연고diaqualons의 제조법은 ASF CRSGF 112/81, 63r~64v에 등장한다.
54. ASF CRSGF 112/81, 65r~v. Pezzella, *Erbario inedito*, 304, 314. *Dizionario*

etimologico storico, 619. Johnston and Gass, "Vinegar", 61ff.

55. 5번 처방전에 나타난 치료제는 화상에 효능이 좋았다. 투티아에 대해서는, Florio, *Worlde of Wordes* (1598), 436을 보라.
56. Potter, "Greensickness in *Romeo and Juliet*", 274~280. King, *The Disease of Virgins* Green, *The Trotula*, 83~87. Park, *Secrets of Women*,
57. Soranus, *Gynecology*, 214~244. Dioscorides, *De material medica*.
58. 그린은 『트로투라』에는 낙태약에 대한 명확한 언급이 나타나지 않는다고 사실에 부합하게 주장한다. 하지만 그 책에는 출산을 어렵게 만들거나 죽은 태아를 제거할 수 있는 치료법에 관한 지면이 약간 포함되어 있다. 정교한 방식으로든 아니든, 이런 식으로 특정 약초의 낙태 효과에 관한 지식이 간접적으로 전해내려왔다. 또한 『트로투라』에 처방된 약들에는, 베텔리엄, 풍자향, 아마인, 아욱, 몰약, 루타 등처럼, 실제로 고전 시대의 권위자들이나 이슬람의 전문가들이 낙태약으로 묘사했던 많은 재료가 포함되어 있다. Green, *The Trotula*, 34, 99~105, 123~124, 157~159.

제4장 10대 소녀들과 산아제한

[도입글] Act III, Scene 4, in *Five Comedies*, 92~93.

1. Green, *The Trotula*. Pomata, *Contracting a Cure*.
2. 케루비노의 『결혼 생활 규칙』은 1487년 피렌체에서 출판된 것으로 보인다. Noonan, *Contraception*, 343. 허구적 고정관념에 대해서는, van de Walle, "'Marvellous Secrets'," 325를 보라. 르네상스기 이탈리아의 강력한 출산 문화에 관해서는 Bell, *How to Do It*, 17~72를 보라.
3. 구아이네리우스의 『자궁 논고』는 1481년 그의 『전집Opera Omnia』에 그 일부가 출판되었다. Lemay, "Anthonius Guainerius", 327, 334를 보라. 포상기태hydatidiform mole는 수정란에서 자라거나 홀로 성장할 수 있는 마치 종양과도 같은 혹을 가리킨다. 그로 인한 증상에는 부종, 구토, 자궁 출혈 등이 포함된다. 몰라를 제거하지 못하면, 감염, 출혈, 임신중독 등이 유발될 수 있다.
4. Niccoli, *Prophecy and People*.
5. 아리스토텔레스는 *History of Animals*, Bk. VII, 3에서 태아의 분화에 관해 논의한다.
6. Thomas Aquinas, *In libros sententiarum*. Noonan, *Contraception*, 234에서 인용.
7. Bernardine, *De evangelio aeterno* in his *Opera*, vol. IV, 33.2.7. Noonan,

Contraception, 218에서 인용. 또 Mormando, *The Preacher's Demons*를 보라.

8. Antoninus, *Summula confessionalis utilissima*, 95~96. Howard, *Beyond the Written Word*.
9. Savonarola, *Confessionale*, 34~35.
10. Cajetan, *Summula de peccatis*, 1. Sanchez, *De sancto matrimonii*, II, 22.17, 130, 198~199. Noonan, *Contraception*, 89~91, 368~369.
11. 39곳의 이탈리아의 도시와 마을에서 13세기부터 16세기 사이에 출판되었던 법령을 분석한 결과, 오직 두 곳에서만 이에 관한 언급을 발견할 수 있다. 하나는 1469년 비테르보의, 다른 하나는 1534년 발레라노의 기록이다. 이에 대해서는 곧 출판될 존 크리스토폴로스John Christopoulos의 르네상스기 낙태에 관한 학위논문에서 심도 있게 논의될 것이다.
12. Sixtus V, *Effraenatam*, 29 October 1588, in *Codicis iuris canonici fontes*, ed. Gasparri, I. 308. 본서의 번역은, Trimakas, "*The Effraenatam*", http://iteadjmj.com/aborto/eng-prn.html에서 인용했다.
13. Ibid., 309~310. 성직자에 대한 식스토 5세의 특별한 주목에 관해서는 Noonan, *Contraception*, 344, 363~365를 보라.
14. Gregory XIV, *Sedes Apostolica, 31 maii 1591*, in Gasparri, ed. *Codicis iuris canonici fontes*, vol. I, 330~331.
15. 비오 9세Pius IX는 1869년 영혼이 깃든animatus 태아와 영혼이 깃들지 못한inanimatus 태아 사이의 구분을 폐지했고, 레오 13세Leo XIII는 1886년 단계 혹은 동기에 관계없이 모든 낙태 행위를 금지했다. Noonan, *Contraception*, 405. Riddle, *Contraception and Abortion*, 162.
16. Noonan, *Contraception*, 346~358. 아마도 강간, 내연 관계, 폭행, 혼전 성교 등 혼외정사를 통해 아기를 갖게 된 사람들에게 산아제한의 동기가 더 많았을 것이지만, 안타깝게도 누난은 대부분 결혼 제도 내의 성관계라는 맥락에서 피임과 낙태에 관한 논의를 전개한다. 성직자의 성에 관해서는, Brundage, *Law, Sex, and Christian Society*, 214~223, 251~252, 342~343, 401~404, 536~539를 보라. 중세 말이었던 1358년부터 1495년 사이의 요크에서는, 간통이나 간음으로 기소되어 도시의 카피툴라Capitular 법정에서 처벌된 사람들 가운데 성직자의 수가 세속인보다 훨씬 더 많았다.
17. 트렌토 공의회에서는 24회기에, 첩을 두고 있는 성직자에게는 세 차례의 경고가 주어질 수 있지만, 이후의 경우 그가 파문될 것이라고 결정했다. Hufton, *Prospect Before Her*, 276.

18. Laven, *Virgins of Venice*, 167~185. McGough, "Quarantining Beauty", 227~228.

19. Laven, *Virgins of Venice*, 158~185. Sperling, *Convents and the Body Politic*, 124~127, 142~148.

20. 이 이야기는 1513년부터 1516년 사이에 기술되었다. Bandello, *Terza parte*, III, #52, 238~239. Van de Walle, "Marvellous Secrets", 325.

21. 이 사건은 1609년 세속 법정 Provveditori sopra i monasteri di monache에 기소되었다. Laven, *Virgins of Venice*, 163~164, 241.

22. 1558년 3월 1일 루카 파비오니Luca Fabbioni는 산 야코포 소프라 아르노의 두 프란치스코회 수도사를 고발하는 편지를 구엘프 당의 지도자에게 보냈다. "초콜리Zoccoli"로 불리던 그곳은 세평에 따르자면, 프란치스코회에서 가장 가난하고 가장 신성한 집단이 머물던 곳이었다. 수도사들은 두 미망인, 즉 마흔 살의 풀리세나Pulisena와 서른다섯 살의 마테아Mathea가 살고 있던 오르바텔로의 한 숙소로 갔다. 그리고 한 커플이 일을 저지르고 있을 때, 그들은 위층에 살고 있던 또 다른 한 과부에게 발각되어 고발되었다. 파비오니는 산 피에로 델 무로네에서 발생했던 몇 건을 포함해서 수도사들이 오르바텔로에서 이런 일을 저지른 것이 처음이 아니라고 불평을 털어놓았다. 그리고 그는 수도사들과 글을 읽고 쓸 줄 알던 일부 여성들 사이에서 연정을 담은 편지들이 활발하게 오가고 있다고 덧붙였다. ASF, Capitani di Parte Guelfa, Numeri Neri, 707 "Suppliche del 1559", #104 (11 March 1558). 이와 마찬가지로 1560년 마라디에서는 마을 사람 두 명이 그 지역의 사제를 공격했다는 이유로 고발당했다. 그 지역 사람들은 그 사제가 피고 가운데 한 명의 사촌을 임신시킨 이후, 그를 음탕한 놈ribaldo이라고 불렀다. ASF, OGBP, ms. 2235, #346 (18 July 1560).

23. Sercambi, *Novelle*, II, 518~525. Kunstmann, *Miracles de Notre-Dame*, 47~50. Van de Walle, "Marvellous Secrets", 324에서 인용.

24. 판 데 발레는 원치 않은 임신을 해결할 수 있는 세 가지 방법, 즉 피임, 낙태, 은닉 가운데, 르네상스 노벨라에서는 압도적으로 은닉의 방법이 많이 등장했다는 점을 상기시킨다. 또한 그는 그것이 간혹 등장인물이 다른 두 방법을 교묘히 거부하면서 취했던 선택이었음을 보여준다. 스페인과 독일의 이야기에서와는 달리, 이탈리아와 프랑스의 이야기에서 은닉의 방법이 주로 다루어진다는 점 역시 흥미롭다. Van de Walle, "Marvellous Secrets", 321~322, 329.

25. Riddle, *Contraception and Abortion*, 144~157.

26. Lemay, "Medieval Gynecology", 323.

27. 외과의cerusaco or chirurgo 마에스트로 시모네가 두 차례에 걸쳐 분할 입금된 급료

로 연 14리라를 받았던 반면, 내과의medicho fisicho 프란체스코 루지에리는 그것의 두 배가 조금 넘는 금액을 받았다. 정확히 말해 그는 세 차례의 분할 급료로 약의 비용을 포함하여 연 29리라를 받았다. ASF CRSGF ms. 112/29 126v, 128r, 130r, 132v, 133v, 135v, 137r, 140r, 143v, 150v, 151v, 161r.

28. Bonnacioli, *Muliebrium libri, II* in *Gynaeciorum*, 577~594. 출혈에 관해서는, 578~581, 586을 보라. 의사들은 또한 피가 정상적으로 흐르지 않는 환자들의 경우, 특히 생리혈이 뇌 쪽으로 흐를 때, 정신병이 유발될 수 있다고 생각했다. 그들은 상현달이 떠 있는 동안 발에 출혈을 일으킴으로써 이 위험을 막을 수 있다고 생각했다. Hufton, *Prospect Before Her*, 44.

29. Pomata, *Contracting a Cure*, 22. Rösslin, *Rose Garden*, 67~93.

30. Salernitano, Il *Novellino*, 170을 보라. Van de Walle는 이 해석에 동의하지 않는다. "Marvellous Secrets", 326.

31. *Raccolta di Ricette medicinale da diversi autori copiata da una che era in S. Maria Nuova*. BNCF Magliabecchi XV. 92. 192번 폴리오 필사본에는 1515년 10월 17일로 그 일자가 표기되어 있다. 또한 필경사였던 반도비네티는 이 책을 "도움이 필요할 때 찾아볼 수 있는 보다 보편적인 책이며, 그것 역시 산타 마리아 누오바에서 찾을 수 있다uno libro universale di piu cose avete riciette isperimentate e provate aute…… cavate pure di sancta maria nuova"라고 묘사한다. 목차가 처음 19면을 차지하고 있고, 자주 같은 내용이 반복되며, 특별한 순서도 없는 것으로 보아, 반도비네티가 단순히 책장에서 여러 책을 뽑아 그 내용을 옮겨적은 것으로 보인다. 그가 인용한 권위자들 가운데에는 피치노Ficino, 프루오시노Fruosino, 미켈레 다 페샤Michele da Pescia, 프란체스코 감베라이Francesco Ghamberai, 안토니오 델라리Antonio degl' Agli, 야코포 디 몬테Iacopo di Monte, 지온바니 치에레타니Giovanni Cierretani, 디노 델 가르보Dino del Garbo 등이 포함된다. 치약은 fol. 37v에 등장한다. 오래된 많은 의학서적에서는 이런 방식으로 처방법들을 배열했다. Green, *The Trotula*를 보라.

32. 파골로의 『처방전 컬렉션Raccolta』의 내용에 관한 폭넓은 논의를 위해서는, Henderson, *Renaissance Hospital*, 297~335를 보라. 핸더슨은 이 『처방전 컬렉션』을 산타 마리아 누오바의 공식 『처방서Ricettario』로 간주한다. 하지만 그것에 나타난 치료법과 그것이 병원 도서관에 소장된 책들을 빈번하게 언급하고 있다는 점을 모두 고려하면, 그 책은 개인적인 용도로 의사들이 의뢰해 제작했던 특화된 개인 컬렉션처럼 보인다. Gentilcore, *Healers and Healing*, 57, 109~112. 이와 함께, Eamon, *Science and the Secrets of Nature*를 보라. 이와 같은 개별화된 컬렉션의 또 다른 사례를 참고하기

위해서는, BNCF Magliabecchi XV(특히 mss 111~118)을 보라.

33. Riddle, *Contraception and Abortion*, 127~134.
34. ASF, Arete dei Medici e Speziali, ms. 4, 43r~44r, 53r~55v.
35. 비록 항목별로 명기하지는 않았지만, 1562년 4월 14일부터 6월 19일까지의 두 달 동안, 피에타의 집에서는 의약 관련 품목robe mdecinale or piu medicine을 구입하는 데 98리라를 지출했다. ASF CRSGF 112/98, 97r. 1566년에는 의약품 비용으로 130리라 이상이 소비되었고, 1567년에는 그 액수가 220리라를 상회했다. 하지만 1570년에는 단지 7리라로 떨어졌고, 다음 두 해 동안에는 각각 4리라를 조금 넘어서는 정도에 머물렀다. 1569년 7월 7일부터 1574년 5월 29일까지, 피에타의 집에서는 의약품 비용으로 총 42.0.8리라를 소비했다. ASF CRSGF 112/29, 154v, 178r, 184r, 185r, 187r, 191r, 193r, 210r, 225v, 230r, 239v. 또한 ms. 112/57, 30r~v를 보라.
36. Lemay, "Medieval Gynecology", 326.
37. Riddle, *Contraception and Abortion*; *Eve's Herbs*. 이와 함께 그와 주고받은 개인적인 서신.
38. Davis, "Scandale à l'Hôtel-Dieu", 181~185.
39. 이 규정은 1577년 법령에 등장한다. ASF Onestà ms. 3, 18r.
40. ASF Acquisti e Doni 291, Carnesecchi (n.p.), cases of 1560 and 1561.
41. ASF Acquisti e Doni 291, Onestà (n.p.), case of June 1562.
42. 만약 종교적 열정 때문이 아니라면, 아마도 조반니는 헤카베의 꿈이라는 고전 이야기로부터 영감을 받아 이러한 만행을 저질렀을 것이다. 파리스를 임신하고 있는 동안, 트로이의 왕비 헤카베는 전 도시를 화염에 사로잡히게 만들 선동가를 낳을 것이라는 꿈을 꾸게 된다. 남편 프리아모스 왕이 아기 파리스를 버림으로써 그에 대응하지만, 결국 파리스가 살아남아 헤카베의 꿈이 실현된다. 줄리오 로마노Giulio Romano는 만토바의 팔라초 델 테Palazzo del Te에 헤카베의 꿈에 관한 그림을 그렸다. 산 지미냐노의 프레스코화를 떠올리게 하는 이 섬뜩한 그림에는, 벌거벗은 채 기대 누운 헤카베의 뒤에 있는 악마와 그녀의 자궁에서 나오는 횃불이 묘사되어 있다.
43. 지롤라모(1490~1561)는 심지어 오네스타를 포함한 법과 정의의 문제, 자선 및 음식 공급, 공국의 관료 체계 등을 관장하던 고위 행정관직을 포함해 많은 저명한 직책을 맡아 수행했다. 또한 1550년대의 후반기에도 거의 끊임없이 그는 공작의 정치 자문위원회이자 최고위 행정기구였던 최고행정관위원회Magistrato Supremo의 구성원으로 활동했다. ASF Raccolta Sebregondi ms. 5004. 그는 1559년 11월 2일 유언장을 작성했고, 1561년 5월 21일 사망했다. 그의 유언장과 목록에 대해서는 ASF, *Libri di commercio e*

di famiglia, ms. 4788을 보라. 아울러 조반니의 유죄판결에 대해서는 ASF Acquisti e Doni 291, Carnesechi (n.p.), case of 1559를 보라.

44. www.operaduomo.firenze.it/battesimi.

45. 1531년부터 1539년까지 인노첸티에 버려진 아이들의 수는 당시 피렌체에서 세례를 받은 전체 아이들의 21.9퍼센트에 해당하며, 1539년 한 해의 경우는 38.9퍼센트에 이르렀다. 1548년부터 1552년 사이에 유기된 아이들은 전체 세례자 가운데 20.9퍼센트에서 37.3퍼센트 사이였다. 절대 수치로 표현하면, 1547년의 417명에서 1551년에는 884명으로 증가했고, 이후 1552년에는 607명으로 감소했다. Gavitt, "Charity and State Building", 238~239, n. 29, 246.

46. Brackett, *Criminal Justice*, 110.

47. 처음 4년 동안 산타 마리아 베르지네에 등록된 소녀들은 85명이었고, 그 가운데 28명의 소녀가 하녀로 일하기 위해 그곳을 떠났다. 그녀들 가운데 19명이 나중에 다시 돌아왔고, 7명은 달아났다. ASF Ceppo ms. 145, 171~187. 1571년 산 니콜로에는 57명의 소녀들이 거주하고 있었고, 1579년 35명의 소녀들이 더 들어왔다. 이들 92명 가운데 39명의 소녀들이 하녀로 일하기 위해 그곳을 나갔는데, 그녀들 가운데 3분의 2는 피렌체 가문 출신이 아니었다. 이후 기록의 상태가 악화되지만, 1579년부터 1598년 사이에 113명의 소녀들이 더 들어왔고, 그 가운데 26명이 하녀로 일하기 위해 그곳을 떠난 것으로 보인다. 그 가운데 몇 명이 다시 돌아왔는지에 대해서는 등록 기록상으로는 확인하기가 어렵다. ASF Ceppo ms. 59, 105v~118v, 128v~182r. 기원을 추적할 수 있는 60명의 피에타의 집 소녀들 가운데 23명은 피렌체, 그라고 37명은 피렌체 외부 출신이었다. ASF CRSGF 112/78 and 79.

48. 등록된 매춘부들에 관해서는, 1562년 인구통계 조사서의 팩시밀리, Trakulja, *I Fiorentini nel 1562*, xx, 68v, 69를 보라. 인구통계『조사서ricerca』에 따르면, 비아 누오바에 거주했던 77가구에는 각각 155명의 남성과 193명의 여성이 살고 있었고, 키아소 디 코다리메사Chiaso di Codarimessa의 열한 가구에는 6명의 남성과 24명의 여성이 거주했으며, 피아차 산 파올로Piazza S. Paolo의 다섯 가구에는 남성과 여성이 각각 10명 살고 있었다. ASF Decima Granducale, ms. 3782, 25v~27r, 37v~39v, 427r~455v, 637r~663r~681v.

49. 라 베스코비나La Vescovina의 본래 이름은 리사베티아 바치안티Lisabettia Baccianti였다. 그녀는 소녀를 하녀로 고용했다는 죄목으로 1562년 오네스타에 불려왔다. ASF Acquisti e Doni 291, Onestà, n.p. (1562).

50. 산타 마리아 델 피오레 성당의 사제단과 오니산티의 프란치스코 수도사들은 비아 누오

바에 있던 77채의 건물들 가운데 21채를, 코다리메사의 11채 중 8채를, 피아차 산 파올로의 5채 모두를 소유하고 있었다. 위의 주 49를 참고하라.

51. Van de Walle, "Marvellous Secrets", 326. Aretino, *Dialogues*, 126, 208.

52. *El ricettrario*. 이 책은 1499년 처음 제작되어 피렌체의 모든 인가된 약국에서 인정받은 치료법 책이 되기 시작했던, 도시 최초의 공식 처방서ricettrario에 기초해 제작되었다. Henderson, *Renaissance Hospital*, 297.

53. Bonaventure De Périers, *Nouvelles recreations et joyeux devis*. Van de Walle, "Marvellous Secrets", 324에서 인용함. 반 데 발레는 이 점에 관련되어 이탈리아와 프랑스 문학을 구분한다.

54. 언급된 기술에 따라, 이들이 각각 피에타의 집 보관소에 남아 있는 필사본 81과 97 그리고 56을 가리킨다. ASF CRSGF 112/56, 61v~72r; 112/81, 4r~17v; 112/97, 1r~83r.

55. 이렇게 새로운 방식으로 이름을 명기한 것은, 보다 낮은 계급의 엘리트 가문으로부터 의원직 계급을 구분하려고 했던 공작의 조치에 대한 대응이었다. 피에타회의 일부 여성들은 자신들이 출생한 가문의 이름을 사용했고, 다른 일부는 결혼한 가문의 이름을 사용했다. ASF CRSGF ms. 112/56 ms. 112/81, ms. 112/97. 단명한 여성 조직에 대해서는 Strocchia, "Sisters in Spirits", 735~767; Eckstein, "The Widow's Might", 99~118을 보라.

56. Manno Tolu, "Echi Savonaroliani", 209~224.

제5장 르네상스기의 근본주의자들과 곤경에 처한 소녀들

[도입글] Grazzini, *La pinzochera*, Act III, Scene 1, 2, 3 in D'Orazio, "Antonfrancesco Grazzini", 150~153.

1. "The Book on the Life of the Widow", in Savonarola, *Guide to Righteous Living*, 191~226을 보라.

2. Weinstein, *Savonarola and Florence*. Martines, *Fire in the City*. Eisenbichler, "Savonarola Studies", 487~495.

3. Polizzotto, "When Saints Fall Out", 486~495. Herzig, *Savonarola's Women*, 특히 5장을 보라.

4. 이하의 논의를 위해, Polizzotto, *The Elect Nation*. S Dall'Aglio, *Savonarola*. Martines, *Fire in the City*. Najemy, *History of Florence*를 참조하라.

5. Polizzotto, *The Elect Nation*, 322, 334~386.
6. 다른 네 곳의 수녀원을 통제하기 위해 산 마르코의 수도사들이 16세기를 거치면서 더욱 열정적으로 기울였던 노력에 대해서는, Polizzotto, "When Saints Fall Out", 522~523. Strocchia, "Savonarolan Witnesses", 393~418을 보라.
7. 피에타회의 회원과 관련하여 남아 있는 3개의 목록을 한데 모으면, 385명의 이름이 기록된 하나의 목록을 만들 수 있다. 그리고 이 385명 가운데 162명의 성을 1497년의 청원서에서 발견할 수 있다. ASF CRSGF 112/56, 112/81, 112/97. Polizzotto, *The Elect Nation*, 446~460.
8. ASF Acquisti e Doni 291, Onestà (n.p.), case of June 1562.
9. 이들은 모두 메디치 가문의 작은 분가의 미망인들이었다. 안드레이우올라는 조반니 프란체스코 디 오를란도 데 메디치Giovanni Francesco di Orlando de Medici의, 막달레나는 프란체스코 데 메디치Francesco de Medici의 미망인이었고, 프란체스카 역시 과부로 확인된다. CRSGF 112/81, 20v, 41v.
10. Manno Tolu, "Echi Savonaroliani", 218~222. Polizzotto, *The Elect Nation*, 366, 385. Guasti, *Lettere di S. Caterina de' Ricci*, 301. ASF Bigallo 1669/IV, 200r; ASF te 725, 59r. 마리에타 곤디의 유언장에 대해서는, ASF 112/92 (25~II~1569)를 보라. 산타 마리아 델루밀타 병원을 설립하고 후원했던 베스푸치 가문 내에도 역시 피에타회의 회원이 있었다. 안드레아 디 베스푸치Andrea di Vespucci는, 관련 기록이 남아 있는 시기 동안, 매년 1플로린을 그곳에 기부하기로 서약했다. ASF CRSGF 112/97 #200, 34r, 57r, 76r.
11. 두 문헌 자료에 이 회원들에 대한 기록이 남아 있다. 하나는 ASF CRSGF 112/97, 1r~83r에 나타난 기록으로, 여기에는 1554년 12월 28일부터 1558년 12월 17일까지의 회원 기록이 남아 있다. 이와 함께 또 다른 기록을 확인하기 위해서는, 1554년 9월 10일의 마리에타 곤디에 관한 기록부터 시작하는 ASF CRSGF 112/81을 보라. 서약된 기부금은 대개 몇 플로린 정도였다. 처음 기부했던 270명 가운데 단지 18명만이 1스쿠도 이상을 후원했고, 나머지 대부분은 1.5리라 혹은 2.10리라를 기부했다. 1557년의 경우 여성 구호금 모금자들limosine dalle donne이 피에타의 집 총수입의 7.6퍼센트인 803.15리라를 모았다. 그리고 1558년에는 5.4퍼센트인 589.16.08리라를 거두어들였다. ASF CRSGF 112/55, 25r, 108r. 이와 함께 Manno Tolu, "Abbandonate Fiorentine", and "Echi Savonaroliani", 21~23을 보라. 유일한 남성 회원은 산타 크로체의 프란치스코 수도사였던 조반 마리아Giovan Maria였다.
12. 1555년 7월 5일 5명의 여성, 즉 마리에타 곤디, 마르게리타 본시Margherita Bonsi, 알

레산드라 마치노시Alessandra Mazzinosi, 마리에타 스트로치Marietta Strozzi, 마리아 델 풀리아세Maria del Pugliase가 70~75리라의 구호금을, 한 남성 니콜로 도니Niccolò Doni가 35리라의 구호금을 마련하여 긴급하지만 정확히 명기되지 않은 일에 필요한 자금을 충당했다. 피에타의 집에서는 1557년부터 구호품의 형태로 정부로부터 약간의 지원금을 받았다. Manno Tolu, "Echi Savonaroliani", 210.

13. BRF Moreni, AD93, p. 2.

14. Terpstra, *Abandoned Children*, 222~241.

15. 이것이 피에타의 집과 아주 유사했던 볼로냐의 한 보호소에서 몇 년 뒤 명쾌하게 제기된 논점이었다.

16. 1570년의 법규는 분명하게 숭배와 상호 교화를 조화시키면서, 이 소녀들이 (감독관이나 직원으로서) 보호소 내에서 책임을 행사했던 것처럼 보이는 모든 활동을 금지시켰다. "우리는 모든 관료가 각각 자신의 직책에 주의를 기울이고, 하나의 성경을 가지고 함께 그러한 직책들을 수행하지 말 것을 명한다. 왜냐하면 바로 그런 일로부터 추문이 발생하기 때문이다. 하지만 일부 결함이 발생하면 그것을 원장 수녀나 담임사제에게 알려야 한다…… [l'ordiniamo che tutti le ofitiali atendiro ognuna alli loro hofitij non facendo insieme con bibbia per chasa che ne viene di molto schandolo ma quando acadesse qualche difecto referirlo alla madre e maestro……]." BRM Fondo Bigazzi, ms. 61, 8r~v.

17. Savonarola, "Book on the Life of the Widow", 209~211.

18. 따라서, 예를 들어, 지롤라모 피누지 수사는 『연대기』에서는 단지 카푸친회 수도사 지롤라모로만 확인된다. 따라서 『연대기』의 독자들은 후일 그가 카푸친회의 토스카나 지역 관구장이 되었고, 트렌토 공의회의 대표였으며, 로마에서 대학 교수로 신학을 가르쳤고, 또 교황 비오 5세를 위해 봉사한 신학자였다는 점을 알지 못하게 될 것이다. Manno Tolu, "Echi Savonaroliani", 211~212, nn. 14~15. 또한 이와 함께 『연대기』는 후일의 영적 감독관 프란체스코 프란체스키니를 재속 성직자로 오기했다. 하지만 기록과 달리 실제로 그는 가말돌리회 소속의 수도사였다. Terpstra, "Confraternities and Mendicant Orders", 10~13, 15~21. 예수회와 사보나롤라에 관해서는, Dall'Aglio, *Savonarola e il savonarolismo*, 172ff를 보라.

19. ASF Bigallo 154, 233. 비갈로에서 지노리의 쉼터에 제공했던 지원금에 대해서는 ASF Bigallo 1679, 57r을 보라. 최초의 지노리 쉼터는 산 펠리체 광장에 있던 옛 산 니콜로 데이 판토니 병원에 자리를 잡고 있었으며, 그곳 역시 비갈로 행정관들의 관리를 받았다. Terpstra, *Abandoned Children*, 223~225.

20. 피에타의 집은 "보르고 오니산티의 버림받은 소녀들을 위한 병원Spedale delle Abbandonate in borgo orgnissanti"으로 지명되었다. 다른 두 보호소는 그보다 덜 발생적인 이름을 취했다. 산 니콜로는 "버림받은 소녀들의 산 니콜로S. Niccolò delle abbandonate"로, 산 마리아 베르지네는 "산 피에로 카톨리니 가의 버림받은 소녀들L' Abbandonate della via di S. Piero Cattolini"로 불렸다. Trkulja, *I Fiorentini*, 3v, 13, 69.
21. ASF CRSGF 112/97, 13v, 14v, 57r, 74r. 우리는 지노리를 후원했고 그녀와 협력했던 모든 이의 목록을 가지고 있지 않다. 하지만 그들 가운에 우리가 확인할 수 있는 두 사람 즉, 알레산드라 디 파라디소 마친기Alessandra di Paradiso Mazzinghi와 마르게리타 보니세뇨Margherita Bonisegnio는 피에타의 집에 기부했던 최초의 인물이었다. ASF Bigallo, 154, 161r. ASF CRSGF 112/97, 1v.
22. Marchi, *Vita di Alessandro Capocchi*. Polizzotto, *The Elect Nation*, 438~445. dall' Aglio, *Savonarola*, 182. d'Addario, "Noti di storia della religiosità", 100~101. 사보나롤라에 관한 이야기를 새롭게 기술했던 인물 가운데 한 사람이 수사 마르코 디 프란체스코 델라 카사Marco di Francesco della Casa였는데, 그의 어머니 비티아Bitia는 피에타회의 회원이었다. ASF CRSGF 112/97, #145.
23. BRF, Moreni, AD 93, 193r~194v. 산 조반니는 피렌체에 세운 첫 번째 예수회 시설이었다. Aranci, *Formazione religiosa*, 140~145.
24. 연대기를 기술했던 한 수도사는 여성들에 의해 운영되던 피에타 집의 행정 체계에 "어떠한 질서도 없었다sanza ordine alcuna"고 묘사했다. BRF, Moreni, AD 93, 4~10, 13. 만노 톨루는 처음 시작될 당시에는 피에타회에서도 그것의 운영에 관한 법규가 있었다고 믿고 있다. 하지만 그녀 역시 인정하듯이 그에 관해서는 아무런 기록도 남아 있지 않다. Manno Tolu, "Echi Savonaroliani", 215.
25. "그녀들은 가장 커다란 위험 없이 그곳에 더 이상 머물 수 없다…… [새로운 공간을 구입하는 것이 피에타 집의] 이 가난한 소녀들을 그토록 해로운 곳으로부터 벗어나도록 할 것이다non possone piu persevare nello abitazione senza somma pernicie e danno d'esse…… e cavare detto povere Fanciulle di tanto pernicioso luogo." 피에타회에서 공작 코시모 1세에게 보낸 1561년 10월 18일자 편지. BRF, Moreni, AD 93, 5에서 인용.
26. McGough, "Quarantining Beauty", 231~232.
27. 카테리나 델 카발리에레 로소Caterina del Cavaliere Rosso는 1554년 10월 13일 피에타회의 79번째 회원으로 가입했다. ASF CRSGF 112/81, 6v; 112/97, 14r, 55r. 1567년

그녀는 더 이상 회원이 아니었지만, 카밀라 로소Camila Rosso가 새롭게 1563년 피에타 회의 회원으로 가입했다. ASF CRSGF 112/56, 64v, #13.

28. 지롤라모 다 솜마이아 역시 사보나롤라 추종자의 후손이었다. 그의 아버지 프란체스코 다 솜마이아Francesco da Sommaia는 1497년 교황 알렉산데르 6세에게 보낸 청원서에 서명한 인물 가운데 한 명이었다. ASF 112/88, cc. 1v, 4v. 당시 산 마르코 광장 부근에 산 야코포 데 프레티S. Iacopo de Preti 병원이 자리 잡고 있었다. 그런데 그곳을 사용하고 있던 섬유 노동자들은 비아 팔라추올로에 있던 다 솜마이아의 집을 구매하기 위해 그곳을 판매하려고 했다. 여성들에 의해 진행된 협상과 그와 관련되어 남아 있는 서신들에 대해서는, BRF Moreni, AD 93, 10~17, 197r~197v를 보라. Macey, "*Infiamma il mio core*", 164~165.
29. Lucia di Marco da Lecore (#332), Betta di Batista materassaio (#333), Daamante di Giovanni Battista di Romagna (#334). 도메니카 디 마르코 다 피렌체는 1568년 11월 23일 피에타의 집에 들어왔고, 1569년 1월 31일에 사망했다. ASF CRSGF 112/79, 56r. 산타 마리아 델라 그라티아S. Maria della Gratia라는 이름으로 1568년 11월 2일 묘지와 교회가 축성되었다. ASF CRSGF 112/89, #3.
30. 『리코르단체Ricordanze』와 가말돌리회 소속의 수도사 프란체스키니에 대해서는, ASF CRSGF ms. 112/88, 4v; ms. 112/3, 27r~28v를 보라. BRF Moreni, AD 93, 13~14. 피에타 집의 기록에는 프란체스키니가 어떤 가말돌리회 수도원 출신인지에 대해 정확히 기술되어 있지 않다. 하지만 아마 그는 비아 만도를로에서 단지 세 블록 떨어진 곳에 자리 잡고 있던 피렌체 지적 생활의 유명한 중심지 산타 마리아 델리 안젤리 출신이었을 것이다. 이 수도원과 산 펠리체 광장에 있던 또 다른 수도원은 1490년대에 열렬하게 사보나롤라를 지지했었고 이 때문에 가말돌리회의 대수도원장 피에트로 돌핀Pietro Dolfin과 마찰을 일으킨 적이 있었다. Caby, *De lérémetisme rural*, 781~783. 카포키는 1580년 산타 마리아 베르지네의 영적 아버지가 되었고 1년 뒤 사망했다. D'Addario, "Noti di storia religiosa", 101.
31. "siera partito dal Governo di esse Abbandonate per che non haveva potuto ottenere un suo intento circa di esse." BRF Moreno,AD 93, 12, 192r~v, 194v.
32. 비아 산 갈로에 위치하고 있던 이 수도원이 후일 산타 아가타S. Agata로 알려진 산타 마리아 델 쿠에르체토S. Maria del Querceto였다. 1562년의 인구통계 조사서에 따르면, 당시 그곳에는 112명의 수녀들이 거주하고 있었다. Trikulja, *I Fiorentini*, 108, 118v.
33. Gill, "Scandala", 177~203. Zarri, "The Third Status", 181~99. 코시모 1세는 1564년에 이미 트렌토 공의회의 교령을 출판했다.

34. AAF, Visite Pastorali, 9.1. Aranci, *Formazione religiosa*, 39~43. 피에타 집의 두 연대기 작가들은 이에 관해 서로 다르게 설명한다. 수도사 조반 바티스타 브라케시는 가말돌리회 소속의 수도사 프란체스키니가 그만둔 후 알토비티가 도미니코 수도회로의 이관을 명령했다고 주장한다. 하지만 이와 달리 수도사 로마노 펠리체 비초니는 산 마르코에서 고해신부를 기꺼이 제공해줄 것이라는 카포키와 도니니코 수도회 관구장의 확언을 받은 후, 여성들과 소녀들이 그를 해고했다고 주장한다. BRF Moreni, AD 93, 15, 194v.

35. 피에타의 집에서는 카포키의 산타 마리아 노벨라 수도원에 매달 15.05.00리라를 그리고 프란체스키니의 가말돌리회 수도원에 매달 10.03.10리라를 지불했다. 산 마르코의 도미니코 수도사들은 매달 21리라를 요구했고, 식료품을 함께 받았던 가말돌리회 수도사들과 달리 오직 현금만을 받았다. ASF CRGSF 112/3, 2r, 3r, 4r, 5r, 27r~28r, 39v, 36v, 38r, 150r, 157r; 112/88, 4v. Strocchia, "Savonarolan Witnesses", 398~403. 산 마르코의 수도사들은 1507년 세속 봉사단체인 정화회Confraternity of Purification의 젊은 이들에 대한 영적 교화를 책임지게 되었고, 그것을 사보나롤라적인 모습으로 변화시켰다. 이후부터 산 마르코의 수도사는 같은 패턴을 유지했다. Polizzotto, *Children of the Promise*, 137~146.

36. 대부분의 세속 종교봉사단체와 기관들에서는 그것을 작성한 회의 구성원들의 이름을 따서 법규의 이름을 명명했고, 또 그 회가 그것들을 공식적으로 수용했을 때를 시행 기점으로 삼았다. 하지만 그러한 법규들은 저자가 누구인지 그리고 누가 승인했는지에 대해서는 말하지 않는다. 2장 "삶과 좋은 습관에 관해서"만 제외하면, 그것들은 대개 관습적이어서, 특별한 순서 없이 작성자의 머릿속에 떠오른 것을 무작위로 기술한 것처럼 보인다. 물론 과거에 발생했던 문제들에 대한 대응책일 경우는 예외였다. BRM Fondo Bigazzi, 61, 6v~14v.

37. BRM Fondo Bigazzi, 61, 9r.

38. BRM ms. 61, 31v~33r(신참 관리 여성), 45v~48v(행동). 최고 수장은 총장 수녀madre generale로 불렸다, 25r~27r.

39. 곤디는 피에타의 집을 자신의 보편적인 상속자로 만들고 삶을 마감했다. 유일한 단서 조항은 자신의 두 하녀들이 보호소에 계속 남아 있을 것이라는 조건으로, 1년에 4황금 플로린을 받을 수 있다는 것이었다. ASF CRSGF 112/92 (1569년 2월 25일). 연대기는 제3회로의 첫 귀속과 관련하여, 두 곳에서 서로 상이한 날짜를 제공한다. 위에서 언급한 성모영보대축일과 달리 기록상 남아 있는 또 다른 날은 성모 승천일(8월 15일)이었다. BRF Moreni, AD 93, 193r. 또한 Polizzotto, *Children of the Promise*, 137~146을 보라.

40. ASF 112/57, 208rv, 264rv.

41. 1574년부터 1575년 사이 피에타 집의 총 지출액이 2만6243리라였던 반면, 수입은 단 1만6584리라에 머물렀다. 다음 해의 경우 총 2만1282리라의 예산 가운데 2600리라가 남았고, 1577년부터 1578년까지 1만2895리라로 비용 지출이 삭감되었다. 이때가 확실한 기록을 보유한 마지막 해였다. 따라서 많은 삭감이 계속되었는지는 확실하지 않다. ASF CRSGF 112/87, 182rv, 208rv, 264rv, 307rv.

42. ASF CRSGF 112/79. 카밀라 디 안드레아(42r, #248) 이후, 1570년대에는 18명의 소녀가 그리고 1580년대에는 2명의 소녀가 일을 하기 위해 피에타의 집을 떠났다. 그리고 마지막으로 떠났던 소녀는 반뇨의 리사베타 디 바티스타 다 산 마리아Lisabetta di Battista da S. Maria였다(76r, #462).

43. BRM Fondo Bigazzi, 61, 45v~48v.

44. ASF CRSGF ms, 112/57에 나타난 회계장부에서 확인할 수 있는 노동으로 인한 수입은 1573년 11,169.05.00리라(182r~v), 1574년부터 1575년까지 4,643.12.04리라(208r~v), 1576년 10,289.08.11리라(264r~v), 1577년 5,995.03.06리라(307r~v), 그리고 1578년 4,993.01.00리라(330rv)이다. 이후의 상황을 보여주는 회계장부는 현재 남아 있지 않다. 다른 기관 그리고 다른 해와의 비율을 비교한 도표를 참고하기 위해서는, Terpstra, *Abandoned Children*, Appendix를 보라.

45. 1560년대 말에는 구호품이 피에타의 집 총수입의 36퍼센트에 달했고, 1570년대 후반에는 20퍼센트를 차지했다. ASF CRSGF 112/57, 142r~v, 182r, 208r, 264r, 307r. 규정에 대해서는 BRM Bigazzi ms. 61, fols. 24v~25r, 42v~45r을 참조하라.

46. 1566년 6월 20일 후견제도가 처음 시작되어 1623년 4월 29일 등록이 종료될 때까지 피에타의 집에 들어온 397명의 소녀들 가운데 372명이 후견인의 지원을 받았다. 후견인 가운데 230명이 여성이었고 142명이 남성이었다. 그리고 303명의 개인 후견인이 있었다. 52명의 성직자 후견인 가운데 45명이 재속 성직자였고, 6명이 수사 성직자였으며, 한 명은 불확실하다. ASF CRSGF 112/79, 52r~119v. 곤디와 대공비 크리스티안의 피후견인에 대해서는 각각 #314: 3 June 1567과 #599: 19 August 1596을 보라. 막달레나 코스탄차 디 조반니 다 솜마이아Maddalena Costanza di Giovanni Sommaia는 레산드라 디 조반니 카펠라이Lessandra di Giovanni Capellai를 후원했다. 레산드라는 피에타의 집에 열 살에 들어와 후일 제3회의 회원이 되었고 결코 그곳을 떠나지 않았다(#485: 8 March 1580). 가장 많은 소녀를 데리고 온 두 사람은 모두 피에타회의 회원들이었다. 한 명은 바르톨로메오 필리포Bartolomeo Filippo의 아내 마리아 마르게리타Maria Margherita였고, 다른 한 명은 마리오 라리오네 마르텔리Mario Larione

Martelli의 아내 시모나Simona였다. 그녀들은 각각 11명 그리고 8명의 소녀들을 데려왔다: ASF CRSGF 112/56, 68v, 76r.

47. 산 마르티노의 푸필리Pupilli와 부오노미니Buonomini의 행정관들이 관리인의 역할을 수행했다. 둘은 1574년부터 1588년까지 5명의 피에타의 집 소녀들을 후원했다(ASF CRSGF ms. 112/79, #415, 419, 477, 478, 546). 당시 그들은 대공 프란체스코 1세에게 확신을 주어 새로 문을 연 카리타의 집에서 자신들이 보조할 수 있는 더 많은 소녀를 받아들이도록 노력했다. Terpstra, "Mothers, Sisters, Daughters", 222~223.

48. 1571년 4월 7일 야코포 솔다니Jacopo Soldani는 외과 의사 시모네와 의사 프란체스코 루지에리로부터 연 43리라(즉 6스쿠도)의 급여를 받는 유일한 의사nostro medico, cerasio e fisicho의 자리를 넘겨받았다: ASF CRSGF 112/29, 198r. 피에타의 집 기록에서 "의무관 수도사 안토니오Fra Antonio infermier"는 1571년 4월 21에 처음 언급된다. ASF CRSGF 112/79, 63r(#374).

49. ASF CRSGF 112/98, 97r. 1569년 7월 7일부터 1574년 5월 29일까지, 피에타의 집에서는 42.0.8리라를 지불했다. ASF CRSGF 112/29 Entrate-Uscità 1564~1574, 154v, 178v, 184r, 185r, 187r, 191r, 193r, 210r, 225v, 230r, 239v. 이와 함께, 이전의 약제사 빈첸초 피에로니Vincenzo Pieroni와 그의 교체에 대해서는 ms. 112/57, 30r~v를 보라. 비아 만도를로의 피에타 집에서 가장 많이 구입했던 것은 시럽을 제조하기 위한 설탕과 꿀 그리고 아쿠아 보라로 불린 보리 탄산수였다. 112/57, 30r~v를 보라. 이러한 시럽과 탄산수는 당시의 의약품에 일반적으로 들어가던 공통 성분이었다. 따라서 안토니오가 단지 그것들만을 사용했다는 점은 보르고 오니산티로부터 비아 만도를로로 이전해온 후 소녀들의 건강 상태가 매우 양호해졌다는 것을 암시한다.

50. 피렌체 국립문서보관소의 피에타의 집 관련 문서(CRSGF 112) 저장고에는 각각 필사본 1~3, 27~31, 55~57, 그리고 103~104가 남아 있다.

51. 1554년부터 1564년 사이에 피에타의 집에서는 다양한 회계 내역을 기록하기 위해 10권의 모조 피지로 제작한 책을 구입했다. 이들은 알파벳 순서에 따라 정리되었으며, (A=CRSGF 112/97; B=112/96; C=112/55; E=112/95; H=112/2, etc.) 피에타의 집 여성들은 그것들을 체계적으로 관리했다: ASF CRSGF 112/95, 160r~v). 1570년대 중반에는 일부 회계 내역이 본래 다른 목적으로 만들어진 책의 여백에 기록되었다. 이에 대한 한 예를 112/81에서 확인할 수 있는데, 그것은 의류 도급일에 관한 기록으로 시작하여 사소한 기록부로 끝난다.

52. 예를 들어 ASF CRSGF 112/88, 1r[1566]과 112/95, 112/96[1562~1565 and 1556~1563], 그리고 "피에타 보호소의 피에타회 여성들donne della società dello

hospitale della pietà"의 첫 명부이자 서약서인 112/97을 보라. BRF Moreni, AD93, 6~9.

53. 연대기의 저자와 관련한 문제에 대해서는, Terpstra, "Mothers, Sisters, Daughters", 212, n. 34를 보라.
54. BRF Moreni, AD93, 199r~201r.
55. Strocchia, "Savonarolan Witness", 403~418.
56. 『새로운 책』은 현재 남아 있지 않다. 하지만 ASF CRSGF 112/97은 어떤 소녀들의 이름이 이전의 명부에서 그곳으로 옮겨왔는지에 대해 언급하고 있다. BRF Moreni, AD93, 27~28. 1625년 시뇨라 마리아 비폴리Signora Maria Biffoli 이후로 연대기에는 더 이상 수녀원장 선출이 언급되어 있지 않다. 또한 수녀원장 자체에 대한 언급도 1633년의 시뇨라 마리아 막달레나 노빌리Signora Maria Maddalena Nobili가 마지막이다. 피에타의 집 건물은 리모델링되어 현재는 미술사 연구소Kunsthistorisches Institut로 사용되고 있다. Micali and Roselli, *Le soppressioni dei conventi*, 83~84.

제6장 순결한 소녀들과 베누스의 질병

[도입글] Clowes, *Short and Profitable Treatise*, ch. 2 (n.p.). 1596년 판본에서 크로우스는 열두 살 소녀가 "쇠약 증세 때문에" 성관계를 가질 수 없었다고 분명하게 밝혔다. *A Brief and Necessary Treatise*, 151.

1. 물론 프라카스토로는 감염에 관한 1546년의 저술에서 보다 정교한 감염 이론을 체계적으로 제시했다. Fracastoro, *De contagione*. Nutton, "Fracastoro's Theory of Contagion", 196~234.
2. De Vigo, *Most Excellent Workes*, fols. 160~161. 게일은 의사 커닝햄Cunyngham이 "카멜레온 병"이라는 명칭을 만들었다고 보았다. Gale, *Certaine Workes*, 30. 이와 함께 Foa, "The New and the Old", 26~45; Arrizabalaga, "Medical Responses", 211~212를 보라.
3. Rositinio, *Trattato del mal francese*, 21v, 24r~v. Clowes, *A Brief and Necessary Treatise*, 151~155. 크로우스는 스페인의 의사 후안 알메나르Juan Almenar가 쓴 『갈리아 병에 관하여』에 나타난 구절을 자신의 논의에 포함시킨다. Major, *Classic Descriptions*, 18. Eamon, "Cannibalism and Contagion", 1~31. McGough, "Quarantining Beauty", 211~212. 피에타 집의 처방서에 나타난 치료법과 다음 몇 쪽

에서 인용한 의학적 권위자들 사이의 상응 관계를 추적하는 일에 노력을 기울이고 도움을 준 존 크리스토폴로스에 고마움을 전한다.

4. 이 사람이 바로 1502년 『갈리아 병에 관하여』를 저술한 후안 알메나르다. 자크 드 베텡쿠르 역시 1527년의 한 저술에서 가난한 사람들과 함께 살며 그들에게 선행을 베푸는 신성한 사람들이 그런 식으로 공기 중에 감염될 수 있다고 주장했다. Major, "Classic Descriptions", 17, 20~21.
5. 이탈리아인들이나 스페인인들보다 잉글랜드인들이 훨씬 더 비판적이었다. 따라서 잉글랜드의 자료만을 지나치게 의존하면, 사실과 달리 폭스에 걸린 환자들이 대개 부도덕한 사람들로 비난받았다고 생각하게 될 수도 있다. 이에 관해서는 예를 들어 Allen, *The Wages of Sin*, 41~60을 보라. 보다 폭넓은 논의를 위해서는 Schleiner, "Moral Attitudes toward Syphilis", 389~410을 참조하라.
6. Vigo, "Of the French Pockes", *Chirurgerye*, 160~161. Major, *Classic Descriptions*, 24~27. Quétel, *History of Syphilis*, 26, 31, 34, 323.
7. Vigo, "Of Ulcers", *Chirurgerye*, 118r, 121v~122v, 125r~v, 128r.
8. Vigo, "Of the French Pockes", *Chirurgerye*, 161r. Major, *Classic Descriptions*, 27.
9. ASF Spedale di SS. ma Trinità, detto degli Incurabili, ms. 1., 29~32. 이러한 관행은 1574년의 개혁에서 공식적으로 채택되었다. 1574년 개혁이 처방에 관해 많이 다루고 있는 반면(21~38), 1521년의 법규는 단지 행정에 관해서만 언급한다(4~19). 1645년 또 다른 2차 개혁이 있었다(39~56). Arrizabalaga, et. al., *The Great Pox*, 145~68, 187~201.
10. Vigo, "Of Symples", *Chirurgerye*, 184v.
11. Vigo, "Of Symples", *Chirurgerye*, 185r~86v, 194r, 197v.
12. Vigo, "Of Symples", *Chirurgerye*, 185v, 190r, 193v, 195v.
13. Gale, "Antidotarie", in *Certaine Workes*, 2r.
14. Gale, *Certaine Workes*, 3v~6r.
15. Paré, "Of Simple Medicines, and Their Use", in *Collected Works*, 1040.
16. Paré, "Of Simple Medicines", in *Collected Works*, 1041~1043; "Of the Lues Venerea and Those Symptoms Which Happen by Means Thereof", in *Collected Works*, 728~737.
17. Rositinio, *Trattato di mal Francese*, 55r. Massa, *Libro del male Francese*, 309~310.
18. Paré, "Of Simple Medicines", in *Collected Works*, 1040, 1046. Vigo, "Antidotarie", *Chirurgerye*, 206v. Gale, *Certaine Workes*, 18r~v. "구이도에 따른secondo Guido"

셋째 처방 역시 이와 매우 유사하며, 어떤 증상을 치료하기 위한 것인지에 대한 명확한 언급 없이 비고와 게일의 작품에 등장한다. Gale, *Certaine Workes*, fol. 18v. 중요한 저작인 『최고 외과의학서Inventarium sive chirurgia magna』에는 정확하게 명기되어 등장하지 않지만, "구이도"는 아마 몽펠리에의 의학교수 구이도니스 카울리아코Guidonis Chauliaco, Guy de Chauliac일 가능성이 높다.

19. Avicenna, *Liber canonis*, Bk. V, suma I, Tract. XV, 533r~v. 이븐 시나와 동시대인이었던 마사와이히 역시 이 작품을 인용했다. Ioannis Mesue, *De re media, libri tres* (Paris, 1552), edited with commentary by Jacques Dubois, 313. 메르쿠리알레 Mercuriale 역시 『청소년들의 병에 관하여De puerorum morbis』, 50에서 연주창의 치료를 위해 이 연고를 추천했다.
20. Vigo, "Of Ulcers", *Chirurgerye*, 141v. 비고는 해독제 관련 부분에서 이 치료법을 약간 수정했다: Vigo, "Antidotarie", Chirurgerye, 206v. Gale, *Certaine Workes*, 17v. Paré, "Of Simple Medicines", in *Collected Works*, 1046, 1057.
21. Rositinio, *Trattato di mal Francese*, 60~62. Massa, *Libro di mal Francese*, 309~310.
22. Avicenna, *Canon*, Bk. V, suma I, tract. XI (533, rect. vers.). 마사와이히는 이것이 점액질 궤양에도 효과적이라고 적는다. Musue, *De re medica*, 316.
23. Vigo, "Antidotarie", *Chirurgerye*, 209v, 256r. Gale, *Certaine Workes*, 12v. Paré, "Of Tumors against Nature in General", in *Collected Works*, 258; "Of Simple Medicines", in *Collected Works*, 1041. Massa, *Libro di mal Francese*, 309~310.
24. Musue, *De re medica*, 327.
25. Vigo, "Of Ulcers", *Chirurgerye*, 66r. Gale, *Certaine Workes*, 40v~42r. Paré, "Of Tumors against Nature in General", in *Collected Works*, 258; "Of Simple Medicines", in *Collected Works*, 1041, 1061. Massa, *Libro di mal Francese*, 309~310. Francanzano, *De morbo Gallico*, 14v~15v.
26. Merculiale, *Tractatus varii*. "청소년의 병에 관하여De puerorum morbis"는 이 책의 3권이다(50~51, 58). Paré, "Of Tumors against Nature in General", in *Collected Works*, 274~275. 19세기를 거치면서 연주창과 매독 사이의 관계는 뜨겁게 논의되었다. Diday, *A Treatise on Syphilis*, 119~124.
27. Vigo, "Of Ulcers", *Chirurgerye*, 129v~130v.
28. Mills et al., "Elder (Sambucas nigra L.)."
29. Paré, "Of the Lues Venerea", in *Collected Works*, 754~755. 동일한 맥락에서 크로우

스 역시 자신의 치료법 가운데 하나인 사혈 요법이 열네 살 이하의 어린이들에게 사용되는 것을 추천하지 않았다. 어린이의 체질이 그것을 견디기에 너무 연약했기 때문이다. Clowes, *Short and Profitable Treatise*, ch. 4 (n.p.).

30. Paré, "Concerning the Lues Venerea", in *Collected Works*, 754~755. Clowes, *A brief and necessary treatise*, 151~152.
31. McMillan et al., *Clinical Practice*, 429~432; Hutchinson and Hook, "Syphilis in Adults", 1389~1416; Holmes et al., *Sexually Transmitted Disease*, 363~367을 보라. 페니실린이 등장하기 이전 시기의 이 병에 대한 진단과 처방에 관해서는 Diday, *Syphilis in New-Born Children*, 104~24, 133~39를 보라. Sewidaur, *Complete Treatise*, 328. Pusey, *Syphilis as a Modern Problem*, 61~73. Dennie and Pakula, *Congenital Syphilis*, 420~429, 562~565. Stokes et al., *Modern Clinical Syphilology*, 1068~1069. Quétel, *History of Syphilis*. Arrizabalaga, *Great Pox*, 234~251.
32. 이 안개는 20세기에 들어설 때까지 걷히지 않아, 의학 저술가들 사이에서는 "유전된 매독"이라고 불리던 병을 지니고 태어난 사람들의 증상, 시점, 도덕적 양상에 관해 심각한 의견상의 불일치가 존재했다. Diday, *Syphilis in New-Born Children*, 104~124. Stokes et al., *Modern Clinical Syphilology*, 1112~1115. 드니Dennie와 파쿨라Pakula는 그것을 "결과적으로 모든 유기 조직에 손상을 입혀 선천성 매독 환자를 상대적으로 일찍 죽게 만드는 점진적인 혈관의 퇴화"라고 보았다. *Congenital Syphilis*, 423. 나병과의 비교를 위해서는, Hammond, "Contagion, Honour and Urban Life", 100~103을 보라.
33. Kertzer, *Sacrificed for Honor*, 124~135.
34. Paré, "Of the Lues Venerea", in *Collected Works*, 725.
35. Meel, "The Myth of Child Rape", 85~88. Pitcher and Bowley, "Infant Rape", 319~320. 많은 강간 사건의 이면에 "처녀 치료"에 대한 믿음이 숨어 있다는 피처와 볼리의 주장은, Jewkes, Martin, and Penn-Kekana, "The Virgin Cleansing Myth", 77에 의해 도전을 받았다. 피처와 볼리는 이에 대해 다시 "Motivation behind Infant Rape", 1352로 대응했다. 여기에서 그들은 의료 종사자들이 주도하는 성 건강 워크숍에서 참가자의 32.7퍼센트가 에이즈 바이러스HIV에 대한 "처녀 치료"의 효능을 믿고 있으며, 두세 시간가량에 걸쳐 진행된 개별적인 14회의 워크숍을 마친 후에도 여전히 그들 가운데 20퍼센트가 그것을 신뢰했다는 점을 지적했다. 처녀 치료는 또한 인도의 유곽에서 일하기 위해 네팔에서 모은 젊은 매춘부들을 매우 취약한 상황으로 몰아넣고 있는 주요한 요인으로 언급되고 있다. Silverman et al., "HIV Prevalence", 536~542.

36. Schleiner, "Infection and Cure", 508~509에서 인용.

37. Schleiner, "Infection and Cure", 508. 여기에서 그는 사소니아가 "진실"이라고 묘사하면서 의미했던 바에 대해 미묘하게 논의를 전개한다.

38. Lowe, "Stereotyping of Black Africans", 29~32. 당대 런던에서 매춘은 흑인 여성들의 가장 일반적인 직업 가운데 하나였다. Habib, *Black Lives*, 105~108, 157. 의학 전문가들은 19세기에 이르기까지 매독과 임질이 별개의 두 질병인지, 아니면 하나의 단일한 질병의 다른 형태인지에 관해 논쟁했다. Kertzer, *Sacrificed for Honor*, 134.

39. Schleiner, "Infection and Cure", 510~512.

40. Vives, *De institutione feminae christianae*, 43~47. 이 이야기는 Theodor Zwinger, 『인간 삶의 극장Theatrum Vitae Humanae』(1604)을 통해 유포되었다. 슐레이너는 이 책을 "르네상스기의 최고 일반 지식 개요서"라고 묘사한다. Schleiner, "Infection and Cure", 506~508.

41. Allen, *Wages of Sin*, 52.

42. Ellis, *Studies in the Psychology of Sex*, II, 337, n. 1. Hayden, *Pox*, 45.

43. Davidson, "This Pernicious Delusion", 62~81. 1920년대와 1930년대에 성병 치료를 받았던 스코틀랜드의 여성들 가운데 20퍼센트가 열다섯 살 미만이었고, 같은 나이대의 남성은 3퍼센트였다. 데이비드슨은 또한 "처녀 치료"에 대한 대중적인 믿음을 언급함으로써 권위자들이 가족 내에서 행해진 학대를 무시할 수 있었고, 또 학대의 위협을 가정 밖 거리의 익명의 위험한 남성들에게 투사하도록 만들었다고 주장한다. 비슷한 이유에서, 일부 의료 관료들은 가족 구성원에 의한 폭행보다 환경적 요인과 성과 관련 없는 육체적인 접촉을 어린이 감염의 원인으로 보았다.

44. Siena, *Venereal Disease, Hospitals and the Urban Poor*, 193~195. 개인적인 서신 교환: 2004년 12월 7일, 2004년 12월 8일, 2005년 10월 27일. 이와 함께 Dunlap, "Syphilitic Children", 114~127을 보라.

제7장 문서보관소 내의 파열음

[도입글 1] ASF Manoscritti 66, 30r. 이 자료에 대한 정보를 제공해준 네리다 뉴비긴에게 감사의 뜻을 전한다. 이 사건과 관련된 서신과 보고서들을 모아 메디치 가문에서 작성한 파일을 한 권의 책으로 엮은 편집자는 이 일기의 작가를 "수시에르Susier"로 확인한다. (ASF

Mediceo del Principato, ms. 6354). 이 책은 1886년 피렌체에서 『메디치 가문의 공주 엘레오노라와 태자 빈첸초 곤차가 사이의 혼인 관계와 생식 능력을 검증하기 위해 그 태자가 겪은 시련Il parentado fra la principessa Eleanora de'Medici e il principe Don Vincenzo Gonzaga e i Cimenti a cui fu costretto il detto Principe per attestare come egli fosse abile alla generazione』이라는 제목으로 출판되었다. 검증이 수행된 일자와 장소를 포함하여, 수시에르의 가십성 설명에 나타나는 몇몇 오류는 다른 문서 자료에 의해 수정될 수 있다. 이하의 논의에서 그 일부는 Helmstutler Di Dio, "Rising to Occasion"에 기초를 두고 있다. 이 사건과 관련하여 생산된 더 많은 문헌 자료를 인용하여 보다 폭넓게 그에 대해 논의한 결과를 참조하기 위해서는, 이 책의 부록 "성의 정치학: 줄리아와 곤차가의 태자"를 보라.

[도입글 2] BRF Moreni, AD 93, 136v.

1. 메디치 가문의 편지는 선집 *Il parentado*에 포함되어 있다. 한편 만토바 진영에서 작성된 편지들은 같은 해 『메디치 가문의 공주 엘레오노라와 태자 빈체초 곤차가 사이의 혼인 관계와 남성적 힘을 검증하기 위해 그 태자가 겪은 시련과 관련하여 편집되지 않은 다른 자료들Altri doucmenti inediti sul parentado fra la principessa Eleanora de' Medici e il principe Don Vincenzo Gonzaga e i Cimenti a cui fu costretto il detto Principe per attestare la sua potenza virile』이라는 제목으로 출판되었다.
2. *Il parentado*, 107~108, 110~115, 128.
3. "mostrando gran risentimento di voluntà per assaltarla allhora" (March 80), and "et fece forza, ma gentilmente, di haverla" (March 10). 빈타는 자신이 두 번째에도 검증을 거절했던 이유가 단지 "그날이 금요일이었기 때문"이라고 설명했다. 가톨릭교도들은 회개의 날인 수요일과 금요일, 교회에 갔던 토요일과 일요일의 낮 시간에는 의식의 오염을 피하기 위해 성관계를 피했다. 르네상스기의 피렌체에서 하루는 그 전날 저녁 해가 질 무렵부터 시작하는 것으로 간주되었다. 빈타는 이 왕조의 강간 일정을 잡으면서 이 영적인 달력을 준수했다. 그는 이전에도 베네치아에서의 검증이 성 주간Holy Week 이전에 완료될 수 있도록 신속하게 이루어져야 한다는 염려를 표출한 바 있었다. 첫째 검증은 일요일 해가 진 뒤 따라서 당시의 계산으로는 이미 월요일인 3월 11일에 행해지기로 그 일정이 잡혔다. 그리고 다음 (성공한) 검증은 3월 14일 수요일 해가 진 다음 시작되었다. 빈첸초의 두 번째 강간assalto은 3월 18일 일요일 해가 진 이후로 연기되었다. *Il parentado*, 145~168, 90~95. 성관계를 맺기 위한 일자와 시간에 대해서는, Brundage, *Law, Sex, and Christian Society*, 157~183, 162를 보라.
4. 줄리아가 첫날밤을 어떻게 준비했는지에 관해, 빈타는 그녀가 "preparat, levata et

ripulita in ogni parte di maniera, da farne venire voglia ad un huomo di stucco"라고 보고했다. *Il parentado*, 160~161.

5. "disse di aver rotto tre lancie et che sarebbe passato alla 4 se la giovine fosse stata salda." 이 기록은 만토바의 대리인이었던 마르첼로 도나티가 공작 굴리엘모에게 보낸 편지에 나타난다. *Altri documenti*, 112.
6. *Il parentado*, 192. 빈타의 설명은, 비록 그 자신의 묘사와 줄리아가 다음 날 했던 이야기가 모호하지만, 분명히 그녀를 공모자로 그리려는 목적을 지니고 있다. 이에 대해 부록을 보라. 일부 여성들이 강간이나 매춘에 어떻게 대응했는지에 대해서는, D'Amico, "Shameful Mother", 109~120을 보라.
7. 메리 더글러스Mary Douglas는 가부장제 사회에서는 소녀를 재산으로 간주하면서 금기와 관습을 무시하기 위해 기꺼이 이런 일을 할 수 있었다고 생각했다. 그녀는 다음과 같이 말한다. "남성 지배가 사회 조직의 중요한 원리로 수용되고, 완전한 물리적 강제권을 소유하고 거리낌 없이 행사될 때, 성적 오염[예를 들어 근친상간 금기와 같은]에 대한 믿음이 고도로 발전할 수 있을 것 같지 않다." *Purity and Danger*, 143.
8. 판매는 간접적인 방식으로 이루어졌다. 피에타의 집에서는 1564년 협상이 시작되어 1568년 12월 3일 드디어 소녀들이 그곳을 떠나면서 완료된 거래를 통해, 그 건물을 보르고 오니산티의 산 살바도레S. Salvadore 수도원에 팔았다. ASF 112/88, 4v. 그러고 나서 몇 주 뒤인 1568년 12월 29일 조반니 다 솜마이가 그것을 다시 구매했다. ASF Decima Granducale, 3611. Unicorno, SMN, 1534, 75r.
9. Friar Romano Felice Viccioni, *Chronicles of the Sisters of the Pietà*. 이 인용문은 피에타 집의 영적 아버지가 된 후 연대기를 다시 쓰면서 1700년 수도사 로마노 펠리체 비초니가 덧붙인 서문 "독자들에게"를 쉽게 바꾸고 약간 축약하여 옮긴 것이다. BRF Moreni, AD 93, 3r~v, 10r~32v.
10. BRF Moreni, AD 93, 135r~v, 137r~44r.
11. Strocchia, "Savonarolan Witnesses", 393~418.
12. BRF Moreni, AD 93, 194r~v. Marchi, *Vita di R.do Padre Alessandro Cappochi*, 69~73. 피에타의 집에서는 1558년부터 1568년 카포키의 임기가 끝날 때까지 340명의 소녀들에게 쉼터를 제공했다. 이들 가운데 215명이 보호소의 병동에서 죽었고, 죽은 날짜를 확인할 수 있는 133명 가운데 114명은 카포키의 시대 이전에 사망했다. ASF CRSGF 112/79, 1v~57r.

1. 이 설명은 궁정 관료들과 지배 가문 사이에서 오고간 당대의 서신들에 기초를 두고 있다. 이 서신들은 19세기 말 출판된 두 권의 책에 수록되었다. *Il parentado*, 6, 18, 32~43, 74~83, 104. Conti, *Altri documenti inediti*, 11. 이와 함께 Helmstutler Di Dio, "Rising to the Occasion"을 보라.
2. Belisario Vinta to Grand Duke Francesco I (21 February, 1584), *Il parentado*, 107~108. 비록 볼테라 출신이었고 또 인노첸티 고아원과 도시의 세 보호소를 돌아보며 하루를 보내야 했던 빈타가 혼동한 것일 수도 있지만, "한때 체포의 수녀들이 머물렀던" 수녀원은 아마 산 니콜로나 산타 마리아 베르지네였을 것이다. 하지만 한 당대의 연대기는, 만토바의 서신을 모은 편집자와 마찬가지로, 그 소녀가 피에타의 집 출신이라는 점을 확인해준다. ASF Manoscritti 66, 30r. *Altri documenti inediti*, 7.
3. Belisario Vinto to Grand Duke Francesco I (21, 22, and 24 February, 1584), *Il parentado*, 110~115, 121~123. 산타 마리아 베르지네 그리고 산 니콜로의 어떤 기록에서도 "줄리아"를 자신들의 구성원으로 기록하고 있지 않다. 하지만 피에타의 집에는 1574년 여덟 살 줄리아 디 체사레 다 피에솔레Giulia di Cesare da Fiesole를 받아들였다는 기록이 남아 있다. 만약 그렇다면, 검증이 이루어졌을 무렵 이 소녀가 열여덟 살이 되었을 것이고, 확실히 엘레오노라 데 메디치와 비슷한 나이의 소녀로 그녀를 충분히 이용할 수 있었을 것이다. ASF CRSGF Pietà 112/79, 69v, #421.
4. Belisario Vinto to Grand Duke Francesco I (22 February, 1584), *Il parentado*, 123.
5. Vincenzo Gonzaga to Marcello Donati (21 February, 1584), *Altri documenti inediti*, 89~90.
6. Belisario Vinta to Grand Duke Francesco I (23 February, 1584), *Il parentado*, 128.
7. *Il parentado*를 편집한 오를란도F. Orlando와 바치니G. Baccini는 토스카나와 프랑스 궁정 사이에서 오간 외교 서한의 편집본에 나타난 정보에 기초하여 그 소녀가 알비치 가문의 서출로 피에타의 집에 살고 있었던 것으로 파악했다. *Il parentado*, 6. 이와 함께 Abel Desjardins, *Négociations diplomatiques de la France avec la Toscana* (Paris, 1872), vol. IV, 504에서 인용. 거짓되거나 불완전한 아버지의 이름을 명기함으로써 보호소에 있던 소녀의 가계를 숨기는 것이 비일상적이 일이 아니었기 때문에, 여전히 그녀가 알비치 가문 출신이었을 수도 있다. 피에타의 집을 떠난 뒤의 그녀의 운명 그리고 심지어 그 일자는 피에타의 집 등록부에 남아 있지 않다. ASF CRSGF Pietà 112/79, 69v, #421.

8. Belisario Vinta to Grand Duke Francesco I (11 March, 1584), *Il parentado*, 161~162.
9. Piero Galletti to Grand Duke Francesco I (16 March, 1584), *Il parentado*, 189.
10. Marcello Donati to Blisario Vinta (15 March, 1584), *Altri documenti inediti*, 109~111.
11. Piero Galletti to Grand Duke Francesco I (16 March, 1584), *Il parentado*, 190.
12. Belisario Vinta to Grand Duke Francesco I (15 March, 1584), *Il parentado*, 184~188. (마침표 덧붙임)
13. Carlo Gonzaga to Duke Guglielmo Gonzaga (17 March, 1584), *Altri documenti inediti*, 118.
14. Finucci, "There's the Rub", 523~526. 공작 빈첸초 곤차가는 1612년 죽었다.
15. 맥기는 피에타의 집 소녀 줄리아의 실제 이름이 루치아였을 것이라고 추론한다. 하지만 비밀 검증에서 핵심 역할을 수행했던 여인이 피렌체로 돌아왔을 때, 그녀에게 새로운 정체성이 부여되었을 가능성이 더 높아 보인다. McGee, "Pompeo Caccini and *Euridice*", 81~82, 90~93, 98~99. 이 연구물에 대한 정보를 제공해준 존 에드워드 John Edward에게 감사의 뜻을 전한다.

1. 1차 문헌

(1) 사본 자료

Archivio Arcivescovile di Firenze (AAF)

Visite Pastorali
9.1 A. Altoviti (1568)
Archivio di Stato di Firenze (ASF)

Acquisti e Doni
291 "Onestà" (1560~1583) (Onestà)
291 "Otto-Carlo Carnesechi-1876" (Carnesechi)
291 "Offciali di Onestà e Meretrici, 1557~1610" (Onestà e Meretrici)

Arcispedale di S. Maria Nuova: Carte dello Spedale di SS.ma Trinità, detto degli Incurabili
1 Capitoli 1521~1645

Arte dei Medici e Speziali
4 Statuti delle Arti di Medici e Speziali

Capitani di Parte Guelfa
Numeri Neri, 707 "Suppliche del 1559," #104 (11 March 1558, sf)

Compagnia poi Magistrato di S. Maria del Bigallo (Bigallo)
154 Suppliche dirette al B. Trono e inviate al Bigallo, 1549~1573
763 Debito/Credito & Nota de Beni, 1550~1568

1225 Negozi attenti a spedali
1229 Filza 7. Negozi attenti a Spedali Diversi
1232 Visite d'Ospedali
1687 Uscite/Entrate, 1556~1558
1669 Statuti, Privileggi, Bolle, Suppliche (1318~1733)
1679 Entrata/Uscità dell'Ospedale degli Abbandonati
1691 Statuti della Compagnia di S. Maria Maddalena sopra le Malmaritate
1700 Libro di tutti Gli Sp/ti de Possessori, obblighi, rendite et altro dovute al Bigallo, dal 1543

Corporazioni religiose soppresse dal governo francese. #112: Conservatorio di Domenicane denominato La Pietà di Firenze (CRSGF)
2 Giornale, 1565~1573
3 Giornale 1566~1579
28 Entrate-Uscità 1561~1565
29 Entrate-Uscità 1564~1574
55 Debitori-Creditori 1557~1559
56 Debitori-Creditori 1564~1579
57 Debitori-Creditori 1566~1579
78 Accettazione 1554~1559 (Libro Segreto)
79 Accettazione 1558~1623
81 Manifatture di Tele e Pigionali 1554~1579
87 Ricordanze 1560~1565
88 Ricordanze 1546~1746
89 Scritture Diverse
92 Testamenti
95 Debitori e Creditori della Compagnia delle Donne della Pietà 1562~1565
96 Debitori e Creditori della Compagnia delle Donne della Pietà 1556~1563
97 Registro delle Donne della Compagnia della Pietà

Decima Granducale
3611 Unicorno, SMN, 1534

3782 Ricerche delle Case di Firenze, 1561, Quartiere S. Maria Novella

Fanciulle Abbandonate di S. Maria e S. Niccolò detto del Ceppo (Ceppo)
59 Fanciulle accettate e di poi acconciate con altri, 1558~1621
145 Debitori e Creditori A 1551~1555

Libri di commercio e di famiglia
4788 da Sommaia

Manoscritti
66 Casi occorsi in Firenze dall'anno 1557 fino al 1590: in forma di diario
603/28 Vespucci family tree (Carte Pucci)

Onestà
1 Statuti e deliberazioni 1403~1597
3 Libro di riforme di statuti 1577~1747

Otto di Guardia e Balia del Principato (OGBP)
2234 Suppliche 1558~1559
2235 Suppliche 1559~1560

Raccolta Sebregondi
5004 da Sommaia

Tratte
725

Biblioteca Riccardiana (Firenze) (BRF)

Ms. Moreni (Moreni)

Acquisiti Diversi (AD)

93 Croniche delle Suore della Pietà
Fondo Bigazzi (Bigazzi)
61 Capitoli, o costituzioni della fanciulle della pietà poste nella via del mandrolo (1570)

Biblioteca Nazionale Centrale (Firenze) (BNCF)

Fondo Magliabecchi
XV.92 Raccolta di Riectte medicinale da diversi autori copiata da una che era in S. Maria Nuova

(2) 출판물

Altri documenti inediti sul parentado fra la principessa Eleonora de' Medici e il principe Don Vincenzo Gonzaga e i Cimenti a cui fu costretto il detto Principe per attestare la sua potenza virile. Tratti dal R. Archivio di Mantova e pubblicati con una Nota storica da Giuseppe Conti. Firenze: Il "Giornale di Erudizione" Editore, 1886.

Antoninus, *Summula confessionalis utilissima* . . . Venezia 1538.

Aretino, Pietro. *Dialogues*. Trans. R. Rosenthal. New York: Marsilio, 1994.

Aristotle, *History of Animals*. Trans. R. Creswell. London: G. Bell, 1902.

Bandello, Matteo. *La terza parte delle novella*. Ed. Delmo Maestri. Alessandria: Edizioni dell'Orso, 1995.

Bonnacioli, Ludovico. *Muliebrium libri II in Gynaeciorum*. Basle: 1566.

Buonsignori, Francesco di Andrea. *Memorie [1530~1565]*. Ed. S. Bertelli & G. Bertoli. Firenze: Libreria Chiari, 2000.

Cajetan, Thomae de Vio. *Summula de peccatis*. Venezia: 1575.

Clowes, William. *A brief and necessary treatise, touching the cure of the disease now usually called* Lues Venerea *by unctions and other approved ways of curing*. London: 1596.

Clowes, William. *A Short and Profitable Treatise Touching on the Cure of the Disease called Morbus Gallicus by Unctions*. London: 1579.

Codicis iuris canonici fontes. Ed. Pietro Gasparri. Rome: Typis Polyglottis Vaticanis, 1923.

Dallington, Robert. *A Survey of the Great Duke's State of Tuscany. In the yeare of our Lord* 1596. London: 1605. Reprinted as: #650 The English Experience. Theatrum Orbis Terrarum. Amsterdam: 1974.

Dioscorides, *De material medica*. Ed. Max Wellmann. Berlin: Weidmann, 1958.

Dizionario etimologico storico dei termini medici. Ed. Enrico Marcovecchio. Florence: Festina Lente, 1993.

Florio, John. *A Worlde of Wordes*. London: 1598. Reprint Hildesheim / New York: Georg Olms Verlag, 1972.

Fracastoro, Girolamo. *De contagione et contagiosis morbis et eorum curatione*. Venezia: 1546. Trans. W. C. Wright. New York: Putnam, 1930.

Francanzano, Antonio. *De morbo Gallico fragmenta quaedani elegantissima*. Padova: 1563.

Gale, Thomas. *Certaine workes of chirurgerie*. London: 1563.

I germini sopra quaranta meretrice della città di Fiorenza. (Firenza: 1553) edition in F. Orlando & G. Boccini, *Bibliotechina grassoccia, Capricci e curiosità Letterarie inedite o rare*. Firenze: il "Giornale di Erudizione" Editore; reprint Forni: 1967.

Green, Monica H., ed. *The* Trotula: *A Medieval Compendium of Women's Medicin*. Philadelphia: University of Pennsylvania Press, 2001.

Guasti, Cesare, ed. *Le lettere di S. Caterina de' Ricci*. Florence: 1890.

Machiavelli, Niccolò. "The Mandrake Root." *In Five Comedies from the Italian Renaissance*. Ed. and trans. L. Giannetti and G. Ruggiero. Baltimore: Johns Hopkins University Press, 2003.

Marchi, Francesco. *Vita di R. do Padre Frate Alessandro Capocchi Fiorentino dell'Ordine di San Domenico*. Firenze: 1583.

Martin, Georg Christoph. *Viaggio in Toscana*, 1725~1745. Ed. Oscar Trumpy. Lucca: Pacini Fazzi, 1990.

Marucelli. *Cronaca Fiorentina* 1537~1555. Ed. E. Coppi, Florence: L. S. Olschki, 2000.

Massa, Niccolo. *Il libro del male Francese*. Venezia: 1566.

Mercuriale, Girolamo. *Tractatus varii de re medica*. Lyon: 1623.

D'Orazio, Marino. "Antonfrancesco Grazzini (Il Lasca): Two plays – 'Il Frate' ('The

Friar'), 'La Pinzochera' ('The Bawd'). Translated with an introduction." Ph.D. dissertation. CUNY, 1991.

Paré, Ambroise. *The Collected Works of Ambroise Pare*. Trans. Thomas Johnson, London: 1634. Reprinted New York: Milford House, 1968.

Il parentado fra la principessa Eleonora de'Medici e il principe Don Vincenzo Gonzaga e i Cimenti a cui fu costretto il detto Principe per attestare come egli fosse abile alla generazione. Ed. F. Orlando & G. Baccini. Firenze: Il "Giornale di Erudizione" Editore, 1886.

Périers, Bonaventure Des. *Nouvelles recreations et joyeux devis*. Paris: Honoré Champion, 1980.

Pezzella, Salvatore. *Un Erbario inedito (sec. XV) dell'Italia central svela i segreti delle piante medicinale*. Perugia: Orior, 2000.

El Ricettario dell'Arte et Universita de Medici, et Spetiali della citta di Firenze. Riveduto dal Collegio de Medici per Ordine dello Illustrissimo et Eccelentissimo Signore Duca di Firenze. Firenze: 1550. Reprint Gent: Christian de Backer, 1973.

Richa, Giuseppe. *Notizie istoriche delle chiese fiorentine*. 8 vol. Firenze: 1758.

Riforma attenente a l'Arte della Seta et università di Porta S. Maria della Citta di Fiorenza. Fermata per li Mag. S. Luogotenente, et Consiglieri di S. Ecc. Illustr. Il di xxij di Maggio MDLXII. Fiorenza: 1570.

Rösslin, Eucharius. *When Midwifery Became the Male Physician's Province: The Sixteenth Century Handbook*. The Rose Garden for Pregnant Women and Midwives, Newly English. Trans. W. Arons. Je√erson: McFarland & Co, 1994.

Rositinio, Pietro. *Trattato del mal francese, nel quale si disorre su 234 sorti di esso male et a quante vie si puö prender et causare et guarire*. Venice: Lodovico Avanzi, 1559.

Salernitano, Massucio. *Il novellino*. Ed. Salvatore S. Nigro. Milan: Rizzoli, 1990.

Sanchez, Tomas. *De sancto matrimonii sacramento disputationem, tomi tres*. Venezia: B. Milochum, 1672.

Savonarola, Girolamo. *Confessionale pro instructione confessorum*. Firenze: 1524.

Savonarola, Girolamo. "The Book on the Life of the Widow." In G. Savonarola, *A Guide to Righteous Living and Other Works*, trans. and ed. K. Eisenbichler. Toronto: CRRS, 2003. 191~226.

Segni, Bernardo. *Istorie Fiorentine dall'anno MDXXVII al MDLV.* Ed. G. Gargani. Firenze: Barbera, Bianchi, e Co., 1857.

Sercambi, Giovanni. *Novelle.* Florence: Le Lettere, 1995.

Sixtus V. "The Apostolic Constitution *Effraenatam* of Pope Sixtus V against abortionists." Trans. Antonio Trimakas. http:/ /iteadjmj.com/aborto/engprn.html.

Soranus, *Soranus' Gynecology.* Trans. and Introd. Owsei Temkin. Baltimore: Johns Hopkins Press, 1956.

Trkulja, Silvia Meloni, ed. *I Fiorentini nel* 1562. Florence: Alberto Bruschi, 1991.

Vigo, Joannes de. *The Most Excellent Workes of Chirurgerye.* London: 1543. Reprint Amsterdam: Theatrum Orbis Terrarum, 1968.

Vives, Juan Luis. *De institutione feminae christianae. Liber secundus & Liber tertius.* Ed. C. Fantazzi and C. Matheeussen. Trans. C. Fantazzi. Leiden: Brill, 1998.

Voragine, Jacobus da. *The Golden Legend: Readings on the Saints.* Vol. 1. Trans. and ed. William Granger Ryan. Princeton, N.J.: Princeton University Press, 1995.

2. 2차 문헌

Aranci, Gilberto. *Formazione religiosa e santità laicale a Firenze tra cinque e seicento.* Florence: Giampiero Pagnini, 1997.

Arrizabalaga, Jonathan. "Medical Responses to the French Disease in Europe at the Turn of the Sixteenth Century." In *Sins of the Flesh: Responding to Sexual Disease in Early Modern Europe*, ed. K. Siena. Toronto: Centre for Reformation and Renaissance Studies, 2005. 33~56.

Arrizabalaga, Jonathan, Roger French, and John Henderson. *The Great Pox: The French Disease in Renaissance Europe.* New Haven, CT: Yale University Press, 1997.

Battistini, Francesco. *L'Industria della seta in Italia nell'età moderna.* Bologna: il Mulino, 2003.

Bell, Rudolph M. *How to Do It: Guides to Good Living for Renaissance Italians.* Chicago: University of Chicago Press, 1999.

Brackett, John K. *Criminal Justice and Crime in Late Renaissance Florence,*

1537~1609. Cambridge: Cambridge University Press, 1992.

Brackett, John K. "The Florentine Onestà and the Control of Prostitution, 1403~1680." *Sixteenth Century Journal* 24/2 (1993): 273~300.

Brown, Judith C. *In the Shadow of Florence: Provincial Society in Renaissance Pescia*. New York: Oxford, 1982.

Brown, Judith C. "A Woman's Place was in the Home: Women's Work in Renaissance Tuscany." In *Rewriting the Renaissance: The Discourses of Sexual Difference in Early Modern Europe*, ed. M. W. Ferguson, M. Quilligan, and N. J. Vickers. Chicago: University of Chicago Press, 1986. 206~224.

Brown, Judith C., and John Goodman. "Women and Industry in Florence." *Journal of Economic History* 40 (1980): 73~80.

Brucker, Gene. *Giovanna and Lusanna*. Berkeley and Los Angeles: University of California Press, 1986.

Brundage, James A. *Law, Sex, and Christian Society in Medieval Europe*. Chicago: University of Chicago Press, 1987.

Burr, Litchfield, R. *Florence Ducal Capital, 1530~1630*. New York: ACLS Humanities E-Book: 2008.

Caby, Cécile. *De l'érémetisme rural au monachism urbain: les camaldules en Italie à la fin du Moyen Age*. Rome: Ecole francaise de Rome, 1999.

Caferro, William. "The Silk Business of Tommaso Spinelli, Fifteenth-Century Florentine Merchant and Papal Banker." *Renaissance Studies* 10 (1996): 417~439.

Caonosa, Romano, and Isabella Colonnello. *Storia della prostituzione in Italia dal Quattrocento alla fine del settecento*. Roma: Sapere 2000, 1989.

Cohen, Sherrill. *The Evolution of Women's Asylums: From Refuges for Ex-prostitutes to Shelters for Battered Women*. New York: Oxford University Press, 1992.

Conti, Giuseppe. "Notizia Storica" *Altri documenti inediti sul parentado fra la principessa Eleonora de'Medici e il principe Don Vincenzo Gonzaga e i Cimenti a cui fu costretto il detto Principe per attestare la sua potenza virile*. Tratti dal R. Archivio di Mantova e pubblicati con una Nota storica da Giuseppe Conti. Firenze: Il "Giornale di Erudizione" Editore, 1886. 7~41.

Crouzet-Pavan, Elizabeth. "The Flower of Evil: Young Men in Medieval Italy." In *A History of Young People. Vol. 1: Ancient and Medieval Rites of Passage*, ed. G. Levi and J.-C. Schmitt. Cambridge, Mass.: Harvard University Press, 1997. 173~221.

d'Addario, Arnaldo. "Noti di storia della religiosità e della carità dei Fiorentini nel secolo XVI." *Archivio storico italiano* 126 (1968): 61~147.

d'Addario, Arnaldo. "Burocrazia, economia e finanze dello Stato Fiorentino alla metà del Cinquecento." *Archivio storico italiano* 121 (1963): 362~456.

dall'Aglio, Stefano. *Savonarola e il savonarolismo*. Bari: Cacucci Editore, 2005.

D'Amico, Stefano. "Shameful Mother: Poverty and Prostitution in Seventeenth Century Milan." *Journal of Family History* 39/1 (2005): 109~120.

Davidson, Roger. " 'This Pernicious Delusion': Law, Medicine, and Child Sexual Abuse in Early-Twentieth-Century Scotland." *Journal of the History of Sexuality* 10 (2001): 62~81.

Davis, Natalie Zemon. "Scandale à l'Hôtel-Dieu de Lyon (1537~1543)." *La France d'ancien regime: Etudes réunies en l'honneur de Pierre Goubert. Tome I*, ed. F. Bayard. Toulouse: Privat, 1984, 175~187.

Dean, Trevor, and Lowe, Katherine J. P. *Marriage in Italy, 1300~1650*. Cambridge: Cambridge University Press, 1998.

Dennie, Charles C., and Sidney F. Pakula. *Congenital Syphilis*. Philadelphia: Lea & Febiger, 1940.

Diana, Esther. *San Matteo e San Giovanni di Dio: Due ospedali nella storia fiorentina. Struttura nosocomiale, patrimonio fondiario e assistenza nella Firenze dei secoli XV-XVIII*. Florence: Le Lettere, 1999.

Diday, Paul. *A Treatise on Syphilis in New-Born Children and Infants at the Breast*. Trans. G. Whitely with notes by F. R. Sturgis. New York: William Wood, 1883.

Dizionario etimologico storico dei termini medici. Ed. Enrico Marcovecchio. Florence: Festina Lente, 1993.

Douglas, Mary. *Purity and Danger: An Analysis of the Concepts of Pollution and Taboo*. London: Routledge, 1966.

Dunlap, Barbara J. "The Problem of Syphilitic Children in Eighteenth-Century France and England." In *The Secret Malady: Venereal Disease in Eighteenth Century England and France*, ed. Linda Evi Merians. Lexington: University of Kentucky Press, 1996.114~127.

Eamon, William. "Cannibalism and Contagion: Framing Syphilis in Counter-

Reformation Italy." *Early Science and Medicine*. 3, no. 1 (1998): 1~31.

Eamon, William. *Science and the Secrets of Nature: Books of Secrets in Medieval and Early Modern Culture*. Princeton, N.J.: Princeton University Press, 1994.

Eckstein, Nicholas A. "The Widows' Might: Women's Identity and Devotion in the Brancacci Chapel." *Oxford Art Journal* 28, no. 1 (2005): 99~118.

Edler de Roover, Florence. *L'arte della seta a Firenze nei secoli XIV e XV*. Ed. S. Tognetti. Florence: L.S. Olschki, 1999.

Edler de Roover, Florence. *Glossary of Medieval Terms of Business. Italian Series, 1200~1600*. Cambridge: Medieval Academy of America, 1934.

Eisenbichler, Konrad, ed. *The Premodern Teenager: Youth in Society, 1150~1650*. Toronto: Centre for Reformation and Renaissance Studies, 2002.

Eisenbichler, Konrad. "Savonarola Studies in Italy on the 500th Anniversary of the Friar's Death." *Renaissance Quarterly* 52 (1999): 487~495.

Ellis, Havelock. *Studies in the Psychology of Sex*. Vol. 2. New York: Random House, 1936.

Ferrante, Lucia. "Honor Regained: Women in the Casa del Soccorso di San Paolo in Sixteenth Century Bologna." In *Sex and Gender in Historical Perspective*, ed. E. Muir and G. Ruggiero. Baltimore: Johns Hopkins University Press, 1990. 46~72.

Finucci, Valeria. "There's the Rub: Searching for Sexual Remedies." *Journal of Medieval and Early Modern Studies* 38, no. 3 (2008): 523~557.

Foa, Anna. "The New and the Old: The Spread of Syphilis (1494~1530)." In *Sex and Gender in Historical Perspective*, ed. E. Muir and G. Ruggiero. Baltimore: Johns Hopkins University Press, 1990. 26~45.

Franceschi, Franco. "Florence and Silk in the Fifteenth Century: The Origins of a Long and Felicitous Union." *Italian History and Culture* 1 (1995): 3~22.

Franceschi, Franco. "Les enfants au travail dans l'industrie textile Florentine des XIVe et XVe siècles." *Médiévales* 30 (1996): 69~82.

Gavitt, Philip R. "Charity and State Building in Cinquecento Florence: Vincenzo Borghini as Administrator of the Ospedale degli Innocenti." *Journal of Modern History* 69 (1997): 230~270.

Gentilcore, David. *Healers and Healing in Early Modern Italy*. Manchester: Manchester University Press, 1998.

Gill, Katherine. "*Scandala*: Controversies concerning clausura and Women's Religious Communities in Late Medieval Italy." In *Christendom and its Discontents: Exclusion, Persecution, and Rebellion, 1000~1500*, ed. S. L. Waugh and P. D. Diehl. Cambridge: Cambridge University Press, 1996. 177~203.

Goldberg, P. J. P. "Pigs and Prostitutes: Streetwalking in Comparative Perspective." *Young Medieval Women*, ed. K. J. Lewis, N. J. Menuge, K. M. Phillips. New York: St. Martin's Press, 1999. 172~193.

Goldthwaite, Richard A. *The Economy of Renaissance Florence*. Baltimore: Johns Hopkins University Press, 2009.

Goldthwaite, Richard A. "An Entrepreneurial Silk Weaver in Renaissance Florence." *I Tatti Studies* 10 (2005): 69~126.

Grazzini, Giovanni, ed., *Il teatro del Lasca*. Bari: Laterza, 1953.

Habib, Imtiaz H. *Black Lives in the English Archives, 1500~1677*. Imprints of the Invisible. Hants: Ashgate, 2008.

Hammond, Mitchell Lewis. "Contagion, Honour and Urban Life in Early Modern Germany." *Imagining Contagion in Early Modern Europe*, ed. Claire L. Carlin. New York: Palgrave Macmillan, 2005. 94~106.

Hayden, Deborah. *Pox: Genius, Madness, and the Mysteries of Syphilis*. New York: Basic Books, 2003.

Helmstutler Di Dio, K. "Rising to the Occasion." Medici Archive Project, Document Highlights. September 2001, www.medici.org/news/dom/dom092001.html. Citing: ASF Mediceo del Principato ms. 3255. (MAP 10834).

Henderson, John. *The Renaissance Hospital: Healing the Body and Healing the Soul* . New Haven, CT: Yale University Press, 2006.

Herzig, Tamar. *Savonarola's Women: Visions and Reform in Renaissance Italy*. Chicago: University of Chicago Press, 2007.

Holmes, K. K., et al. *Sexually Transmitted Diseases*. New York: McGraw-Hill, 1984.

Horowitz, Elliott. "The Worlds of Jewish Youth in Europe, 1300~1800." In *A History of Young People*. Vol. I: *Ancient and Medieval Rites of Passage*, ed. G. Levi and J.-C. Schmitt. Cambridge, Mass.: Harvard University Press, 1997. 83~119.

Howard, Peter F. *Beyond the Written Word: Preaching and Theology in the Florence of Archbishop Antoninus, 1427~1459*. Florence: L. S. Olschki, 1995.

Hufton, Olwen. *The Prospect before Her: A History of Women in Western Europe*. Vol. 1: 1500~1800. London: HarperCollins, 1995.

Hutchinson, C. M., and E. W. Hook. "Syphilis in Adults." *Medical Clinics of North America* 74, no. 6 (1990): 1389~1416.

Jewkes, Rachel, Lorna Martin, and Loveday Penn-Kekana, "The Virgin Cleansing Myth: Cases of Child Rape Are Not Exotic." *Lancet* 359, no. 9307 (2002): 711.

Johnston, Carol S., and Cindy A. Gaas. "Vinegar: Medicinal Uses and Antiglycemic Effect." *Medscape General Medicine* 8, no. 2 (2006): 61ff.

Kertzer, David I. *Sacrificed for Honor: Italian Infant Abandonment and the Politics of Reproductive Control*. Boston: Beacon Press, 1993.

King, Helen. *The Disease of Virgins: Green Sickness, Chlorosis, and the Problems of Puberty*. London: Routledge, 2004.

Klapisch-Zuber, Christiane. "Female Celibacy and Service in Florence in the Fifteenth Century." In *Women, Family, and Ritual in Renaissance Italy*, trans. L. G. Cochrane. Chicago: University of Chicago Press, 1985. 165~177.

Klapisch-Zuber, Christiane. "The Griselda Complex: Dowry and Marriage Gifts in the Quattrocento." In *Women, Family, and Ritual in Renaissance Italy*, trans. L. G. Cochrane. Chicago: University of Chicago Press, 1985.

Kunstmann, Pierre, ed. *Miracles de Notre-Dame: Tirés du Rosarius*. Ottawa: University of Ottawa Press, 1991.

Lansing, Carol. "Girls in Trouble in Late Medieval Bologna." In *Premodern Teenager*, ed. Eisenbichler, 293~310.

Laven, Mary. *Virgins of Venice: Broken Vows and Cloistered Lives in the Renaissance Convent*. New York: Viking, 2002.

Lemay, Helen Rodnite. "Anthonius Guainerius and Medieval Gynecology." In *Women of the Medieval World*, ed. J. Kirshler and S. F. Wemple. Oxford: Basil Blackwell, 1985. 317~336.

Li, Lillian M. *China's Silk Trade: Traditional Industry in the Modern World, 1842~1937*. Cambridge, Mass.: Harvard University Press, 1981.

Lowe, Katherine J. "The Stereotyping of Black Africans in Renaissance Europe." In *Black Africans in Renaissance Europe*, ed. K. J. Lowe. Cambridge: Cambridge University Press, 2005.

Macey, Patrick. "*Infiamma il mio core: Savonarolan laude* by and for Dominican Nuns in Tuscany." In *The Crannied Wall: Women, Religion, and the Arts in Early Modern Europe*, ed. C. A. Monson. Ann Arbor: University of Michigan Press, 1992.

Major, Ralph H. *Classic Descriptions of Disease*. Springfield, IL: Charles C Thomas, 1932.

Manno Tolu, Rosalia. "Echi Savonaroliani nella Compagnia e nel conservatorio della Pietà." In *Savonarola e la politica*, ed. G. C. Garfagnini. Firenze, 1997, 209~224.

Manno Tolu, Rosalia. " 'Ricordanze' delle abbandonate fiorentine di Santa Maria e San Niccolo del Ceppo nei secoli XVI.XVIII." In *Studi in onore di Arnaldo d'Addario*, ed. L. Borgia et al. Lecce: Conti, 1995.

Martines, Lauro. *Fire in the City: Savonarola and the Struggle for Renaissance Florence*. New York: Oxford University Press, 2006.

McGee, Timothy J. "Pompeo Caccini and *Euridice*: New Biographical Notes." *Renaissance and Reformation* 26, no. 2 (1990): 81~99.

McGough, Laura J. "Quarantining Beauty: The French Disease in Early Modern Venice." In *Sins of the Flesh: Responding to Sexual Disease in Early Modern Europe*, ed. K. Siena. Toronto: Centre for Reformation and Renaissance Studies, 2005. 211~238.

McMillan, Alexander, Hugh Young, Marie Ogilvie, and Gordon Scott. *Clinical Practice in Sexually Transmissible Infections*. London: Saunders, 2002.

Meel, B. L. "The Myth of Child Rape as a Cure for HIV/AIDS in Transkei: A Case Report." *Medical Science Law* 43, no. 1 (2003): 85~88.

Micali, Osanna Fantozzi, and Piero Roselli. *Le soppressioni dei conventi a Firenze. Riuso e trasformazione dal sec. XVIII in poi*. Florence: L. S. Olschki, 1980.

Mills, Edward, et al. "Elder (*Sambucas nigra L.*)." *Natural Standards Monograph*, www.naturalstandard.com, 2008.

Mola, Luca. *The Silk Industry of Renaissance Venice*. Baltimore: Johns Hopkins University Press, 2000.

Molho, Anthony. *Marriage Alliance in Late Medieval Florence*. Cambridge, Mass.: Harvard University Press, 1994.

Morelli, Roberta. *La seta fiorentina nel Cinquecento*. Milano: Dott. A Giuffrè Editore, 1976.

Mori, Attilio, and Giuseppe Boffito, *Firenze nelle vedute e piante. Studio storico topografico cartografico*. Firenze: Tipgrafia Giuntina, 1926.

Mormando, Franco. *The Preacher's Demons: Bernardino of Siena and the Social Underworld of Renaissance Italy*. Chicago: University of Chicago Press, 1999.

Najemy, John M. *A History of Florence: 1200~1575*. Oxford: Blackwell, 2006.

Niccoli, Ottavia. *Prophecy and People in Renaissance Italy*. Princeton, N.J.: Princeton University Press, 1990.

Niccoli, Ottavia. "Rituals of Youth: Love, Play, and Violence in Tridentine Bologna." In *Premodern Teenager*, ed. Eisenbichler. 75~94.

Niccoli, Ottavia. *Il seme della violenza. Putti, fanciulli, e mammoli nell'Italia tra Cinque e Seicento*. Bari: Laterza, 1995.

Noonan, John T. *Contraception: A History of Its Treatment by the Catholic Theologians and Canonists*. Cambridge, Mass.: Harvard University Press, 1966.

Nutton, Vivian. "The Reception of Fracastoro's Theory of Contagion: The Seed that Fell among Thorns." *Osiris* Second Series, 6 (1990): 196~234.

Parigini, Giuseppe Vittorio. *Il tesoro del principe: Funzione pubblica e privata del patrimonio della famiglia Medici nel cinquecento*. Firenze: Leo S. Olschki, 1999.

Park, Katharine. *The Secrets of Women: Gender, Generation, and the Origins of Human Dissection*. Brooklyn, N.Y.: Zone Books, 2006.

Parsons, John C. "The Medieval Aristocratic Teenaged Female: Adolescent or Adult?" In *Premodern Teenager*, ed. K. Eisenbichler, 311~321.

Passerini, Luigi. *Storia degli stabilmenti di benificenza e d'istruzione elementare gratuita della città di Firenze*. Florence: Le Monnier, 1853.

Piergiovanni, Paula. "Technological Typologies and Economic Organization of Silk Workers in Italy, from the 14th to the 18th Centuries." *Journal of European Economic History* 22, no. 3 (1995): 543~564.

Pitcher, Graeme J., and Douglas M. Bowley. "Infant Rape in South Africa." *Lancet* 359, no. 9303 (2002): 319~320.

Pitcher, Graeme J., and Douglas M. Bowley. "Motivation behind infant rape in South Africa." *Lancet* 359, no. 9314 (2002): 1352.

Polizzotto, Lorenzo. *The Elect Nation: The Savonarolan Movement in Florence, 1494~1545*. Oxford: Oxford University Press, 1994.

Polizzotto, Lorenzo. "When Saints Fall Out: Women and Savonarolan Reform in Early Sixteenth-Century Florence." *Renaissance Quarterly* 46 (1993): 486-25.

Pomata, Gianna. *Contracting a Cure: Patients, Healers, and the Law in Early Modern Bologna*. Trans. G. Pomata, R. Foy, and A. Taraboletti-Segre. Baltimore: Johns Hopkins University Press, 1998.

Poni, Carlo. "All'origine del sistema di fabbrica: tecnologia e organizzazione produttiva dei mulini di seta nell'Italia settentrionale (sec. XVII.XVIII)." *Rivista Storica Italiana* 88 (1976): 444~497.

Potter, Ursula. "Greensickness in *Romeo and Juliet*: Considerations on a Sixteenth-Century Disease of Virgins." *In Premodern Teenager*, ed. Eisenbichler, 271~291.

Pullan, Brian. *Rich and Poor in Renaissance Venice: The Social Institutions of a Catholic State, to 1620*. Cambridge, Mass.: Harvard University Press, 1971.

Pusey, William Allen. *Syphilis as a Modern Problem*. Chicago: American Medical Association, 1915.

Quétel, Claude. *History of Syphilis*. Baltimore: Johns Hopkins University Press, 1992.

Riddle, John M. *Contraception and Abortion from the Ancient World to the Renaissance*. Cambridge, Mass.: Harvard University Press, 1992.

Riddle, John M. *Eve's Herbs*. Cambridge, Mass.: Harvard University Press, 1997.

Rocke, Michael. *Forbidden Friendships: Same-Sex Relationships in Renaissance Florence*. New York: Oxford University Press, 1996.

Romano, Denis. *Housecraft and Statecraft: Domestic Service in Venice, 1400~1600*. Baltimore: Johns Hopkins University Press, 1996.

Rondini, Robert J. *Antonfrancesco Grazzini: Poet, Dramatist, and Novelliere*. *Madison*: University of Wisconsin Press, 1970.

Roover, Raymond de. "A Florentine Firm of Cloth Manufacturers: Management and Organization of a Sixteenth Century Business." In *Business, Banking, and Economic Thought in Late Medieval and Early Modern Europe*, ed. J. Kirshner. Chicago: University of Chicago Press, 1974.

Rosenthal, David. "The Spaces of Plebian Ritual and the Boundaries of Transgression." In *Renaissance Florence: A Social History*, ed. R. J. Crum and J. T. Paoletti. Cambridge: Cambridge University Press, 2006. 161~181.

Ruggiero, Guido. *Machiavelli in Love: Sex, Self, and Society in the Italian* Renaissance.

Baltimore: Johns Hopkins University Press, 2007.

Schleiner, Winfried. "Infection and Cure through Women: Renaissance Constructions of syphilis." *Journal of Medieval and Renaissance Studies* 24, no. 3 (1994): 499~517.

Schleiner, Winfried. "Moral Attitudes towards Syphilis and Its Prevention in the Renaissance." *Bulletin of the History of Medicine* 68 (1994): 389~410.

Siegmund, Stefanie B. *The Medici State and the Ghetto of Florence: The Construction of an Early Modern Jewish Community*. Stanford, Calif.: Stanford University Press, 2006.

Siena, Kevin. *Venereal Disease, Hospitals, and the Urban Poor: London's "Foul Wards" 1600~1800*. Rochester, N.Y.: University of Rochester Press, 2004.

"Silk and Sericulture." *Encyclopedia Britannica*. Vol. 20. Chicago: William Benton Publisher, 1962. 661~668.

Silverman, Jay G., et al. "HIV Prevalence and Predictors of Infection in Sex-Tra.cked Nepalese Girls and Women." *Journal of the American Medical Association* 298, no. 5 (2007): 536~542.

Sperling, Jutte Gisela. *Convents and the Body Politic in late Renaissance Venice*. Chicago: University of Chicago Press, 1999.

Stoertz, Fiona Harris. "Sex and the Medieval Adolescent." In *Premodern Teenager*, ed. Eisenbichler, 225~244.

Stokes, John H., Herman Beerman, and Norman Reeh Ingraham. *Modern Clinical Syphilology: Diagnosis, Treatment, Case Study*. Philadelphia: W. B. Saunders, 1944.

Strocchia, Sharon. "Sisters in Spirit: The Nuns of S. Ambrogio and their Consorority in Early Sixteenth-Century Florence." *Sixteenth Century Journal* 33, no. 3 (2002): 735~767.

Strocchia, Sharon. "Taken into Custody: Girls and Convent Guardianship in Renaissance Florence." *Renaissance Studies* 17 (2003): 177~200.

Sweidaur, F. A *Complete Treatise on the Symptoms, EVects, Nature, and Treatment of Syphilis*. Trans. T. T. Hewson. Philadelphia: Thomas Dobson, 1815.

Taddei, Ilaria. "Puerizia, adolescenza, and giovinezza: Images and Conceptions of Youth in Florentine Society during the Renaissance." In *Premodern Teenager*, ed. Eisenbichler, 15~26.

Terpstra, Nicholas. *Abandoned Children of the Italian Renaissance: Orphan Care in*

Florence and Bologna. Baltimore: Johns Hopkins University Press, 2005.

Terpstra, Nicholas. "Competing Visions of the State and Social Welfare: The Medici Dukes, the Bigallo Magistrates, and Local Hospitals in Sixteenth Century Tuscany." *Renaissance Quarterly* 54, no. 4 (2001): 1319~1355.

Terpstra, Nicholas. "Confraternities and Mendicant Orders: The Dynamics of Lay and Clerical Brotherhood in Renaissance Bologna." *Catholic Historical Review* 82 (1996): 1~22.

Terpstra, Nicholas. "Mothers, Sisters, and Daughters: Girls and Conservatory Guardianship in Late Renaissance Florence." *Renaissance Studies* 17, no. 2 (2003): 201~229.

Trexler, Richard C. "Florentine Prostitution in the Fifteenth Century: Patrons and Clients." In *Dependence in Context in Renaissance Florence*. Binghamton: Medieval and Renaissance Texts and Studies, 1994. 373~414.

Trexler, Richard C. "A Widows' Asylum of the Renaissance: The Orbatello of Florence." In *Dependence in Context in Renaissance Florence*. Binghamton: Medieval and Renaissance Texts and Studies, 1994. 415~448.

van de Walle, Etienne. " 'Marvellous Secrets': Birth Control in European short fiction, 1150~1650." *Population Studies* 54 (2000): 321~330.

Weinstein, Donald. *Savonarola and Florence: Prophecy and Patriotism in the Renaissance*. Princeton, N.J.: Princeton University Press, 1970.

Weinstein, Roni. *Marriage Rituals Italian Style: A Historical Anthropological Perspective on Early Modern Italian Jews*. Leiden: Brill, 2004.

Zarri, Gabriella. "The Third Status." In *Time, Space, and Women's Lives in Early Modern Europe*, ed. A. J. Schutte, T. Kuehn, and S. Seidel Menchi. Kirksville, Mo.: Truman State University Press, 2001. 181~199.

Zupko, Ronald Edward. *Italian Weights and Measures from the Middle Ages to the Nineteenth Century*. Philadelphia: American Philosophical Society, 1981.

감사의 글

이 책의 씨앗이 처음 뿌려진 이래 지금과 같은 모양으로 그 결실을 맺기까지 벌써 몇 해의 시간이 흘렀다. 그리고 그것은 많은 사람과 단체, 연구보조 기관들의 따뜻한 보살핌 속에서 조금씩 자라났다. 이 책에서 다룬 주제는 내가 그동안 계속 진행해온 연구 작업은 말할 것도 없고, 그와 더불어 아주 많은 이와 나눈 대화, 그들이 제기한 과제, 기여 속에서 시간이 흐르며 점차 성장해왔다. 어떤 이들과의 대화는 수년에 걸쳐 오랫동안 이루어졌고, 또 다른 경우에는 아주 짧기도 했다. 어떤 경우에는 이메일을 통해 그들과 의견을 교환하기도 했고, 또 얼굴을 마주하고 이야기를 나눈 경우도 있었다. 나는 세르조 발라트리Sergio Ballatri, 크리스티안 베르코Cristian Berco, 피터 블랑샤드Peter Blanshard, 주디스 브라운Judith C. Brwon, 잔 마리오 카오Gian Mario Cao, 앤 딜런Anne Dillon, 니콜라스 엑스타인Nicholas Eckstein, 존 에드워즈John Edwards, 콘래드 아이젠비클러Konrad Eisenbicler, 엘리슨 프레이저Alison Frazier, 데이비드 젠틸코어David Gentilcore, 라우로 잔네티Lauro Gianneti, 리사 골든버그 스토파토Lisa Goldenberg Stoppato, 리처드 골드스웨이트Richard Goldthwaite, 앨런 그레이코Allen Greico, 캐럴 랜싱Carol Lansing, 알렉사 메이슨Alexa Mason, 사라 매튜스-그레이코Sara Mattews-Greico, 루카 몰라Luca Mola, 네리다 뉴비긴Nerida Newbigin, 로렌초 폴리초토Lorenzo Polizzotto, 존 리들John Riddle, 마이클 로크Michael Rocke, 새라 롤프Sarah Rolfe, 구이도 루지에로Guido Ruggiero, 케빈 시에나Kevin Siena, 파트리치아 우르바니Patrizia Urbani, 얀 판 에이크Jan Van

Eijk, 데이비드 윌슨David Wilson에게 감사의 뜻을 전한다. 많은 시간과 관심을 기울여 그들은 나에게 도움과 지원을 베풀어주었다. 나는 특히 내털리 제몬 데이비스Natalie Zemon Davis에게 많은 고마움을 느끼고 있다. 그녀는 미스터리를 역사적 문제로 제기하고, 피에타의 집의 소녀들과 여성들이 역사학적 공간에서 스스로의 목소리를 표출할 수 있는 더 좋은 길을 찾을 수 있도록 내게 도움을 주었다. 앤절라Angela, 앨리슨Alison, 크리스토퍼Christopher 그리고 나이젤Nigel은 다시 한 번 오랜 시간 동안 내가 이 연구에 전념할 수 있도록 허락해주었고 또 그 시간들을 견뎌주었다. 그들의 도움과 관심이 없었다면 이 작업은 결코 이루어지지 못했을 것이다.

연구를 도와준 나의 연구조교들, 즉 존 크리스토폴로스John Christopoulos, 셸리아 다스Shelia Das, 어맨다 렙Amanda Lepp, 새라 멜러니 루스Sarah Melanie Loose, 산드라 파르메지아니Sandra Parmegiani의 기여가 없었다면, 나는 이 연구를 결코 진척시키지 못했을 것이다. 그들 모두는 각자의 방식으로 나의 이야기에 관심을 보였고, 나는 그 이야기로 자신들의 연구를 계획하고 있는 그들이 과연 어떤 이야기를 이끌어낼 수 있을지를 기대하고 있다. 그들과 기타 제반 연구 수행에 필요한 연구비는 연합의학서비스the Associated Medical Service에서 관대하게 제공해준 두 차례의 연구지원금—즉 미국 르네상스학회의 중견연구자지원기금a Senior Scholar's Research Grant from the Renaissance Society of America인 한나 연구재단Hanna Foundation 기금과 캐나다의 사회과학 및 인문학 연구위원회the Social Sciences and Humanities Research Council of Canada에서 제공한 표준 연구기금a Standard Research Grant—을 통해 마련되었다. 나는 이 책에서 다룬 다양한 내용의 일부를 이미 여러 컨퍼런스나 워크숍의 자리를 빌려 발표해왔다. 특히 2004년 사라소타에서 개최된 뉴 칼리지 격년 컨퍼런스the Biennial New College Conference, 2005년 애틀랜타에서 열린 16세기 연구 컨퍼런스the Sixteenth Century Studies Conference, 그리고 토론토대, 시드니대, 빅토리아 칼리지, 워윅대, 헤브루대, 그리고 텔아비브대에서 개최한 세미나에서 개진되었던 많은 논의에 감사의 마음을 전한다.

본래 이 책은 보다 일찍 시작되었지만 미처 마무리 짓지 못했던 또 다른 연구계획으로부터 촉발되었다. 이 때문에 나는 헨리 톰Henry Tom이 초창기에 베풀어준 도움과 조언, 약속과 달리 그의 책상에 원고를 늦게 보냈을 때에도 그가 보여준 인내에 감사한다. 이 책의 일부는 이전에 이미 출판되었다. 따라서 이 책에서 독자들은 아마도 희미하게나마 일종의 기시감 같은 것을 느낄 수 있을 것이고, 또한 나의 이전 작품 "Mothers, Sisters, and Daughters: Girls and Conservatory Guardianship in Late Renaissance Florence", *Renaissance Studies* 17/2 (2003)와 *Abandoned Children of the Italian Renaissance: Orphan Care in Florence and Bologna* (Johns Hopkins University Press, 2005)에서 일부 비슷한 문구들을 발견할 수도 있을 것이다. 나는 이제야 모든 작업이 끝났다고 생각한다.

이 책을 통해 결실을 보게 된 나의 연구는 1994년부터 1995년까지 피렌체에 소재하고 있는 하버드대의 이탈리아 르네상스 연구소인 빌라 이 타티Villa I Tatti에서 연구할 기회를 갖게 되면서 시작되었다. 또한 2008년 빌라 이 타티에 체류했던 환상적인 몇 개월 동안, 나는 이 모든 작업을 하나로 종합하여 마무리할 수 있었다. 특히 그 몇 개월이 생산적인 시간이 될 수 있도록 내게 방문교수직을 수락해준 연구소장 조지프 코너스Joseph Conors, 그리고 이 시간을 경이롭게 만들어준 연구자, 직원, 다른 방문교수들, 친구 그리고 가족들에게 감사의 뜻을 전한다.

이 책에서 나는 하나의 이야기를 구성해보려고 시도했다. 또한 파편적이고 모순적이며 또 간혹 침묵하고 있는 자료들을 대할 때 과연 우리가 어떻게 역사를 대해야 하는지를 살펴보는 것을 목적으로 삼았다. 다른 학교에서 다른 시기에 내게 가르침을 주셨던 네 분의 선생님들이 특히 내게는 역사란 무엇이며 또 역사가들이 어떻게 작업해야 하는지에 대해 이해할 수 있도록 가르쳐주신 중요한 모델이자 스승들이었다. 게리 반 아라곤Gary Van Arragon 선생님은 기꺼이 관습에 얽매이지 않은 방식을 이용해 고등학생이 수업시간의 지루함에서 벗어날 수 있도록 노력하셨다. 마찬가지로 선생님은 삶과 신념 그리고 세계와 맞서도록 학생들을 고무하는 것이 중요하다는 점을 알고 계셨다. 리처드 럼펠Richard Rempel 선생님은 과거의 문화가 스스로의 목소리를 내는 1차 사료의 지평을 확장하고, 어떻게 호기심과 인간성 그리고 시민적 예절이 우리로 하여금 그러한 목소리를 듣고 이해하며 또 그것과 소통할 수 있도록 도와줄 수 있는지를 보여주셨다. 리처드 앨런Richard Allen 선생님은, 고문서학이 때로는 더욱 힘들고 또 연구의 가능성 그리고 심지어는 그 학문의 영역 자체가 간혹 매우 경직되어 있는 캐나다에서, 지성사 영역에 접근할 수 있는 간략한 우회로를 지도해주셨다. 그는 어떻게 그리고 왜 그것이 수행되어야 하는가를 보여주셨고, 또 자신의 신념에 따라 연구하고 그것을 공적 영역으로 확대해 나가셨다. 폴 그렌

들러Paul Grendler 선생님은 직·간접적으로 어떻게 읽고, 어떻게 평가하고, 또 어떻게 요점을 말해야 하는가에 관한 모범을 보여주셨다. 그의 가르침은 분야와 연구의 세계로부터 나를 전문 직업의 세계로 이끌었다. 그리고 여전히 선생님은 끊임없이 연구하고 작업하시면서, 인생의 문을 열기 위해 노력하고 계신다. 이 네 분의 선생님들 모두는 역사가로서의 높은 전문적 역량만큼이나 매우 너그러운 성품의 소유자들이시다. 이 책을 읽으시면서, 그들은 무엇이 잘못되었는지 궁금해하실 것이다. 마찬가지로 나는 그들 각자가 내가 이런 일을 할 수 있다고 믿어주시고 매우 구체적으로 용기를 주셨다는 점에 감사드린다.

지난 몇 년간 나는 르네상스기 문화의 주변부에 위치하고 있던 사람들, 소위 소수자들의 문제에 관심을 가져왔다. 여성과 10대 청소년의 삶을 다루었다는 점만으로도, 니콜라스 터프스트라의 『르네상스 뒷골목을 가다』는 이런 나의 관심을 사로잡기에 충분한 책이었다. 특히 낯선 시각으로 일견 예외적인 주제를 다룬 이 책을 읽으면서, 역사와 문화 그리고 사회를 읽는 새로운 시선을 발견했고, 더 나아가 인간에 대한 연민을 새삼 느낄 수 있었다. 이 신선함 그리고 애잔함을 다른 이들과 공유했으면 하는 소박한 기대가 아마도 나를 번역이라는 이 무모한 작업으로 이끌었을지 모른다. 언제나 버릇처럼 읊조리는 말이지만, 나는 공부한다는 것, 더 넓게는 책을 읽는 일이 유익하면서도 또 재미있는 일이 되어야 한다고 믿는다. 이 책이 안내하는 '낯선' 르네상스 세계로의 여행을 통해 독자들도 내가 만끽했던 읽기의 즐거움과 인간에 대한 연민을 함께 나눌 수 있기를 조심스레 기대해본다.

꽃의 도시 피렌체는 르네상스의 본향으로 널리 알려져 있다. 옛것을 동경하고 열망했던 수많은 창조적 문인과 지식인 그리고 예술가가 바로 그곳에서 고대 문화의 재생과 부활을 주도하며 새로운 시대의 서막을 견인했기 때문이다. 르네상스기의 피렌체는 북적거리던 상인들의 세계였고, 인간성의 고양을 외쳤던 야심찬 지식인 그리고 예술가들의 메트로폴리탄이었다. 하지만 이러한 역동적인 세계의 이면에는 쉽게 그 속살을 드러내지 않는 어두운 그림자 역시 존재하고 있었다. 『르네상스 뒷골목을 가다』는 버림받았거나 고아가 된 가련한 소녀들을 위해 1554년 일군의 피렌체 여성이 세웠던 자선 보호시설 피에타의 집Casa della Pietà과 관련한 '미스터리'를 추적하면서, 바로 이 어둡고 황망한 르네상스의 세계로 독자들을 초대한다.

이 책의 문제의식은 일견 단순하다. 저자 터프스트라의 분석에 따르면, 피에타의 집은 연민 혹은 동정이라는 이름에 걸맞지 않게 당시의 소녀들에게는 가장 안전하지 못한 공간 가운데 하나였다. 쉴 곳 없던 가난한 소녀들을 위한 자선 쉼터라는 명분이 무색하리만치, 1554년 처음 문을 연 뒤 초기의 약 10여 년간 그곳에 수용되었던 소녀들 가운데 절반 이상이 죽음을 맞이하게 되었기 때문이다. 그렇다면, 이 예외적인 높은 사망률은 과연 무엇 때문에 발생했을까? 더 정확히 말해 과연 무엇이 피에타의 집에 수용된 소녀들을 죽음으로 이끌었을까? 마치 기묘한 살인사건을 추적해가는 배스커빌 가의 탐정처럼 터프스트라는 이 흥미로우면서도 당황스러운 미스터리에 접근한다. 그리고 더 나아가 그는 어쩌면 무관해 보이는 파편적인 단서들을 찾아내고 조립하면서, 르네상스기 피렌체의 성과 노동, 권력과 종교 그리고 정치적 역학관계 등의 복잡한 문제를 차례차례 검토해나간다.

그가 인정하듯이 극도로 제한된 자료를 통해 이 피에타의 집의 미스터리를 해명하는 작업은 쉽지 않으며, 또 어쩌면 결코 이루어질 수 없는 일일지도 모른다. 하지만 바로 그 점에서 우리는 역사서로서 『르네상스 뒷골목을 가다』가 지니는 미덕을 발견할 수도 있다. 그 미스터리를 해명하기 위해 피에타의 집이라는 제한된 공간을 넘어, 그것을 둘러싼 르네상스기 피렌체 사회의 성이나 종교적 관념 그리고 경제구조 따위의 일련의 프리즘을 통해 여러 가설을 제시하기 때문이다. 이 점에서 이 책을 긴즈부르그Carlo Ginzburg나 데이비스Natalie Z. Davis의 뒤를 잇는 새로운 미시사 작품으로 평가할 수도 있다. 아무튼 터프스트라의 논의에 따르면 피에타의 집 소녀들은 어떤 단일하고 단순한 이유 때문에 죽음의 그림자에 노출된 것이 아니었다. 오히려 그녀들의 죽음은 여성—특히 성적·경제적 그리고 정치적·이데올로기적으로 철저히 계서화되어 있던 가부장 중심의 피렌체 사회에서 가장 열악한 지위에 놓일 수밖에 없었던 하층 소녀—들의 삶을 지배했던 르네상스 특유의 '젠더의 정치학'이 교묘하게 작동한 결과였다.

이러한 맥락에서 터프스트라는 다양한 가설을 제시한다. 먼저 눈에 띄는 것이 자선과 선의라는 쉼터 본연의 목적을 달성하고자 그 물적 조건을 충족시키기 위해 피에타의 집 소녀들이 감내해야 했던 가혹한 노동이었다. 하지만 이를 통해 그는 보다 넓은 차원에서 르네상스기 피렌체에서 행해지던 여러 자선 행위의 이면에 똬리를 틀고 있던 어두운 그림자, 즉 노동력의 확보와 착취라는 가혹한 역설을 보여준다. 이와 함께 여성이라는 성sex의 문제 또한 소녀들의 사망률을 부추긴 핵심 요인이었다. 여성의 육체와 성을 남성성을 확인하고 교육하는 물질적·상징적 학습장으로 인식했던 당시의 사회에서, 피에타의 집 소녀들이야말로 가장 쉽게 성의 상품화에 노출될 수밖에 없었던 취약한 지위의 여성들이었기 때문이다. 흥미롭게도 바로 이러한 맥락에서 터프스트라는 그녀들이 낙태와 성병의 희생자였을 가능성을 조심스럽게 제기한다.

또 다른 가능성은 더욱 흥미롭다. 터프스트라는 동시대의 다른 자선기관들과 달리 피에타의 집이 누구에게도 환영받기 힘들었던 가장 소외되고 취약했던 소녀들에게 문호를 개방했다는 사실에 주목한다. 그리고 그는 역설적으로 바로 그 사실이 그곳에 죽음의 일상화를 불러온 중요한 요인이었을 것이라고 추론한다. 다시 말해 다른 곳에서는 환영받기 힘들었던 병들고 약한 소녀들이 입회하여 생존을 위한 노동현장에 내몰리면서, 그 어느 곳에서보다 쉽게 죽음에 노출되었다는 것이다. 이를 고려할 때 1560년대 중반부터 피에타의 집이 개혁되고 권력에 의해 통제되기 시작하면서 사망률이 낮아지기 시작했다는 점은 시사하는 바가 적지 않다. 권력과 권력에 의해 운용—더 엄밀히 말해 권력에 의해 통제—된 자선기관 사이의 상관관계가 낳은 역설의 변주곡이, 바로 그 점을 통해 암울한 레퀴엠으로 울려퍼졌기 때문이다.

두말할 나위 없이 피에타의 집과 관련된 미스터리는 계속해서 수수께끼로 남을 것이며, 우리는 그저 그에 관한 몇몇 가설만을 제시할 수 있을지도 모른다. 하지만 바로 그 미스터리가 르네상스기의 피렌체 사회를 보여주는 굴곡진 창이라는 점은 결코 간과할 수 없는 의미를 지닌다. 이 책은 바로 이 점을 담담하게 보여준다. 노동과 종교의 문제가 여성성의 문제와 교묘히 결합된 '성의 정치경제학', 인간 본연의 자선과 그것을 구현하기 위한 보호시설 사이에 작동하던 모순적인 '권력관계의 정치학', 성적·의학적 지식의 발전이 가부장 중심의 세계관과 결합되어 나타난 '젠더의 지리학' 등이 바로 그 미스터리를 통해 『르네상스 뒷골목을 가다』에서 여실히 드러나고 있기 때문이다. 결국 이 책에서는 화려하고 긍정적인 모습으로 우리에게 각인된 르네상스의 이미지가 그 이면에 숨어 있던 '어두운 그림자'에게 자리를 양보한다. 아울러 선의로 시작한 혹은 선의를 가장한 자선 시설의 작동 메커니즘을 분석하면서, 이 책은 복잡다기한 인간 삶의 역학 관계와 그 치부를 여실히 드러낸다.

역사가 생의 교사라면 그리고 그것을 통해 어떤 역사적 사건이나 인물이 보다 넓은 사회구조 속에서 어떻게 그 존재를 드러내는지 성찰할 수 있는 기회를 가질 수 있다면, 『르네상스 뒷골목을 가다』는 바로 그러한 맥락에서 르네상스라는 거울을 통해 오늘을 생각하게 해주는 책으로 평가될 수 있다. 보호시설에 수용된 소녀들의 죽음이라는 황망한 사건과 그것의 배후라 할 수 있는 사회적 요소들 사이의 관계를 해명하면서, 이 책이 단순히 르네상스를 더욱 풍부하게 이해할 수 있는 새로운 시각과 기회를 제공하는 것에만 그치는 것이 아니기 때문이다. 오히려 오늘날에도 여전히 우리를 당혹스럽게 만들고 있는 문제, 즉 선의라는 무형의 가치가 제도화되며 권력에 의해 편입되는 굴곡진 과정 그리고 여전히 그 무형의 가치를 지키기 위해 저항하는 인간 군상의 모습이 일련의 태피스트리처럼 애잔하게 우리 앞에 펼쳐지고 있기 때문이다.

외국어로 쓴 책을 우리말로 옮기는 일은 언제나 나의 능력을 시험하곤 하는 힘겨운 작업이다. 특히 이번 경우에는 정치와 종교, 경제와 의학 등의 여러 분야를 넘나드는 이 책에 표출된 광범위한 주제와 문제의식 때문에 많은 어려움을 겪었다. 이러한 나에게 커다란 도움을 준 사람이 바로 저자 니콜라스 터프스트라였다. 처음 번역을 기획하고 이후 작업을 진행해나가면서 나는 그와 여러 차례 서신을 교환하며 의견을 주고받았다. 나의 성가신 질문에 매번 성실하게 답해준 그의 도움이 없었더라면, 이 책이 온전한 모습을 갖추지 못했을 것이다. 무엇보다도 한국의 독자들을 위해 흔쾌히—그것도 우리 학계의 사정을 감안해 어쩌면 무리하게 요구했던 주제에 맞추어—서문을 써준 그에게 따뜻한 동료의식을 느낀다. 그가 한국어판 서문에서 이야기했듯이, 이러한 경험을 통해 나는 지적 호기심과 인간에 대한 연민을 결합한 본연의 인간성을 우리가 공유했다고 믿는다.

이번에도 역시 마치 습관처럼 읊조리게 되는 가족에 대한 고마움을 표현하지 않을 수 없다. 이 작업을 핑계 삼아 또 한 번 남편으로서 그리고 아빠로서의 책임을 다하지 못한 나를 응원하고 또 내 든든한 버팀목이 되어준 아내와 딸에게 이 책을 바친다. 마지막으로 이 책의 가치를 발견하고 번거로운 작업을 함께 해준 글항아리의 식구들에게도 감사의 뜻을 전한다. 변변치 못한 원고가 가독성 있는 책으로 탈바꿈하는 신비한 경험을 목격하게 해주었다. 이제 새 책을 선보인다는 설렘보다는 조바심과 두려움이 점점 더 많아지는 것 같다. 독자들의 비판을 기다리며, 이 책이 그들의 서재에서 오늘을 되돌아보게 하는 조그마한 밀알이 되기를 소망해본다.

새봄을 기다리며 백양산에서

임병철

ㄱ

ㄴ

ㄷ

ㄹ

ㅁ

ㅂ

ㅅ

ㅇ

ㅈ

ㅎ

르네상스 뒷골목을 가다

피렌체의 사라진 소녀들을 둘러싼 미스터리

1판 1쇄 2015년 3월 23일
1판 3쇄 2015년 12월 8일

지은이 니콜라스 터프스트라
옮긴이 임병철
펴낸이 강성민
편집 이은혜 이두루 곽우정
편집보조 이정미 차소영 백설희
마케팅 정민호 이연실 정현민 양서연 지문희
홍보 김희숙 김상만 한수진 이천희

펴낸곳 (주)글항아리 | 출판등록 2009년 1월 19일 제406-2009-000002호
주소 10881 경기도 파주시 회동길 210
전자우편 bookpot@hanmail.net
전화번호 031-955-8891(마케팅) 031-955-1903(편집부)
팩스 031-955-2557

ISBN 978-89-6735-194-6 03900

글항아리는 (주)문학동네의 계열사입니다.

이 도서의 국립중앙도서관 출판시도서목록(CIP)은 서지정보유통지원시스템 홈페이지(http://seoji.nl.go.kr)와 국가자료공동목록시스템(http://www.nl.go.kr/kolisnet)에서 이용하실 수 있습니다.
(CIP제어번호 : CIP2015007573)